대상관계 가족치료

데이빗 & 질 샤르프 지음
이재훈 옮김

한국심리치료연구소

국립중앙도서관 출판시도서목록(CIP)

대상관계 가족치료/지은이:데이빗 샤르프, 질 샤르프;옮긴이:
이재훈. --서울:한국심리치료연구소, 2006
   p. ; cm

원서명: Object relations family therapy
원저자명: Scharff, David E
원저자명: Scharff, Jill Savege
참고문헌과 색인수록
ISBN 89-87279-50-2 93180 : ₩20000

513.89-KDC4
616.89-DDC21   CIP2006002753

대상관계 가족치료

Object Relations Family Therapy

David E. Scharff, M.D.
Jill Savege Scharff, M.D.

목 차

역자 서문

가족치료 분야의 명저인 「대상관계 가족치료」가 우리말로 출간되게 된 것을 참으로 기쁘게 생각한다. 원래는 한 권으로 된 책이었지만, 워낙 방대한 분량의 책이라 두 권의 책으로 나누어 출간하기로 했다. 우선 제1권 이론과 기법 편을 내고, 이어서 제2권 임상적 적용 편을 내기로 했다.

이 책의 가장 중요한 특징은 대상관계 이론의 입장에서 가족치료에 접근한다는 점이다. 다시 말해서, 이 책은 대부분의 가족치료 이론이 결여하고 있는 인간에 대한 심층적인 이해를 바탕으로 가족의 문제에 접근하고 있다.

이 책을 번역하면서 나는 샤르프 박사 부부의 인간 사랑과 가족 사랑에 대한 열정과 헌신에 깊은 감명을 받았다. 상처 입은 가족을 치유하고 망가진 가족을 회복하는 데 필요한 모든 전문적인 지식과 지혜를 전해주고자 온 힘을 기울이는 그들의 모습이 참으로 아름답다고 느꼈다. 이 책이 그토록 여러 곳에서 교재로 사용되고 있는 이유를 알 것 같았다.

초역과정에서 수고해준 박선규님과 교정을 맡아준 박영란, 김

주영, 류승화 간사님들께 감사드리며, 이 책의 출간을 기다려준
서울대상관계정신분석연구소 가족들께도 감사를 드린다.
　아무쪼록 이 책이 가족치료 전문가들의 질적 수준을 높이고,
건강한 가족을 세워나가는 일에 밑거름이 되기를 희망한다.

2006년 12월 20일

역자

서문과 감사의 말

지난 15년간 이 책을 저술하기 위한 준비를 해오던 우리는 어느 날 갑자기 이제는 그동안 준비한 것을 쓸 때가 되었다고 느꼈다. 그리고 우리는 이 책을 공동으로 쓰는 것이 좋겠다고 생각했다. 우리 두 사람은 런던 타비스톡(Tavistock) 임상센터에서 일년 동안 대상관계 이론과 가족치료 수련을 받았고, 1977년 후로는 워싱턴 정신의학 대학원에서 정신분석적 가족치료 수련 프로그램의 교수로서 함께 일해 왔기 때문에 함께 이 책을 저술할수 있는 토대를 갖추고 있었다.

가족치료 수련 프로그램을 위해 커리큘럼을 개발하는 일과 독서 자료들을 선정하는 일에 참여하면서, 우리는 가족치료에 대한 정신분석적 문헌들이 상대적으로 빈약하다는 것을 발견하고는 쓸쓸함을 느꼈다. 가족의 발달이라는 전체 틀 안에서 자녀 양육의 단계에 관한 부분을 담당했던 우리는 가족의 심리과정에 대한 실험연구 문헌들뿐만 아니라 아동발달, 집단 과정, 그리고 조직에 관한 정신분석적 문헌들을 수집했는데, 그때 가족치료에 대한 정신분석적 대상관계 접근법을 발전시키기 위해 여러 관점들을 통합할 수 있었다. 이러한 노력을 바탕으로 우리는 이 책이 기초하고 있는 개념들을 산출하였고, 그것들을 몇 권의 책으로 펴냈다. 이제 우리는 같은 맥락에서 가족치료에 대한 정신분석적 접근을 보여주는 책을 펴냄으로써 가족치료를 위한 문헌에 기여할 수 있기를 희망한다.

우리는 다양한 배경들로부터 대상관계 가족치료에 대한 관점들을 가져왔다; 데이빗 샤르프는 보스톤, 런던, 그리고 워싱턴에서 그리고 질 사베지 샤르프는 스코틀랜드, 잉글랜드, 그리고 워싱턴 D. C.에 있는 국립병원들과 임상센터에서 수련을 받았다. 우리는 우리 각자가 받은 훈련과정과 스승들을 밝히기 위해 각기 자기 소개를 하기로 했다.

데이빗 샤르프(David E. Scharff)

가족치료를 향한 나의 관심은 대학교 4학년 때 싹트기 시작했다. 당시에 예일대학의 랄프 하버(Ralph Haber)가 주도한 혁신적인 학제간 행동과학 연구 프로그램은 인간 애착과 어머니의 상실에 관한 존 보울비(John Bowlby), 제임스(James), 그리고 조이스 로버트슨(Joyce Robertson)의 개념들을 유아와 가족의 발달에 관한 인류학적 및 민족학적 연구들과 연결시켰다. 그 후 내가 매사츄세츠 정신의학센터에서 레지던트로 있을 때 하버드 대학 의학부의 레스톤 하벤스(Leston Havens)와 낸시 왁슬러(Nancy Waxler)가 강의한 가족치료 세미나는 나의 관심을 불러일으키기에 충분했다. 매사츄세츠 센터에서는 엘빈 셈라드(Elvin Semrad)에게서 헌신적인 치료적 관계를 통해 환자를 이해하는 법을 배웠다. 그 외에도 헨리 그륀바움(Henry Grunebaum)과 니콜라스 아베리(Nicholas Avery)의 워샵에서 나는 가족의 역사를 통해 가족의 기능에 대한 단서를 알아내는 방법을 배웠다.

내가 1969년에 아동 정신의학에 관해 수련받기 위해서 베쓰 이스라엘 병원(Beth Israel Hospital)으로 옮겼을 때, 마침 그곳에서는 열린 생각을 가졌던 아동분석가이며 소아과의사였던 실비오 오네스티(Silvio Onesti)가 리차드 체이신(Richard Chasin)의 지도 아래 가족치료 프로그램을 발전시키고 있었다. 나는 거기에서 카롤 나델슨(Carol Nadelson)과 리차드 브로디(Richard Brody)를 가족치료 감독자로서 모시게 되는 커다란 행운을 만났다. 그 해에 레오나르드 프리드만(Leonard Friedman)은 대상관계 영국학파에 대한 세미나를 인도했다. 클라인(Klein), 페어베언(Fairbairn), 발린트(Balint), 위니캇(Winnicott), 건트립(Guntrip), 마수드 칸(Masud Khan) 그리고 다른 사람들에 대한 그의 열정적인 가르침은 나의 눈을 열어주었다. 그의 가르침은 셈라드(Semrad)의 인상 깊은 대인관계 임상적 접근법과 새로운 가족치료 접근법들을 새롭게 이해할 수 있게 해주었다. 나의 동료 레지던트였던 존 프랭크(John Frank)와 나는 대상관계 이론을 가족치료에 적용시키는 논문의 시작 부분을 받아 적기까지 했다.

다음 2년 동안 나는 성 엘리자베스 병원에 있는 임상 프로그램의 교수로 일을 했는데, 그 곳에서 나는 가족치료에 관심을 가졌던 마빈 스콜닉(Marvin Skolnick)과 집단 상담에 대한 비온(Bion)의 매력적인 이론을 소개해준 존 보리엘로(John Boriello)와 함께 일했다. 집단 과정에 대한 나의 관심은 내가 라이스 집단관계(A. K. Rice group relations) 컨퍼런스에 갔을 때에 시작되었다. 정신분석을 집단 역동에 적용시킨 이 컨퍼런스는 나의 마음을 사로잡았다. 고인이 된 켄 로저스(Kenn Rogers)는 나로 하여금

라이스 집단 경험이 학교, 병원과 같은 기구들과 관련되어 있다
는 것을 이해하게 해주었다. 다음 해에 나는 로저스의 소개를 통
해서 나에게 개인적 및 직업적으로 무한한 도움을 준, 지금은 고
인이 된 헨리 딕스(Henry Dicks)를 만날 수 있었다.

　1972-1973년 사이에 나는 런던의 타비스톡 클리닉에서 클라인
이론과 대상관계 이론에 대한 최고의 스승들을 만났다. 그들은
이스카 비텐베르그(Isca Wittenberg), 더그모아 헌터(Dugmore
Hunter), 프레드 발포어(Fred Balfour), 그리고 로버트 고슬링
(Robert Gosling)이었다. 나는 그때 햄스테드(Hampstead) 임상센터
에서 열린 안나 프로이트 컨퍼런스에도 참가했으며, 그곳에서 아
동들에 대한 상이하지만 동등하게 흥미로운 관점을 경험했다. 그
리고 당시에 타비스톡 클리닉 청소년 부서의 책임자였던 아더
하야트 윌리암스(Arthur Hyatt Williams)는 가족의 정황에서 일어
나는 투사적 동일시의 상호작용에 대해서 가르쳐 주었고, 나의
가까운 친구와 동료가 되었다. 존 보울비(John Bowlby)는 과학적
탐구를 촉진시킨 매우 소중한 세미나를 인도했었고, 나는 유아기
동안의 일시적인 이별에 대해 연구했던 제임스와 조이스 로버트
슨(James and Joyce Robertson)의 탁월한 학문적 발표를 들을 수
있었다. 현재 타비스톡 클리닉의 책임자로 있는 안톤 옵홀저
(Anton Obholzer), 내가 가족치료에 대한 관심을 함께 나누었던
존 빙-홀(John Bying-Hall), 그리고 저스틴 프랭크(Justin Frank)는
그 해 나의 배움을 촉진시켜준 동료들이었다. 존 힐(John Hill)은
나의 학술적 연구에 대한 관심을 촉진시켜 주었으며, 우리는
1975년에 「두 세계 사이에서: 학교에서 직장 세계로 이동할 때
일어나는 변화의 측면들」(Between Two Worlds: Aspects of the
Transition from School to Work)이라는 책을 공동으로 출간하였다.

　그 해에 나는 피에르 투르켓(Pierre Turquet)이 이끈 타비스톡

집단 관계 컨퍼런스에 참석했다. 이 모임의 고문에는 에릭 밀러 (Eric Miller), 이사벨 멘지스(Isabel Menzies), 패디 다니엘스(Paddy Daniels), 그리고 로저 샤피로(Roger Shapiro)가 포함되어 있었고, 회원들 중에는 샐리 박스(Sally Box), 하야트 윌리암스(Hyatt Williams), 그리고 질 사베지(Jill Savege)가 있었다. 그 두 주간의 컨퍼런스는 내가 전문적으로 그리고 개인적으로 성장하는 데 필요한 것을 배우고 종합할 수 있었던 시간이었다.

나는 1973년에 워싱턴으로 돌아와서 레지날드 루리(Reginald Lourie)와 윌리암 스탁(William Stark)에게서 아동 정신의학 수련을 받았고, 클로에 마다네스(Chloe Madanes)와 제임스 리버만(E. James Lieberman)에 의한 비분석적 가족치료를 접하게 되었다. 1973년부터 1981년까지 워싱턴에 있는 여성 의학 임상센터인 프리텀(Preterm)에서 성과 결혼치료 프로그램의 책임자로 있으면서, 나는 엘리스 드 브리스(Elise de Vries), 샐리 보위(Sally Bowie), 그리고 벤 엘리스(Ben Ellis)와 함께 성 장애의 치료를 위한 정신분석적 접근법을 발전시키기 위한 작업을 하였다. 이 접근법은 1982년에 쓰여진 책, 「성적 관계: 성과 가족에 대한 대상관계적 관점」(The sexual relationship: An Object Relations View of Sex and the Family)에 제시되어있다. 워싱턴 정신분석 연구소에서 수련을 받는 동안에 제임스 해틀버그(James Hatleberg), 안토니 하니 (Antonie Hani), 시드니 살루스(Sydney Salus), 그리고 진 야쿠비안 (Jean Yacoubian)은 아동과 그 가족에 대한 나의 이해를 신장시켰고, 로저 샤피로는 대상관계에 대한 나의 이해에 박차를 가해 주었다. 켄트 레이븐스크로프트(Kent Ravenscroft)는 나에게 아동 정신의학 미국협회에서 공동으로 정신분석적 가족치료에 대해 발표할 것을 제안하고 또 격려해주었다.

나는 현재 유니폼드 서비스 대학의 에드워드 허버트 의학부(F.

Edward Hebert School of Medicine of the Uniformed Services University of the Health Sciences)에서 정신의학과 가정의학 부문의 조교수로 있으면서, 의대생들과 그들의 가족들을 위한 정신과 의사로서 일하고 있다. 나는 가족 인생 주기 중 성인 초기 단계에 대해 도움을 주신 그분들을 고맙게 생각하고 있다. 마지막으로, 나는 가족 의료 분야의 학과장인 래리 에만(Larry Ehemann), 정신의학 분야의 학과장인 해리 홀로웨이(Harry Holloway), 그리고 수련담당 주임으로 있는 리차드 맥도널드(Richard MacDonald)에게 임상적인 정황 속에서 지도해주고 협력해준 것에 대해서, 그리고 나의 가족치료에 관한 가르침과 저술에 지지를 보내준 것에 대해서 감사를 표한다.

질 사베지 샤르프(Jill Savege Scharff)

정신의학 수련을 받는 동안에, 나는 상반되는 관점들을 가진 뛰어난 스승들—분석가인 빌 옥스톤(Bill Ogston)과 사회정신과 의사인 켄 모리스(Ken Morrice)를 포함한—로부터 배우면서 상충되는 경험을 해왔다. 심리 내면의 깊이와 사회적 과정에 대한 나의 관심은 불안한 평형 상태를 유지하며 공존해왔다. 정신분석적으로 지향된 개인치료와 집단치료는 동등하게 흥미 있는 것으로 들렸지만, 맥스웰 존스(Maxwell Jones)가 세운 치료적 공동체인 딩글턴(Dingleton) 병원에서 일년을 보내는 동안 그것들이 서로 다른 것이라는 결론을 확인하게 되었다.

딩글턴에서 나는 가족의 중요성이라는 문제에 부딪치게 되었다. 그곳에서는 새로 의뢰된 환자들과 퇴원한 환자들을 치료하는데 있어서 정신과 의사, 사회복지사 혹은 간호사 등이 팀을 구성하여 다양한 도시 변두리 지역들, 농장들, 그리고 어촌 마을들로 찾아다니면서 진료하곤 했다. 우리가 방문하는 동안에 가족 구성원들은 종종 의견과 감정들을 표현하거나, 혹은 단순히 일상적인 역할들을 하면서 참가하였다. 이것은 정신질환의 표시들과 증후들에 대한 매우 다른 모습을 보여주는 것이었다. 병원에서 전기충격 요법 혹은 항우울제를 필요로 했던 퇴행성 우울증을 앓고 있는 노인의 경우, 그가 농장에서 트랙터 운전에 대해서 생각할 때마다 몸을 떠는 것을 목격했는데, 그때 나는 비로소 그 질병이 가지는 의미를 알 수 있었다. 그는 자기 아내가 화를 내며 트랙터에 올라 운전할 때에는 더욱 심한 우울증 증세를 보이곤 했었다.

나는 딩글턴에서 로얄 에딘버러(Royal Edinburgh) 병원으로 옮겨서 지역사회 정신과 의사(Community Psychiatrist)의 직책을 맡았다. 거기에서 나는 분석가이며, 개인분석과 집단 분석, 결혼 상담, 공동체의 발전을 위한 상담을 해왔던 대상관계 이론가인 서덜랜드(John D. Sutherland)의 수퍼비전을 받았다. 그는 내가 이 분야의 전문가로 성장하는 데 있어서 가장 중요하게 영향을 끼친 사람이었다. 나는 개인과 집단을 위한 심리치료 수련을 계속하면서, 동시에 신체적 질병과 정신적 질환이 일어날 높은 확률을 지닌 사회적으로 불리한 처지에 사는 사람들을 돌보는 사회복지사들, 의사들, 그리고 이웃을 돌보는 사람들을 위한 자문 역할을 했다. 다시금 개인 심리치료와 사회적 과정의 두 흐름이 한데 만나게 되었다. 하지만, 이번에는 그 둘이 내 마음속에서 별개의 것으로 존재하지 않고 하나로 연결될 수 있었다.

대상관계 이론은 이 두 흐름을 통합할 수 있는 틀을 제공해주었다. 나는 서덜랜드로부터 이것을 이론으로서가 아니라 하나의 작업 방식으로 배웠으며, 그것은 개인치료와 집단의 상황들 모두에 동등하게 잘 적용될 수 있었다. 나는 성격을 더 이상 직선 모양이 아니라, 인공 두뇌학적인 것으로 이해하는 대상관계 이론의 관점이 좋았다. 개인 정신분석으로부터 온 이해는 공동체의 집단 과정에 대한 나의 이해를 조명해줄 수 있었고, 또한 집단이 어떻게 개인의 역할들과 정체성의 발전에 영향을 미치는지 알 수 있게 되었다. 나는 서덜랜드로부터 타비스톡 클리닉의 딕스(Dicks)에 의해서 발전된 부부치료방법을 배웠다. 하지만, 당시에는 아직 가족치료가 행해지고 있지 않았다. 미누친(Minuchin)은 우리 대학을 방문해서 가족치료에 대한 그의 정열과, 기술, 그리고 헌신에 대해 깊은 인상을 남겼다. 하지만, 그의 방법들은 내가 가능하다고 느끼기 시작한 통합적인 방법과는 다른 방향을 가리키고 있었다. 동시에, 나는 사회복지사들이 개인들뿐만 아니라 가족들과도 관계 맺을 수 있는 범위에 대해 깨닫게 되었다. 이것은 마치 다시 한번 수레바퀴를 발명한 것처럼 보였다. 나는 갑자기 가족이 개인 과정과 집단 과정 사이를 이어주는 핵심적인 연결고리라는 것을 깨달았다.

이론적 토대로서의 대상관계 이론과, 다리 역할을 해주는 가족치료를 바탕으로 나는 가족 관련 분야에서 좀더 전문적인 수련을 받기 시작했다—나는 타비스톡 클리닉의 청소년 부서에서 수련을 받았다. 거기에서, 나의 감독자였던 아더 하야트 윌리암스, 동료인 안톤 옵홀저(현재 타비스톡 연구소의 책임자), 샐리 박스(Sally Box), 진 톰슨(Jean Thomsom), 그리고 고인이 된 시오나 윌리암스(Shiona Williams)에게 크게 영향 받았다. 또한 피터 브루겐(Peter Bruggen)과 젤다 라비드(Zelda Ravid)로부터 입원 기간동안의 가족치료 접근법에 대해서 배우기도 했다.

가족에 관한 나의 연구 범위를 넓히기 위해서, 나는 워싱턴에 있는 아동병원에서 소아정신의학 수련을 받았고, 거기에서 놀이를 이해하고 즐길 수 있도록 도와준 진 야쿠비안(Jean Yacoubian)

을 만났다. 그리고 죠지 워싱턴 대학에서 특별 연구를 위한 연구원으로 있을 때 만난 로저 샤피로와 죤 진너(John Zinner)는 내가 가족치료사로서 그리고 프로그램 책임자로서 발전하는 데 큰 도움을 주었다. 나는 마가렛 리옥(Margaret Rioch)의 지도아래 열렸던 라이스 집단 관계 컨퍼런스에 참여함으로써 집단 과정에 대한 나의 관심을 확장시켰다.

개인 상담실 운영을 위해 죠지 워싱턴을 떠난 후, 나는 워싱턴 정신분석 연구소에서 정신분석 수련을 받았는데, 이 시기 동안에 나는 아동발달과 개인의 정신역동에 대한 이해를 심화시켰다. 그리고 그 연구소에서 나는 덱스터 불라드(Dexter Bullard)와 해롤드 시얼즈(Harold Searles)를 비롯한 많은 훌륭한 스승들을 만났다. 그들의 개인 역동에 대한 접근법은 가족의 역동이 개인의 성장에 미치는 영향에 대한 인식을 포함하고 있었다. 그리고 안토인 하니(Antoine Hani)는 개인분석과 가족치료와의 가능한 통합을 탐구하기 위한 그의 세미나에 나를 초청하기도 했다.

우리 두 사람이 가족치료사로서 발전해오는 과정에서 우리가 걸어온 경로들이 서로 겹치기 때문에, 우리는 공동으로 감사를 표하고 싶은 많은 분들을 갖게 되었다. 우리는 어빙 리코프(Irving Ryckoff)와 로버트 위너(Robert Winer)에게 감사한다. 그들은 차례로 1976년에 질을, 1977년에 데이빗을 워싱턴 정신의학부 가족치료 수련 프로그램의 교수로 초빙해주었다. 이것을 계기로 우리는 리코프, 위너, 저스틴 프랭크(Justin Frank), 찰스 프리비테라(Charles Privitera), 로저 샤피로, 그리고 죤 진너를 포함하는 소중한 동료 집단을 얻게 되었다. 우리는 수년 동안 보여준 그들의 협력, 우애, 꾸준한 지지, 그리고 영감에 감사한다. 또한 우리의 가르침에 그리고 이 책의 초고에 관대한 반응을 보여준 가족치료 프로그램의 수련생들과 함께 할 수 있었던 기회를 소중히 여긴다.

위너가 워싱턴 정신의학부 책임자로 있는 동안 우리는 그곳의 교수진과 더불어 2년 동안의 대학원 과정으로 정신분석적 가족치료 수련 프로그램(Psychoanalytic Family Therapy Training Program)을 발전시켰다. 커리큘럼을 설계하고, 독서 과제를 만들어내며, 아동발달, 개인 정신병리학, 집단치료, 그리고 가족 연구에 대한 우리의 해석을 정교화하는 일들을 통해서 우리는 많은 것들을 산출해냈다.

교수 집단의 협력은 우리가 도움을 끌어내기도 하고, 도움을 보태기도 하는 작전 기지와 확대된 사고의 저수지를 제공해주었다. 이 책은 다른 교수들이 가지고 있는 다양한 견해들에 대한 표명이 아니다. 이 책에 표현된 견해들에 대한 책임은 전적으로 우리에게 있다. 그럼에도 불구하고, 우리는 우리가 많은 생각들을 공유하고 있는 우리의 동료들을 대신해서 이 책을 썼다고 생각하고 싶다.

우리는 우리의 모든 스승들뿐만 아니라 가족치료에 관련된 언급되지 않은 분들께도 감사를 표한다. 초고를 읽어 준 모든 분들께도 감사를 드린다. 그분들은 샐리 박스(Sally Box), 폴라 코헨(Paula Cohen), 저스틴 프랭크(Justin Frank), 마이클 칸(Michael Kahn), 데이빗 레비(David Levi), 찰스 프리비테라(Charles Privitera), 사라 쇼트(Sarah Schott), 찰스 슈왈즈벡(Charles Schwarzbeck), 로저 샤피로(Roger Shapiro), 로버트 위너(Robert Winer), 죤 진너(John Zinner) 등이다. 특히, 찰스 슈왈즈벡은 본문에서 언급된 심리적 테스트의 대부분을 제공해주었다. 우리는 결혼 가족치료 간행물의 편집자이며 가족치료 핸드북의 공편자인 앨런 거맨(Alan Gurman)의 격려와 제안에 대해서 특별한 감사를 표한다. 또한, 우리는 이 책의 마감 원고에 대한 애정 어린 비평을 해준 마이클 니콜스(Michael Nichols), 마가렛 리옥(Margaret

Rioch), 프레드 샌더(Fred Sander), 그리고 샘 슬립(Sam Slipp)에게 감사드린다.

제이슨 아론슨 출판사(Jason Aronson Inc.)의 출판 책임자, 로리 윌리암스(Lori Williams)는 원고를 정리하는 힘든 기간 동안에 항상 시간을 내주었고, 조이스 파인(Joyce Fine)은 서적 공동 구독회를 마련해 주었다. 우리의 원고에 대해 직접적으로 열성을 다해서 반응을 해주고, 지속적인 격려를 해 준 제이슨 아론슨 씨에게 진심으로 감사를 표한다. 트리샤 톰스코(Tricia Tomsko)는 우리의 다양한 초안들을 결론으로 이끌어내는 과정에서 전문적인 지식으로 도움을 주었고, 컴퓨터 작업을 해주었다. 이 과정에서 제시카 코헨(Jessica Cohen) 또한 도움을 주었다. 우리의 충실한 가정부, 펄 그린(Pearl Green)은 우리 두 사람이 글을 쓰고 있는 동안에 집과 아이들을 정성껏 사랑으로 돌보아주었다.

우리와 함께 일한 많은 동료 치료자들과 많은 가족들이 있는데, 우리는 그 가족들로부터 무엇인가를 배웠다. 우리는 우리가 가르치려 노력하고 있는 것과 관련이 있는 가족치료의 사례들만을 제시했다. 그럴 경우, 우리는 가족 구성원들을 확인시켜줄 수 있는 상세한 내용에는 변화를 주었고, 우리 중 누가 치료자인지 항상 명확히 하지 않았다. 그렇게 함으로서 아마도 가족들조차도 알아차리지 못하도록 마음을 썼다. 이것은 우리에게 각 가족이 가지는 독특성의 중요성을 무시하지 않으면서, 어떤 가족에도 짐을 지우고 싶지 않았기 때문이었다. 우리는 우리 각자와 기꺼이 함께 일했던 병원들과 임상센터와 개인 상담실의 가족들—스코틀랜드, 영국, 그리고 미국의 가족들—에게 감사를 표한다. 마지막으로, 우리는 이 일을 위해 협조와 격려와 인내를 아끼지 않았던 우리 서로에게 감사를 표한다.

1장

대상관계 가족치료의 맥락

가족치료 분야 내에서의 차별성

　대상관계 가족치료는 무의식적인 내용을 듣고 그것에 반응하며, 해석하고, 통찰을 발전시키며, 이해와 성장을 위하여 전이와 역전이를 이용하는 정신분석적 이론들로 구성되어 있다. 가족은 단순한 개인들의 합과는 다르다. 가족은 각각 고유한 방식으로 기능하는 일단의 관계들로 구성된 체계로 보인다. 이러한 고유한 방식들은 가족의 삶의 발달단계를 거치는 동안에 가족 구성원의 발달을 촉진시키거나 방해할 것이다. 우리가 비록 가족 구성원 각자에게 관심을 갖고 또 그들의 경험에 관심을 갖는 것이 사실이지만, 우리는 가족체계에 주의를 기울이며, 우리의 주된 해석은 이 가족체계에 기초를 두고 있다. 가족이 치료자와 관계하는 방식은 본래 가족과의 초기 경험에 뿌리를 둔 억압된 감정과 행동의 전이를 반영한다는 사실을 우리가 볼 수 있을 때 통찰이 발생한다. 치료적 상황 속에서 반복되는 이러한 현상은 억압된 감정과 그 감정에 대한 방어들이 의식화될 수 있도록 허용한다.

치료적 관계는 이러한 억압된 자료의 출현을 자극할 수 있을 만큼 충분히 비슷하면서도 그것에 대한 재작업이 가능할 만큼 충분히 다른 환경을 제공한다. 치료적 상황이 일반적인 상황과 다른 점은, 치료자가 수련과 경험 그리고 개인적인 성숙을 통해서 가족 구성원들로 하여금 그들 자신의 방어와 가족 집단으로서의 불안을 직면할 수 있도록 돕는 일이 일어난다는 것이다. 그러기 위해서 치료자는 치료 관계 안에서 가족의 아픔과, 불안, 그리고 상실을 잘 견뎌주는 발달된 능력을 보여주어야 한다. 그때 가족은 가족의 기능을 방해하는 요소들을 함께 작업하고, 미래를 함께 건설할 수 있는 기회를 갖게 된다. 가족치료의 직접적인 목표는 증상을 해결하는 데 있지 않고, 집단으로서 함께 일하고 각 구성원들의 필요들을 구별하고 채워주는 능력을 증진시킴으로써 가족의 현 발달단계를 성공적으로 통과해 가는 데 있다.

개인치료사로 수련받은 치료자와 분석가들은 정신분석적 개인 심리치료의 역사를 중요시하고 성찰적이고 통찰 지향적인 과정은 인정하겠지만, 이것이 어떻게 가족 집단에 적용될 수 있으며 왜 그래야만 하는지 그리고 언제 가족의 문제들이 심리내적인 것으로 인식되는지에 대해서는 의아해할 것이다. 전략적 가족치료사들은 가족을 체계로 인식하는 것은 인정하겠지만, 그들의 개입방법이 통찰을 필요로 하지 않을 때 심리내적인 접근이 어떻게 사용되는지에 대해서는 당혹스러워할 것이다. 구조적 가족치료사들은 가족의 체계를 움직이는 구조들을 읽어내고 재구조를 위한 개입 계획을 세우기 위해 치료자들에 대한 가족의 반응을 이용하는 데는 익숙하겠지만, 그것을 가족의 의식적인 수준으로 끌어올리는 데는 익숙하지 않을 것이다. 개인 심리치료사로 수련을 받은 사람들과, 구조적이든 전략적이든 가족치료사로 수련을 받은 사람들은 우리가 제안하는 방법에 대해 이질적인 견해들을 함께 묶으려 한다는 의심의 눈초리를 보낼지도 모르겠다. 케르 (Kerr; 1981)는 여러 해 동안 정신분석가로 활동한 후에 가족치료사가 된 저명한 이론가인 보웬의 개념들에 관한 설명에서, "개인적 사고와 체계적 사고는 인간 행동을 개념화하는 명백히 다른 두 가지 방법으로서, 그것들을 혼합하려는 시도는 그것들의 차이를 이해하지 못하는 실수를 반영하는 것이다"라고 말한 바 있다 (p. 234).

　이러한 차이는—우리가 이해할 수 있는 이유들로—지나치게 강조되어왔다. 그러나 한 집단의 치료자들이 다른 집단의 치료자들로부터 배울 수 없다고 하는 이러한 양극화된 견해는 역사적 사실을 설명해주지 못한다. 베잇슨(Bateson)과 팔로 알토(Palo Alto) 집단은 탁월한 연구(1956)를 통해서 이중 속박(double-bind) 개념과 의사소통 이론을 탄생시켰고, 그것들로부터 잭슨(Jackson)이 설립한 정신연구 개발원(MRI)에서 사용하는 가족치료의 상호작용 방법이 만들어졌다. 팔로 알토 집단과 함께 했던 헤일리 (Haley; 1971)는 가족체계의 변화를 가져오기 위한 전략적 접근방법을 한층 더 개발시켰는데, 그는 그것 없이는 개인이 변화되어질 수 없다고 믿었다. 반면에, 정신분석은 비록 문제들이 개인이 형성되는 초기에 가족 상황 안에서 발생한다 할지라도, 지금 여기에서의 문제들은 그 개인의 성격 안에 내재화된 것에서 발생한다고 주장했다. 분석가들은 가족을 만나지 않고 개인의 문제를 다룰 수 있다고 믿는다. 심지어는 아동 분석가들도 그와 같은 순수한 심리내적 접근을 선호할 수도 있다. 미누친(Minuchin; 1974)은 개인 가족 구성원의 중요성을 강조하는 가족치료사이지만, 분석가들은 그의 방법이 조작적인 것이라고 보고, 따라서 분석적인 것이 아니라고 생각한다. 일반적으로, 분석가들은 가족치료를 피상적이고 외면적인 것들만을 다루는 것으로 보는 반면에, 가족치료사들은 분석가들을 시간만 오래 끄는 근시안적인 방법을 사용하는 것으로 본다—서로에 대한 의심과 경멸의 태도들로 가득 차 있다.

그러나 분석적인 태도를 가진 치료자들이 가족치료 안에도 존재한다. 이 분야의 창시자로는 애커맨(Ackerman), 와인(Wynne) 그리고 리즈(Lidz) 등을 꼽을 수 있다. 또한 50년대에 와인의 협력자였던 라이코프(Ryckoff)도 분석가였다. 폴과 프라모(Paul and Framo)는 현재 활동 중인 분석가로서 샤피로(Shapiro)와 진너(Zinner)처럼 분석적 대상관계 이론에 의해서 영향을 받은 가족치료사이다. 정신분석적 이론들을 사용하는 것처럼 보이지 않거나 혹은 실제로 그것을 거절하는 체계이론가들과 구조이론가들은 그들이 전문가로서 형성되는 시기에 이미 정신분석 이론에 상당히 많이 노출된 사람들이다. 보딘(Bodin; 1981)에 의하면, 시카고 정신분석 연구소(Chicago Institute of Psychoanalysis)의 영향, 특히 자기 심리학이 사티어(Satir)의 이론에 영향을 미쳤고, 그것이 다시금 베잇슨과 헤일리에게 영향을 미쳤던 것으로 보이며, 설리반(Sullivan)의 상호작용 이론은 잭슨에게 영향을 미친 것으로 보인다. 보웬과 미누친은 더 이상 정신분석을 하지 않지만 분석가 자격을 갖춘 가족치료사이다. 유럽의 셀비니 팔라졸리(Selvini Palazzoli)는 전략적 가족치료 방식인 밀란(Milan) 방법을 발달시키기 전에 개인분석가로 활동했으며, 스티얼린(Stierlin)은 현재 분석가로 활동하고 있고, 안돌피(Andolfi)는 4년 동안의 분석 수련을 거쳐 현재 분석가로 활동하고 있다. 영국에서는 렝(Laing)과 쿠클린(Cooklin) 그리고 빙-홀(Byng-Hall) 등이 분석적 수련을 받았고, 개인 분석가는 아니지만 스키너(Skynner)도 분석에 대한 많은 지식을 가지고 있으며, 풀크스(Foulkes)로부터 수련을 받은 집단 위주의 분석가이다. 위의 치료자들과 동료들의 작품에 대한 참고 문헌들은 전부는 아니지만 참고 문헌에 나와 있다.

미국에서 가족치료는 상호 간의 현상을 거의 다루지 않는 전통적인 프로이트 이론의 영향 때문에 정신분석의 주류로부터 많이 벗어나 있는 것처럼 보인다(Zawada 1981). 프로이트의 이론은 심리내적 구조를 강조하면서, 성격을 욕구 충족 대상을 향한 본능적 충동들로 인해 발생하는 갈등을 해결하기 위해 노력하는 일련의 무의식적 및 의식적인 구조로 본다. 프로이트의 사례 연구들을 읽을 때마다 우리는 그가 환자의 부모가 어떠했는지에 대한 분명한 느낌을 갖고 있으면서도 실제 현실은 다루지 않았고 오직 현실에 대한 환자의 지각과 왜곡들만을 다루었다고 느끼게 된다. 이것은 부모가 치료에 참가하지 않을 때에는 어느 정도 이해가 되지만, 대인관계 상황에는 적용하기 힘든 개인의 갈등에 초점을 둔 이론이라는 인상을 주며, 따라서 의사소통 이론과 체계이론이 가족상담에 훨씬 적절한 것이라는 인상을 준다.

미국의 분석가들 중 일부는 엄격한 프로이트식 접근에서 탈피했다. 설리반(Sullivan 1953)은, 비록 널리 호응을 얻지는 못했지만, 대인관계적 과정 이론을 발달시켰다. 우리는 그의 이론이 임상적으로 영향을 미치기는 했지만, 이론으로서는 별 호응을 얻지 못했다고 생각하는데, 그 이유는 아마도 건트립(1961)이 주장하듯이 설리반이 성격체로서의 사람을 배제하고 오직 대인관계 과정에만 초점을 맞추었기 때문인 듯 하다. 최근에 컨버그(Kernberg 1975)는 제이콥슨(Jacobsen 1954)의 초기 노력들을 따라서 대상관계 이론에 뿌리를 둔 성격이론(personality theory)을 발전시켰다. 그는 자신의 이론과 전통적인 이론의 유사점과 차이점들을 조심스럽고도 상세하게 논의한다. 그러한 장점 때문에 이 이론은 신 프로이트 학파 내에서 대상관계 이론에 대한 신임—완전한 수용은 아닐지라도—을 이끌어냈다. 그러나 우리의 관점에서 볼 때, 그러한 장점은 그 이론을 지나치게 기계적이고 구체적인 것으로 보이게 만들었고, 대인관계 영역에 적용하기 힘든 것으로 보이게 만들었다. 코헛(Kohut 1977)은 자기(self)가 형성되는 과정에서 발생한 결핍에 대한 탐구를 통해서 엄마와 유아의 초기 상호작용의 중요성을 다시 강조했다. 우리는 반영(mirroring)에 대한 그의 개념이 분석적 가족치료에서 유용하다는 사실을 발견했다. 그리고 칸(Kahn 1986)은 자기에 대한 코헛의 개념이 어떻게 밀란의 체계이론과 함께 가족치료에 통합되어질 수 있는지를 보여주었다.

분석적 가족치료의 목표들은, 치료 자체가 그러하듯이, 제한이 없다. 왜냐하면 성장하면서 목표가 변하고 미래의 가능성에 대한 시야가 열리기 때문이다. 당연히 이것은 시간을 요한다. 가족치료는 주 1회 45분에서 한 시간의 만남을 약 2년 정도 계속하는 경향이 있다. 가족은 제한된 목표 달성에 만족하면서 1년 안에 끝내려 할 수도 있다. 그러나 스티얼린(1985)이 충분한 것으로 묘사한 10회의 치료적 만남은 우리에게는 단지 발달상의 그리고 외적으로 보이는 위기들을 다루는 목적에만 사용될 수 있는 것으로 보인다. 우리는 이러한 문제들이 아니라면 10회의 치료로 충분하다고 보지 않는다. 치료의 기간이 분석적 가족치료와 체계이론적 가족치료 사이의 중요한 차이 중의 하나이다. 분명히 장기간의 치료가 훨씬 비용이 많이 들며, 이것은 비용을 감당할 수 없는 가족들과 제한된 기금을 가지고 있는 치료기관에게는 불리한 요소가 될 것이다. 개인적으로 우리는 보통 어느 정도 비용을 지불할 수 있는 가족을 다루며, 비용을 지불할 수 없는 환자들은 준비된 수련생 치료자들을 연결시켜 주기도 한다. 사설 치료소에서 가족치료사는 개인을 만나는 것과 똑같은 비용으로 가족의 모든 구성원들에게 다가갈 수 있다고 주장할 수도 있다. 공공 치료소에서는 가족치료사의 시간이 환자로서 드러나지 않은 사람들을 위한 정신건강 예방책을 위해서 사용되어질 수 있다는 주장도 있다. 이러한 주장들은 가족치료에 기금을 투자하라고 말하고 있지만, 장기 치료와 단기 치료에 대해서는 언급하고 있지 않다. 우리는 증상이 없어지는 것을 치료의 성공으로 간주하지 않기 때문에, 그렇게 짧은 기간에 치료를 끝내지 않는다. 우리는 발달상의 스트레스를 관리하는 능력의 관점에서 성공을 가늠한다. 치료기관들은 이러한 능력을 그들의 환자들에게 제공하는 것을 목표로 삼을 것인지를 결정해야 할 것이다.

때때로 우리는 그러한 기관들에서 일하는 사람들이 분석적 가족치료사가 환자들에게 별로 관심을 끌지 못한다고 말하는 것을 듣곤 한다. 가난하고 사회적인 문제를 가지고 있는 환자들은 더 직접적이고 덜 추상적인 도움을 원하는 것이 사실이다. 미누친(Minuchin)과 그의 동료들(1967)이 문제 해결을 위한 구조적 가족치료를 발전시킨 것은 그러한 가족들의 필요를 채워주기 위한 것이었다. 우리의 방법만으로는 그러한 환경에 처한 사람들을 도와주지 못한다. 그러나 그러한 사람들을 문제 해결에 초점을 맞추어 치료하고자 시도했던 우리 수련생들의 보고에 의하면, 정신분석적 치료방법이 짧은 기간 동안의 비분석적 가족치료에서보다 더 좋은 반응을 가져오는 것으로 드러났다. 경제적으로나 문화적으로 또는 지적으로 불리한 조건을 가진 사람들이 정신분석적 가족치료로부터 혜택을 얻을 수 없다고 가정해서는 안 된다. 어떤 이들은 구체적인 사고와, 지시와 만족에 의존하는 틀에 박힌 문화적 구조를 선호할 것이고, 또 다른 이들은 성찰적인 접근을 선호할 것이다. 문화수준과 교육수준이 심리학적인 소질을 결정하는 것이 아니므로 기회 자체를 배제할 필요는 없다. 그래서 우리는 정신분석적 가족치료가 모든 사람들을 위한 것은 아니지만, 증상의 제거보다는 이해의 증진에 관심을 갖는 모든 가족들을 위한 것이라는 복스(Box et al. 1981)의 말에 동의한다. 마찬가지로 모든 수련생들이 정신분석학적으로 작업하기를 원하지는 않을 것이다. 하지만, 체계이론으로 작업하는 사람들은 정신분석적 가족치료 수련을 통해서 가족체계의 문제들을 잘 다룰 수 있는 좋은 가족치료사가 될 수 있을 것이다.

물론 두 방법 사이에는 차이점뿐만 아니라 유사점도 있다. 사티어는 우리처럼 가족의 연대기에 관심을 가지고 있지만, 그녀와 밀란(MRI) 접근법을 사용하는 다른 이들은 정보를 얻기 위해서 구조적인 가족 면담을 사용한다. 반면에 우리는 그러한 정보들이 지금 여기에서의 상황 안에서 드러나기를 기다린다. 또한 그녀는 가족의 반응에 따라 표준적 면담에서 벗어나곤 하는데, 이것은 가족의 사고의 흐름을 따르는 것을 선호하는 우리의 방법과 비슷하다. 밀란(MRI) 집단은 문제들을 재정의하기 위해 고안된 개입을 단행한다; 즉, 변화를 초래하기 위해서 전략을 세우고 처방을 해준다. 이것은 우리의 방법과 완전히 다른 것이다. 우리는 거의 숙제를 주지 않는다. 우리가 비록 선택할 수 있는 행동들을 제안하기 위해서 그것들의 범위를 탐구하고 가끔씩 충고를 하기는 하지만 처방전을 주지는 않는다.

헤일리(Haley)와 다른 전략적 치료자들처럼, 우리는 증상을 가족이 문제해결을 위한 선택을 잘못했을 때 나타나는 것으로 간주한다. 헤일리(1971)는 가족의 유형학이나 증상학을 발전시키기보다는 우리처럼 발달적인 관계 안에서 가족을 바라본다. 우리 또한 문제 가족을 발달상의 변화에 적응하지 못한 대인관계적 체계 또는 사이버네틱 체계로 바라본다. 우리는 개인의 문제가 가족체계의 문제에서 발생한 것으로 간주하며, 그 문제가 가족에 의해서 정의된 것이라는 견해를 받아들인다(Madanes and Haley 1977). 그러나 우리는 객관적으로 정의된 목표들을 고집하지는 않는다; 우리는 문제에만 관심을 두지 않는다; 우리는 전략적 치료자들이 추천하는 것과는 달리, 빨리 문제에 관여하고 빨리 문제에서 벗어나려고 하지 않는다(Haley 1980). 우리는 가족이 변하지 않으면 개인도 변할 수 없다는 생각에 동의하지 않는다. 우리는 개인 심리치료에서 개인이 변하는 것을 보아왔는데, 이러한 개인의 변화는 때때로 가족의 변화를 초래하기도 하지만, 그렇지 않을 때도 종종 있다. 우리가 전략적 가족치료의 견해에 동의하지 않는 가장 중요한 부분은 통찰에 관한 부분이다. 스탠톤 (Stanton 1981)은 "깊은 생각에 잠긴 채 엉덩이를 뒤로 빼고 앉아서 해석을 하는 것은 단지 가족으로 하여금 그들의 행동유형을 반복하게 할뿐이다 … 그러한 자세는 변화를 일으키지 못한다" 라고 주장한다(p. 370). 그러나 우리는 해석이 필수적이라고 믿는다. 다만 통찰로 이끌지 못하는 해석, 혹은 해석이 필요할 때에 가만히 앉아있는 것은 가족을 돕지 못할 것이다. 이 책에서 우리는 해석과 통찰을 어떻게 사용하는지를 보여줄 것이며, 정신분석적 가족치료를 통하여 항구적인 변화와 성장을 이끌어내는 데 있어서 그것들[통찰과 해석]이 얼마나 큰 효력을 발휘하는지를 보여줄 것이다.

　헤일리의 방법과 다른 전략적 접근법은 지시적 행동을 강조한다. 그러나 정신분석적 가족치료는 비지시적이다. 우리는 환자들이 말하는 중간에 끼어들거나, 조용히 하라고 말하거나, 자리를 바꾸어 앉으라고 하거나, 역설적이든 비역설적이든 처방을 내리지 않는다. 그러나 환자들이 말하는 것을 듣고 그것들에 대해서 말하는 동안, 우리는 말해진 것과 말해지지 않은 것들 사이의 관련성과 비언어적 의사소통에 관심을 집중하고, 우리의 해석이 보이는 문제들을 풀기보다는 무의식적 관계를 밝히는 데에 초점을 둔다는 점에서, 우리의 접근에는 역설이 포함되어 있다. 그러나 정신분석적 가족치료는 때때로 특별히 치료적 공간의 경계에 관한 문제에 대해서는 더 지시적일 수도 있다. 예를 들어, 아이가 굵은 펜을 가지고 벽에 낙서를 하는데도 부모가 가만히 있다면, 우리는 아이에게 낙서를 하지 말라고 말한다. 우리는 간과된 기능들이나 자료들에 주의를 기울이는데, 이것은 모든 가족 구성원들로 하여금 모든 다양한 수준의 가족 경험들을 최대한으로 표현하도록 촉진시키기 위함이다.

우리의 접근법은 미누친에 의해 소개된 구조적 접근법에 가깝다(1974). 그의 접근법은 증상에 집중하는 것이 아니라, 현재 보이는 문제 근저에 숨어 있는 구조를 찾는 데 집중한다. 아폰테와 반두젠(Aponte and Van Deusen 1981)은 구조적 치료자 자신의 개인적 반응들을 스스로 인식하고, 거기에 반응하고 접근할 수 있는 능력을 증가시키는 것이 중요하다고 강조한다. 이러한 치료자의 반응들은 "치료자가 읽고 해독할 수 있었던, 그의 가족이 남긴 흔적이다. 치료자가 자신의 반응들을 활용할 수 있는 능력은 가족의 자연스런 반응에 접촉하고 이해할 수 있는 방법들을 제공해준다"(p. 328). 이 말은 우리가 전이와 역전이를 사용하는 것과 유사한 것처럼 들린다. 그리고 비록 미누친이 자신은 가족치료를 가르치는 데 있어서 정신분석적 개념을 사용하지 않는다고 말했지만, 우리는 가족치료사가 분석적 경험에서 배울 것이 있다고 생각한다. 미누친과, 안돌피(Andolfi), 헤일리, 휘태커(Whitaker), 애커만(Ackerman) 등의 훌륭한 임상적 솜씨들은 전이와 역전이의 경험을 다루고 사용하는 그들의 특별한 능력에서 나온 것이 아닌가 생각된다. 이러한 경험들이 의식화되지 않는다면, 사람들에게 가족치료 기술을 가르친다는 것이 불가능할 것이다. 정신분석의 보증서라 할 수 있는 전이와 역전이에 대한 우리의 강조점이 전략적이고 구조적인 가족치료를 가르치는 사람들에 의해 유용한 것으로 발견될 수 있을 것으로 믿는다.

미누친과 그의 동료들(1967)은 가족 구성원들 사이의 깊은 참여를 촉진시키는 것과, 가족과 치료자 사이의 관계에 깊이 참여하는 것을 치료자 역할의 중심에 위치시켰다. 우리는 이러한 발달을 그들과 똑같은 방식으로 구조화하지는 않지만, 그 두 영역에 똑같이 주의를 기울인다. 유사하게, 우리는 미리 결정된 변화를 얻기 위해서 가족 구성원들과 우리의 관계를 구조화하는 대신에, 중립적인 위치를 유지한다. 중립적이라는 말은 가족 구성원들이 사용되는 방식으로 우리가 사용되도록 개방되어 있으며, 또 한편으로는 그 관계에서 벗어나 우리에게 일어나고 있는 것에 대해서 비평할 수 있고, 그럼으로써 가족으로 하여금 새로운 경험을 할 수 있도록 돕는 것을 의미한다. 우리는 가족을 재구성하기 위한 특별한 방법들에 대해서 생각하지 않으며, 과제를 설정하지도 않는다. 그러나 구조적 가족치료에서처럼 우리는 전문가적인 목적을 위해 인간적인 관계를 맺으면서 치료 작업에 들어간다. 우리는 비록 우리 자신을 가족관계가 투사되어질 수 있는 화면으로 제공하기는 하지만, 몇몇 고전적 분석가들이 생각하는 텅 빈 화면으로 행동하지는 않는다. 미누친(1974)이 내담자가 사용하는 용어들을 사용한다는 소위 "추적하기"(tracking)의 필요성을 말하듯이, 우리도 의사소통을 위해서 가족의 상징들과 언어들을 사용한다. 이것은 의사소통을 촉진할 뿐 아니라, 우리로 하여금 가족의 경험을 받아들이고 그것과 관련을 맺도록 허용한다. 그러면 우리는 우리에게 일어난 것과, 그것이 가족에게 갖는 의미를 지적하기 위해서 우리 자신을 가족의 경험으로부터 분리시키려고 노력한다.

우리의 기법이 다른 가족치료 기법들과 대조되는 가장 중요한 점은 현 가족 안에서 그리고 남편과 아내의 원 가족들 안에서의 초기 관계들을 이해하기 위해서 역사적인 접근법을 사용한다는 것이다. 스탠톤(Stanton 1981)은 가족체계 이론의 특징을 역사-성찰적(historical-reflective)이고 통찰에 집중하는 관점과 반대되는 것으로 묘사한다. 그는 "과거는 변화와 관련이 없기 때문에 우리는 과거를 강조하지 않는다 … 우리는 과거가 더 이상 존재하지 않기 때문에 그것을 변화시킬 수 없다"고 말한다(p. 390). 그는 체계이론가들이 무의식적 과정을 부인하지 않으며, 치료적 접근을 위해서 그것을 사용하기는 하지만, 환자의 의식에 그것을 떠오르게 하지는 않는다고 지적한다. 체계이론가들은 무의식을 의식적인 것으로 만들려고 하지 않는다. 그들은 치료자의 대인관계적인 영향으로부터 변화가 발생하지만, 그 영향이 환자의 인식 영역 밖에서 일어날 때에만 변화가 일어난다고 믿는다. 그들은 전이를 독려하는 대신에 그것의 방향을 다른 곳으로 돌린다. 그러나 우리의 견해에 의하면, 과거는 여전히 존재하며 끊임없이 현재의 관계 안에서 재연된다. 모든 가족체계는 그것이 건강하든 건강하지 않든 과거와 함께 짜여져 있고, 그것에 의해서 침투 당한다. 우리는 무의식에 대한 우리의 지식을 가족들과 나누는 것을 통해서 그들로 하여금 미래에 그들 자신들이 해석할 수 있도록 하는 것이 옳다고 믿는다. 체계이론가들처럼, 우리는 우리의 개입 여부를 판단하기 위해서 무의식을 사용하는데, 이 개입은 보통 언어적인 해석을 말한다. 하지만 때로 우리의 해석은 행동을 통한 것일 수도 있다. 예컨대, 언어가 제 역할을 하지 못할 때에 메시지가 통하는 행동으로 반응한다든지, 혹은 아이들의 게임에 동참하는 방식으로 개입할 때가 그런 경우이다. 물론 치료에 활동이 포함될 수는 있지만, 활동이 정신분석적 치료를 특징짓는 것은 아니다.

우리는 가족이 인식하지 못하는 영역에서 우리의 영향력을 미치는 일에는 관심이 없다. 우리는 우리의 개입이 가족의 테두리 안에서 과거와 미래의 사건들을 처리해나가는 전형으로서 인식되고 연구되기를 원한다. 이와 같은 목적으로 우리는 전이로부터 피하지 않고 오히려 해석을 위해서 전이를 사용한다. 우리는 억압된 것이 풀려나는 것, 즉 무의식적인 동기적 세력이 드러나고, 억압되었던 관계가 밝혀지는 것을 목표로 삼는다.

우리는 또한 감정 혹은 정서를 무시하지 않는다. 스탠톤은 체계이론가들이 정서적 정화(catharsis)를 장려하지 않는다고 선언한다. 구조적 치료방법과 경험적 치료방법을 통합한 체계이론가인 안돌피(Andolfi)는 비디오를 사용해서 감정적인 반응을 없애는 개입이 어떤 것인지를 보여주었다. 그는 그것을 치료를 통제하기 위한 조작적인 시도라고 보았다(Andolfi 1985). 우리는 이러한 감정적인 의사소통에 대한 거절이 격정적인 감정을 부추기며, 가족으로 하여금 감정적인 의사소통으로부터 배울 수 있는 기회를 박탈한다는 인상을 받았다. 그렇기 때문에 우리는 감정의 출현을 무의식적인 고뇌나 흥분이 있다는 표시로서 평가한다. 행동주의자들은 감정이 고조되는 기간에 학습이 일어난다고 지적하며, 우리는 해석이 감정과 함께 표출된 것들과 연결될 때에 가족이 배우고 변화한다는 사실을 발견한다.

셀비니 팔라졸리는 그녀의 동료들과 함께(Selvini Palazzoli et al. 1975) 발달시킨 방식으로 밀란의 접근을 사용하면서 가족의 항상성 유지를 위한 적응기제가 긍정적 기능을 갖는다고 지적했다. 우리는 방어적 자세의 이점들이 있지만, 그러한 자세가 좋은 것이기 때문에 유지되어야 한다고는 생각하지 않는다. 그러한 작은 이점들이 그것들이 가져오는 손해에도 불구하고 그럴만한 가치가 있는 것이라면, 우리는 오히려 그 가족이 경험한 상실들의 심각성에 대해서 묻고 싶다. 역설과 반역설이 밀란 처방의 주된 특징으로 보인다. 셀비니 팔라졸리(1985)는 보편적인 해석을 사용하여 만성적인 정신증 환자를 회복시킨 놀라운 경험에 대해서 보고했다. 보편적 해석이란 정신분석적 방법에서 가능한 것이 아니다. 그녀의 해석은 부모가 사적인 삶에 대한 권리와 책임을 갖고 있다는 사실에 초점이 맞추어져 있다. 우리는 가족에서 자녀들과 부모를 구분하는 것이 보편적으로 적용될 수 있는 개념이라는 데는 동의하지만, 부부의 성적 관계를 방해하는 세력들에는 더 복잡한 요인들이 포함되어 있다고 생각한다.

밀란 전통을 따르는 전략적 가족치료사인 반 트로멜(Van Trommel 1984)은 특히 치료자의 체계와 환자의 체계 사이의 관계에 초점을 맞추었다. 그의 주장에 의하면, 치료자는 가족을 이해하기 위해서 자신을 먼저 이해해야하며, 그렇지 않으면 가족치료를 수행할 수 없다. 밀란 방법에 대한 그의 이해를 묘사할 때, 그는 불만을 이끌어내고, 그 불만의 기능을 이해하며, 가족체계 안에서 작용하는 유형을 찾아낸 후에, 그 유형이 가족과 자신 사이에 재창조되는 것을 발견해야 하는 치료자의 과제에 대해서 설명하였다(Van Trommel 1985). 과거 내력을 수집하고, 유형을 인식하며, 가족과 치료자들의 체계가 미치는 상호 영향을 중요하게 취급하는 이러한 접근법은 우리의 방법과 아주 유사하다. 반 트로멜은 우리가 하나의 이론 체계의 부분들을 다른 하나의 이론 체계의 부분들과 연관시켜 작업을 한다고는 하지만, 사실은 개인들과 작업을 하고 있다는 흥미로운 지적을 하였다. 이 말은 어처구니없이 단순한 말이지만, 우리는 이것이 아주 결정적인 요점을 담고 있다고 생각한다. 우리의 견해에 의하면, 우리가 다루는 체계들은 개인과 집단 사이에서 발생하는 인간관계 체계들이다. 우리는 가족과 치료자 사이의 치유적 관계라는 맥락 안에서 가족을 구성하는 개인들 사이의 관계에 대해 말한다. 그리고 그때 우리는 체계를 초월하는 인간성이라는 토대 위에서 이 모든 작업을 수행한다. 우리가 볼 때, 역설과 반역설은 개인들의 의식적인 노력에 주의를 기울이지 않은 채 체계를 거부하는 것으로 보인다. 이 점이 우리가 전략적 치료자들과 견해를 달리하는 부분이다.

개인을 중요시 여기는 가족치료사인 보웬(1978)은 때로는 가족이나 부부를 함께 다루는 것보다 개인을 다룰 때 가족치료가 더 효과적일 수 있다는 사실을 발견했다. 치료자는 개인으로 하여금 변화를 초래하기 위해 자신의 확대 가족체계의 다양한 여러 부분에 개입하도록 "코치한다." 물론 우리는 그런 식으로 하지 않지만, 개인 환자를 다루는 분석가로서 심리내적 차원에 대한 우리의 견해가 우리의 가족치료 경험과 개인과 가족 모두에게 적용되는 준거 틀로서의 대상관계 이론에 의해서 영향을 받았다는 사실을 알고 있다(Winer 1985). 우리는 "가족 투사과정"(the family projection process)에 대한 보웬의 묘사가 매우 흥미롭다고 생각한다. 그것은 부모의 미분화된 요소가 같은 수준의 미숙한 자기를 지닌 자녀 중 하나에게 전달되는 방식을 말해준다. 그는 그것이 부부 사이의 취약한 결혼관계를 안정시키기 위한 목적에 사용된다고 말한다. 이러한 생각은 우리의 이론과 양립할 수 있다. 투사적 동일시에 대한 클라인의 개념을 부부치료와 가족치료에 응용한 진너(Zinner 1976)와 샤피로(Shapiro 1979)의 영향을 받은 우리는 어떤 아이들에게 무엇이 투사되는지, 그들이 어떤 투사를 동일시하고 어떤 투사를 거절하는지를 이해하기 위해 노력한다.

우리의 작업방식은 빌스(Beels)와 훠버(Ferber)에 의해서 묘사
된 "반응-분석가들"(reactor-analysts)—보스조르메니(Boszormenyi)
와 나지(Nagy), 프라모(Framo 1965)와 폴(Paul 1967)을 포함하
는—의 작업방식과 아주 유사하다. 프라모(1970, 1976, 1981)는
현재 부모의 결혼관계에 집중함으로써 가족 문제를 다루는 반면,
우리는 대부분의 가족치료가 그러하듯이, 잠시 동안은 부부 문제
나 개인 문제에만 집중할 수 있지만 프라모처럼 가족치료에서
어린 구성원들을 배제하지는 않는다. 우리는 많은 가족치료사들
처럼 조부모를 포함시키지만, 프라모가 마라톤 면담이라고 묘사
하는 작업을 조부모와 갖지는 않는다. 나지(Nagy)는 성실성과 윤
리에 관한 주제에 초점을 맞추면서 가족이라는 정황 속에 있는
개인에게 더 많은 비중을 둔다(Boszormenyi-Nagy and Framo
1965, Boszormenyi-Nagy and Spark 1973). 우리의 접근법은 덜 추
상적이며, 가족생활의 예측하기 어려운 성질에 더 가까이 다가가
고자 노력한다. 물론 우리는 미누친이나 헤일리처럼 어린 자녀들
도 포함한다. 하지만 아동의 놀이에 대한 우리의 견해는 질박
(Zilbach 1986)의 견해와 더 가깝다. 우리의 접근법은 복스(Box)
와 그녀의 동료들(1981) 그리고 우리가 타비스톡(Tavistock)상담
연구실에서 함께 일한 적이 있는 샤피로(Shapiro 1979), 진너
(Zinner 1976), 진너와 샤피로(1972, 1974)—우리 중 한 사람은 그
들에게서 수련을 받았고 우리 두 사람 모두는 그들과 함께 일을
한 적이 있다—의 방법에 가장 가깝다. 샤피로의 방법과 진너의
방법 사이의 유사점은 그들이 집단-해석적인(group-interpretive)
방법과 비온(Bion 1961)의 집단치료 이론을 사용한다는 점에 있
다. 우리는 가족의 집단적인 패턴들이 명명이 가능한 방어들이라
고 생각한다. 아직 명명이 불가능한 집단의 불안에 대한 방어기
제들의 기능은 그 불안이 드러나고 극복될 수 있을 때까지 반복

해서 지적된다. 그리고 우리의 접근법은 역전이를 강조한다는 점에서 복스의 것과 비슷한데, 이것은 그녀와 우리가 타비스톡 클리닉에서 클라인 학파의 수련을 받는 동안에 함께 배운 것이다. 비록 기법 면에서 비슷한 점이 있기는 하지만, 우리의 접근법은 페어베언의 대상관계 이론에 크게 의존한다는 점에서 샤피로와 진너와 복스의 접근법과는 다르다. 임상 실제에 있어서 우리는 가족치료에 어린아이들과 유아들을 포함시킨다는 점에서 특이하다. 아동 분석가로서 우리는 대상관계 이론에 기초한 집단치료에서 해석 방법을 사용한 아동 심리학자 스키너처럼(1976) 발달상의 용어들을 사용하여 가족을 평가하는 경향이 있다. 해석 스타일에 있어서 그는 우리보다 더 권위적이고 지시적이며, 치료자에 대한 의존도를 줄이기 위해서 각 치료 기간 사이에 1개월의 공백을 둔다. 그는 또한 치료 기간에 제한을 두는 것이 좋다고 생각하며, 따라서 같은 치료자와 지속적으로 작업하는 것에 반대한다.

우리가 묘사한 다른 가족치료사들과의 차이점들 중 몇몇은 독단적인 것으로 보일 수도 있을 것이다. 그것들은 문헌들에 대한 독서와 비디오 검토 그리고 많은 토론에 기초한 것이다. 우리는 사람들이 하는 말과 실제 사이에 종종 차이가 있다는 것을 발견한다. 우리가 다른 접근법들을 실제로 적용해보지 않았기 때문에, 그것들을 공정하게 평가할 수는 없다. 우리의 의도는 우리의 접근법이 가족치료에 적절하다는 점을 보여주는 데 있다. 우리는 우리의 접근법을 서로 관련성을 갖고 있는 여러 이론들에 의해 정의된, 다양한 부분들의 체계로 인식한다. 그리고 그 부분들 중 어떤 것들은 서로 조화를 이루는가 하면, 어떤 것들은 서로 삐걱거리기도 한다. 각 부분은 전체를 형성하는 데 기여한다. 유사하게 우리는 심리치료사 개인의 심리내적 수준과 가족이나 집단치료에서의 대인관계적인 수준 모두에서 심리사회적 체계의 어떤 부분에도 개입할 수 있다고 믿는다. 우리는 정신분석적 가족치료 사로서 가족의 내부 요소들이 가족 구성원의 내면과 갖는 관계 등의 미세한 수준에서 개입을 시도한다.

덜(B. and F. Duhl 1981)은 개인이 가족의 하부체계이며, 이 하부체계들은 다시금 인식의 단계와 의식적 및 무의식적 경험의 단계와 같은 하부체계들을 포함하고 있다고 말한다. 우리는 그의 말에 덧붙여 원 가족 안의 다양한 발달단계들에서 겪은 관계 경험들을 반영하는 관계의 하부체계들이 개인 내부에 존재하고 있으며, 이 내재화된 관계들이 현 가족 구성원들과의 관계에서 표현된다고 말한다. 따라서 가족 안에는 서로 좋거나 좋지 않은 영향을 미치는 관계들이 서로 맞물려 있는 관계 체계들이 존재한다. 정신분석적 가족치료는 이러한 복잡성을 심리내적-대인관계적 연속체라는 틀 안에서 인식한다. 대상관계 이론은 개인과 가족체계 모두의 역동성을 이해하기 위한 이론적인 토대를 제공하며, 치료 작업을 위한 언어를 제공한다.

정신분석학에 뿌리를 둔 이론

대상관계 가족치료는 대상관계 이론을 가족치료에 적용함으로써 생겨났다. 그것은 듣고, 연상을 따르고, 저항과 방어에 대한 해석을 통해 무의식을 의식화하고, 통찰을 얻고, 변화를 향해 극복 과정을 거치는 정신분석적 기법들을 사용한다(Freud 1917c). 하지만 그것은 프로이트가 후에 발전시킨 구조적 이론─비록 개인의 심리 안에 있는 역동적 구조에 대한 그의 관심이 가족 내부의 역동적 체계 안에서 작용하는 구조에 대한 우리의 관심과 유사하기는 하지만—으로부터 나온 것이 아니다. 우리는 고전적 정신분석 이론이 거의 전적으로 개인의 심리내적인 영역에 치중하기 때문에 가족을 이해하는 데에는 별 도움이 되지 않는다는 것을 발견한다. 그 이론에서 성격은 성적 본능과 죽음의 본능을 표현하려는 충동들 그리고 현실에 적응하기 위한 억압 사이에서 이루어지는 타협에서 유래하는 것으로 묘사되었다. 주어진 환경에 대한 유기체의 적응을 강조하는 자아심리학(ego psychology)은 현실의 조건에 맞추기 위해 욕동을 지배하고자 하는 자아의 노력에서 기인하는 내면의 갈등을 강조한다(Hartmann 1939). 개인들과 가족들 안에 있는 이러한 성적 욕동, 죽음에 대한 두려움 그리고 환상에 대해서 우리가 충분히 인식한다 할지라도, 우리는 이것들이 가족의 삶을 결정하는 일차적인 요소라고는 보지 않으며, 대신에 관계 내에서 발달하는 결과물로 간주한다.

우리는 애착에 대한 근본적인 욕구와, 돌보는 대상들로부터 분리될 때 초래되는 파괴적인 효과를 묘사한 보울비(1969, 1973a, 1980)의 동물 연구에 의해 영향을 받았다. 말러(Mahler)와 그의 동료들(1975)은 분리-개별화 단계들에서 아이가 엄마와 맺는 관계의 발달을 탐구했다. 보다 최근에 있었던 유아에 대한 관찰연구(Brazelton et al. 1976, Schwarzbeck 1978)는 엄마와의 관계에만 초점을 맞추지 않고, 베네덱(Benedek 1960, 1970a)의 초기 연구를 따라 아빠와의 관계에도 관심을 가졌다—그러나 커플로서의 부부에 대해서는 관심을 보이지 않았다. 후레이버그(Fraiberg)와 동료들(1975)은 엄마-아이의 이자-단일체적 관계(dyad)에 대한 연구 결과를 보고했다. 비록 가족의 상호작용의 질이 좀더 성장한 아이의 개인적 병리에 미치는 효과가 묘사되기는 했지만(Shapiro 1966, Shapiro and Zinner 1979, Shapiro et al. 1975, Zinner and

Shapiro 1972), 초기 어린시절에 개인의 성장을 결정하는 요소인 가족의 상호작용에 관한 정신분석적 연구는 많지 않다. 이러한 대인관계적 관찰들을 근본적으로 개인의 심리를 다루는 프로이트 정신분석 이론이나 신 프로이트적 정신분석 이론과 통합하는 것은—유용한 시도들이 행해지기는 했지만(Grunebaum and Chasin 1982, Kahn 1986, Sander 1979)—매우 힘든 일이다. 분석가이며 가족치료사인 프레드 샌더(Fred Sander)는 구조적 이론(이 이론의 적응력을 강조하면서)을 다른 가족체계적 사고 및 대상관계적 사고들과 통합할 수 있기를 아직도 희망한다고 (우리에게 보낸 편지에서) 말한 적이 있다. 우리는 그러한 통합의 필요성 자체가 발달에 관한 대인관계적 이론이 부족하다는 것을 말해주는 것이라고 생각한다. 이러한 이론적인 황무지가 전통적인 정신분석 이론과 가족치료 이론 사이의 양극화를 가져왔다.

초기의 고전적 정신분석가인 플루겔(Flugel 1921)은 분석 이론에 관한 학술지를 발간했으며, 그것이 가족이라는 정황 안에서 성격의 발달에 어떻게 적용되는지를 보여주었다. 그는 자녀들 사이의 관계와 부모와 자녀 사이의 관계에서 발생하는 사랑과 증오에 관해 관찰하였다. 역사적인 관점에서 볼 때, 그가 묘사한 가족이 일련의 이자-단일체적 관계들로서 드러나고 있는 것은 놀랄 일이 아니다—각 구성원들은 유아기의 성욕과 오이디푸스 시기의 분투 에너지들을 조정하려 한다. 플루겔은 비록 그의 이론과 당시의 정신분석학계의 풍토가 갖는 한계로 인해 제한을 받기는 했지만, 그는 "한 아이가 자기 가족의 구성원들을 향해 어떤 태도를 취할 때, 그것은 동시에 일반적으로 주변 사람들과 갖는 관계의 중요한 측면들을 상당히 결정한다"(p. 4)라고 서술하면서, 대상관계적 관점을 예언했다. 그러나 그는 당시에 부부관계에 대해서 알려진 것이 너무 적기 때문에 그 주제를 부적절하게 다루기보다는 유감스럽지만 생략하는 것이 더 낫다고 보았다.

1960년에 미국에서 저술활동을 했던 또 다른 고전적 분석가인 그로챤(Grotjahn)은 개인과 가족과 집단의 무의식적 과정들 사이에 어떤 연관성이 있음을 발견하였다. 그는 가족 구성원들에게 분석적 집단치료의 방법을 적용하였고, 환자의 개인 정신분석과 병행해서 환자 가족의 구성원들과 면담을 하거나 그들을 치료했으며, 분석을 지지하고 저항을 줄이는 방법으로—특히 저항이 주지화의 형태를 취할 때—가족 컨퍼런스를 활용하였다. 그는 "구조가 결핍된 가족, 혹은 구성원들이 분명하게 명시된 역할을 가지고 있지 않은 가족은 아이로 하여금 불확실하고 모호한 자아 정체성을 갖게 한다"(p. 88)고 결론을 내렸다. 그는 또한 "신경증을 앓고 있는 개인과 마찬가지로, 신경증을 앓고 있는 가족은 구성원들 사이에서 쉽고 자유로운 무의식적 의사소통의 능력을 상실한 상태이다. 그러한 가족은 경험을 통해서 배우는 것과는 거리가 멀기 때문에 온 가족의 성장 가능성은 위험에 처하게 된다"라고 말했다(p. 123). 그의 관찰을 뒷받침할만한 이론적 통찰을 찾는 과정에서 그는 집단심리에 대한 프로이트의 논문(1921)과 가족 신경증을 주제로 한 1936년도 정신분석 연차대회(Psychoanalytic Congress)에서 나온 논문들을 인용했다. 그로챤은 개인적으로 자유로운 사상가이지만, 개인분석에 대한 그의 충성심 때문에 1960년까지 전체 가족을 치료 대상으로 삼지는 않았다. 그는 또한 자신의 관찰들을 가족 역동을 위한 이론으로 발전시키지 않았다. 우리는 그 이유가 프로이트의 이론이 그러한 발전을 지지할 수 없었기 때문이라고 생각한다.

대상관계 이론은 발달에 대한 대인관계적 관점으로부터 온 심리내적 이론이기 때문에 분석적 가족체계 이론을 형성할 수 있는 가능성을 제공한다. 처음에 이 이론은 개인 심리학이었지만,

그것이 대인관계에서 파생된 것이기 때문에 부부 심리학(Dicks 1967)으로, 집단 심리학(Bion 1961)으로, 그리고 가족 심리학 (Scharff 1982, Shapiro 1979 and Zinner 1971, Skynner 1976, Zinner 1976)으로 확장될 수 있었다. 이 이론은 스코틀랜드에서 고립된 채 작업해온 페어베언(Fairbairn 1952, 1954), 영국의 독립적인 집 단에 속하는 발린트(Balint 1952)와 위니캇(Winnicott 1965b, 1971b), 그리고 건트립(Guntrip 1969)에 의해서 발전되었는데, 이 들 모두는 서덜랜드(Sutherland 1980)가 언급했듯이, 클라인(1932, 1948)의 영향을 받았다. 우리는 페어베언의 이론을 핵심에 두고 다른 이론가들로부터 온 개념들을 통합시키는 방식을 선택한다. 페어베언은 구조 이론에 대한 프로이트의 관심을 따라 인간의 심리내적(endopsychic) 구조를 설명하고자 했다. 프로이트가 말하 는 구조는 본능적 추구와 현실 사이의 갈등에 대한 유기체의 적 응에서 발달하는 것인 반면에, 페어베언이 말하는 구조는 유아기 의 절대 의존 시기 동안에 무기력한 아기가 경험하는 최초의 인 간관계로부터 발달하는 것이다. 페어베언에게 있어서 인간의 근 본적인 욕동이 추구하는 것은 충동의 만족이 아니라 관계 안에 존재하는 것이다. 이 이론은 과학적인 것이라기보다는 경험적이 고 실제적인 것이다. 분석 실제에서 대상관계 이론은 치료적 관 계를 중요하게 생각한다. 왜냐하면 이 이론은 개인 환자들과의 임상 실제에서 치료적 관계의 중요성에 대한 인식에서 발달해 나온 것이기 때문이다.

대상관계 이론을 간략히 요약함에 있어서(페어베언 1963), 우 리는 이 이론이 단지 성격에 관한 모델 중의 하나라는 점을 상 기시키고 싶다. 이 이론은 구체적인 현실이나 "사실"로 취급될 것이 아니라 우리에게 사고하고 작업하는 방식을 제공해주는 상 상적인 내용물로 취급되어야 한다(Sutherland 1963). 우리는 이 책

의 3장에서 대상관계 이론을 자세히 다룰 것이다. 페어베언은 정
신을 초기 관계의 맥락 안에서 발생하는 발달과정에 의해 형성
되고 수정되는 역동적인 구조체계로, 즉 자아(ego)로 보았다. 유
아는 태어나면서부터 엄마와 애착관계를 추구한다. 유아는 무력
하게 엄마에 의존해 있기 때문에 엄마의 반응에, 그리고 친밀함,
위안, 포만감과 허기 등의 경험에 취약할 수밖에 없다. 공격성은
본능에서 나오는 것이 아니라, 엄마와 아이 사이의 상황을 바로
잡기 위한 시도가 좌절되는 데서 발생하는 것으로 간주된다. 아
이의 자아는 엄마와의 관계에서 느끼는 좌절의 측면들을 내사하
거나 안으로 들이고 그것들을 억압함으로써 상황에 대처하는데,
그때 자아의 일부분이 동시에 억압된다. 좌절 경험은 아이의 애
착 욕구가 거절되거나, 스트레스가 될 정도로 지나친 자극에 노
출되는 것으로 설명될 수 있다. 타자에 대한 이러한 경험들은 각
각 거절하는 대상(rejecting object)과 흥분시키는 대상(exciting
object)이라고 불린다. 이러한 대상들과의 관계 속에서 고통을 겪
는 자아의 부분들은 각각 반리비도적 자아(antilibidinal ego)와 리
비도적 자아(libidinal ego)라고 불린다.

따라서 우리는 자아 안에 억압된 두 개의 체계들이 있다는 것
을 알 수 있다: 욕구와 흥분과 갈망으로 특징지어지는 리비도적
체계와, 공격성과 분노와 증오와 경멸로 특징지어지는 반리비도
적 체계. 중심 자아(central ego)라 불리는 자아의 나머지 부분은
애착 대상과 평온하고 합리적인 방법으로 경험들을 다룰 수 있
는 자유를 가지고 있다. 중심 자아는 이상적 대상(ideal object)이
라고 불리는 비교적 탈성화되고 탈공격적인 대상을 갖고 있다.

엄마와의 경험에서 오는 불안이 더욱 견딜 수 없게 될수록 억
압은 더 강해지고, 자유스럽게 관계 맺을 수 있는 자아의 능력이
줄어든다. 건강할 경우, 유아는 충분히 좋은 엄마의 보살핌 속에

서 억압되지 않은 중심 자아—이상적인 대상과 연결된—가 비중이 큰 성격을 발달시킨다. 이 중심 체계는 통합할 수 있고, 배울 수 있으며, 대상들과 상호적으로 교류할 수 있고, 그러한 환경에 적응할 수 있다. 중심 체계는 사실상 성격의 첫 번째 조직자인 엄마의 영향아래 형성된 것이다. 이것은 융통성 있고 적응력이 있는 개방된 체계로서, 초기에 경험한 만족스러운 관계 패턴을 따라 미래의 관계들을 형태 짓는 경향이 있다. 그러나 중심 체계의 기능이 그 체계와 그것의 중심적인 관계를 보호하기 위해 억압된 리비도적 체계와 반리비도적 체계에 의해 어느 정도 영향을 받는 것은 불가피한 일이다.

서덜랜드(Sutherland 1963)는 억압된 체계들은 외부 세계와 단절되어 고착되고 닫힌 체계들로서 작용하면서, 대상들을 불만족스러운 초기의 경험들에 상응하는 이미지에 끼어 맞춘다고 지적한다. 이러한 체계들 안에 담긴 억압된 대상관계들은 의식되지 않기 때문에 그리고 자체 내에서 모든 것이 충족되기 때문에 새로운 경험으로부터 배울 수 없고, 따라서 성장할 수 없다. 그러나 이러한 억압된 대상관계들은 지금 여기에서 유아기의 경험을 반복하는 것과 다른 사람에게 투사되는 것을 통해서 출구를 찾으려 한다.

여기에서 페어베언은 자신이 클라인의 투사 개념에 의해 영향을 받았음을 인정한다. 투사라는 개념은 대상관계 이론을 훨씬 더 유용한 것으로 만들어주었다. 이것은 집단과 가족에 속한 사람들이 어째서 서로를 특정한 방식으로 대하는지를 설명할 수 있는 길을 열어주었다. 페어베언은 억압된 체계들이 중심 자아를 공격함으로써 초기 외상을 반복하는데, 이는 부분적으로는 그 끔찍한 경험을 비밀리에 확인하고 부분적으로는 초기의 상실들에 항의하기 위한 것이라고 말한다. 또한 좋은 기억들과 만족스러운 관계에 대한 잠재력을 보호하기 위해서, 억압된 리비도적 체계와 반리비도적 체계들은 자아 바깥의 애착 인물에게로 축출되고 제거된다. 그때, 애착 인물과 가졌던 최초의 불만족스런 관계가 다시 경험된다. 물론 그 애착 인물은 희생자일 수도 공격자일 수도 있다. 유아가 발달상의 단계들을 통과해가고, 사고능력이 성숙해감에 따라 좋은 경험을 간직하기 위해 불만족스러운 경험을 분리시킬 필요는 적어진다. 왜냐하면 유아는 이제 양가감정을 수용하고 전체 대상관계를 허용할 수 있기 때문이다. 건강하고 보다 개방적인 중심 체계는 더 높은 정서적 및 지적 발달수준의 경험에 비추어 억압된 체계의 내용을 변화시킬 수 있다.

딕스(1967)는 대상관계 이론을 부부관계에 적용함으로써 정신역동적인 부부치료방법을 개발하였다. 그는 각 개인의 심리내적 구조가 의식적 수준과 무의식적 수준 모두에서 배우자의 심리내적 구조와 서로 맞물리게 되는 방식을 연구했다. 중심 자아 체계는 예비 배우자 안에서 발견되는 이상적인 대상에 기초하여 배우자를 선택한다. 부부관계에서 유아기 감정들이 되살아나는데, 그것은 결혼이 돌봄을 받았던 어린시절의 경험과 유사한 경험을 제공해주기 때문이다. 물론, 성인기에 정신은 일방적이고 무력한 의존보다는 상호 동의를 바탕으로 상호적인 의존에 기초하여 행동하는 것이 사실이다. 그럼에도 불구하고, 결혼이 제공하는 안전한 환경 안에서 최초의 부모 경험들을 나타내는 억압된 대상관계들이 좋든 나쁘든 되살아난다. 각 배우자는 이제 자신의 배우자를 이전의 대상들과 마찬가지로 부분적으로는 이상적이고, 부분적으로는 흥분시키고 거절하는 대상으로 바라보게 된다. 건강할 경우, 이것은 억압된 체계를 재통합하고 중심 자아 체계를 확장시킬 수 있는 기회를 제공한다. 그러나 서로 맞물린 부분들이 경직되게 닫혀 있는 체계 안에서는 억압된 관계들이 반복되고,

결혼관계를 보호하기 위해 다시 억압되는데, 그 결과 결혼관계는 더욱 황폐해진다. 이러한 경우에 중심 자아는 배우자에게서 독립된 정체성을 발견하는 대신에, 배우자가 자신의 내적 이미지에 맞출 것을 기대한다. 고통스런 대상관계를 억압하려는 이러한 상호적인 공모가 부부관계를 악화시키는 요인이 된다.

부부가 자녀를 갖게 될 경우, 신진대사를 거치지 못한 채 억압되어 있는 대상관계의 잔여물은 새로운 가족에게 위협이 된다. 부부는 그들의 결혼관계를 유지하기 위해 리비도적 및 반리비도적 대상들을 자녀의 정신에 투사하는 경향이 있다. 간단히 말해서, 자녀는 자신이나 배우자 또는 조부모 안에 있는 증오스런 부분과 동일시된다. 어떤 아이는 기질과 신체적 유사성 또는 출생 순서와 환경에 의해서 이런 투사 내용이 미리 결정되기도 한다. 그때 부모는 아이에 대해 그리고 아이는 부모에 대해, 투사된 것이 억압된 자아인지 아니면 대상인지에 따라, 증오나 불편한 갈망을 느끼게 된다.

이런 방식으로, 우리는 스키너처럼(Skynner 1976) 페어베언의 대상관계 이론이 가족의 역동을 이해하는 데 특별히 잘 적용된다는 사실을 발견했다. 미국에서는 국립 정신건강연구소(National Institute of Mental Health)에서 일했던 샤피로와 진너가 맨 먼저 딕스의 연구와, 투사와 투사적 동일시라는 클라인의 개념들에 관해 언급했다(Zinner 1976, Zinner and Shapiro 1972). 폴과 프라모와 보스조르메니-나지는 모두 대상관계 이론에 관심을 보이고 있다(Paul 1967, Paul and Grosser 1965, Framo 1970, 1976, 1982, Boszormenyi-Nagy and Spark 1973). 쿠클린(Cooklin 1979)은 체계이론과 일치하는 가족치료를 위한 정신분석적 틀을 개발하기 위해 페어베언의 이론을 수정하였다. 셀비니 파라졸리(1974)는 신경성 식욕부진에 대한 연구가 개인의 심리내적인 방법에서 개인의 한계를 넘어서는 방법으로 이동하고 있음을 지적하면서 이렇게 썼다: " … 오직 대상관계에 기초한 정신역동적 이론(특히 내사된 대상의 부정적인 측면들과 관련된)만이 신체 경험의 정신병리를 치료하는 데 실질적인 공헌을 할 수 있다"(p. 84). 그러나 대상관계 이론의 개념들은 가족체계를 위한 역설적 처방이라는 그녀의 기법에 대해 설명해주지는 않는다. 슬립(Slipp 1984)은 대상관계 이론이 개인치료와 가족치료 사이에서 교량 역할을 할 수 있다고 보았다.

이 시점에서 우리는 멜라니 클라인의 공헌을 요약할 필요가 있다. 우리는 클라인의 글(1935, 1946, 1948, 1957)과 그것에 대한 시걸의 요약(Segal 1964)을 활용할 것이다. 클라인과 페어베언 모두가 프로이트의 이론에서 떠난 것은 사실이지만, 페어베언은 심리구조에 대한 프로이트의 관심을 유지했고, 아브라함(Abraham)의 영향을 받은 클라인은 프로이트가 핵심적인 것으로 주장했던 본능의 기능에 대한 관심을 이어받았다. 아동 분석에서 클라인(1961)은 (엄마와의 관계에서) 본능적인 충동을 다루고자 하는 유아의 시도에 수반되는 원시적인 환상들을 발견할 수 있었다. 그녀는 특히 그 환상 안에 죽음 본능이 작용하고 있음을 강조했다. 1935년에 이미 진술된 그녀의 견해에 의하면, 파괴적 충동은 죽음의 본능으로부터 오며 이것은 타고난 것이다. 클라인은 초기 관계를 망치고자 하는 환자의 본능에서 나오는 파괴적인 힘에 초점을 맞추었다. 그녀는 죽음 본능의 세력을 다른 데로 돌리려는 원시적인 시도가 대상을 이상적으로 좋은 부분과 나쁜 부분으로 분열시키는 과정으로 인도하게 되고, 그 후에 그 대상의 부분들을 다른 정신 안으로 투사하도록 인도한다고 설명한다. 투사는 자신을 좋은 것으로 유지시키거나 아니면 대상을 좋은 것으로 유지하는 데 사용된다.

이러한 가정은 비온(Bion 1961), 에즈리엘(Ezriel 1950, 1952), 투르켓(Turquet 1975)에 의해 집단 기능에 적용되었다. 비온은 과제집단을 괴롭히는 문제가 과제와 관련된 것이 아니라, 불안에 대한 방어와 관련된 것이라고 보았다. 어떤 사람들은 그들의 성격의 부분들을 다른 구성원들에게 투사함으로써 자신들의 혼동과 무력함을 다루고자 하는데, 그때 그들은 다른 사람들에게서 자신들의 모습을 발견한다. 투사적 동일시라는 다중적인 과정이 집단 내의 하위 집단들 안에서 작용하는데, 이 하위 집단들은 집단의 지도자와의 관계에서 전체 집단이 갖고 있는 불안에 대한 기본적인 방어의 성질에 따라 달라진다. 이 이론은 가족 문제에도 적용할 수 있는 것으로 판명되었는데, 가족은 다음 세대의 구성원을 양육하는 과제를 지닌 그리고 부모를 지도자로 지닌 소집단으로 간주된다(Shapiro 1979, Shapiro and Zinner 1979).

대상관계 가족치료는 프로이트의 역사-성찰적이고 비지시적이며 분석적인 접근법을 사용하면서도, 대부분 대상관계 이론과 집단관계이론으로부터 도출된 이론을 따른다. 이것은 아동발달에 대한 정신분석 이론과 엄마-아이 및 아빠-아이 상호작용에 대한 연구에 의해 더 많은 정보를 갖게 되었다. 그 외에도 어린 가족 구성원들과 의사소통하기 위해서 놀이 치료(play therapy)로부터 배운 기법들을 사용한다. 그 기법들은 가족과 치료자 사이의 치료적 공간 안에서 듣고, 말하고, 노는 것으로 구성되어 있다. 그 공간 안에서 전이와 역전이 과정이 발생하는데, 이것들은 가족의 대상관계 체계를 밝히는 데 없어서는 안 될 필수요소이다. 그리고 그 공간 안에서 통찰이 일어난다. 대상관계 가족치료는 변화를 위해 그리고 발달상의 전진을 위해서 통찰이 요구되며, 치료적 결과를 공고히 하는 극복과정을 위해서도 통찰이 필요하다는 입장을 갖고 있다.

지금까지 우리는 대상관계 가족치료에 대한 우리의 입장을 압축해서 설명했다. 우리는 우리가 제시한 내용이 이미 대상관계 이론과 가족치료 이론에 정통한 사람들에게만 충분히 이해될 수 있는 것임을 알고 있다. 우리가 이처럼 개략적인 설명을 제시하는 것은 이 책에서 다루고자 하는 전체 내용의 방향을 지시하는 데 그 목적이 있다. 이어지는 장들에서 우리는 대상관계 가족치료의 발달에 영향을 미친 세 가지 주요 정신분석 이론을 상세히 설명할 것이다: 대상관계 이론, 아동발달 이론, 그리고 집단관계 이론. 그 다음에 우리는 정신분석적 가족치료의 특징들을 개략적으로 설명할 것이다: 발달단계의 평가, 방어와 불안, 집단치료를 위한 정신분석적 기법, 전이와 역전이, 개인치료와 부부치료를 가족치료에 연결하기, 아이가 있는 가족에게 놀이와 다른 기법들을 활용하기, 특별한 상황에 처한 가족의 문제, 극복과정과 종결의 문제.

이 책의 중심 내용으로 들어가기 전에 우리는 실제 임상사례를 통해서 정신분석적 이론으로 가족 문제에 접근하는 데 따른 어려움을 설명할 것이다. 제시된 임상사례들은 그것들이 완벽한 모범이기 때문이 아니라, 보통 일반적인 정신분석적 가족치료를 보여주기 때문에 선택되었다. 우리(치료자였던 D.E.S와 치료자의 자문 역할을 했던 J.S.S)는 치료면담을 녹화한 비디오로부터 이 사례들을 재구성했다. D.E.S의 역전이 반응에 대한 내용은 다른 글씨체로 되어있으며, 그 과정에 대한 J.S.S의 평가는 본문의 일부분으로 다루어지고 있다. 우리는 개념들이 아직 자세히 설명되지 않은 상태에서 독자들이 갑자기 깊은 물 속으로 내던져졌다고 느낄 수도 있다는 것을 알고 있다. 하지만, 지금은 우리가 무엇을 하고 있으며, 그것에 대해서 우리가 어떻게 생각하는지에 대해 말하고자 한다. 이러한 사례를 통해서 우리는 공유된 임상적 토대를 가질 수 있기를 희망하며, 그러한 토대 위에서 개념들에 대한 보다 깊은 의미를 탐구할 수 있기를 바란다. 사례들을 통해서 대상관계 가족치료에 대한 특징들이 간략하게 설명될 것이며, 그러한 특징들이 이 책의 어느 장에서 다루어지는지 제시될 것이다. 독자들이 이 책을 다 읽은 후에 다시 이 사례를 읽는다면 매우 유익할 것이다.

이론을 임상 실제에 적용하기: 임상적 표본

8살인 마틴은 학교 성적 문제와 친구들에게 따돌림을 당하는 문제로 S박사(D.E.S)에게 의뢰되었다. 심리검사 결과는 그가 학교 공부에서 어려움을 겪고 있는 이유를 설명해주는 발달상의 언어장애를 갖고 있음을 보여주었다. 정신의학적 평가와 심리검사는 마틴이 우울증, 정체성 혼돈, 지나친 불안 등의 장애를 가지고 있음을 확인해주었다. 그는 스트레스를 받을 때 잠시 동안 혼란 상태에 빠지는 경향이 있었는데, 그럴 때마다 효과적으로 반응하지 못하고 무기력한 상태에 처하곤 했다.

부모는 마틴의 누이가 그의 친구들과 함께 그의 문제를 악화시킨다고 느꼈기 때문에 평가과정의 일부분으로서 가족 전체회의를 적극적으로 수용했다.

이 가족이 도착하자 S박사는 그들을 환영했고, 자녀들—5세인 빌리와 11세인 레이첼—역시 소개되었다. 아버지는 성공한 의사였고, 마틴은 짧은 머리에 깔끔한 외모를 지닌 남자다운 소년이었다. 가정주부인 엄마는 헐거운 블라우스와 바지를 입고 있었고, 레이첼의 머리처럼 긴 그녀의 머리카락은 얼굴을 가릴 정도였다. 빌리의 머리는 여자머리처럼 길고 헝클어져 있었다. 그들은 아빠, 마틴, 빌리, 레이첼의 순서대로 소파에 앉았고, 엄마는 아빠와 S박사 사이에 있는 의자에 혼자 앉았다. 아빠는 마치 마틴을 보호하고 있는 듯이 소파에 팔을 쭉 뻗고 있었고, 마틴 또한 그의 팔을 빌리의 등 뒤로 뻗치고 있었다. 반면에 소파 끝에 앉아 있는 레이첼과 의자에 홀로 앉아 있는 엄마는 고립된 채로 마치 공격적인 자세를 취하고 있는 것처럼 보였다.

아빠가 레이첼을 바라보면서 조소적으로 그러나 부드럽게 "레이첼은 여기에 있는 것이 흥미진진한가 봐"라고 말하면서 상담이 시작되었다. 엄마는 레이첼이 학교에 빠지는 것을 원치 않았기 때문에 여기에 오는 것을 꺼려했다고 설명했다.

여기에서 우리는 마틴과 레이첼의 학교성적에 대해 가족이 중요시하고 있다는 것을 짐작할 수 있다. 가족은 레이첼이 느끼고 있는 것을 반대로 말하는 것으로 이야기를 시작했다. 이 가족의 남자들은 서로 우호적이고 신체적인 유대를 보이고 있는 반면, 여자들은 전투적이고 고립된 태도를 보이고 있었다.

아빠가 은근히 딸을 놀려주고 있음을 눈치 챈 S박사는 웃으면서 너무 심한 게 아니냐는 어조로 물었다.

다른 사람들은 S박사 또한 아빠를 놀려주고 있다고 느꼈고, 그래서 모두가 함께 웃었다.

S박사는 그가 이 멋진 가족을 얼마나 좋아했는지에 대해 나중에 보

고했지만, 처음에는 레이첼이 희생당하고 있다는 느낌을 가졌다. 그는 가족이 치료에 대한 그들의 모든 저항을 레이첼에게 전가했고, 그래서 그녀가 흥미 없어하고 있는데도 흥미 있어 한다고 말했다고 느꼈다. 그래서 그는 레이첼로 하여금 자신의 소리를 내라고 지지해주었다. 그리고 이 단계에서는 이 가족 집단의 공모 과정에 대해서 언급하지 않기로 마음먹었다.

사내아이들은 그들이 놀림을 받고 간지럽힘을 당했다고 말했다. 그들의 웃음소리는 그들이 부모로부터 받는 관심을 즐기고 있음을 보여주었다. 그러나 레이첼은 자신이 찍혔다고 말했다.

그들이 앉아 있는 동안 사내아이들은 놀이를 시작했다. 마틴은 비행기를 가지고 '부웅' 하는 소리를 내며 놀기 시작했고, 빌리는 헬리콥터의 프로펠러를 빙빙 돌리기 시작했다. 반면에 부모는 문제의 본질, 즉 마틴이 자신의 친구들이 공정한 놀이규칙을 바꾸어서는 안 된다는 느낌을 갖고 있다는 이야기를 했다. 그들이 공정하지 않으면, 마틴은 화를 냈고 엄마가 자신을 위해 세상을 바로 잡아주기를 기대했다. 그러나 물론 엄마는 그 기대에 부응할 수 없었다. 레이첼은, 친구들과 함께 있을 때에 규칙을 바꾸는 것은 마틴이고, 그 점에 대해 지적을 받으면 그는 화를 낸다고 덧붙였다. 부모는 레이첼이 공정하게 놀기를 기대하며, 자신들보다 더 어린아이들과 놀면서 규칙을 바꾸거나 자신들 멋대로 하는 그녀의 친구들과 놀지 않았으면 한다고 말했다. 그들이 말하는 동안 마틴은 미소를 짓기 시작했다. 그는 비행기를 내려놓고 헬리콥터 앰뷸런스를 집어 들고는 공중으로 날리기 시작했다.

S박사는 그들 중에 누가 희생되고 있고, 그 책임이 누구에게 있고, 누구의 잘못인지를 결정하기를 원하는 가족 구성원들의 소망—그것이 희생자처럼 느끼는 것보다는 훨씬 낫기 때문에—에 대해서 작업하고 있다. 빌리는 손가락으로 레이첼을 가리키면서,

그것은 그녀의 잘못이라고 말했다. 마틴은 빌리를 껴안았고, 주변에 있던 앰뷸런스를 잡아챘는데, 그때 빌리의 비행기가 급강하해서 마틴의 앰뷸런스를 떨어뜨렸다. S박사는 가족이 원하는 것은 레이첼이 마틴을 위한 구조 앰뷸런스가 되는 것이며, 그러한 생각을 빌리가 격추시키고 있다고 말했다. 그는 가족의 규칙, 즉 레이첼이 마틴을 돌보아야 하며, 그녀가 그 일을 하지 않으면 그녀는 비협조적인 사람이라는 생각이 계속해서 격추되고 있다고 말했다. 엄마는 마틴이 정말로 돌봄을 받아야 하며(이 말에 대해서 마틴은 어느 때보다도 밝은 미소를 지었다), 레이첼이 협력하지 않았다고 말했다(이 말을 듣고 레이첼은 그녀의 입술을 깨물기 시작했다). 레이첼은 이내 기분이 상했고 엄마가 자신보다 마틴에게 더 관심을 갖는다고 비난했고, 아빠는 자신을 위해서는 안 해주었으면서 마틴을 위해서는 유년단(Cub Scout)의 리더가 되어 주었다고 비난했다. 엄마와 아빠는 딸의 어처구니없는 비난에 웃고 말았다. S박사는 또 하나의 가족 규칙을 발견했는데, 그것은 레이첼의 기분이 상할 때에는 그녀가 잘못되었다고 생각되고, 마틴의 기분이 상할 때에는 그가 돌봄을 필요로 한다고 생각하는 것이라고 말했다.

우리는 항상 가족의 "규칙들"을 정의하려 노력하지는 않는다. 우리가 이 단어를 선택한 이유는 이 사례에서 드러나는 지표 환자(index patient)의 증상과 잘 맞아떨어지기 때문이다. 사실 우리는 공유된 무의식적인 가정들이 무엇인지를 알아내는 데 더 큰 관심을 가지고 있다. 가족의 공유된 무의식적 가정들을 위해서는 제 7장을 보라.

S박사는 자신이 레이첼의 반응을 무효화하려는 가족의 성향에 대

항하여 목소리를 높이도록 그녀를 계속해서 지지해주고 있었다고 보고 했다.

부모는 그의 해석에 다양한 반응을 보였다. 엄마는 울먹이면 서 그녀의 기분이 상했다고 말했다. 그 이유는 S박사가 말한 것이 사실이었기 때문이 아니라, 그것이 레이첼이 문제를 어떻게 바라보고 있는지를 말해주고 있기 때문이라고 말했다. 아버지는 레이첼의 옆으로 다가가서 한 손은 그녀의 어깨에 부드럽게 얹었고 또 다른 손은 빌리와 마틴의 어깨 위에 얹는 것으로 반응했다. 빌리와 마틴은 아빠의 말을 조용히 듣고 있었다: "나는 내가 다른 아이들을 사랑하는 만큼 레이첼을 사랑한다는 것을 어떻게 전달해야 될지 모르겠어요. 나는 음악 레슨 받는 곳에 레이첼을 데려다주고 있으며, 레슨을 받는 동안 기다렸다가 집으로 데려옵니다. 그리고 나는 그 일을 하는 것에 대해서 전혀 불만이 없습니다. 그러나 '아빠는 나를 위해서 아무것도 한 게 없어요' 라는 말을 들으면서, 나는 '내 딸이 이러한 일을 기억할 수 없다면, 나는 도대체 이 아이를 어떻게 키운 것인가?' 하고 생각하게 됩니다. 그 애는 마틴을 위해서 내가 유년단의 리더를 했다고 말할 때, 내가 자신을 위해서 유녀단(Brownie)의 리더를 했다는 사실은 까맣게 잊고 있습니다."

S박사는 엄마에게 "레이첼은 당신을 나쁜 엄마라고 말하고 있습니다"라고 말했다.

엄마는 "나는 나쁜 엄마가 아니에요!"라고 말했고, 레이첼은 "아냐. 엄마는 나빠요!"라고 말했다. 그들은 더 이상 서로 의사소통이 되지 않고 있었다.

S박사가 레이첼을 지지해주고 있는 동안, 그는 그녀와 힘을 합쳐 엄마에게 대항하고 있는 것처럼 보였다. 돌이켜보건대, 엄마는

자신이 나쁜 엄마로 취급되는 것을 참기 힘들어하고, 레이첼은 그러한 좋은 엄마를 다른 사람과 공유하는 것을 견디기 힘들어한다는 것을 알 수 있다. 또한 S박사도 참기 어려운 것이 있었음이 분명한데, 그것으로 인해 그는 불안에 대한 가족의 방어에 초점을 맞추는 대신 너무 일찍 불안에 초점을 맞추었다. 그가 한 말은 가족이 받아들이기 힘든 것이었다. 왜냐하면 그것은 그 두 사람의 상호작용을 집단 과정에 연결시키는 대신에 그들을 집단으로부터 분리시켰기 때문이다. 역전이에 대한 방어로서 두 사람 사이의 관계로 돌아가는 상황을 위해서 제 2장과 10장을 보시오.

S박사는 자신이 실수를 했다고 느꼈는데, 그것이 동맹관계를 위태롭게 할 수도 있었다고 나중에 보고했다. 그는 가족이 레이첼의 마음을 불편하게 했던 것처럼 엄마의 심기를 불편하게 했다고 느꼈다. 장남으로서 알고 있었다. 그래서 그는 이러한 역전이를 검토하는 동안 한 걸음 뒤로 물러서있기로 결심했다. 역전이에 대한 방어로서 공감이 없는 해석을 위해서 2장, 9장, 10장을 보시오.

그 치료 회기는 가족들이 S박사가 한 말에 대해 무엇을 느꼈는지를 묻고, 그들로부터 수정을 받는 것을 통해서 정상 궤도를 회복할 수 있었다.

그 순간에 S박사는 가족을 공평하게 대할 수 없는 것에 대해 죄책감을 느낀다고 말했는데, 이것은 그의 일반적인 느낌이 아니라, 가족의 전이에 대한 그의 반응일 수 있다. 이 죄책감은 그가 엄마를 비난했던 자신의 경험으로 인해 가족 안에서 발생하고 있는 과정에 공모하고 있다는 인식을 갖고 있음을 의미한다. 이 역전이에 대한 분석을 통해서 그는 희생자가 되는 것을 피하기 위해서 오히려 비난을 가하는 가족의 성향을 효과적으로 해석할 수 있었다.

S박사는 부모가 마틴을 희생자로 여기면서, 그를 위해서 더

많은 것을 해주지 않은 레이첼을 비난한다고 말했다. 그때 레이첼은 희생자가 된 느낌을 가졌고, 그 일로 엄마를 비난했다. 그리고 이번에는 엄마 자신이 희생자가 되었다고 느꼈다. 엄마는 이러한 가족의 행동유형에 관한 S박사의 설명에 "그건 맞는 말이에요"라고 동의했다.

이 대화로 인해 약간의 신뢰가 형성되었다. 그 후 엄마는 자신이 충분히 이해 받을 수 있다고 느꼈고, 따라서 자신이 한 여자로서 낮은 자존감을 가지고 있다는 고통스러운 문제를 끄집어낼 수 있었다.

S박사는 엄마에게 그녀가 성장하는 동안 레이첼이 겪고 있는 것과 똑같은 것을 경험했느냐고 물었고, 모든 가족 구성원들은 그녀의 대답에 귀를 기울였다. 부모의 과거와 세대간에 전수된 것을 위해서 제8장에 있는 평가와 제9장의 기법을 보시오.

엄마는 자신이 다섯 남매 중 넷째—언니, 오빠, 언니, 자신, 여동생—였다고 말했다. 그녀는 "자! 이제 아시겠죠. 내가 남자아이여야 했는데 그렇지 못했죠. 나는 그것을 보상할 길이 없었어요. 학교에서는 좋은 성적을 얻으려고 항상 열심히 노력했고 그래서 언니 오빠들보다 성적이 좋았죠. 하지만, 나는 여전히 그들보다 열등하다고 느꼈습니다. 아무리 부모님들을 기쁘게 해드리려고 노력해도, 나 자신은 여전히 실망스런 존재였죠. 나는 그것을 내가 집을 떠나는 날에야 깨달았습니다. 나는 그들을 기쁘게 해드리려고 대학에 들어갔지만, 일단 대학에 들어가서는 그들이 아니라 나를 위해서 좋은 성적을 얻었습니다."

남편은 이렇게 말했다. "이제 아내는 자신을 위해서는 거의 아무것도 하지 않아요. 그녀는 항상 아이들을 먼저 내세우고, 쇼

핑을 해도 자신을 위해서가 아니라 아이들을 위해서 해요." S박사는 이 가족의 구성원들은 레이첼이 완벽하게 좋은 사람이 되기를 원했고, 특히 남동생을 돕는 좋은 누나가 되기를 원했는데, 그 이유는 엄마가 자신이 사내아이로 태어나지 않았다는 느낌뿐만 아니라, 충분히 좋은 여자가 아니라는 자책감에 시달리고 있었기 때문이라고 느꼈다. S박사가 자신의 느낌을 말로 표현했을 때, 아빠는 레이첼을 꼭 껴안고 "나는 네가 사내아이가 아니어서 기쁘단다"라고 말했고, 레이첼은 수줍어하면서도 좋아하는 반응을 보였다.

여기에서 우리는 여성에 대한 부정적인 이미지와 남성에 대한 시기심을 물려받지 않겠노라고 항의하는 딸에게 아버지가 훌륭하게 개입하는 모습을 발견한다—이것은 아버지가 남자아이를 가지고 있기 때문에 가능했다. 그는 어째서 아내의 여성적인 이미지를 지지해주는 것보다 딸의 여성적인 이미지를 지지해주는데 더 편안함을 느꼈을까? 거기에는 엄마를 희생시키는 대가로 아빠-딸의 동맹관계가 형성되고 있다. 이것은 그가 억압되어 있는 자신에 대한 부적절감을 아내에게 집어넣고 있으며, 그녀는 투사적 및 내사적 동일시 과정을 통해서 그것과 동일시하도록 압력을 받고 있기 때문으로 여겨진다. 투사적 및 내사적 동일시를 참조하려면 제 3, 5, 10장을 보시오.

S박사는 아빠에게 그가 어렸을 때에 가족 안에서 어떻게 취급되었는지에 대해서 물었다. 그는 자신이 첫 아이인 동시에 유일한 남자아이로서 사랑을 가장 많이 받았고 특권을 누렸다고 주저 없이 말했다. 그가 이렇게 말하고 있는 동안 빌리는 사다리 트럭을 가지고 놀고 있었다. 그는 트럭의 사다리를 펴서 마틴의

성기 쪽으로 기울였다. 그들 모두는 이러한 남근적 이미지를 즐기고 있었다. 그러나 아버지는 자신이 야망을 가진 아이가 아니라, 단지 낙제하지 않는 것에 만족하는 아이였다고 덧붙였다. "그건 나와 같네요"라고 마틴이 중얼거렸다. 아버지는 전문대학을 다닐 때에야 비로소 자신이 4년제 대학을 갈 수 있는 능력이 있다는 것을 깨달을 수 있었다.

엄마는 마틴이 악기를 다루거나 글씨 쓰기와 같은 소근육 운동에 많은 어려움이 있었던 반면, 레이첼은 그러한 분야에서 뛰어난 소질을 보였다고 말했다. 그녀는 마침내 레이첼에 대한 칭찬을 늘어놓기 시작했다. "나는 레이첼이 자랑스러워요. 레이첼이 내가 자신을 사랑하지 않는다고 느끼지 않았으면 좋겠어요"라고 말하면서 울먹였다.

일단 엄마가 소녀였을 때 가졌던 열등감을 인식하고, 엄마 자신이 좋은 자아감을 갖지 못했기 때문에 레이첼이 그토록 착해야만 했다는 해석을 가족이 받아들이고 나자, 엄마는 레이첼이 실제로 얼마나 뛰어난 아이인지에 대해서 말할 수 있었다.

S박사는 레이첼은 여전히 그녀 자신이 특별하다는 것을 느끼지 못하는데, 이것은 엄마의 부모가 자신의 딸을 특별한 존재가 아니라고 느꼈던 것과 같다고 말했다. "그 말이 맞아요"라고 엄마가 동의했다. S박사는 계속해서 말했다. "남자아이인 마틴은 아빠가 어렸을 때 그랬던 것처럼 아주 좋은 아이라고 여겨집니다. 그러나 마틴은 전문적인 도움을 요하는 약점들을 가지고 있기 때문에 모든 것이 좋다고는 말할 수 없지요. 지금까지 가족은 레이첼이 그를 위한 방패막이가 되어줄 것을 기대해왔습니다. 동시에 아빠가 직장일로 아이들에게 제대로 관심을 쏟지 못하고 있

는 동안에 엄마는 혼자서 아이들을 양육하면서 남편을 위한 방패막이가 되어주고 있습니다."

"그 말도 맞아요." 엄마가 다시 말했다.

레이첼의 엄마는 S박사의 해석이 맞다고 판단했다. 이러한 그녀의 판단은 그녀가 현실을 그러한 측면에서 바라보고 있다는 사실을 말해준다. 현실에 대한 이러한 견해는 또한 아이들에 의해서도 받아들여지고 있다. 즉, 아이들은 그들의 게임에서 어리거나, 나이가 많거나, 남자이거나, 여자이거나, 성공적이거나, 성공적이지 못한 것, 또는 특권을 누리거나 책임을 지는 것과 관련된 갈등을 경험하고 있다.

S박사는 가족치료와 마틴을 위한 개인상담을 추천했고, 가족은 그렇게 하기로 했다.

이 면담 내용은 대상관계 가족치료에 포함된 개념들에 대한 실제적인 예를 보여주기 위한 것으로서, 가족의 모습, 치료자의 반응, 그리고 자문을 담당한 사람의 관찰 등을 담고 있다. 이 면담 회기는 앞으로 이 가족의 많은 측면들이 어떤 방식으로 탐구될 것인지를 보여준다. 전체적으로 말하자면, 그것은 치료자가 가족이 공유하고 있는 삶과, 서로의 관계와, 그들의 내적 세계들을 이해하기 위해 가족과 연대하는 방법을 나타낸다. 우리는 허용해주고 관심을 가져주는 분위기를 제공해주고, 그런 분위기 안에서 가족 구성원들은 자신들에 대해 더 알기 위해서 그리고 그들의 관계를 개선하기 위해서 노력한다. 그러나 이러한 방식으로 가족들과 관계하는 것이 항상 쉬운 일은 아니다. 따라서 우리는 정신분석적 개인치료자나 체계적 가족치료자들이 대

상관계 가족치료 이론에 입각해서 치료를 시작할 때 발생하는
문제들을 탐구함으로써 논의를 시작할 것이다.

2장

대상관계 가족치료에 대한 저항

개인치료에서 가족치료로 이동하는 경향

우리는 개인 심리치료사들 중에 가족치료에 관심을 갖기 시작하는 사람들이 증가하고 있음을 보아왔다. 그러나 그들의 관심은 여전히 망설임으로 가득한 잠정적인 것으로 보인다. 개인 심리치료사들은 자신들의 임상적 기술이 가족치료에 적용될 수 있다는 것을 깨닫지 못한 채, 다시 초보자가 된다는 생각에 의기소침해 있다. 그러나 사실 그들은 가족치료를 위한 좋은 예비 경험을 갖고 있다. 숙련된 개인 심리치료사는 환자가 욕동 관련 내용을 표현하도록 허용하고 환자가 다양한 수준에서 다중적인 전이들을 표현하도록 허용하는 데 익숙하다. 효과적인 개인 심리치료의 경우, 전이에서 가족의 뿌리가 재창조되고 가족의 현재 삶에서 그 모습을 드러낸다. 개인 심리치료사들은 가벼운 것에서부터 진지

한 탐구와 극복과정을 필요로 하는 심각한 것까지의 다양한 수
준의 전이 현상과 역전이 반응을 경험하고 능숙하게 작업하도록
수련을 받았다. 이 수련이 가족치료를 위한 가장 커다란 자산이
다. 내적 대상관계의 복잡한 연결망에 대한 이해를 갖고 있는 치
료자들은 가족치료 현장에서 그와 비슷한 복잡한 현상을 다루는
것을 겁낼 필요가 없다. 그렇다면 그들은 왜 가족치료를 두려워
하는가?

개인 심리치료사들은 하루에 여러 환자들을 보는 것이 얼마나
힘든 일인지 잘 알고 있다. 심리치료사들은 가족치료를 하게 될
경우에 그들이 만나는 사람 수만큼 어려움이 더 커질 것이라고
상상하는 경향이 있다. 그러므로 여러 사람들을 한꺼번에 만나지
않는 것이 현명하다는 생각을 갖고 있다. 프로이트의 욕동이론으
로 수련을 받은 사람들은 몇 곱절의 욕동 관련 자료를 다루는
상상을 하거나 자아가 압도될 것이라는 두려움을 갖는다. 이미
친숙한 개인 심리치료만 하면서 한 번에 대여섯 명을 다루는 소
동은 멀리하는 것이 낫다고 생각한다. 그들에게는 개인의 심리내
적 영역이 가족치료에 비해 훨씬 다루기가 쉬워 보인다. 그들에
게 가족치료는 환상적인 것으로 여겨지는데, 이것은 가족치료가
이상화되기 때문일 수도 있다(보통 경멸 섞인 어조와 더불어).
다시 말해서, 개인 심리치료가 갖고 있는 겸허한 자기 이미지에
비하여 많은 사람들에게 많은 것을 제공할 수 있다고 주장하는
가족치료의 자기 이미지는 매우 전능적인 것으로 보이기 때문이
다. 그들은 가족치료가 개인 심리치료와 너무 다르다고 상상하기
때문에, 개인치료를 위한 임상 기법들이 가족치료에 도움이 될
수 없다고 생각한다. 그러나 우리는 이 두 치료 사이의 교량 역
할을 해주는 대상관계 이론 덕택에 개인 임상 기법들이 가족치
료에 많은 도움을 줄 수 있다고 확신한다.

물론 여기에는 간과할 수 없는 한 가지 차이점이 있다. 전이 안에서 대상관계들을 다루는 것은 실제 대상관계를 다루는 것과 다르다. 전이 안에 있는 더 많은 소음들과 활동들 때문에 성찰을 향한 시도가 더 많이 방해받을 수 있다. 그것은 더 정신없고 혼란스럽고 통제 불능인 것처럼 느껴질 수 있다. 그러나 역전이 반응을 다루면서 모호함을 견디는 정신분석적 수련과 이론에 대한 믿음은 기꺼이 모험을 하려는 개인 심리치료사들을 든든하게 지지해준다. 우리는 이 일을 위해 대상관계 이론이 가장 유용하다고 생각한다. 왜냐하면 그것은 가족 구성원들 사이의 관계, 우리와 그들 사이에서 이루어지는 실제적인 관계, 그리고 환상적인 관계를 다루는 데 필요한 복합적인 전이에 대한 개념체계를 제공해주기 때문이다. 가족과의 만남(family meeting)은 단순히 개인 환자의 내적 대상관계뿐만 아니라, 각 가족 구성원들이 자신의 고유한 정신구조를 가지고 참여하는 역동적인 대상관계 체계를 생생하게 보여준다.

가족치료사가 되는 데 별 관심이 없는 경우에도, 개인 심리치료사는 가족을 함께 만나는 것이 개인 정신병리의 기원을 발견하고, 계속되는 치료과정을 지지해주며, 개인 심리치료가 두려워 가족치료를 선택한 사람을 치료하는 일에 유용하다는 것을 발견할 것이다. 그것은 가족의 경험으로부터 발달해 나오는 전이를 볼 수 있는 기회를 제공하며, 상황 안에 있는 환자를 볼 수 있게 한다. 이런 이유들 때문에 개인 심리치료사들은 가족치료를 유용한 것으로 발견한다. 그러나 여기에는 단순히 새로운 어떤 것을 시도하는 데 따른 불안뿐만 아니라, 특별히 가족이라는 현장에서 작업하는 데서 오는 다양한 종류의 불안들이 있다.

체계이론에 입각한 가족치료사들이 정신분석적
가족치료로 이동하는 현상

우리의 수련생 중에는 구조적 가족치료와 전략적 가족치료의 훈련을 받은 가족치료사들이 있다. 그들 중에 가족치료 뿐만 아니라 가족치료를 감독하는 일에 자신감을 갖고 있는 한 사람은 다음과 같이 말했다. "나는 한쪽에서만 볼 수 있는 유리를 통해 치료 장면을 바라보고 있는 감독자(supervisor)로서 마치 오즈의 마법사가 된 것처럼 느낀다." 그녀의 자신감은 정신분석적 가족치료의 초기 단계에서도 그대로 드러났다. 그러나 그녀는 모호함을 견디고 전이를 다루는 경험이 부족했다. 그녀는 상담 중에 지시를 하고 매우 능동적인 입장을 취하는 이전의 태도로 돌아가는 경향을 보였다. 그녀는 자신이 만나고 있는 가족의 이야기를 따라가면서 조용히 있어주고 수용해주고, 가족의 불안을 관리해주고 안아주는 일이 매우 힘들게 느껴졌다. 그녀의 저항은 가족을 다루는 것에 대한 것이 아니라, 가족을 깊이 경험하는 것과 가족의 고통스런 감정을 확실히 알지 못한 상태에서 기다려주는 것에 대한 것이었다. 이러한 저항은 고통을 감내하는 개인적 능력에 대한 치료자의 불안에 기초해 있다. 치료자는 가족치료의 작업이 깊어지면서 이러한 저항을 탐구하고 극복해나갈 수 있게 된다.

개인 심리치료사들은 정신분석적 치료 작업의 핵심에 친숙해 있다는 이점을 가지고 있는 반면에, 비분석적 가족치료사들은 가족의 상황에 친숙해 있다는 이점을 가지고 있다. 이 두 종류의 치료 방법은 정신분석적 가족치료를 배우는 데 있어서 그것들이 가지고 있는 전 이해를 출발점으로 사용할 수 있다. 그리고 이 두 방법 모두는 저항을 만날 것을 예상해야 하며, 심리치료가 진행됨에 따라 그 저항이 점점 더 중심적인 자리를 차지하게 될 것임을 예상해야 할 것이다.

의식적 및 무의식적 불안

가족을 분석적으로 작업하는 데 대한 불안은 워싱턴 정신의학부의 정신분석적 가족치료 훈련 프로그램에 참여 중인 수련생들의 토론에서 잘 묘사되고 있다.

가족치료에서의 첫 번째 불안은 아버지가 참석하지 않는 것과 관련되어 있다. 조사된 사례들 중 두 경우에서 남편들이 너무 바쁘다거나 혹은 밤에만 참석할 수 있다고 아내들에게 전화로 말했다. 다른 수련생들은 편부모 가족, 이혼 가족, 혹은 혼합 가족(blended family)을 임상 연구에 포함시켜야 할지에 대해서 의문을 가졌다. 여기에는 부부가 함께 하지 않는 가족이 중도에 포기하지는 않을까, 치료 중 상처를 받지는 않을까, 불규칙적으로 참석하지는 않을까? 등의 불안이 포함되어 있었다. 거기에는 가족을 완벽한 것으로 만들 수 없다는 생각과 아버지를 제외시킬 수도 있다는 현실에 따른 갈등이 내포되어 있었다.

계속되는 논의에서 드러난 가족치료에서의 불안은 분노를 표현하는 장면이나 폭력 그리고 아동들이 함께 있는 자리에서 성에 관한 이야기를 하는 것에 대한 불편함에 초점이 맞추어졌다. [전체 가족과 작업하는 것은 무언가의 사이에 끼어 있다는 유아적인 느낌과, 부모 간에 싸움을 유발하는, 성인들이 비밀로 간직하는 것을 보고 싶어 하는 불편한 감정을 일으킬 수 있다.] 그 다음에 진행된 논의는 "가족체계 안으로 흡수되는 것에 대한 불안," 즉 분화되지 못한 무력한 존재가 되는 것에 대한 좀더 원시적인 불안에 관한 것이었다. 토론에 참여한 사람 중에는 두 사람의 치료자가 함께 작업하면 그러한 불안을 다루는 데 도움이 된다고 주장하는 이도 있었다: 한 치료자가 가족체계 안으로 흡수되면, 다른 치료자가 그를 구출해낼 수 있다는 것이다. [여기에서 염려는 치료자가 가족이 지닌 강력한 역동에 감정적으로 압도되어 생각하고 말할 수 있는 능력을 상실하고 언어 이전의 무력함의 상태로 퇴행할 수 있다는 것이었다.] 다음과 같은 질문이 제기되었다: "가족이 불가피하게 자체가 지닌 고유한 취약성 및 자동적인 방어들과 함께 소위 가족의 자리(family position)를 활성화시킬 때, 과연 치료자가 객관적인 상태에 머무를 수 있겠는가?"

그 다음에 논의된 내용은 가족 구성원들 사이에서 편을 드는 문제였다. 어떤 이는 고통 받고 있는 십대에게, 어떤 이는 지친 부모에게, 또 어떤 이는 학대받은 아내에게 연민을 느낀다. 토론자 중의 하나가 자신이 격주로 만나고 있는 한 어머니와 동일시했던 사례―어머니를 만나지 않는 주에는 아들을 상담했다―를 통해서 이 문제에 대해서 이야기했다. 치료자와 어머니는 아들을 어떻게 다루어야 할 지에 대해서 이야기를 나누었고, 아들을 만나는 동안에는 어머니가 느끼는 무력감을 느낄 수 있었다고 말했다. 다른 참여자들은 그 문제에 대해서 상세하게 설명해줄 것을 요구했다. [개인을 번갈아 가면서 치료하는 이 치료형태에 대한 다른 참여자들의 관심은 가족치료에 대한 불안에 직면해서 치료자와 환자 두 사람 만의 영역으로 후퇴하는 경향을 드러냈다.]

개인 심리치료에서 이루어지는 양자단일체적 치료형태는 가족치료가 야기하는 불안을 방어하기 위해 선택된 것일 수 있다. 그 불안은 경쟁과 공유, 자신의 치료 작업이 관찰되는 것, 자신이 대체되거나 배제되는 것에 대한 불안이다. 가족은 실로 심리치료사가 경험하는 불안을 증폭시키는 복잡한 체계이며, 따라서 치료의 시작부터 전이가 활발하게 발생한다. 개인 심리치료사들은 치료의 중간 단계에서 일어나는 복합적인 전이들을 어떻게 담아주어야 할지에 대해서 이미 잘 알고 있다. 우리는 가족치료에서도 그와 비슷한 안아주기 기능을 수행할 것을 강조하는데, 이 점에서 개인 심리치료사들은 보통 그들 자신들이 알고 있는 것보다 준비가 더 잘 되어 있다.

가족치료에 대한 저항

가족치료에 대한 저항은 가족의 안아주는 기능이 심하게 위축되어 있는 동안에 가족을 계속해서 안아주어야 하는 불안에 대한 방어로 이해된다. 이러한 저항에 대한 이해를 가질 때 개인 심리치료사들은 가족을 평가하고 치료하는 것을 포함하도록 치료 범위를 넓힐 수 있다. 우리는 이러한 저항에 대해 함께 토론하는 것이 수련생들의 성장에 매우 유익하다는 것을 발견했다. 더욱이 수련생들과 함께 그러한 나눔과 토론 시간을 갖는 것이 치료에 대해 소극적인 가족과 맨 먼저 해야 하는 일, 즉 가족치료에 대한 저항을 조심스럽고도 공감적으로 분석하는 일을 수련생들에게 가르치는 방법이기도 하다. 이러한 저항에 대한 느낌들을 글로 써보는 것은 심리치료사들이 그들의 불안을 직면하고 가족치료를 적극적으로 배우고자 하는 마음을 갖게 하는 데 도움이 된다는 사실이 입증되었다.

개인적 저항과 조직적 저항 사이의 상호작용

가족치료에 대한 저항은 의식적이건 무의식적이건 심리내적 수준에서만 작용하지 않는다. 그것은 심리치료사가 몸담고 있는 체계에 의해서도 영향을 받는다. 그리고 새로운 치료 형태에 대한 조직의 저항은 그 조직의 임원들, 특히 지도자의 불안을 반영한다.

아동 클리닉의 소장으로 있는 어떤 아동 분석가가 가족치료에 대한 많은 글을 읽고 그것의 유용성을 믿게 되었으나, 모든 가족 구성원들이 참석해야 한다는 생각에는 여전히 마음이 편치 않다고 말한 적이 있다. 그래서 그는 전에 하던 것처럼 계속해서 아동과 부모를 따로 만났다. 가족치료가 참석한 가족들만으로도 행해질 수 있다는 것을 다른 동료로부터 배웠을 때, 그는 비로소 가족치료를 할 수 있겠다고 느꼈다. 그에게 있어서, 가족치료는 지시적이고, 권위적이며, 엄격한 접근방법을 의미했다—그는 비지시적인 입장을 견지하고 있었기 때문에 그러한 접근방법은 그에게 맞지 않는 것이었다. 그러나 그는 지금 자신의 임상센터에서 가족치료를 가르치고 있다.

그의 저항은 구조적이고 전략적인 접근방법을 주로 사용하는 가족치료에 관한 논문들로 인해 더욱 심화되었다. 그 논문들 대부분은 분석적으로 훈련을 받은 심리치료사들에게는 이질적으로 보이는 지시적이고 단기적인 방법들을 채택하고 있기 때문에, 그들의 눈에 피상적인 것으로 비치는 경향이 있다. 더욱이 심리내적인 영역에 치중된 전통적인 욕동이론은 집단 상황에 쉽게 적용되지 않는다. 그리고 덜 기계적인 심리학으로 보이는 자아심리학(ego psychology)도 충분히 대인관계적이지 못하다. 이 둘 모두는 상호작용을 다루기 위한 의사소통과 피드백의 순환체계에 대한 설명을 포함하고 있지 않다. 이런 이유로 분석적으로 훈련받은 심리치료사들은 가족치료를 피하거나, 아니면 정신분석적 욕동이론과 자아심리학보다 가족을 치료하는 데 더 잘 어울리는 체계이론이나 의사소통 이론에 바탕을 둔 접근법을 발전시키기 위하여 자신들의 정신분석적 배경을 의도적으로 숨겨왔다. 우리는 이러한 양극화 현상이 올바른 선택이 아니라 불안을 회피하는 하나의 방법이라고 본다.

일단 심리치료사가 가족치료를 시작하면, 거기에는 직면하고 극복해야 하는 또 하나의 저항이 밀려오는데, 그것은 치료를 받겠다는 가족이 없거나, 가족이 장소에 나타나지 않거나, 혹은 치료를 시작한지 얼마 안돼서 그만두는 것에 대한 불안의 형태를 취한다.

한 집단의 수련생들이 가족을 함께 만나는 경우가 왜 그렇게 적은지에 대해서 토론하였다. 어느 수련생이 말하기를 자신이 몸담고 있는 상담센터는 가족치료를 하지 않기 때문에 가족을 함께 만나는 경우가 없다고 말했다. 상담을 받기 위해 기다리고 있는 십대들의 명단이 있지만, 그녀는 그들이 가족과 함께 살고 있으며 가족치료를 통해 치료될 수 있을 거라고 생각해본 적이 없다. 명백히 그 중에 한 사례는 가족치료에 적합한 것이었지만, 그녀는 가족치료에 대한 확신이 없었고, 자기가 몸담고 있는 기관이 그것을 좋아하지 않을지도 모른다는 생각 때문에 가족치료를 시도할 수 없었다. 그녀는 이 사실을 토론과정에서 깨닫게 되었다. 그때 그녀는 자신의 저항에 대하여 책임을 질 수 있게 되었고, 가족치료를 실행하기로 결심할 수 있었다.

한 가족의 치료는 또 다른 가족을 치료에로 인도하는 경향이 있으며, 가족을 치료에로 이끈 심리치료사는 그가 몸담고 있는 기관에 영향을 미침으로써 더 이상 가족을 무시하지 않고 환영하는 기관으로 변화시킬 수 있을 것이다. 가족 안에서 자라나는 어린아이가 그렇듯이, 심리치료사는 자기가 몸담고 있는 기관의 정책과 그 기관의 지도자의 작업 습관뿐만 아니라 동료나 스승들과의 접촉에서도 영향을 받는다. 심리치료사는 개인으로서 그리고 전문가로서 성장하고 발전함으로써 자신이 속한 기관이 변화의 가능성을 받아들이도록 설득할 수 있다. 기관은 봉사하기 위한 목적을 위해 자체의 정책을 발전시키게 된다. 어떤 기관의 정책이라도, 그것은 그 안에서 일하는 모든 심리치료사들의 불안과 방어들이 함께 모여진 결과로 볼 수 있다(Jacques 1955, Menzies 1960). 하나의 주요한 의식적 불안은 도움을 필요로 하는 환자들의 수가 감당하지 못할 만큼 너무 많을 수도 있다는 두려움이다. 즉, 도움을 필요로 하는 가족이 너무 많을 것이라는 불안이 있다. 그러나 가족치료사들은 그 두려움은 다루어질 수 있으며, 한 사람 비용으로 모든 가족 구성원들이 도움을 얻을 수 있다는 것을 보여줄 수 있다.

가족치료의 어려움에 대한 계속되는 토론에서, 어떤 수련생들은 가족이 치료면담에 빠져서는 안 된다고 주장하는 데 어려움

을 느꼈다고 보고했다. 다른 수련생들은 수퍼비전을 위한 사례를
필요로 하는 문제 때문에, 치료자가 치료의 중단을 막아야 한다
는 생각에서 가족의 역동에 대해 너무 빨리 해석하는 우를 범할
수 있다는 점을 지적했다. 심리치료사의 이러한 자세로 인해 가
족은 불안을 느끼고 다시 돌아오지 않는 결과가 초래될 수 있다
는 것이다. 나는 그들의 불안이 수련과정을 이수해야 하는 데서
오는 것처럼 보이지만, 사실은 가족을 만나는 데 대한 불안에서
오는 것일 수 있다고 말했다. 수련생들은 자신들이 개인을 치료
하는 일에, 혹은 구조적 또는 전략적 가족치료를 하는 일에 훈련
을 잘 받으면 별로 문제가 없을 것이라고 생각했었다고 시인했
다. 부부를 상담하는 일은 그들에게 그다지 어렵게 느껴지지 않
았지만, 심층적인 가족치료는 더 많은 사람들이 관련되어 있고,
알아야 할 역동적인 요소들이 더 많다는 점에서 더 어렵게 느껴
졌다. 다른 수련생들은 한 사람의 다음과 같은 진술에 동의했다.
"당신은 고통을 느낍니다; 그것은 단지 보고 내용일 뿐만 아니라,
바로 현실이에요. 나는 나 자신의 해결되지 않은 문제들을 훨씬
많이 알고 있다고 느낍니다." 개인을 다루는 일에서 느꼈던 자신
감이 가족 상황에서는 어디론가 사라지고, 가족체계 이론에 바탕
을 둔 치료를 숙달한다는 것은 더 이상 가능해보이지 않게 되고,
권위에 더 많이 의존하고 싶은 절박한 욕구가 표현되었다.

가족과의 만남에서 개인 심리치료사들은 훨씬 더 많이 노출되
고, 취약한 상태가 되며, 보통 때 느끼던 자신감을 잃어버리는 경
향이 있다. 가족치료의 치료 작업에는 증인들이 있다. 심리치료사
들은 가족치료에서 적은 아닐지 몰라도 적어도 자신들이 속해
있지 않은 집단을 다루고 있다. 여기에서 고통은 직접적인 것이
다. 개인 심리치료의 경우, 경험이 적은 심리치료사들은 환자의

세상 안에 있는 다른 사람들에 관한 이야기를 들으면서 사건에 대해서 배우고 생각할 시간을 벌게 됨으로써 어느 정도 보호받는다. 치료가 진행된 지 한참 후에야 환자는 비로소 전이 안에서 모든 감정적인 세력을 동원하여 자신의 외상을 재연하는데, 그때 심리치료사는 이미 그런 상황에 대해서 준비된 상태에 있을 수 있다. 그러나 가족치료에서는 그러한 준비 기간이 없이 바로 지금 여기에서의 상호작용으로 들어가기 때문에 치료자는 쉽게 압도되는 느낌을 가질 수 있다.

심리치료사는 어떻게 더 많은 권위를 얻게 되는가? 어떤 이론은 가족을 통제하기 위해 치료자에게 의도적으로 아버지와 동일시하라고 하면서 지시적인 방법을 가르친다. 그 경우, 거기에는 주도권을 둘러싼 치열한 싸움이 발생할 수 있고, 경험이 적은 심리치료사는 곧 지치게 될 수 있다. 물론, 필요한 권위는 가족과의 깊은 경험과 가족치료의 수련으로부터 오는 것이다. 그러한 권위를 획득하기 전까지는 수련생은 불안정한 감정을 견딜 수 있도록 도움을 받아야 한다. 수련생들을 교육하는 사람들이나 기관들은 그들이 그러한 불안을 겪는 동안 그들을 안아주는 환경이 되어주어야 한다.

우리는 수련생 교육에서 가족의 전체 경험을 마음으로 안아주는 것의 중요성을 강조한다. 가족 경험의 복잡성을 담아내는 일은 개인 심리치료사나 가족치료사 모두에게 힘든 일이다. 치료자는 참여하는 것과 중립을 지키는 것 사이에서 균형을 유지해야 하는데, 이것은 시간을 필요로 한다. 참여는 가족이 불안을 투사하기 위한 대상으로 치료자를 사용하는 것을 기꺼이 받아들이는 것을 뜻한다. 중립을 지키는 것은 보복이나 재연 없이 이러한 경험을 가족과 냉정하게 검토할 수 있는 능력을 말한다. 참여는 가족의 한 구성원이 경험하는 마음의 상태가 치료자의 마음속에서 재연되는, 투사적 동일시를 감당해주는 것을 포함한다. 중립을 지키는 것은 일어난 일을 관찰하고, 그 관찰한 것들을 치료에 사용할 수 있는 능력을 포함한다. 참여는 집단의 각 구성원들과의 관계에서뿐만 아니라 집단으로서의 가족과의 관계에서도 일어나며, 중립을 지키는 일 또한 역할, 성별, 혹은 병리와 상관없이 모든 개인들에게 똑같이 해당된다. 이러한 참여와 중립을 지키는 일의 균형이 확립되기 전에 가족과 동일시되는 것은 관찰할 수 있는 능력의 상실을 가져올 수 있다. 그때 치료자는 자신이 마치 어른에 의해 형태 지어지는 혼동된 아이처럼 느껴질 것이다. 가족과 함께 일하는 동안에 치료자가 이러한 경험을 감당하는 것은 매우 힘든 일이며, 이 일에 실패할 때 가족은 치료자의 치료적 잠재력을 흡수하고 파괴할 수도 있다.

가족치료에서 치료자가 정서적으로 압도되는 것은, 해당 가족이 치료를 위해 수행해야 하는 과제를 포함해서 가족의 발달에 필요한 엄청난 과제를 과연 수행할 수 있을 것인가라는 치료자의 역전이 경험으로 볼 수 있다. 우리는 수련생들에게 그러한 역전이 경험을 방어적으로 처리하거나 행동화하지 않고 적절히 관리하는 방법을 터득하기를 기대한다. 그것을 담아낼 수 있기 전까지는 여러 방어들이 사용될 수밖에 없다. 그 방어들 중에는 가족의 역동에 대해 비공감적인 해석을 하거나, 과도하게 거리를 두거나, 편을 들어 상황을 반전시키거나, 개인치료로 돌아서거나, 혹은 문제를 단순화시키는 것들이 포함된다. 이것들은 가족을 평가하는 단계에서 탐지될 수 있지만, 치료의 중간 단계에서 가장 심각한 문제로 드러나는 경향이 있다. 그때 참여와 중립성 사이의 균형은 심각한 시험대가 되며, 치료자는 보통 역전이에 대한 방어를 분석함으로써 극복해야만 하는 또 다른 저항의 파도를 경험하게 된다.

압도적인 역전이에 대한 방어들

평가 단계에서 처음으로 탐지되는 압도적인 역전이에 대한 방어들은 가족치료가 중반으로 들어서면서 더욱 심각한 문제로 드러난다.

거리두기. 치료자는 예상되는 다양한 함정을 피하기 위해서 거리를 두는 방법을 사용할 수 있다. 그때 치료자는 외부인의 입장에 갇히게 되는데, 그 입장에서 그는 더 많을 것을 보지만, 그 가족 안에 존재하는 것이 무엇을 의미하는지 느낄 수도 배울 수도 없다—물론 이것은 치료자가 구경꾼으로 남아 있기를 바라는 가족의 무의식적인 욕구가 있을 경우에, 그리고 치료자가 이것을 탐지하지 못한 결과, 그 경험을 조사할 수 없고 그 경험으로부터 배울 수 없는 경우에 해당된다. 이처럼 배제되는 경험은 어린시절에 부모의 침대에서, 형제들과의 놀이에서, 혹은 중요한 가족의 모임이나 행사에서 배제되었던 치료자 자신의 고통스러운 가족 경험에 대한 기억을 마음속에 불러일으킬 것이다. 이럴 경우, 이 영역에서 해결되지 않은 문제를 가지고 있는 치료자는 개인치료에서보다 더 많은 심적 부담을 느끼게 될 것이다. 치료자가 상황을 변화시키기 위해 적극적인 행동을 취하는 체계이론적 가족치료에서보다 분석적 가족치료에서 치료사들은 더 많은 고통과 혼동을 경험할 것이다. 이 시점에서 어떤 분석적 가족치료사들은 동료들이나 감독자 또는 필요하다면 다른 치료자와 함께 자신의 개인적 문제를 탐구해야 할 필요를 직면하기보다는 아예 치료자로서의 직업을 포기하기도 한다.

비공감적 해석. 분석적 가족치료에서 직면하는 불안에 대한 또다른 방어는 비공감적인 해석을 하는 것이다. 이것은 이미 압도된 가족으로 하여금 치료를 떠나가게 만들 것이다. 가족이 떠나가면 가족치료사는 한편으로 해방된 느낌을 갖겠지만, 다른 한편으로는 죄책감을 느끼게 될 것이다. 그리고 다음 사례에서 그 죄책감은 그 과정을 되풀이하도록 강요할 것이다. 가족치료에 대한 이러한 저항은 결국 치료 사례의 고갈이라는 결과를 가져올 것이다. 어떤 가족들은 낮은 문화적 수준, 빈약한 대상 항상성, 치료에 대한 확신의 부족 등으로 인해 어떤 식으로든 치료를 중도에 포기할 가능성이 많다. 따라서 가족치료에 대한 저항을 가지고 있는 수련생들을 가르치는 일은 매우 힘든 과제이다. 감독자들은 그러한 수련생들과 너무 일찍 직면하기를 원치 않을 것이다. 왜냐하면 그렇게 하면 수련생들은 더 방어적이 되고, 죄책감을 느끼게 되고, 따라서 문제는 더 심각해질 것이기 때문이다. 하지만 그들은 이런 수련생들을 직면하는 적절한 방법을 찾아야 한다. 우리는 수련생들이 너무 적극적인 자세로 때 이른 해석을 하거나, 너무 수동적인 자세로 해석을 유보하는 방어적인 자세를 삼가면서, 가족의 역동에 대한 충분한 평가를 내릴 수 있도록 그들을 격려하는 방법을 취한다. 너무 해석을 주저하는 것도 가족을 불안하게 하는데, 특히 공격적이거나 충격적인 자료가 드러날 때에는 적절한 해석이 주어져야 한다. 이러한 자료에 대해 적극적으로 반응을 하지 않으면, 가족 구성원들은 자신들이 무의식적으로 치료자를 죽였다는 두려움을 갖게 되고, 따라서 그 역동으로 돌아가고 싶어 하지 않을 수 있다. 물론 우리는 가족치료의 시작 단계에서 가족을 판단하지 않고 수용해주는 것이 중요하다는 데 동의하지만, 초기에 제공되는 적절한 해석은 가족과의 유대를 형성하고, 가족의 무의식에 도달하며, 가족 구성원들에게 그들의 과거를 보게 하고 미래를 발견하는 방법을 제공한다는 사실을 간과할 수 없다. 개인 심리치료에서와 마찬가지로, 가족치료에서도 치료적 기지와 타이밍을 맞추는 것이 필요하다.

편들기와 반전시키기. 다른 치료자들은 가족 구성원 중 어느 한쪽 편을 드는 것을 통해서 불안에 방어하는데, 이것은 마치 가족의 크기가 문제라도 되는 양 가족의 크기를 줄임으로써 외로움을 회피하고자 하는 시도이다. 가족으로부터 배제되기를 원치 않는 치료자는 배제되고 있다는 자신의 느낌을 가족 안으로 투사한 다음, 가족의 한 구성원을 배제시킴으로써 그와 같은 자신의 감정을 방어하려고 할 것이다. 이것은 가족의 한 구성원이 치료에 참가하지 않을 것이라는 의식적인 불안, 예를 들어 아버지가 너무 바쁘다거나, 혹은 부모가 아직 말을 하지 못하는 자녀들을 참석시키지 않을 것이라는 불안으로 나타난다. 이것은 가족치료에서 치료에 참여하지 않는 아버지에게 따지는 역할을 하거나 말썽을 일으키는 아이들을 치료에 포함시키는 데 따른 어려움과도 관련되어 있다.

개인치료로 되돌아가기. 가족의 크기를 줄임으로써 가족치료에 대한 불안에 대처하는 또 다른 방어가 개인치료로 돌아가는 것이다.

한 번은 수련생 중의 한 명이 폭력, 성적 학대, 그리고 울며 소리 지르는 내력을 지닌 문제 가족에 대한 사례연구를 발표한 적이 있었다. 그 가족의 구성원들 중 아버지와 엄마 그리고 두 십대 자매들이 함께 했고, 두 명의 잠재기 아동은 참석하지 않았다. 토론할 주제들이 많았지만, 감독자가 맨 먼저 관심을 둔 것은 참석하지 않은 두 아이들이었다. 그 수련생은 아이들은 너무 어리고, 문제와 관련이 없어보였기 때문에 그들의 참석을 고려해보지 않았다고 말했다. 나중에 그는 자신이 그 아이들을 어떻게 다루어야 할지 몰랐기 때문에 배제시켰다는 것을 깨달을 수 있었다. [여기에는 아동의 의사소통과 놀이를 다루는 것에 대한 저항뿐만 아니라, 경험을 통해서 가족에게서 배우는 것에 대한 저항이 드러나고 있다.] 이 가족의 경우, 집단의 기능에 대한 저항을 드러냈고, 치료자는 두 아이를 배제시키는 일에 동의함으로써 상상 속의 또는 실제의 재앙에 대한 방어적 연합에 공모하였다. 그 수련생은 감독자에게 자신이 가족 구성원들과 가졌던 상호관계를 보고하는 동안 감독자와 아주 가까운 곳에 앉아 있었다. 그들은 아주 친밀한 상태에서 둘이 하나가 되는 가족의 소망을 재연할 수도 있었지만, 다행히 그러지는 않았다. 대신에 그들은 이 현상을 검토했고, 적절한 거리를 유지한 채 가족 전체를 관찰할 수 있었다. 이것은 불안에도 불구하고 가족의 개인 구성원들뿐 아니라, 가족의 경험을 담아낼 수 있도록 그 수련생을 도울 수 있었다.

단순화. 복잡한 방어들이 효력을 발휘하지 못할 때 사용되는 마지막 수단이 단순화이다. 우리는 프레드 샌더(Fred Sander)에게 감사를 표시한다. 왜냐하면 이 장의 초고에 대한 그의 비평으로 인해 단순화라는 방어를 첨가할 수 있었기 때문이다.

심리치료사는 단순화를 사용해서 깊은 수준에서 살인적인 증오가 쌓여감에도 불구하고 피상적인 수준에서의 만남을 계속 유지한다는 점에서 매우 해로운 방어라고 할 수 있다. 사람들에게 무엇을 해야 할지를 말해주면 그들이 그렇게 할 것이라는 가정 하에 이래라 저래라 지시하는 것이 이 범주에 속한다. 물론 지시를 하는 것은, 그것이 불러일으키는 저항에 대한 분석이 수반될 경우에, 유용한 것일 수 있다—그런 경우 지시는 방어가 아니다. 단순화하는 성향은 종종 잘 인식되지 않는다. 그 성향은 심리학적인 사고에 대한 가족의 저항 탓으로 돌려지기도 하고, 또는 다른 치료자들의 작업에로 전가되기도 한다.

불안의 극복

가족치료 기술을 습득하는 과정을 용이하게 하는 데 필요한, 불안의 경감에 사용되는 두 가지 실제적인 방법이 있다. 우리의 경험에 따르면, 개인치료에서 가족치료로 옮겨가기 위해서는 먼저 부부치료를 경험하는 것이 좋다. 왜냐하면 두 사람으로 구성된 부부체계는 가족치료보다 덜 복잡하기 때문이다. 또한 다른 치료자와 함께 공동으로 가족치료를 한다면 훨씬 스트레스를 적게 받을 수 있다. 한 쌍의 부부가 점차적으로 가족을 만들고 가꾸어 나가는 것을 배워나가는 것처럼, 함께 일하는 두 치료자들은 개인치료에서 가족치료로 발전해가는 과정에서 서로를 격려하고 지지해줄 수 있다. 우리 부부는 초기 수련과정에서 그리고 타비스톡 임상센터에서 감독을 받는 동안 이러한 유익을 경험했다. 우리는 이것을 1960년대와 1970년대 초반에 샤피로(Shapiro)가 국가정신건강기구(NIMH)에서 함께 수련을 받았던 가족치료사들에게서 배웠다.

가족치료의 수행에서 가장 중요한 자산은 치료자 자신의 대상관계 안에 있는 개인적인 불안과 혼동을 치료를 위해서 사용할 수 있을 때까지 그것들을 감당해내는 치료자의 능력이다. 개인 심리치료사들은 모호하고 알지 못하는 상태, 전이 상태, 그리고 해결의 순간을 기다리는 상태에 머무르는 훈련을 받은 사람들이다. 이러한 훈련을 가족치료를 위한 임상적 기술로 바꾸어주는 것은 실제로 가족치료에 참여하는 것이다. 그리고 이것을 위해서는 저항에 직면하는 것이 요구된다.

가족치료를 시작하기 전에 이러한 저항을 분석하는 것은 의미 있는 작업이다. 그리고 가족치료를 하는 동안 그러한 저항이 다시 나타난다면, 그것은 다시 분석되어야 한다. 이러한 식으로 책임을 지는 심리치료사는 치료 작업을 위한 개인적 유연성을 이끌어내고, 가족치료에 대한 저항을 인식하며, 그러한 가족 역동에 각 구성원들이 기여하는 부분을 분석할 수 있는 하나의 모델을 제공해준다. 이 단계에서의 작업은 정신분석적 가족치료의 핵심을 이루는 역전이를 다룰 수 있도록 치료자를 준비시켜준다. 이 단계에서 치료자는 가족과 집단과정에 관한 이론, 아동발달 이론, 그리고 대상관계 이론에 친숙해짐으로써 유익을 얻을 수 있다.

압도적인 역전이에 직면해서 사용하는 방어들에 대한 인식은 치료자 자신이 갖고 있는 문제와 자문을 받는 문제로 이끌 것이다. 치료자가 먼저 방어되고 있는 자신의 불안을 직면할 수 있을 때에만 가족도 그렇게 할 수 있다.

3장

대상관계 이론과 가족치료

대상관계 이론은 유아가 처음부터 대상과 적극적으로 관계 맺을 수 있는 능력을 갖고 태어난다고 믿고 있는 정신분석적 성격 이론이다. 이 이론은 아기를 본능에 지배를 받는 자기애적인 존재로 보는 프로이트의 관점을 받아들이지 않는다. 아기는 태어날 때부터 엄마와의 관계를 발전시켜나가면서 자신과 관계하는 엄마의 방식에 반응하고 그 방식을 수정하는 능동적인 파트너로 간주된다. 이러한 관계 안에서 아기는 음식, 따스함, 오락, 쉼에 대한 욕구를 충족시킨다. 이러한 견해는 아기가 관계 형성을 주도하고 인간관계의 파트너가 될 수 있는 지적 및 심리적 능력을 갖고 있다는 최근의 유아 연구들의 확인에도 불구하고, 유아에 대한 관찰연구로부터 온 것이 아니라(Tronick et al. 1978) 치료 중에 발생한 퇴행 상태에 대한 임상적 경험으로부터 온 것이다. 이러한 임상적 경험은 환자와 분석가의 관계 안에서 재현되는 유

아기 삶을 통해서 환자의 유아기에 대한 정보를 제공해준다. 대
상관계 이론은 태어날 때부터 "자아"(현실에 대처하는 자기의
부분)가 "외부 대상"(애착의 대상, 즉 유아를 돌보는 사람)과 관
계를 맺을 수 있다는 중심적인 믿음을 갖고 있다. 대상과의 경험
은 그 대상과 상응하는 자아의 부분과 맺는 긴밀한 관계 안에서
내재화되기 때문에 정신 안에 "내적 대상"(inner object)으로 자리
를 잡게 된다. 그리고 그것은 부분적으로는 의식할 수 있는 상태
로, 그리고 부분적으로는 의식할 수 없는 상태로 존재한다. 뒤따
라오는 전오이디푸스기 발달단계의 두-사람 상황(two-person
situation of pre-oedipal development)과 오이디푸스 발달단계의 세-
사람 상황으로 나아가는 진전은 이러한 심리적 기초 위에서 이
루어지며, 이 기초의 특정한 형태에 의해 영향을 받는다.

　대상관계에서 "대상"이라는 말은 단순히 어떤 한 사람이나 그
사람의 경험에 대한 기억을 일컫는 것이 아니다. 그것은 자아 안
의 심리적 구조를 가리킨다. 그 구조는 중요한 대상들과의 경험
들이 내재화된 것으로 이루어진다. 대상이라는 말 자체는 "외적
대상"(애착의 대상, 즉 맨 처음에는 엄마 그 다음에는 아빠)과
"내적 대상"(심리내적 구조) 모두일 수 있다. 우리는 논의과정에
서 우리가 어떤 대상을 말하고 있는지가 모호할 경우, 그 대상이
외적 대상인지 아니면 내적 대상인지를 분명히 밝힐 것이다.

　대상관계 이론을 구성하는 이론들은 주로 발린트(Balint), 위니
캇(Winnicott), 페어베언(Fairbairn), 그리고 건트립(Guntrip) 등에 의
해 시작되었는데, 이들은 각각 독자적인 연구를 통하여 대상관계
의 특정한 측면을 강조했다. 그러나 그들은 기본적으로 동일한
토대를 갖고 있기 때문에 후에 영국 대상관계 이론가들(british
object relations theorists)이라고 불린다(Sutherland 1980). 미국의 독
자들 중에는 멜라니 클라인도 대상관계 이론가에 속한다고 보는

사람들이 있지만, 클라인은 유아의 내적 대상관계 구조가 애착에 대한 인간의 욕구에 따른 결과로서 형성된다기보다는 본능의 작용에 따른 결과로서 형성된다는 점에 초점을 맞추었다는 점에서 구분될 필요가 있다. 영국 정신분석학회(British Psycho-analytical Society) 내에서 클라인 계통의 이론가들은 종종 "영국학파" (English school)로 불렸는데, 이들은 발린트, 위니캇 그리고 페어베언(건트립은 이 단체에 속하지 않았다)이 속했던 "독립적인" 집단과는 다른 집단이었다. 분석가들이 자신들이 속할 집단을 선택하거나 이론적 접근방법의 일관성과 관련해서, 이론적인 차이가 중요한 문제가 되는 것이 사실이지만, 우리는 그러한 문제에 개의치 않고, 가족치료의 임상적 장면에 도움이 되는 한 양쪽 집단의 개념들을 기꺼이 사용할 것이다. 하지만, 우리의 관점이 의존하고 있는 양쪽 집단의 공헌들을 개괄하는 과정에서, 이 두 집단 사이의 차이점을 명확히 해둘 필요가 있다.

영국학파(The British School)

마이클 발린트(Michael Balint)

발린트(1968)는 실제적이거나 상상적인 현실 세력으로 인해 욕동이 억압되어 나타나는 신경증 증상이 환자들마다 다르게 나타난다는 사실에 주목했다. 환자들 중에는 억압보다는 그들의 성격 안에 무언가가 결핍되어 있다는 끔찍스런 공허감에 직면하는 사람들이 있다. 발린트는 이것이 초기의 결함 때문이라는 사실과,

그것이 대상들과 관계 맺는 자아의 방식에 영향을 미친다는 사실을 깨달았다. 그는 이것을 "기본적인 결함"(the basic fault)이라고 불렀고, 그것은 엄마와 아이 사이의 부조화로 인해 발생하는 것이라고 제안했으며, 그것이 미래의 대상관계를 어떻게 불안정하게 만드는지를 설명했다. 어린 자아는 지지를 얻기 위해 대상에 매달릴 수도 있고, 새로운 대상관계를 두려워한 나머지 기존의 내적 대상들을 과대평가할 수도 있으며, 또는 현실에서가 아니라 내적 세계 안에서 본래의 대상보다 더 만족스러운 대상을 만들어내는, 환상적인 형태의 활동을 추구할 수도 있다. 발린트에게 있어서 성격 발달의 기초는 만족스러운 대상관계이며, 따라서 치료자는 환자가 기본적 결함을 복구하고 인간의 관계성을 회복하는 데 필요한 관계 대상으로서 자신을 제공해야 한다.

도널드 위니캇(Donald Winnicott)

위니캇(1965a) 역시 성격의 분열이 엄마와 아이 사이의 초기 상호작용이 순조롭지 못한 데서 기인한다고 보았다. 공감적이지 못한 엄마의 돌봄이 주어질 때, 아이는 엄마의 욕구에 맞추게 된다. 이것은 아이의 "참 자기"(true self)를 억압하고 "거짓 자기"를 발달시키게 하는데, 그 결과 참 자기는 위축되거나 자기 내부의 비밀스런 영역에 자리를 잡게 된다. 위니캇(1956)은 발린트와 마찬가지로 엄마와 아이 사이의 적절한 조화가 건강한 발달을 위한 필수조건이라고 보았다. 이러한 조건은 건강할 경우 "일차적 모성 몰두"라는 엄마의 자연스러운 상태에 의해 충족된다. 엄마는 아이에 대한 생각으로 채워지고, 아이에게 헌신하며, 아이의 내적 상태와 동일시되며, 아이의 신체적 및 정서적 욕구에 반응할 수 있게 된다. 엄마는 임신 기간 동안에 아이와 맺는 밀접한 신체적 및 심리적 관계에 의해 이러한 상태에 도달한다. 물론 엄마가 불안하거나, 돌보아야 할 다른 아이들이 있거나, 일을 해야 한다면, 그녀는 아기에게 온전히 몰두할 수 없다. 그러나 엄마로서의 역할은 완벽할 필요가 없다. 그것은 아이가 엄마의 사랑과 관심을 느끼고, 스스로 가치 있는 존재라고 느낄 수 있을 만큼 "충분히 좋으면" 된다(1960a). 이러한 신뢰가 있을 때, 아이의 참 자기는 왜곡됨이 없이 성장할 수 있다.

아이의 내면세계는 엄마의 현존을 통해서, 특히 안아주고, 신체를 다루어주고, 들어 올려주고, 아이의 심리적 및 신체적 욕구에 대해 목소리와 눈빛을 통해서 반응해주는 것을 통해서 조직된다. 위니캇(1971b)은 이러한 엄마와 아이의 관계를 "정신-신체적 동반자 관계"(psychosomatic partnership)라고 불렀다. 아이의 자아는 엄마와의 경험을 통해서 신뢰할만한 대상을 발견한다. 때로 "대상"이라는 말의 사용은 어떤 객관적인 측면이 포함되어 있다는 인상을 주기도 하지만, 그것은 사실이 아니다. 이 단계에서 아이와 엄마는 하나로 융합되어 있다; 아이가 타자를 인식할 수 있게 되기까지 대상은 아이 자신의 일부로서 경험된다.

이것은 자기와 타자를 이해하는 데 기여한 위니캇의 주된 공헌으로 인도한다. 그는 아이가 엄지손가락이나 주먹을 입안에 넣는 감각적인 경험으로부터 차츰 곰인형에 애착을 형성하는 경험으로 가는 발달과정에 대해 묘사했다. 그는(1951) 이 곰인형을 엄마와 아이 사이의 "중간 공간"에서 창조되는 "중간 대상"이라고 불렀다. 이때 아이는 아직 이 대상이 "자기 자신인지 아닌지" 혹은 "엄마인지 아닌지"를 뚜렷이 구분하지 못한다. 자기(self)의 경계에 대한 아이의 탐구는 자기와 타자를 보다 뚜렷이 정의할 수 있게 촉진시킨다. 중간 공간은 엄마와 아이가 서로의 경계를 침범하거나 더 초기의 융합 상태로 퇴행하지 않으면서, 창조적이고 놀이적으로 관계 맺을 수 있는 공간이요, 두 사람 모두의 공헌에 의해 창조되는 곳이다.

로널드 페어베언(Ronald Fairbairn)

발린트와 위니캇은 자신들의 공헌을 체계적인 성격구조 이론으로 발전시키지 않았다. 따라서 그들은 프로이트의 구조이론—인간을 본능적 충동의 만족을 추구하는 존재로 보는 견해—에 드러내놓고 도전하지 않았다. 대조적으로, 페어베언은 프로이트의 이론이 갖고 있는 철학적인 함축들을 표명하는 데 주저하지 않았다. 그는 자신이 사랑 받지 못하고 있다는 아이의 느낌이 분열성 상태를 발생시킨다는 사실을 발견했다. 또한 그는 인간의 일차적인 욕구는 본능적인 만족이 아니라, 가치 있는 존재로 인정받고 사랑받는 것이라는 결론에 도달했다. 그에게 있어서 본능적인 충동은 자유롭게 떠다니는 에너지가 아니라, 일차적인 관계의 맥락 안에서 진행되는 자아 기능의 측면들이다. 그러므로 그에게 있어서 원본능, 즉 금지된 리비도(성욕과 생명 본능) 혹은 파괴충동(죽음 본능)의 끓는 가마솥 같은 것은 존재하지 않는다. 공격성은 죽음 본능에서 오는 것이 아니라, 좌절에 대한 반응에서 오는 것이다. 리비도는 자아 안에 있는 에너지로서 대상을 추구하는데, 이것은 아기가 엄마와의 애착을 추구하는 자연스런 모습에서 찾아볼 수 있다(Bowlby 1969).

출생 이전에 태아는 엄마를 전적으로 신뢰하고 의존하는 상태에 있다. 그러나 출생과 함께 그러한 상태는 변한다. 출생 이후에 엄마는 대체로 아이의 욕구를 충족시켜줄 수 있지만, 그러한 돌봄은 아기가 엄마의 자궁 속에 있을 때보다 상대적으로 덜 만족스러울 수밖에 없다. 아이는 자신이 엄마에게 의존해 있는 상태를 바꿀 수 없다는 무력한 상황이 불만족스럽지만, 새로운 상황에 대처하지 않으면 안 된다. 유아는 좌절 상황에 어떻게 대처하는가?

출생 시 유아의 자아는 분화되지 않은 원시적이고 전체적인 상태이고, 대상(엄마)과의 관계 안에 있다. 자궁 속의 상태에 비하면, 자궁 밖의 상태는 상대적으로 불만족스러울 수밖에 없다. 새롭게 경험하는 불확실성에 대한 불안과 좌절의 고통을 방어하기 위해 자아는 불만족스러운 대상을 내사한다. "이 내사 과정을 통해 외부 대상이 심리구조가 된다"(Fairbairn 1954, p. 107). 이 내적 대상은 대상에 대한 기억이 아니라, 고통스러운 관계에 대한 방어적 구성물이다. 이때 자아는 다시금 그 내적 대상을 상대적으로 만족스러운 측면(이상적 대상)과 좌절을 주는 측면(자아의 무의식적 영역 안으로 밀려나는 거절된 대상)으로 분열시킨다. 그와 동시에 거절된 대상은 다시 한번 원시적인 자아에 의해 두 측면으로 분열되는데, 하나는 거절하는 대상(rejecting object)으로 불리는 욕구를 거부하는 측면이고, 다른 하나는 흥분시키는 대상(exciting object)으로 불리는 욕구를 자극하는 측면이다. 이 대상의 분열과 함께 자아 또한 분열을 거치는데, 그것은 거절하는 대상과 연결된 반리비도적 자아와, 흥분시키는 대상과 연결된 리비도적 자아로 분열된다. 그리고 이 두 자아의 측면들은 모두 억압된다. 분열되지 않고 남아있는 자아의 부분은 중심 자아(central ego)로 불리며, 이것은 보다 의식적이고 합리적으로 이상적인 대상과 관계를 맺는다(Fairbairn 1952).

오토 컨버그(Otto Kernberg 1975)는 분열은 경계선적 인격 및 자기애적 인격과 관련된 더 원시적인 방어인 반면에, 억압은 신경증적 및 정상적인 기능과 관련된 더 수준 높은 기능이라고 주장하면서, 페어베언의 견해를 비판했다. 그러나 우리는 분열과 억압은 항상 함께 작용한다는 것이 페어베언의 견해라는 점을 분명히 밝힌다. 유아의 심리발달에서 중요한 관심사는 분열의 유무에 있는 것이 아니라, 본래의 대상들 및 다른 대상들과의 관계에서 이루어지는 좀더 높은 수준의 경험이 어떻게 최초의 분열을 수정하는가에 있다. 우리는 분열 작용의 유무에 대한 논쟁을 하기보다는 각각의 경우에서 분열의 수준과 정도를 고려해야만 한다(Fairbairn 1952). 대상관계 이론에서 사용하고 있는 "떨어져 나감"(split-offs)이라는 용어는 분리와 억압 모두가 일어났음을 의미하며, 대상과 그에 상응하는 자아의 부분이 억압되는 동시에 폐쇄된 자아의 부분 안에 격리되는 것을 의미한다. 페어베언(1963)의 견해는 다음과 같이 요약된다: 자아는 (1) 이상적인 대상과 연결되어 있는 의식적인 중심 자아의 핵과 (2) 거절하는 대상과 연결되어 있는 무의식적인 반리비도적 자아, (3) 흥분시키는 대상과 연결되어 있는 무의식적인 리비도적 자아로 구성된다.

의식적인 중심 자아 체계는 현실을 다루면서 대상들과의 새로운 경험을 통합할 수 있는 개방적이며 적응적인 체계이다. 그것은 리비도적 체계와 반리비도적 체계를 억압함으로써 평정을 유지한다. 그러나 억압된 격노와 경멸로 특징지어지는 무의식적인 반리비도적 체계와 억압된 갈망과 불편한 흥분으로 특징지어지는 무의식적인 리비도적 체계는, 억압이 강력하게 유지되지 않는 한, 끊임없이 중심 자아의 기능을 위협한다. 중심 자아는 또한 이차적인 억압을 사용하는데, 그것은 반리비도적 무의식적 체계가 리비도적 자아를 자아 안의 더 깊은 무의식 층으로 밀어 넣는 것을 가리킨다. 이러한 현상이 발생하는 이유는 욕구를 자극하는 대상에 대한 갈망이 거절하는 대상에 대한 분노를 경험하는 것보다 더 고통스럽기 때문이다.

억압으로 인해 거절하는 대상과 흥분시키는 대상은 이후의 경험에 의해 수정되지 않은 채로 남게 되며, 리비도적 자아와 반리비도적 자아는 대상들과 보다 성숙하게 관계 맺는 방식을 발달시키지 못한다. 유아는 좋은 어머니의 돌봄을 통해서만 다른 사람에게 의존되어 있는 비교적 불만족스러운 상황에 적응할 수 있다. 그때 억압은 과도하게 발생할 필요가 없으며, 자아의 부분은 내적 대상과의 무의식적 관계에 덜 얽매이게 된다. 페어베언은 돌봄의 질이 내적 대상의 성질과 분열의 심각성을 결정하는 주된 요인이라는 사실을 깨달았다. 물론, 유아의 탄력성과 적응력이 결과에 영향을 미치는 것은 사실이지만, 페어베언은 클라인과는 달리 유아의 타고난 요소가 엄마에 대한 지각을 결정하는 유일한 요인으로 보지 않았다. 또한 그는 대상의 내재화를, 입으로 젖가슴을 함입하는 유아의 환상과 연결시켰던 클라인과는 달리, 정신구조가 형성되는 과정과 연결시켰다. 그는 클라인과 달리, 공격성을 죽음 본능의 산물이 아니라, 양육 과정에서 경험하는 좌절의 결과라고 보았다.

해리 건트립(Harry Guntrip)

페어베언을 따라 본능의 활동을 대상관계를 통해 형성된 정신구조의 기능으로 간주한 건트립은 심리내적 구조에 대한 페어베언의 견해에 하나의 가정을 추가했다. 그는 심한 분열성 상태에서 리비도적 체계는 한 번 더 분열을 거치면서 분열된 자기의 일부분이 더 깊은 영역으로 철수하고 퇴행한다고 보았으며, 그 결과 대상없는 상태가 발생한다고 제안했다. (건트립은 좀더 과학적인 용어인 자아(ego)보다 좀더 개인적인 용어인 자기(self)를 사용하는 것을 더 선호했다.) 현실에서부터 자기 내부로의 이러한 철수는 아주 심한 병리적 상태의 주된 부분일 수도 있고, 쉽사리 발견되지 않도록 방어되고 있는 자기의 비밀스런 부분일 수도 있다. 그러한 철수에 대한 욕구는 자기를 상실하고 진공 속으로 사라지는 것에 대한 심각한 불안이 존재하고 있음을 말해준다.

멜라니 클라인의 공헌

건트립은, 유아가 훨씬 초기부터 대상과 관계를 맺는다는 사실을 주목했다는 점에서, 프로이트의 구조이론에 도전한 첫 번째 인물이 바로 클라인이었다고 강조했다(Sutherland 1980). 클라인의 연구 결과는 페어베언의 이론에 지대한 영향을 미쳤다. 하지만 그녀는 페어베언과는 달리 발달을 위한 본능적 기초를 강조하는 프로이트의 이론을 유지했다. 그녀에게 대상관계는 환상으로부터 유래한다. 환상은 엄마와의 관계, 더 자세하게는 엄마의 젖가슴과의 관계에서 발생하며, 그것을 일으키는 기본적인 재료는 본능적 세력이다. 클라인은(1948) 실제적인 양육의 질을 강조하기보다는 유아의 원시적인 지각과 정신 기제의 작용을 강조했다.

편집-분열적 자리(The Paranoid-Schizoid Position)

클라인은 유아가 생후 6개월 안에 분열, 투사, 그리고 내사라는 원시적 정신과정을 사용해서 경험을 조직화한다고 가정했다. 유

아는 죽음 본능의 세력에 의해 불안을 느끼는데, 그 불안으로 인
해 죽음 본능에서 나오는 공격성을 엄마의 젖가슴이나 상상 속
의 페니스와 같은 부분적인 신체 이미지 안으로 투사한다. 따라
서 젖가슴은 공격적인 것으로 느껴지게 되고, 다시 내사되어 내
적 "박해 대상"이 된다. 생명 본능이 우세하게 될 때, 엄마의 젖
가슴은 사랑스럽고 위안을 주는 것으로 경험되고, 유아는 자신의
좋은 감정을 젖가슴에 투사하게 된다. 그리고 그 좋은 감정과 경
험을 "이상적 대상"으로 다시 내사한다. (여기에서 클라인이 사
용하는 이상적 대상이라는 용어는 페어베언이 사용하는 이상적
대상과 그 의미가 다르다. 클라인이 말하는 이상적 대상은 페어
베언의 "리비도적 대상"과 더 가깝다. 클라인에게 이상적이라는
말은 이상적으로 좋은 것을 뜻하며, "나쁘다"는 말은 이상적인
개념에 비추어볼 때 나쁘다는 의미이다. 그리고 그녀에게 진정으
로 좋은 대상은 부분 대상이 아니라 더 성숙하고 온전한 대상이
며, 따라서 더 나중에 일어나는 현상이다.) 유아는 이상적인 대상
을 모든 좋은 것의 근원이라고 상상하면서 탐욕적으로 그것을
삼키려하거나 그것이 지닌 능력을 시기한다. 그 결과, 원하는 대
상의 파괴와 함께 혼동된 자기 해체감을 가져온다. 유아는 좋은
경험이 자기 내부에서 파괴되지 않게 보호하기 위해서 공격적인
감정과 사랑의 감정을 모두 외부 대상에게로 투사한다. 그리고
그 대상을 파괴로부터 보호하기 위해서 공격적인 감정을 다시
내사한다. 그와 동시에 유아는 내부의 나쁜 감정들과 맞서기 위
해서, 그리고 내부에 이상적인 대상을 소유하고 있다는 느낌을
갖기 위해서 좋은 감정들도 재내사한다(Segal 1973). 재내사는 구
강적 함입 충동으로부터 오는 환상의 형태로 발생한다. (엄마의
젖을 빠는 것은 생명력의 표현이며 깨무는 것은 죽음 본능의 표
현이다.) 아직 엄마를 좋은 측면과 나쁜 측면 모두를 지닌 온전

한 존재로서 인식할 수 없는 유아는 엄마를 이상적이거나 박해적인 부분 대상으로만 인식한다. 그리고 설령 개인이 정상적으로 다음 단계의 자리를 획득한다고 해도, 편집-분열적 자리는 개인의 정신 안에 원시적인 구성물로서 남게 된다.

우울적 자리(The Depressive Position)

생후 8개월이 되면 유아는 엄마를 전체 대상으로 인식하기 시작한다―즉, 엄마가 좋은 면과 나쁜 면 모두를 지닌 사람이라고 느끼기 시작한다. 이제 엄마는 더 이상 부분적인 대상으로 나뉠 필요가 없다. 박해적 측면들이 분열되지 않는 것과 마찬가지로 좋은 측면들이 이상화되지도 않는다. 대신에, 엄마의 이상적인 측면이 애도되고 박해적 측면이 감당됨으로써 엄마는 전체적인 "좋은 대상"이 된다. 그 과정에서 좋은 대상은 시기심과 탐욕에 의한 공격을 받게 되고, 일시적으로 상실되는데, 그 상실은 애도된다. 그와 동시에 유아는 자신의 파괴성에 대해 죄책감을 갖기 시작하고, 대상에 대해서 관심을 갖기 시작하며, 손상된 대상을 복구하는 법을 배우게 된다. 자신의 파괴성에 대한 죄책감에 직면한 유아는 실망한 나머지 이전의 편집-분열적 자리로 퇴행할 수도 있고, 조적(manic) 상태로 도피하거나 대상을 통제하려고 시도할 수도 있다. 그러나 정상적인 경우, 유아는 우울을 견딜 수 있으며, 그것으로부터 유익을 얻을 수 있다. 엄마가 일단 전체 인격으로 인식되면, 유아는 엄마와 아빠가 성교를 통해 결합하는 환상을 발달시킨다. 이 환상은 본능으로부터 오는 구강 함입적 소망에 기초한 것으로서, 부모는 서로를 먹여주거나 먹고 있거나 쾌락에 참여하고 있다고 상상된다. 그때 유아는 자신이 그 쾌락

에서 배제되고 있다는 생각 때문에 박탈감을 갖게 되고 부모의
쾌락을 시기하게 된다.

내사적 및 투사적 동일시

클라인이 말하는 내사적 동일시와 투사적 동일시라는 두 가지
심리적 과정은 결혼관계와 가족 구성원들 사이에서 발생하는 상
호작용을 이해하는 데 매우 유용하다. 시걸(Segal)의 명료한 설명
에 따르면(1973), 내사적 동일시는 "대상이 자기 안으로 내사되
는 과정에서 그것의 일부 또는 전체 특성이 자기와 동일시되는
것"(p. 126)을 가리키는 반면, 투사적 동일시는 "자기의 부분들이
대상 안으로 투사되는 과정에서 그 대상의 일부 또는 전체가 자
기와 동일시되는 것을 가리킨다. 이것이 발생하는 것은 대상이
투사된 자기의 부분들이 지닌 특징들을 갖고 있다고 지각되기
때문일 수도 있고, 자기가 대상에게 투사한 내용과 동일시하기
때문일 수도 있다"(p. 126). 병리적인 투사적 동일시는 "자기 혹은
자기의 부분들이 심하게 해체되어 대상 안으로 투사되는 것을
말한다"(p. 127). 투사적 동일시는 다음과 같은 다양한 목적들을
갖고 있다: 이상적인 대상과 분리되는 것을 막기 위해서; 나쁜 대
상 안에 있는 위험의 근원을 통제하기 위해서; 자신의 좋지 못한
부분들을 제거하기 위해서; 자신의 좋은 부분들을 나쁜 부분으로
부터 보호하기 위해서; 또는 "일종의 원시적인 투사적 보상을 통
해 외적 대상을 개선하기 위해서"(pp. 27-28).

대상관계 이론과 가족

대상관계 이론가들은 유아가 생후 일년 동안에 안전한 대상관계를 수립하는 것이 가족 내에서 사람들과 좋은 관계를 맺는 데 필요한 토대라고 주장한다. 유추해서 말하자면, 초기에 엄마와 아이의 관계 모체로부터 발달해 나온 개인 성격에 대한 철저한 이해가 부부치료와 가족치료를 위한 필수 요건이 된다. 가족 구성원들 사이의 대상관계 경험으로 이루어진 초기 구성물은 부모의 부부관계의 특징들, 즉 부모 각자가 아동기에 자신들의 부모와 가졌던 관계를 반향해주는, 흥분과 좌절 경험에 의해 크게 영향을 받는다.

우리가 사용하는 치료방법의 이론적 기초는 주로 생후 초기 유아의 양자 단일체적 관계에 대한 페어베언의 연구에서 온 것이다. 우리가 정신 조직에 관한 그의 모델을 사용하는 이유는 그것이 가족의 삶에서 발생하는 두 사람의 정신의 상호작용을 이해하는 데 가장 유용하기 때문이다. 그것은 개인의 정신구조가 기본적으로 경험에 의해 그리고 그러한 경험에 대한 유아의 이해에 의해 형성된 것임을 말해준다. 그것은 아이가 엄마와의 경험을 이해하고 기록하는 방식을 개념화할 수 있게 하고, 미래의 심리적 경험을 위한 청사진을 제공해준다. 그리고 그것은 다시금 엄마와의 실제 관계에 어떻게 영향을 미치는지를 보여준다. 간단히 말해서, 그것은 아이의 내적 세계와 가족의 삶의 현실 사이에서 교량 역할을 한다. 즉 내부 현실과 외부 현실 사이를 오가는 방법을 제공해준다. 이 연결은 내사적 동일시와 투사적 동일시라는 클라인의 개념에 의해 설명된다.

우리는 비록 클라인의 본능적 기초 개념에는 동의하지 않지만, 그녀가 발견한 많은 것들이 매우 유용하다는 생각에는 동의하고 있다. 따라서 투사가 죽음 본능을 바깥으로 내보내기 위해서 발생한다는 생각은 받아들일 수 없지만, 그것이 불안, 분노, 그리고 시기심의 상황에서 발생한다는 사실은 인정한다. 우리는 내사적 동일시와 투사적 동일시라는 개념이 관계를 이해하고 다루는 데 매우 유용하다는 사실을 알고 있다. 그러나 우리가 클라인에게서 배운 주된 부분은 그녀가 사용한 언어이다. 그것은 심리적 과정을 본능적인 것으로 서술하고 있기 때문에 생생하고, 직접적이고, 만져질 수 있는 것으로 묘사된다. 우리가 클라인이 사용하는 언어를 사용하는 또 하나의 이유는 그것이 신체 과정에 대한 표현과 가장 가깝기 때문이다.

클라인과 달리, 우리는 내사적 동일시와 투사적 동일시가 오직 유아에게서만 작용하는 것으로 보지 않는다. 우리는 그것들이 부부 사이에서, 엄마와 유아 사이에서, 부모와 자녀들 사이에서, 그리고 가족 구성원들과 치료자 사이에서 상호적으로 작용한다고 본다. 우리는 그것들이 만족을 추구하는 본능적인 힘에서만 발생하는 것이 아니라, 살아있는 관계를 촉진시키기 위한 욕동에서 발생하는 과정으로 본다. 우리는 공격성이 관계 안에서 경험하는 좌절에 대한 반응이라는 페어베언의 견해에 동의하는 동시에 공격성이 모든 종들(species)의 본질적이고 기본적인 성질이라고 말하는 보울비(Bowlby; 1969, 1973a)의 견해에 동의한다. 클라인이 지적했듯이, 어떤 아이들은 다른 아이들에 비해서 태어날 때부터 기질적으로 더 쉽게 좌절을 경험하는 경향이 있으며, 어떤 아이들은 더 활동적이고 공격적인 성향을 가지고 태어난다. 우리는 그 차이가 본능 때문이 아니라, 그들이 유전적으로 타고난 요소 때문이라고 본다.

유아의 발달은 타고난 체질과 부모 및 다른 사람들로 이루어진 환경의 조합에 의해 영향을 받는다. 우리는 대상과의 필연적인 불만족(자궁 속에 있을 때에 비하여)이 대상을 내사하게 만드는 유일한 동기라고 보는 페어베언의 견해에 동의하지 않는다. 우리는 내사가 방어라는 생각에 동의하면서도 만족스런 대상관계 또한 내사를 위한 동기가 될 수 있고, 어떠한 것을 경험하는 것만으로도 내사를 위한 충분한 동기가 될 수 있다고 본다. 내사는 방어일 뿐만 아니라, 정신의 분화과정을 발생시키는 작용이기도 하다. 그것은 사고를 발달시키고 경험을 조직하는 원시적인 방식이다. 이것은 함입 환상에 관한 클라인의 견해와 아주 비슷하다.

페어베언은 정신 안에서 리비도적 대상을 억압하는 반리비도적 자아의 작용에 대해 말한다. 두 사람이 부부관계와 같은 친밀한 관계 안에 들어갈 때, 공유된 반리비도적 체계는 흥분시키는 대상 및 그 대상과 관련된 리비도적 자아를 한층 더 강하게 억압하기 때문에, 결국 그들 각자는 자신이 무엇을 갈망하는지조차 모르게 된다. 부부가 서로 싸우고 비난하면서도 근저의 상처와 갈망에 대해서는 말하지 못하는 경우가 바로 여기에 해당한다. 또는 정 반대로, 부부의 지나친 관심과 끊임없는 성적 몸짓 또한 서로에 대한 경멸감에 대한 위장일 수 있다. 따라서 우리는 페어베언의 견해에 덧붙여 리비도적 체계 역시 반리비도적 체계를 억압할 수 있다고 본다.

페어베언은 어머니의 돌봄의 질이 기본적인 불만족 상태에 영향을 미친다는 사실을 깨달았다. 정상적인 엄마는 때때로 몸이 아프거나, 우울하거나, 혹은 아이가 보내는 신호에 정확하게 반응하지 못함으로써 아이를 무시하기도 하고 밀어내기도 하며, 그 결과 불가피하게 거절하는 대상으로 경험되기도 한다. 물론 이러한 거절은 드물게 발생하는 경미한 거절로부터 빈번하게 발생하는 심각한 거절에 이르기까지 그 형태가 다양하다. 대부분의 부모들은 고의적으로 자식을 방치하거나 학대하지는 않지만, 모든 아이들은 어느 정도 감당할 수 없는 거절을 경험하게 된다. 더욱이 아이들은 자라나는 과정에서 부모가 제공하는 한계 설정의 요소를 그들이 자신들을 거부하는 것으로 경험하기 쉽다.

다른 한편, 아이에게 자신을 줄 수 있다고 생각하지만 결코 주지 못하는 엄마는 갈망의 대상이 되어 아이를 애타게 만든다. 아이가 젖을 필요로 하지 않을 때, 젖을 주는 엄마가 여기에 속한다. 혹은 아이가 좀더 컸을 때 비스킷 대신에 사탕을 주거나, 걸음마 아이와 목욕을 함께 하면서 성기를 노출시킴으로써 아이를 압도하는 엄마이다. 그리고 클라인이 강조했듯이, 아이의 타고난 공격성이 아이의 환상 내용을 채색하는데, 이것은 아이가 엄마의 젖가슴 또는 엄마를 지각하는 데 영향을 미친다. 따라서 아이의 내적 대상은 다음 세 종류의 외적 대상 경험에서 발생한다: (1) 출생 이전의 상태와 비교해서 상대적으로 불만족스런 대상의 경험, (2) 실제로 거부하거나 흥분시키는 대상의 경험, (3) 아이가 거부하거나 흥분시킨다고 느끼는 대상의 경험.

개인 심리치료에서 이 외적 대상과의 경험을 재구성하는 일은 전이에서 확인할 수 있는 것임에도 불구하고, 여전히 가정에 입각한 것이다. 하지만, 가족치료에서는 과거의 일들이 현재의 관계 안에 기록되어 있기 때문에, 우리는 우리가 다루고 있는 일들에 대해서 좀더 분명하게 인식할 수 있다. 개인의 욕구를 흥분시키거나 거부하는 정도가 얼마나 심각한 것인지의 문제와, 그것이 얼마나 다양한 상황과 관련되는지의 문제(예컨대, 먹여주고, 배설물을 치워주고, 신체에 대한 사적 권리를 존중해주는 등)는 정상적인 성격 특징의 다양성, 정신구조의 병리적 형태, 그리고 가족의 각 구성원들이 보이는 다른 특징들에 대해서 설명해준다.

우리는 발린트와 건트립의 이론이 임상상황에서 유용하다는 사실을 알고 있음에도 불구하고, 그들의 이론에 기초해서 분석적 가족치료 이론을 전개하지는 않는다. 예컨대, 가족치료사들은 가족의 비밀을 발견하는 상황에 익숙하고, 비록 마술처럼 이루어지는 것은 아니지만, 그 비밀을 드러내는 일이 문제 해결을 위한 중요한 과제라고 간주한다. 우리는 비밀을 유지하는 현상이 철수한 자기의 비밀스런 부분이 존재한다는 건트립의 생각과 유사한 것이며, 그러한 현상이 발생하는 것이 허공으로 떨어지는 것에 대한 끔찍스런 불안 때문이라는 사실을 건트립에게서 배울 수 있었다. 마찬가지로, 가족 또한 가족의 비밀스러운 부분을 간직하고 있으며, 그 부분에 대한 두려움 때문에 그것이 드러나는 것에 저항한다. 가족은 그 부분이 드러나면 가족이 해체될 것이라는 두려움을 갖는다. 이 두려움이 해석되기까지는(혹은 비분석적 가족치료에서 행해지는 역설적인 치료방법에 의해서 극복되거나 행동주의적 방법에 의해서 새로운 행동패턴을 배우기까지는) 그 비밀은 공유될 수 없다. 우리로 하여금 공허한 감정을 느끼게 하는 가족, 다른 말로 가족의 구성원을 위해 줄 수 있는 것이 아무 것도 없는 가족을 대할 때, 우리는 발린트를 떠올리게 된다. "기본적인 결함"을 지닌 개인은 대상에 매달리거나 대상을 만들어낸다고 그가 서술했듯이, 그런 결함을 지닌 가족의 구성원들은 가족 외의 또래 대상들과 관계를 맺기보다는 가족 구성원들 사이의 관계에 매달리든지, 가족 내에서 대상을 만들어낼 수 있다. 그리고 근친상간적 가족일 경우, 이 두 해결책은 동시에 사용된다. 이것은 부모의 성적 관계 안에 무언가가 결여되어 있음을 말해준다; 아빠는 가족 내의 대상들에게 집착하고, 엄마는 그에게 만족을 주는 딸의 역할을 한다.

우리는 이제 가족의 기능과 치료적 과제를 개념화함에 있어

서, 엄마와 유아의 관계와 중간 공간에 대한 위니캇의 서술에 의
존하고자 한다.

가족 기능에 대한 대상관계적 이해

엄마와 유아 사이의 공유 영역

처음에 유아는 엄마의 몸 안에서 산다. 마치 혈액이 태반과 자
궁의 접촉 지점을 흐르면서 내부 환경과 밀접하게 상호작용을
하듯이, 아기는 엄마의 내적 환경의 모든 영역과 밀접하게 접촉
한다. 아기는 엄마의 신체적 공간의 일부를 차지하고 있듯이, 엄
마의 심리적 공간 안에 한 영역을 창조한다. 임신한 엄마의 심리
적 유동성, 즉 그녀가 "일차 과정"(primary process) 혹은 비이성적
사고에 지배되기 쉬우며, 심리적 재조직에 개방되어 있는 사실에
대한 논문은 많이 있다(Bibring et al. 1961, Jessner 1966, Wenner
1966). 이 시기에 엄마는 정서적으로 더 불안정하고, 예민하며, 자
라나는 태아와 자신에게 몰두한다. 이것은 아기가 엄마와의 의사
소통 채널을 극적으로 넓혔음을 의미하는데, 엄마는 이 채널을
통해서 억압되고 분열된 영역들을 포함한 내적 대상들과 의사소
통한다. 자기와 대상 사이의 상호영향으로 인해 엄마는 자라나는
대상에 몰두하게 되는데, 이것은 그녀의 자기가 근본적으로 다시
조직되는 것을 의미한다.

출생 이전의 아기에게 외부 세계에 대한 이미지를 보존할 수
있는 내적 심리조직이 있는 것은 아니지만, 그에게는 점점 더 복

잡해지는 기관인, 미분화된 자아가 있다. 그리고 그것은 자궁 내
에서 경험한 일들에 대한 기억을 어떤 식으로든 간직하고 있
다—이것에 대한 증거들은 현재 모아지고 있는 중이며(Liley
1972), 아직 확인된 사실은 아니다.

정신신체적 동반관계

아이의 출산과 함께 시작되는 다음 단계는, 엄마가 안도감과
결합된 상실감과 함께 자신이 아이와 내적으로 연결되어 있는
경험을 포기하는 단계이다. 이 강렬한 내적 연결의 느낌을 대체
하는 것은 신체적 접촉을 통한 관계의 경험이다. 이러한 관계를
위니캇은 정신신체적 동반 관계(the psychosomatic partnership;
1971b)라고 불렀는데, 이것은 매우 신체적인 동시에 근본적으로
심리적인 관계이다. 아이의 내면세계는 엄마의 돌봄, 특히 엄마가
어떻게 안아주고, 어떻게 다루어주느냐에 따라 다르게 조직된다.
엄마는 아이를 움직여주고, 눈빛과 소리를 사용해서 응시하고 속
삭이고 칭찬해줌으로써 아이의 자기 감각을 자극해준다(Freud
1905a). 이러한 것들을 통해서 아이에 대한 엄마의 감정과 환상
이 아이에게 전달되며, 이것들에 대한 유아의 반응들이 성격의
기초를 형성한다.
정신의학 분야의 문헌은 생후 첫 몇 주 동안 소위 "자폐"
(autistic) 단계로 불리는 기간이 있으며, 그 기간에는 엄마가 능동
적인 행위자라고 생각하는 경향이 있다(Mahler, Pine, and
Bergman 1975). 그러나 엄마들은 아이가 진정한 의미에서의 미소
반응을 보이기 오래 전부터 손을 뻗치고, 자신의 몸을 엄마의 몸
에 맞추며, 빠는 행위를 통하여 적극적으로 엄마의 반응을 자극

한다는 사실을 알고 있다. 최근의 유아 연구는, 선천적인 장애를 갖고 있지 않은 아이는 처음부터 능력 있는 적극적인 파트너라는 엄마의 경험이 옳다는 사실을 보여주었다. 이 분야의 연구결과들은 유아가 소리를 내거나 응시하거나 감정을 드러내는 것을 통해서 엄마와 상호 작용할 수 있는 능력이 있음을 설득력 있게 보여주었다(Brazelton et al. 1974, Stern 1977, 1985). 이러한 다양한 체계들의 생리학적인 상호 유형들은 주기적으로 반복되는 연속과정에 따라 서로 연결되며, 그 결과 유아는 하나의 조직화된 성격으로서의 느낌을 갖게 된다(Call 1984). 이 시기에 유아의 심리적 장치는 빠르게 조직화되기 때문에, 유아는 생후 삼 개월이 되면 자신의 기분을 전달할 수 있고, 부모와 놀이를 할 수 있게 된다.

이것은 유아가 "잠자는 상태에 있는 것 같은" 처음 몇 주 동안에 그의 내면에서 많은 조직화 작업이 진행되고 있음을 말해준다(Brazelton, Koslowski, and Main 1974). 그리고 이 작업은 엄마가 안아주기와 다루어주기를 통해서 아이의 리듬에 신속히 맞추어주는 것과 함께, 아기가 엄마의 리듬에 맞추는 것을 통해서 원만히 수행된다. 아기는 엄마가 아기 자신의 리듬에 맞추어 먹여주고 기저귀를 갈아주는 유형과, 엄마와 함께 나누는 짧은 순간의 미세한 상호교환의 유형을 기초 재료로 사용해서 기분(mood)과 대인관계적 의미를 건설한다. 처음에는 시각과 음성을 통한 상호교환이 초기의 신체적 상호작용의 중심 부분을 차지하지만, 시간이 지나면서 차츰 그런 상태에서 벗어나 점진적인 분화과정을 거치게 된다. 비록 성인들의 성적 관계에서 엄마와 아기 사이의 정신신체적 동반자 관계의 측면들이 반복되기는 하지만, 엄마와 아기의 관계에서는 신체적 관계가 다른 어떤 측면보다도 더 큰 중요성을 갖는다(Scharff 1982).

임신과 출산 그리고 초기 유아기 동안에 이러한 동반자 관계의 발달은 주로 신체적인 측면에서 이루어진다. 임신 기간 동안 엄마와 태아는 생물학적인 공생관계 안에 있으며, 그것은 엄마나 아기의 의도적인 참여 없이 진행된다. 그리고 이것은 출생이라는 극적인 신체적 사건과 함께 막을 내린다. 그러나 임신기간 동안 의 관계는 심리적 관계를 위한 생물학적인 전조를 구성하며, 그 것으로부터 정신신체적 동반자 관계가 생겨난다. 이 새로 시작된 정신신체적 동반자 관계는 여러 해 동안 지속되면서 일차적으로 심리적인 동반자 관계로 변형된다—비록 그것이 상당한 정도의 신체적 요소를 계속해서 포함할지라도. 그 순서는 다음과 같이 요약된다:

신체적 공생관계
(심리적 영향을 크게 받음)

↓

정신신체적 동반자 관계
(신체적 요소와 심리적인 요소가 균형을 이룸)

↓

심리적 동반자 관계
(신체적 요소를 상당 정도 지니고 있음)

정신신체적 동반자 관계는 마치 반쯤 투명한 막으로 된 엄마 와 아이의 신체적 공유영역과 같은 것으로 간주된다. 구조화되어 있으면서도 각 파트너의 내면세계에 의해 쉽게 영향 받고 변화될 수 있는 이 신체적인 공유영역은 차츰 보다 상징적인 후계자에게 자리를 넘겨주는데, 위니캇은 이 영역을 "중간 공간"(transitional space)이라고 불렀다. 엄마와 아이 사이에 존재하는 간극(gap)은 유아의 내적 공간이 확장됨에 따라, 그리고 자라나고 생각하고 진정으로 하나의 인간이 되어감에 따라, 차츰 외적 현실이 된다(Winnicott 1951). 이 공간에서 음성과 시각을 통한 대화와 게임 같은 엄마와 아이의 동반자 관계의 심리적 측면들이 발생한다. 이 공간은 임신기간 동안 그리고 생후 첫 몇 달 동안 엄마가 아기에게 제공했던 강렬한 신체적 헌신을 전수받는 공간이요, 유아가 성인이 되었을 때 성적 친밀감을 나눌 수 있는 역량을 발전시키는 공간이다.

초점적인 관계 맺기(Centered Relating)

엄마와 아이 사이에는 상호교환이 발생하며, 그로 인해 그들 사이에 중간 공간이 형성된다. 우리는 엄마와 아이가 깨어있는 동안 서로를 응시하거나, 눈을 감은 채로 잠자는 것처럼 보이는 엄마의 몸에 코를 박고 있는 아이의 모습을 본다. 아이가 울 때 엄마는 자신의 젖가슴이 근질거리고 아이에게 젖을 먹일 준비가 되어 있다는 느낌을 경험한다. 사정없이 빨아대는 아이의 입안으로 젖꼭지가 들어갈 때, 엄마는 자신의 젖이 빠져나가는 것을 느끼며, 그러한 수유 후에는 자신의 온 몸이 고갈되는 느낌을 갖는다. 우리는 여기에서 서로의 경험을 받아들이는 정신과정, 즉 상호적인 동일시 과정이 발생한다고 상상할 수 있다. 우리는 엄마와 아이가 신체적 자기의 경계 영역에서 관계를 맺는 동시에, 신체와 심리적 자기의 중심 영역에서 관계를 맺는다고 가정한다.

우리는 이것을 초점적인 관계 맺기라고 부른다. 이 초점적인 관계 맺기는 엄마의 반영 기능에 의해 촉진되는데, 엄마는 이 기능을 사용하여 아이의 기분과 그것이 자신에게 끼친 영향을 아이에게 되돌려주고, 아이는 자신이 경험한 엄마의 돌봄을 엄마에게 되돌려준다. 유아는 엄마와 초점적인 관계를 통하여 자신의 내적 대상관계의 핵을 만들며, 엄마는 자신을 엄마로 느끼게 하는 아기의 기여로 인해 자신의 내적 대상관계를 근본적으로 수정한다.

초점적인 안아주기(Centered Holding)

중간 공간의 창조와 초점적인 관계 맺기의 확립은 엄마와 아이 모두의 적극적인 참여를 통해 이루어진다. 그러나 이러한 발달을 가능케 하는 이는 엄마이다. 이 발달의 성공 여부는 아기와 공감적으로 관계 맺는 엄마의 능력에 달려있다. 다시 말해서, 아기를 먹여주고, 아기의 몸에 자신의 몸을 맞추어주며, 아기를 들어올리고 내려놓으며, 눈빛과 목소리로 의사소통하고, 아기가 보내는 각성과 피곤의 신호에 반응하는 엄마의 일들이 얼마나 공감적인 이해 위에서 이루어지는가에 달려있다. 우리는 이러한 행동들을 엄마의 아기 다루기라고 부른다. 그리고 우리가 이미 언급했듯이, 이러한 신체적 상호교환은 상대방에 대한 정서적 느낌의 측면을 보여준다. 다른 말로, 아기를 다루는 기술은 아기의 욕구와 불안의 표현에 헌신적이고 집중적인 주의를 기울여주는 것을 말하는데, 이러한 헌신적인 엄마의 노력으로 인해 아이는 자신이 사랑 받고 있고, 가치를 인정받고 있으며, 이해 받고 있다고 느끼게 된다. 우리는 이처럼 아이의 몸을 다루어주고, 심리적으로 아이에게 몰두함으로써 아이에게 초점적인 관계 맺기를 위한 공간과 자료를 제공하는 엄마의 능력을 일컬어 초점적인 안아주기라고 부른다.

환경적인 안아주기(Contextual Holding)

이 초점적인 관계 맺기가 발생하는 공간은 엄마와 아이를 둘러싸고 있는 공간이다. 아이에게 몰두하는 것을 통해서 엄마는 자신과 아이를 둘러싼 영역 안에 편안한 공간을 만들어낸다. 유아가 외부에서 오는 감각이나 소리 등의 자극을 차단하는 자극 장벽을 가지고 태어나듯이, 엄마는 아이를 돌보는 일을 방해하는 것들을 차단하는 "일차적인 모성 몰두"(primary maternal preoccupation)를 발달시킨다(Winnicott 1956). 이 심리적인 보호막—보통 그 정도가 다양하기는 하지만—은 그것에 상응하는 신체적인 보호막을 갖고 있다. 엄마와 아이를 둘러싼 물리적 공간은 유모차, 아기 침대, 침실 또는 그 이상으로 확장될 수 있다. 엄마는 아이와 의사소통할 수 있다고 느끼는 거리를 결정한다. 직장에 다니는 엄마의 경우, 이 거리는 그녀의 집에서 시내에 있는 그녀의 사무실 사이가 될 수 있다. 그럴 경우, 엄마는 아기 다루기나 "초점적인 안아주기"의 역할을 그녀와 아이가 감당할 수 있는 범위 내에서 다른 신뢰할 만한 대상에게 넘겨준다. 그러나 그 보호막을 제공하는 사람은 여전히 엄마이다. 우리는 이것을 엄마의 환경적인 안아주기라고 부른다.

여기서 우리는 아이에게 안아주기를 제공하는 아버지의 역할을 고려할 필요가 있다. 물론 아버지 역시 자신의 아이와 직접적인 상호교환을 한다. 이러한 상호교환은 엄마가 아이와 갖는 공생적인 관계와는 다른 성질의 것으로서, 좀더 흥분케 하는 대상으로서의 역할에 집중된다. 따라서 아버지의 직접적이고 초점적인 안아주기는 보통 엄마와 아이 사이에 존재하는 안아주기처럼 지속적으로 중심적인 것은 아니다. 사실, 이러한 아버지와 아이의 상호교환은 아이를 조금씩 시간을 연장해가면서 엄마의 생활 궤도에서 끌어내려는 목적을 가지고 있다. 남편은 욕구 때문에 아이에게서 엄마를 되찾으려 할 것이고, 따라서 엄마가 아이와의 공생관계로부터 자신을 분리해내는 과정을 도울 것이다. 이것은 훗날 아이가 엄마로부터 분리하고 개별화를 성취해내는 과정을 예비한다. 따라서 아버지의 역할 중에는 엄마의 초점적 및 환경적 안아주기를 방해하는 과제가 포함되어 있다. 그러나 아버지는 가족이나 다른 자녀들의 요구로부터 아내를 보호해주고, 아내가 직장에서 일을 할 수 없는 동안 재정적으로 지원해주며, 산후 얼마 동안 아내가 퇴행할 수 있게 허용해줌으로써, 엄마의 안아주기 기능을 지원한다. 다른 말로, 엄마가 아이를 안고 있는 동안에 아빠는 엄마를 안아준다. 우리는 이것을 아빠의 환경적 안아주기(father's contextual holding)라고 부른다. 그는 아이를 양육하는 일에 아내가 자신보다 생물학적으로 더 잘 준비되어 있는 것을 수용하고, 아내의 시간을 요구하지 않음으로써 아내가 아이와 좋은 애착관계를 맺도록 지원한다. 현대 결혼생활에서 아빠들은 아이를 돌보는 일에 아내와 동등한 역할을 하기도 하고, 아이 양육의 일차적인 책임을 맡기도 한다. 우리의 견해에 의하면, 아이는 처음에 한 사람의 모성적 대상—그 대상이 아빠이건, 다른 한 사람이건 아니면 여러 양육자들의 합성체이건—과 관계를 맺는다. 유아는 비록 처음부터 많은 외부 대상들과의 경험들을 구별하지만, 엄마 역할을 하는 대상과의 관계에 집중한다.

환경적인 안아주기는 엄마의 현존에 대한 유아의 경험을 확장시켜준다. 유아는 환경적 안아주기 경험을 통해 차츰 타자에 대한 감각에 눈을 뜰 수 있게 된다. 그러나 유아가 고유한 개별성의 감각을 갖게 되는 것은 초점적인 관계 맺기를 통해서이다. 유아가 성장하여 칠팔 개월에 도달하면, 핵심적인 자기감을 형성하는 데 있어서 아빠 경험은 엄마 경험 못지않게 중요해진다. 유아는 이제 자신을 두 사람 모두에게 중요한 존재라고 경험하게 된다. 이 시기를 지나면 환경적 안아주기는 더욱 확장되어 좀더 많은 중요한 사람들을 포함하게 한다. 물론 이 시기가 되기 오래 전부터 조부모와 친절한 이웃들의 사랑과 관심은 환경적 안아주기를 제공하는 부모의 역할에 큰 도움을 준다.

요약하자면, 환경적 안아주기는 여러 수준에서 발생한다. 가장 바깥쪽에는 우리의 이웃들의 안아주기가 있고, 그들 앞에는 조부모와 가족 구성원들의 안아주기가 있으며, 그 안쪽에는 엄마와 아이를 위한 아버지의 안아주기가 있고, 가장 안쪽에는 자신과 아이를 위한 엄마의 보호막이 있다. 부모는 사랑으로 서로에게 헌신함으로써 환경적 안아주기의 중요한 측면을 제공해준다. 이러한 배우자들의 헌신적인 관계야말로 아이가 파괴적인 충동에도 불구하고 환경이 안전하다고 느끼게 하는 요소이다. 물론 환경적 안아주기도 형제들 간의 질투, 질병, 또는 부부문제로 인해 쉽게 손상을 입을 수 있다.

이렇게 다중적인 원으로 묘사된 환경적 안아주기의 한가운데에는 엄마와 아이가 의사소통과 상호작용을 하는 초점적인 안아주기가 있다. 그들은 초점적인 관계 맺기를 통하여 내면세계를 공유하고, 세우고, 수정한다. 우리는 환경적 안아주기와 초점적인 안아주기가 하나의 연속과정 안에 있다고 본다. 그 둘은 자녀를 양육하고 관계를 맺는 일에서 서로 맞물려 있다. 우리는 그것들이 공존하고 있음을 알고 있지만, 가족 기능의 어려움을 밝히기 위한 목적으로 그 둘을 구별하고 있다.

가족치료에서 초점적인 안아주기와 환경적인 안아주기

초점적인 안아주기와 환경적인 안아주기의 이러한 차이들은 대상관계 가족치료에 그대로 적용된다. 그것들은 치료적 관계에 필수적인 두 측면에 대해 말해주며, 개인치료와 부부치료 그리고 가족치료의 각 상황에 따라 기법이 어떻게 수정되어야 할지를 말해준다(4장 참조). 또 그것들은 전이와 역전이 개념을 명확하게 해준다(10장 참조). 간단히 말해서, 가족치료사는 가족치료에서 초점적인 안아주기와 환경적인 안아주기 모두를 제공할 필요가 있다.

치료자의 환경적인 안아주기는 치료자가 면담과정에서 환자 가족의 안전에 대한 관심을 전달하는 것을 통해서, 그리고 가장 기본적인 수준에서 단순히 가족 전체를 만나는 것을 통해서 수행된다. 가족과 함께 작업하고, 그들에게 경청하며, 견해를 교환하는 것을 통해서 환경적 안아주기를 확립한 후에, 치료자는 가족 문제의 핵심을 다루고, 가족을 돌보며, 가족과 상호작용하고, 이해해주는 초점적인 안아주기를 제공한다. 엄마가 깊은 이해심으로 아이의 마음을 사로잡듯이, 치료자는 초점적인 안아주기를 통해서 가족의 마음을 사로잡는다.

이것은 가족이 경험하고 있는 문제의 중심에 도달하기 위해 치료자의 해석을 사용할 수 있는 길을 예비해준다. 우리는 이 초점적인 관계 맺기를 통해서 우리 자신의 중심에서 가족의 핵심적인 문제를 경험하고자 하는 의욕을 느끼게 되고, 가족 구성원들의 중심을 이해할 수 있게 된다. 그들이 자신들의 경험에 대한 우리의 이해를 받아들일 때, 그들은 가족의 다른 구성원들을 더 잘 이해할 수 있다는, 즉 좀더 나은 중심적인 관계를 맺을 수 있다는 희망을 갖게 된다. 그때 가족은 구성원들을 위한 좀더 나은 안아주는 환경이 될 수 있다.

우리가 비록 환경적 안아주기와 초점적 안아주기의 차이를 알고 있다고 해도, 가족 구성원들에게 우리의 실패는 환경적 안아주기의 실패로 경험될 것이다. 그 이유는 가족이 퇴행하게 될 때, 그 구성원들은 안아주기의 전체 연속체 중에서 환경적 안아주기 쪽을 향하여 반응하기 때문이다. 하지만 이때 환경적 안아주기의 실패로 지각되는 것은 초점적인 안아주기와 환경적인 안아주기가 결합된 좀더 복잡한 연결망의 실패를 나타내는 것으로 보아야 한다. 우리는 4장과 10장에서, 전이에서 나타나는 이러한 실패에 대한 기대를 다룰 것이다.

가족의 안아주기 역량과 초점적인 관계 맺기의 개선

안아주기의 형태에 대한 이러한 진술들은 우리로 하여금 대상관계 이론에 기초한 가족치료의 목표를 정의할 수 있게 해준다: 그것은 가족 구성원들을 안아주는 기능을 수행할 수 있는 가족과 가족 구성원의 역량을 증진시키는 것이다. 따라서 가족의 전반적인 상황에 대한 이해를 제공하는 과정과, 가족 구성원 각자가 서로를 좀더 이해하고 애정을 갖도록 돕는 과정, 이 두 가지를 함께 발생시키는 것이 대상관계 가족치료의 핵심적인 과제이다. 이것은 아이의 내면세계와 의사소통을 하는 동시에, 아이의 성장을 위한 환경을 조성해주는 엄마의 두 가지 과제와 유사하다. 환경적 안아주기를 통해서, 엄마는 아이가 내적 대상세계를 구축할 수 있는 환경을 제공해준다. 그리고 초점적인 안아주기를 통해서, 엄마는 내적 대상들의 건설을 위해 필요한 기초 재료를 제공해준다. 가족치료에서, 우리는 이해 받고자 하는 가족 구성원들의 기대를 충족시켜준다. 즉, 우리는 가족 구성원들로 하여금

서로를 중심에서 이해할 수 있게 해주는 안아주기 기능을 수행
한다. 우리는 그들 주변에서 그들을 지지해주는 기능을 수행하며,
그들의 문제에 대한 해석을 통해서 그들의 내적 대상관계 체계
를 수정하는 데 도움을 준다.

　가족치료에 대한 대상관계적 접근법은, 아이들을 키우는 과정
이 그렇듯이, 환자들과 함께 있어주는 것을 핵심으로 삼고 있다.
우리가 이해한 바를 가족과 나누려는 우리의 노력은 언어적 의
사소통 이상의 것이다. 우리는 가족 전체를 안아주고 가족의 핵
심 문제에 접촉하고자 노력한다. 우리의 해석은 가족 구성원들을
이해하고 그들의 불안을 대신 짊어지기 위해서 우리가 무엇을
하고 있는지를 그들이 깨닫게 하기 위한 것이다. 동시에 해석은
우리에게 응답하고, 우리가 자신들을 돌아보게 하며, 우리의 잘못
된 생각을 바로 잡아줄 수 있는 기회를 가족과 가족 구성원들에
게 제공한다. 가족 구성원들이 서로에 대해 이러한 일들을 할 수
있으려면, 먼저 그들이 우리와 함께 이러한 해석을 할 수 있어야
한다.

　대상관계 접근법은 근본적으로 치료를 위해 함께 작업하고 이
해하는 방식이다. 그것은 가족 구성원들이 서로 관계 맺을 필요
가 있으며, 관계의 어려움이 가족 문제의 핵심이라고 본다. 관계
를 좀더 잘 맺는 방법을 제공하려는 노력을 통해서 가족 구성원
들과 한편이 될 때에만, 우리는 그들의 발달과 성숙한 대상관계
를 방해하는 무의식적인 대상관계를 이해하고, 그 장애물을 극복
할 수 있는 길을 제시할 수 있다. 대상관계 이론은 이것을 돕는
데 그 유용성이 있다(Sutherland 1985).

　4장에서 우리는 이 장에서 논의한 발달적 고찰에 기초해서 가
족치료와 부부치료의 모델을 다룰 것이다. 이 모델을 제시함에
있어서, 우리는 그것을 개인치료 모델과 비교하고 대조함으로써

개인치료와 가족치료가 임상적 및 이론적으로 서로 조화를 이룰 필요가 있다는 점을 부각시킬 것이다. 그것들이 임상상황에서 서로에 대한 근본적인 관련성을 확보할 수 있을 때, 개인치료와 가족치료는 서로 조화롭고, 보완적이며, 상호 촉진적일 수 있을 것이다.

치료 모델들

우리는 개인치료와 가족치료 그리고 부부치료 모델을 형성함에 있어서 엄마와 아이의 초기 관계가 지닌 요소들을 사용한다. 이 치료 형태들은 모두 초기 부모-아동 관계의 측면에 대한 이해 위에 세워진 것으로서, 그러한 관계에 대한 회상이 치료에 특별한 영향력을 갖는다고 간주한다.

앞장에서 우리는 환경적 안아주기와 중심적 안아주기의 기원에 대한 탐구를 통해서 그것들이 엄마와 아기의 정신신체적 동반자 관계로부터 발달해 나온 것임을 확인했다. 초기의 안아주기 상황들은 각각 나중에 성인들 사이의 상호작용, 또는 성인과 성장한 아이의 상호작용과 그 수준이 일치한다. 우리는 다음 두 장에 걸쳐서 아이가 가족 안에서 어떻게 발달하는지를 좀더 자세히 살펴볼 것이다. 그러나 그에 앞서 치료자가 개인 환자, 가족, 그리고 부부와 갖는 경험과 기능이 어떤 것인지를 살펴보겠다.

개인치료 모델

환자의 내적 대상관계는 중심 자아의 의식적이고 직접적인 의사소통을 통해 치료자에게 전달된다. 겉으로 드러난 의사소통의 내용은 무의식적이고, 분열되고, 억압된 내적 대상관계를 이해하는 데 필요한 자료들을 담고 있다. 환자는 이 억압된 대상관계를 구성하고 있는 자기의 부분들과 대상의 부분들 사이의 관계를 의식하지는 못하지만, 그것은 의식적인 의사소통의 내용들과 나란히 치료자에게 간접적으로 의사소통된다. 이것은 정신분석적 심리치료사들이 이미 잘 알고 있는 바, 전이 영역에서 분명히 드러난다. 가족치료사에게 이것은 초의사소통(meta-communication)의 영역에 해당된다: 이것은 훈련받은 치료자에게는 상대적으로 분명하지만, 환자에게는 다양한 정도로 인식 바깥에 있다. 순수 지지치료나 구체적인 문제 해결 이상의 것을 목표로 하는 모든 심리치료에서 중요하게 생각하는 의사소통은 치료자의 내면세계와의 의사소통이다. 치료자는 환자의 내적 대상 체계와 상호작용하는 내적 대상 체계를 가지고 있다. 치료가 가능한 것은 치료자의 내적 대상 체계가 환자의 그것보다 덜 분열되어 있고, 덜 경직되어 있으며, 덜 억압되어 있기 때문이다.

치료자는 억압된 대상들과 억압된 자기의 부분들로 구성된 이 영역에 환자보다 더 쉽게 접근할 수 있어야만 한다. 이러한 내적 대상관계들에 좀더 쉽게 접근할 수 있기 위해서는 치료자의 상대적인 성숙과 좀더 탄력적인 자기 이해를 필요로 한다. 그러한 내적 대상관계들을 편하게 느낄 수 있어야만, 치료자는 환자와의 관계에서 그것들이 활성화되는 것을 느낄 수 있고, 다룰 수 있으며, 따라서 환자의 경험을 이해할 수 있다. 즉, 치료자는 환자를 진정으로 공감할 수 있고, 공감한 내용을 소화하고 처리한 후에 그처럼 신진대사를 거친 내용을 환자에게 되돌려줄 수 있다. 환자가 내적 대상을 투사할 때 그것을 받아주고 인정해줌으로써, 치료자는 엄마가 아기와 눈을 맞춰주는 것을 통해 아기의 경험을 확인해주는 것과 같은 기능을 담당한다. 이것은 여러 저자들에 의해서 "반영"(mirroring)으로 명명되었다(Kohut 1977, Pines 1982, 1985, Scharff 1982, Winnicott 1971b). 이러한 상호작용을 가리키는 "반영"은 중심적 혹은 핵심적인 관계 맺기의 영역 안에서 발생한다. 바로 이 영역에서 치료자와 환자의 억압된 내적 대상들 사이에 의사소통이 발생하고, 내적 대상들이 직접적으로 수정된다.

이처럼 중요한 의사소통을 구성하는 기본 재료는 투사적 및 내사적 동일시이다. 이것들을 통해서 두 사람은 서로를 자신의 내적 공간 안으로 들어올 수 있도록 허용한다. 이러한 과정이 정신분석 심리치료의 핵심 내용인 전이와 역전이를 구성한다. 물론 여기에서 강조되는 전이는 각 개인의 내면에서 발생하는 초점적 전이이며, 우리는 이것과 다른 또 한 종류의 전이가 있다는 것을 알고 있다. 그것은 안전한 분위기, 즉 엄마가 아이를 돌보고 보호해주고, 아빠가 엄마와 아이를 돌보아주는 것과 관련된 환경적 전이이다.

정신분석에 관한 논의에서 이러한 전이의 측면을 구별하는 것은 많은 이점이 있다. 정신분석적 심리치료에서의 전이와 엄격한 정신분석에서의 전이를 구별하는 단어는 아직 없다. 그러한 단어의 부재로 인해 그 차이는 분명하게 느껴지면서도 명료하게 서술되지 못했다. 이것은 그 둘 사이의 경계가 겹치는 부분에서 특히 모호하다. 즉, 심리치료가 매우 강렬한 상태와 정신분석이 아직 전이 신경증(transference neurosis)을 일으키지 않은 상태가 겹치는 경우나, 아이슬러(Eissler; 1953)가 "변형기법"(parameters)이라고 부른 "비분석적"(nonanalaytic) 기술을 사용하는 경우에는 그 차이가 모호하다. 전이를 이처럼 뚜렷이 다른 두 유형으로 구분함으로써 우리는 엄마와 아빠의 안아주는 역량과 관련된 전이를 환경적 전이로, 엄마의 초점적인 관계 맺기와 관련된 전이를 초점적 전이로 부를 수 있게 되었다.

환경적 전이

환경적 전이는 환자의 불안을 담아주는 안아주는 환경을 제공해주는 치료자에 대해 발생한다. 이 전이 안에서 치료자는 환자가 성숙에 필요한 새로운 심리적 능력을 발달시킬 수 있는 공간을 창조해낸다. 치료자가 안아주는 환경을 제공하는 방법은 비온(Bion)이 말하는 "담아주기"(containment) 개념에 포함되어 있다(1967). 담아주기 개념은 비온의 공헌 중에서 가장 중요한 것으로 간주된다. 샐리 복스(Sally Box; 1984)는 담아주기가 사춘기 자녀를 둔 가정의 성장을 촉진시키는 가장 기본적인 요소들 중의 하나라는 연구 결과를 보고했다. 그녀가 보여주었듯이, 담아주기의 전체 과정은 아이나 환자의 불안을 담아줄 수 있는 그릇과 환상적인 형태로 사고할 수 있는 능력, 즉 아이나 환자가 처리할 수 없는 불안과 환상을 완화시킬 수 있는 능력을 제공해주는 것을 포함한다. 따라서 담아주기 개념은 환경적 안아주기와 초점적 안아주기 및 관계 맺기를 포함하고 있다. 환경적 전이는 담아주기의 측면들 중 환경적 안아주기에 해당되는 전이이다. 이것은 어린시절의 초점적 안아주기 경험에서 오는 초점적 전이와는 구별된다. 환경적 전이에 기여하는 치료자의 안아주는 기능들은 다음과 같이 요약될 수 있다:

1. 엄마가 아기를 안아주기
2. 아빠가 아기를 안아주기
3. 아빠가 엄마를 안아주기
4. 아빠가 엄마와 아기 모두를 안아주기
5. 아빠와 엄마가 서로를 성적으로 안아주기
6. 아빠와 엄마가 연합하여 가족을 안아주기
7. 아빠와 엄마가 형제자매를 포함한 가족을 안아주기
8. 기성세대 구성원들이 신세대 구성원들을 안아주기

환경적 전이는 심리치료와 정신분석 초기에 환자가 자신의 삶과 고뇌에 대해서 치료자에게 이야기하는 동안에 활성화된다. 치료자가 이것을 이해하지 못하는 이유는 환자가 내면세계에서 경험하는 것을 내적으로 처리할 수 없어서가 아니라, 환자에게 안아주는 환경을 제공하지 못하기 때문이다. 처음에 환자는 안아주는 환경에 의존하지만 그것에 대해 확신을 가지고 있지는 않다. 이 단계에서 치료자는 환자를 위한 내적 대상이 되지 못하며, 그것은 사람들이 자신의 가족에 관해 이야기할 때 그 이야기를 들어주는 친척의 역할 정도를 할 뿐이다. 환자는 치료자가 환자의 내면세계를 이해해주고 함께 해줄 때에만 자신의 내적 대상들을 탐구할 수 있다. 치료자의 이러한 역할은 환자의 내적 대상들과 자기를 재구성하는 일을 포함해서 내면세계의 재조직화를 위한 촉매작용을 담당한다. 그러나 이 단계에서 치료자가 중심적인 내적 인물로 자리 잡기에는 너무 이르다.

초점적 전이(the focused transference)

치료자가 환자의 내면세계 안에서 항구적인 인물이 될 때, 환자는 즉시 치료 관계에서 중요한 변화가 일어났음을 깨닫게 된다. 치료적 관계에서 일어나는 이러한 변화는 마치 개인이 누군가와의 사랑에 빠지는 것과 유사하다. 이러한 변화는 심리치료에서와는 달리 정신분석에서는 일반적인 현상이며, 그것은 또한 전이 신경증의 구체적인 출현을 가리킨다. 분석가에 대한 이러한 특별한 애착이 확고해질 때, 전에는 외적 대상이었던 치료자가 이제는 환자를 위한 새로운 내적 대상이 되는데, 그 결과 새로운 종류의 작업이 가능해진다. 즉, 내적 대상들의 전체 역사가 재편성되는 일이 발생하게 된다. 초점적 전이를 구성하는 주된 요소들은 다음과 같다:

1. 엄마와의 중심적인 관계
2. 아빠와의 중심적인 관계
3. 부부로서의 엄마와 아빠의 관계
4. 형제자매들과의 중심적인 관계
5. 확대 가족들, 조부모, 그리고 다른 일차적인 양육자들과의 관계

개인분석에서 발생하는 초점적 전이와 환경적 전이

3년째 정신분석을 받고 있는 하비 양이 면담을 시작하면서 다음과 같이 주장했다. "무슨 말을 좀 해보세요. 어떻게 나한테 이럴 수 있죠? 선생님은 너무 고집이 세세요." 그때 분석가가 그

녀에게 질문을 하려고 했지만, 하비 양은 소리를 질렀다. "안돼요, 제발. 선생님은 다시 나의 말을 가로막았어요. 결코 제 때에 질문할 줄을 모르시는군요." 분석가는 자신이 입을 다물어야 할 것 같다고 말하고 나서, 이것이 그녀의 어린시절 경험과 관련된 것이 있느냐고 물었다. 그녀는 이러한 질문에 항상 대답할 수 있는 것은 아니었지만, 오늘은 그 질문에 대답하면서 "선생님이 잘 알듯이, 그건 물론 나의 엄마죠"라고 했다. 그는 그녀가 어렸을 때에는 이처럼 고함을 치지 않았을 거라고 말했다. "맞아요, 나는 한번도 고함을 친 적이 없어요. 나는 말조차 할 수 없었지만 엄마는 내게 고함을 치곤했죠. 그리고 나는 점점 더 비참해졌어요." 이제 분석가는 그녀가 자신의 엄마처럼 행동하고 있으며, 당시에 자신이 취급되었던 것과 같은 방식으로 치료자를 다루고 있다고 말할 수 있었다. 그리고 그들이 해야 할 일은 그녀가 왜 지금 그와 같이 행동했는지를 이해하는 것이라고 말했다.

이 사례에서 환자는 환경적 전이에 대해 불평을 하고 있지만, 사실 그녀는 그 안에서 믿음을 갖고 개방적으로 말하고 있다. 그것은 그녀가 계속해서 전이를 유지시켜주는 "치료적 동맹 관계" (the therapeutic alliance)를 신뢰하고 있음을 말해준다(Greenson 1965, Zetzel 1958). 이것은 분석이 시작된 초기와는 명백히 대조되는 모습인데, 그때 그녀는 치료적 관계가 너무 두려웠기 때문에 이런 종류의 자료가 출현하도록 개방적일 수 없었다. 그때 그녀는 가장 고통스런 부분을 깊이 숨기고 있었는데, 그것은 분석가의 안아주기로 인해 발생한 환경적 전이가 어린시절의 경험에서 온 불신으로 덮여 있었기 때문이다. 하비 양은 자신의 내면세계 안에 있는 것을 전이에서 드러냄으로써 자신의 핵심적 관계를 재연할 수 있었고, 치료자는 하비 양이 엄마와의 경험에 기초한 내적 부분 대상을 투사하는 동안 자신에게 투사된 그녀의 내적 대상을 받아줄 수 있었다.

개인 심리치료에서 어떤 특정 순간에 어떤 종류의 전이가 지배적인 것인가에 대한 연구는 심리치료와 정신분석에서 우리가 매 순간 어떻게 행동해야 할지를 구별하는 데 도움을 줄 수 있을 것이다. 환경적 전이에 대한 검토는 심리치료에서 환자의 치료적 진전을 명료화하는 데 커다란 도움이 될 것이다.

하지만 우리가 초점적 전이와 환경적 전이를 적용하고자 하는 영역은 가족치료이다. 개인 심리치료는 보통 초점적 전이의 이점을 충분히 이용하기 어려운 반면, 정신분석은 초점적 전이가 전이 신경증으로 구체화될 때까지 오랜 기간(적어도 1년)을 기다려야 한다. 그러나 가족은 치료자를 만나러 올 때 이미 형성된 전이를 가져오기 때문에, 구성원 서로에 대한 초점적 전이들은 처음부터 탐구되고 수정될 수 있다. 이 말은 가족 구성원 각자가 치료자를 향해 초점적 전이를 발달시킨다는 뜻이 아니다. 다만 가족 안에서 작용하는 초점적 전이들은 개인 심리치료에서와는 달리 처음부터 치료자와 함께 상담실 안에 존재한다는 것을 뜻한다.

가족치료 모델

가족은 치료자를 만나러 올 때 개인 환자들처럼 그것의 환경적 전이를 가지고 온다. 가족은 듣고, 관찰하고, 이해하고, 정서적으로 편안하게 해주는 치료자의 능력에 관심을 갖는다. 가족치료사는 이러한 환경적 전이 안에서 그리고 그것을 통해서 주된 작업을 수행한다. 이 점은 개인 심리치료사의 경우에도 다를 바가 없지만, 그의 관심의 초점은 주로 환자의 내적 대상세계에 집중된다.

이와는 달리, 가족치료사는 집단으로서의 가족과 가족의 각 구성원들을 안아주는 가족의 능력에 일차적인 관심을 둔다. 따라서 가족치료사가 관심을 갖는 전이는 집단으로서의 가족 구성원들을 안아주는 치료자의 역량과 관련된 공유된 전이(가족 구성원들 사이의)이다. 이것이 가족 구성원들을 안아주는 환경적 전이를 구성한다.

가족의 안아주기

가족의 안아주기는 가장 단순하게 말해서 엄마가 아이를 팔로 감싸 안아주는 것, 아버지가 그것을 지지해주는 것 그리고 부모 사이의 애정관계라는 세 가지 요소가 조합된 산물이다. 이러한 안아주기 안에서 엄마와 아이는 눈과 눈을 마주치는 중심적인 관계를 형성하고, 그것으로부터 아이는 내적 대상을 만들어낸다. 가족 상황에서 전체 가족은 다중적인 중심적 관계들—모든 자녀들, 부모, 그리고 친근한 조부모 혹은 아이를 돌봐주는 사람들 사이의 관계들—을 위한 보호막을 제공하며, 그럼으로써 그 관계들의 성장을 촉진시킨다. 이 공간 안에서 가족 구성원들은 서로의 내적 대상들을 위한 자료들과 경험들을 제공받는다. 가족이 하나의 고유한 집단으로 형성되는 것은 가족 구성원들 각자가 서로의 내적 대상들에 기여하고 그것들과의 밀접한 관계 안에서 살아가는 과정을 통해서이다. 이것은 치료에서 가족이 항상 이러한 내적 대상관계의 내용물을 초점적 전이의 형태로 가져온다는 것을 말해준다.

개인 심리치료는 치료 초기부터 드러나는 개인적인 전이 현상에 대한 작업을 통해서 진행되는 반면, 정신분석은 최초의 대상관계의 개정판인 전이 신경증—서서히 드러나는—에 대한 작업을 통해서 진행된다. 그러나 가족치료에서 우리는 최초의 대상들이 다른 대상들—부모, 형제자매, 혹은 심지어 애완동물—에게 전치되어 형성된 다양하고 다중적인 개정판들을 발견한다. 가족치료사들은 다중적인 초점적 전이들의 힘과 중요성을 이해하고는 있지만, 그러한 전이 현상들이 너무 복잡하기 때문에 가족치료의 초기 단계에서 그것들을 쉽게 다루기는 어려울 수 있다.

치료자에 대한 가족 구성원들의 태도는 치료자와 치료적 상황에 대한 환경적 전이의 일부를 구성한다. 가족치료사로서 우리는 우선적으로 전체로서의 가족이 갖는 오는 전이 내용이 어떤 것인지를 고려해야 한다. 왜냐하면 그것이 가족에 대한 우리의 이해를 돕고 개입 방식을 결정하는 데 가장 유용한 요소이기 때문이다.

가족 구성원들을 안아주는 가족의 역량을 상세히 조사할 때, 우리는 그것이 지금까지 묘사된 것보다 훨씬 더 복잡한 것임을 발견하게 된다. 왜냐하면 그것은 또한 여러 양자단일체적 관계들의 안아주기와, 그 관계들이 서로의 안아주기를 지지하거나 방해하는 방식들의 총합을 나타내기 때문이다. 임상적인 측면에서 우리는 결국 이러한 복잡한 전이들에 관심을 갖게 될 것이지만, 우선은 집단으로서의 가족이 지닌 환경적 안아주기의 역량에 주의를 집중해야 할 것이다. 이러한 공유된 영역은 구성원들에게 사적 공간을 위한 경계를 제공함으로써, 그들이 그 공간 안에서 가족으로 존재하게 할 뿐만 아니라, 그 경계를 넘어서 치료자를 포함한 다른 사람들과 교류할 수 있게 한다. 우리가 그 경계에서 가족을 만날 때, 가족의 결합된 안아주기 역량(the combined holding capacity)은 우리의 역전이를 통해서 감지될 수 있다.

정신분석적 가족치료에서 치료자가 가족과 관계 맺는 방식은 개인 심리치료나 정신분석에서와 마찬가지로 전이에 대한 이해로부터 온 것이다(이 주제는 10장에서 더 상세히 다룰 것이다).
전이와 역전이는 모든 정신분석적 접근에서 그렇듯이, 정신분석
적 가족치료의 기초이다. 그러나 우리가 보았듯이, 가족치료에서
전이의 출처는 개인치료에서의 그것과 다르다. 개인 심리치료사
는 환자의 내적 대상세계로부터 정보를 얻지만, 가족치료사는 전
이에 대한 정보를 가족들의 안아주기 공간에서 이루어지는 상호
작용으로부터 얻는다. 가족치료에서 가족 구성원들은 주로 자신
들끼리 상호작용을 하며, 그들이 겪는 어려움은 그들 모두가 책
임이 있는 서로를 안아주지 못하는 어려움으로 간주된다. 우리는
여기에서 엄마가 먼저 아기를 안아주지만, 아기 역시 엄마가 자
신의 역할을 잘 할 수 있도록 엄마를 안아준다는 사실을 기억할
필요가 있다. 아이들도 부모를 안아준다—물론 아이들의 몫은 상
대적으로 적고, 또 그것이 문제 해결에 유용한 것은 아니다. 아이
들과 모든 가족 구성원들은 그들의 나이와 발달단계에 적절한
방식으로 공유된 안아주기 기능에 그들 나름의 공헌을 한다. 그
리고 누군가가 자신의 몫을 감당하지 못할 때 거기에는 전체로
서의 가족에 결손이 생기게 되기 때문에, 그것은 반드시 보충되
어져야 한다.

그러므로 가족치료에서 주로 다루는 전이는 환경적 안아주기
와 관련된 전이이다. 구성원들에게 안아주기를 제공하지 못하는
가족의 어려움을 우리가 효과적으로 이해할 수 있는 곳이 바로
그 영역이다. 그리고 가족치료에서 우리가 씨름하는 문제가 바로
가족이 안아주지 못하는 어려움이다. 임상 실제에서, 이것은 우리
가 가족 구성원 모두와 정서적으로 동등한 거리를 유지해야 한
다는 것을 의미한다. 즉, 우리는 가족 구성원 각자가 성장하고, 사
랑하고, 일하는 것을 돕기 위해서 가족을 하나의 단위로 보아야
하며, 하나의 단위로서의 가족 편에 서있다는 생각을 가져야 한

다. 헬름 스티얼린(Helm Stierlin 1977)은 이것을 다음과 같이 표현했다: "가족치료사가 가족 구성원들 중 한 사람을 옹호하거나 다른 한 사람을 적대시하고 있는 자신을 발견한다면, 그것은 그 가족에게 문제가 있음을 말해주는 역전이 신호이다." 물론 이것은 가족치료 상황에서 늘 일어나는 일이지만, 그때마다 그것은 가족 구성원들의 공유된 안아주기 기능에 문제가 있다는 신호이며, 따라서 우리는 그 신호에 주의를 기울여야 한다.

가족에 대한 우리의 이해를 조직화하는 과정에서, 우리는 손상입은 가족의 안아주기 역량을 위한 보호막을 제공해준다. 가족은 우리가 제공하는 안전한 환경 안에서만 새로운 안아주기 패턴을 시도하는 데 필요한, 안아주기에 대한 경직된 방어를 내려놓는 모험을 감행할 수 있다.

이러한 새로운 안아주기 패턴을 건설하기 위한 기초 재료는 가족 구성원들 사이의 일상적인 상호작용이다. 치료 상황에서, 우리는 우리가 제공하는 보호막 안에서 이러한 상호작용들을 만나게 된다. 그때 우리는 가족이 공유하는 불안을 흡수하고 이해하려고 노력하며, 우리가 이해한 바를 다시 가족에게 말해준다. 우리는 그것을 한 사람에게 말하기도 하지만, 우리는 그 한 사람이 전체 가족이 공유하고 있는 불안들을 대변하고 있다고 본다. 가족이 공유하는 어려움을 극복하도록 돕는 우리의 능력은 그들이 서로를 안아주고 도와주게 되는 것에서 드러난다.

가족치료에서 발생하는 상호작용은 다양한 형태를 띤다. 치료자와 가족은 특정 순간에 한 사람에 초점을 맞출 수도 있고, 또는 두 세 사람으로 구성된 하위 집단에 초점을 맞출 수도 있다. 이것은 전체로서의 가족 집단만이 아니라 개인과 하위 집단들 또한 정보의 출처가 될 수 있다는 것을 뜻한다. 전체 가족은 하위 집단들 사이의 상호작용에 의해 영향을 받고, 반응하거나, 반응에 실패하기도 한다. 이러한 전체로서의 가족의 반응들 중 어떤 것은 전반적인 안아주기 기능에 유익하지만, 다른 어떤 것은 그렇지 못할 수도 있다. 가장 유용한 전이는 이 수준에서 발생하는 것이며, 치료자의 개입방법을 결정하는 데 가장 필요한 것도 바로 이 수준에서의 전이이다. 거기에서 치료자는 비록 한 순간에 한 사람의 가족 구성원이나 하나의 하위 집단에게 말한다고 할지라도, 그 효과는 즉시 전체 가족에게 미칠 것이다.

가족치료 면담에서 발생하는 전이의 예

재슨 가족의 세 아들 중 둘은 캠프를 떠났고, 11살짜리 막내 아들인 톰만이 집에 있었다. 그들이 내 사무실로 들어온 후에, 가장인 재슨 씨는 상담비에 대해 회기 끝 부분에 5분 정도 이야기를 했으면 좋겠다고 했다. 나는 2주전에 이 문제에 대해서 직접 이야기했었는데, 그때 상담비를 늦게 지불하는 만성적인 문제가 해결될 것 같은 좋은 예감이 들었다.

톰은 매우 활기찬 상태로 회기를 시작했다. 그는 면담을 위해 집을 떠나기 전에 재슨 부인이 남편더러 차를 수리해주지 않으면 함께 차에 타지 않겠다는 말을 했었다고 보고했다. 그때 톰은 아버지의 얼굴 표정을 흉내 냈는데, 그 표정은 비굴해 보였다. 그는 코너에 몰려 있는 아버지의 목소리를 흉내 내면서, "알았어, 알았어. 나도 그렇게 하려고 했는데"라고 말했다. 나는 톰이 엄마와 한편이 되어 아버지를 공격할 때 그의 눈이 번득이는 것을 볼 수 있었다. 그는 계속해서 말했다. "어떤 것을 미루는 것은 사소한 일이지만, 그것이 나와 엄마의 목숨을 위협할 수도 있고 또 다른 차에 타고 있는 사람을 죽일 수 있다는 것을 생각한다면,

아빠의 부주의는 치명적인 것일 수도 있어요." 아빠와 엄마 두 사람은 톰이 아빠에게 설교하고 있는 것을 가볍게 웃어 넘겼다. 잰슨 씨는 자신이 그 문제를 해결해야 했다는 것을 인정했고, 잰슨 부인은 계속 다그치지 않음으로써 자비를 베풀었다. 그녀는 "미루기라는 말이 귀에 익지 않으세요?"라고 말했다. 그녀는 상담비 지불이 계속해서 늦어지는 것에 대해서 내가 그들에게 자주 말했던 일과, 그녀의 상습적인 미루기에 대해 이야기를 나누었던 일을 언급하고 있었다. 지금 잰슨 씨는 전에 자신이 인정했던 것보다 더 심각한 미루기 습관을 갖고 있는 것으로 보였다.

톰이 부모에게 한바탕 공격을 퍼부었지만 부모가 별 영향을 받지 않자 약간의 침묵이 흘렀다. 이번에는 잰슨 씨가 톰이 친구들과 겪는 어려움에 대해서 말을 꺼냈다. "네가 친구들과 겪는 어려움에 대해서 박사님께 말씀드리지 그래." 이 말은 톰에게 상처를 주기에 충분한 것이었다. 톰은 "아빠, 제가 이 문제에 대해서 말하고 싶지 않다고 분명히 말씀드렸잖아요!"라고 반박했다. 잰슨 씨는 계속 권했고, 톰은 자리에서 일어나 아버지에게로 다가가 귓속말로 무언가를 속삭였다. 나는 그것이 엄마와 아버지에게 그 주제에 대해서 더 이상 언급하지 않기로 했던 약속을 상기시키는 말이었을 것이라고 추측했다. 잰슨 씨는 이의를 제기하려는 것처럼 보였고, 나는 여느 때처럼 그의 그런 모습이 실망스러웠다. 잰슨 씨는 "버스에서 있었던 일은 어때? 그 애가 너에게 주먹을 날렸을 때 너는 어떻게 했지?"라고 물었다. 톰은 "나도 주먹을 날렸죠"라고 대답했다. 이 말을 하면서 톰은 이를 드러내고 웃었는데, 그것은 처음에 그가 아빠를 공격할 때 보여주었던 모습을 상기시켜주는 것이었다. 이번에 그들은 함께 그렇게 웃었다.

잰슨 씨는 다시 공격적인 자세로 돌아와서 말했다. "그것에 대해 말해야 해. 왜냐하면 그것이 네게 문제가 되고 있고, 그것 때문에 우리가 이 곳에 왔기 때문이지." 톰은 앉은 채로 의자를 회전시켜 우리에게서 등을 돌렸다. 그는 고개를 떨구고 있었다.

나는 톰에게 했던 약속을 어기면서 고집스럽게 주장하는 잰슨 씨의 태도에 말로 표현하기 힘든 불편감을 느끼는 동시에, 톰이 입을 열지 않으면 어떻게 하나 하고 염려하고 있었다; 따라서 나는 순간적으로 "톰의 입을 열게 하려고 하는" 잰슨 씨의 편을 들고 있는 나 자신을 발견했다. 심지어 나는 "톰, 어서 말해봐. 이것은 중요한 문제야. 네가 너의 문제를 말하지 않는다면, 여기에 온 것이 무슨 소용이 있겠니"라고 다그치고 싶었다. 그러나 내가 그렇게 하면 톰은 아마 학교에서 그랬던 것처럼 뒤로 물러설 것이고, 자신이 공격받고 있다고 느낄 것이라는 것을 나는 알고 있었다. 그렇게 말하고 싶어 하는 나 자신을 발견했을 때, 나는 그 말이 톰을 괴롭힐 것이라는 생각 때문에 나 자신을 억제했다.

나는 톰의 문제를 부각시키려는 잰슨 씨의 시도에 관심을 기울였는데, 그 시도는 톰과 자신의 아내에게서 공격당했다는 그의 느낌으로부터 온 것으로 보였다. 이것은 이 회기가 가족의 문제를 한 사람(희생양으로서)의 문제로 만들려는 가족의 갈등을 재연하는 것으로 시작되었다는 것을 의미한다. 그러나 나는 아직 무엇이 문제인지 알지 못하고 있었고, 내가 아는 것은 단지 비록 내가 톰이 말하게 하도록 만들고 싶지만, 그렇게 하는 것이 마음이 편치 않다는 사실이었다. 나는 약간 가학적이라는 느낌과 함께 역전이에서 잰슨 씨에게 동조하고 있었다. 내가 반응한 것은 잰슨 씨와 공유했던 또 다른 느낌—톰의 어려움에 대해 알고 싶어 하는—에 대한 것이었다. 나는 이것이 좋은 부모가 되고자 하는 그의 소망의 표현이라고 느꼈다. 이것은 마치 내가 도움을 주기 위해 알기를 원했지만, 알 수 없기 때문에 돕지 못하는 무능감과 같은 것이었다.

나는 잰슨 씨에게 말했다. "당신은 어째서 공격받고 있다는 톰의 느낌을 알면서도 그에게 말하라고 강요하시는 거죠? 당신이 그렇게 하는 데는 무슨 중요한 이유가 있는 것 같아요. 당신이 원하는 것과 달리 톰이 자기 문제에 대해서 말하려 하지 않을 때 어떤 느낌이 들었는지를 말해보시겠어요?"

잰슨 씨는 이 질문을 진지하게 받아들여 말하기 시작했다. 그가 말을 시작했을 때, 나는 이 치료의 가장 어려운 부분이 잰슨 씨가 여기에 오고 싶어 하지도 말하고 싶어 하지도 않는 것이었음을 기억해냈다. 그는 톰을 돕는 방법을 모를 때 막막함을 느낀다고 말했다. 그와 그의 아내는 톰을 도울 수 있을 것으로 기대했지만, 어떻게 그를 도와야할지 모르고 있었다. 잰슨 부인도 눈물을 글썽이며 그를 어떻게 도와야할지 몰라 마음이 아프다고 말했다. 그들이 톰에게 질문을 하고, 자신의 문제에 대해서 말하기를 원했던 것은 그를 아프게 하거나 비난하기 위한 것이 아니라, 그를 돕기 위한 것이었음이 분명히 드러났다.

나는 잰슨 씨에게 톰이 어려움을 겪고 있는 동안 그를 돕는 방법을 몰랐기 때문에, 자신은 아버지 역할을 제대로 하지 못하는 실패자처럼 느꼈던 것이 사실이냐고 물었고, 잰슨 씨는 정말로 그랬다고 말했다. 그때 잰슨 부인은 한편으로는 톰 때문에 또 다른 한편으로는 어떻게 해야 할지 모르는 자신 때문에 울기 시작했다. 그녀는 자신의 어머니가 엄마로서의 역할을 전혀 해주지 못했다는 느낌이 드는 순간에 대해서 아무 말도 하지 않았지만, 그 느낌은 그 순간의 일부를 구성하고 있음이 분명했다.

톰이 이제 꽤 솔직히 말하기 시작했다. "제 생각에 그 문제는 좋아질 것 같아요. 나는 단지 규칙을 잘 몰랐을 뿐이에요. 그게 전부예요. 그러나 지금은 그것을 알고 있어요"라고 톰이 말했다.

"어떤 규칙인데?" 내가 물었다.

"말로 표현하기가 힘들어요. 있잖아요. 친구들이 어떤 것에 대해서 이야기할 때 지나치게 반응해서는 안 되는 거 있죠. 문제를 더 크게 만들지 않고 덮어두는 거 말이에요. 친구들 모두가 내가 모르는 어떤 것에 대해 놀려댈 때, 내가 지나치게 반응을 하거나 확대시킬 이유가 없거든요."

잰슨 부부는 안도감을 느끼며 서로를 바라보았다. "그래서 너는 그 아이를 받아쳤을 뿐이구나!" 잰슨 씨가 말했다.

"맞아요!" 톰이 말하자, 그들은 마주 보고 웃었다. "이제 친구들과 잘 지낼 수 있는 규칙을 알았으니 됐구나. 다른 문제들도 있을 텐데, 지금으로서는 그게 어떤 것들인지 잘 모르겠다"고 잰슨 부인이 아직도 남아있는 자신의 불안을 표현했다. 톰은 일주일 후에 캠프를 떠나는데, 그는 작년에 캠프에 가있는 동안 학교에서처럼 문제를 일으켰었다. "작년에는 그랬죠. 하지만 이번에는 아무 문제없을 거예요!"라고 톰이 말했다.

잰슨 씨는 말했다. "톰의 말이 맞아요. 톰은 요즘 아이들과 잘 지내고 있어요. 사실 톰은 몇몇 아이들과는 아주 잘 지내요. 많은 수의 아이들과 잘 지내지 못하는 게 문제지요."

이 시점에서 나는 5분 정도밖에 남지 않았는데, 톰을 내보내고 상담비 지불에 대해서 이야기하는 것이 어떻겠냐고 말했다.

"톰, 이건 너에 관한 게 아니니까 염려하지 마"하고 잰슨 씨가 말했다.

"톰도 잘 알고 있어요." 잰슨 부인이 말했다.

톰은 "전 차에 있을 게요"라고 짧게 말하고는 밖으로 나갔다.

나는 이제 잰슨 부부와 상담비 지불에 대해서 이야기했고, 그들은 앞으로는 제때 지불하기로 약속했다.

이야기를 나누면서 나는 이 과정이 방금 가진 회기와 매우 흡사했기 때문에 빙그레 웃고 말았다. "마침내 우리들도 규칙을 바로 세운 것 같네요." 그러나 이번에 나는 큰 소리로 말하지 않았다. 2주전에 나는 그들에게 이 문제를 지적했었고, 지금 그들이 잘 따라주는 것으로 보였기 때문에 그들의 아픈 데를 건드리고 싶지 않았다.

이 회기는 가족의 안아주기 기능으로부터 생겨나는 전이의 중요성을 잘 보여주고 있으며, 또한 치료자가 전체 가족의 안아주기 기능을 촉진시키기 위해 가족 개인과 가족의 하위 집단들을 다루는 역할이 갖는 중요성을 잘 보여주고 있다. 치료자가 이 회기에서 감지한, 아이를 안아주지 못하는 가족 패턴은 이 가족의 세 구성원 모두가 경험하고 있는 것이었다. 치료자는 먼저 아버지에게 질문을 던졌고 그 질문에 그가 대답했는데, 그것은 동시에 아들에게 말한 것과 같은 효과를 지녔다. 그때 아들은 자신이 "지지받고 있다고" 느꼈기 때문에, 가족 바깥의 더 넓은 세계에서 자신이 당면하고 있는 어려움에 대해서 말할 수 있었다. 동시에 부모는 부모로서의 역량과 서로에 대한 관계 역량에 더 큰 자신감을 얻을 수 있었다. 이러한 부모의 변화로 인해 아들은 부모 사이의 관계에 대한 불안에서 벗어날 수 있었고, 가족은 구성원 모두에게 좀더 쉴만한 곳이 되었다.

부부치료 모델

부부치료는 우리의 모델에서 특별히 흥미로운 영역이다. 그것은 환경적 전이를 다루는 가족치료와 초점적 전이를 다루는 개인치료의 중간에 위치해 있다. 어떤 사람들에게는 부부치료가 가장 힘들게 여겨지기도 하는데, 그 이유는 부부가 제 삼자를 강력하게 배제하고자 하는 성향을 갖고 있기 때문으로 보인다.

부부 각자는 자신의 고유한 내적 대상세계를 가지고 있다. 그들이 중심 자아의 기능을 사용하여 관계를 맺고 있는 동안, 그들의 분열된 내적 대상들은 의식적인 의사소통과 무의식적인 의사소통을 위해 "끌어 모아진다." 이 무의식적 의사소통은 가족치료에서 이미 언급했던 것과 같은 투사적 동일시와 내사적 동일시에 의해서 이루어지는데, 이것들이 심리치료에서 전이의 기초를 형성한다. 그러나 이러한 상호적인 투사와 내사는 부부의 핵심적인 관계가 병리에 기초해 있을 경우, 두 사람으로 이루어진 폐쇄된 순환 고리(feedback loop)를 형성할 수도 있다.

부부 역시 유아를 안아주는 엄마에 대한 경험에서 온, 서로를 안아주는 역량을 가지고 있다. 우리는 최초의 안아주기 상황을 연구하는 과정에서 아이 역시 엄마를 위한 환경적 안아주기 기능을 갖는다는 사실을 발견했다. 이 상호과정에서 유아의 역할은 처음에 엄마와 동등한 상대가 되지 못하지만, 그것은 빠른 속도로 확장된다. 서로 호감을 갖고 있는 파트너가 서로를 안아줄 수 있는지를 시험하기 시작할 때, 거기에는 어린시절의 역사가 포함되기 마련이다. 그리고 여기에서 우리는 다시금 환경적 안아주기와 초점적 안아주기를 구분할 필요가 있다.

요약하자면, 부부는 그들의 내면세계들과의 직접적인 의사소통을 포함하는 초점적인 안아주기 관계와, 이 관계를 위한 안전한 공간으로서의 환경적 안아주기 관계라는 두 가지 관계를 맺고 있다. 부부치료의 경우 환경적 안아주기 관계가 부부 두 사람에게서 나온다는 점에서, 이 환경적 안아주기는 두 사람 사이의 안아주기를 뜻한다. 즉, 부부치료에서 환경적 안아주기의 관계는 가족치료에서의 그것보다 더 제한적인 것이다. 그 안아주기가 세 사람 혹은 그 이상과 관련될 경우, 상황은 아주 복잡해진다. 따라서 가족치료는 서로 얽혀 있는 부부의 문제를 해결하고자 하는 치료자에게 더 많은 개입의 통로나 접촉점들을 제공해준다.

부부치료에서 나타나는 전이의 변동

부부치료에서 치료자는 개인의 전이와 가족의 전이 모두를 활용하며, 그 둘의 중간 지점에서 작업을 수행한다. 치료자의 관심은 부부의 중심적인 관계와 밀접하게 연결되어 있는 두 개인의 내적인 삶에 관한 것과, 그들의 상호적인 안아주기 상황에 관한 것, 이 두 가지다. 치료자는 두 사람의 내적 세계가 혼합된 것에서 오는 전이 신호들과, 그들이 공유하고 있는 안아주기 상황에서 오는 전이 신호들을 받아들인다. 공유된 환경적 안아주기 상황의 경직성이라는 난관에 부딪칠 경우, 치료자는 그 난관을 야기한 어려움에 관한 정보를 얻기 위해 한쪽 또는 양쪽 배우자 모두의 내면을 검토할 수 있다. 역으로, 그들의 안아주기 상황이 무난할 경우에, 그들의 내면세계를 더 많이 들여다 볼 수도 있다. 왜냐하면 그들이 제공해주는 대인관계적 신뢰가 내적 장애물과 어려움에 대한 탐구를 진행할 수 있도록 지원해주기 때문이다. 이런 이유로 치료자는 때때로 환경적 안아주기의 어려움이라는 문제와 씨름한다. 왜냐하면 많은 경우, 서로에 대한 부부의 신뢰감이 너무 손상되어 있고, 따라서 치료자가 그런 안아주기를 제공해주기 전에는 그 두 사람은 아무것도 공유하지 못하기 때문이다.

다른 한편, 치료자는 한 배우자의 내면세계로 관심의 초점을 옮겨야 할 수도 있다. 왜냐하면 안전한 안아주기를 제공하지 못하는 부부의 공유된 어려움의 원천에 대해서 더 잘 알기 전에는 안아주기 상황을 개선할 수 없기 때문이다. 치료자가 운이 좋거나 숙련된 기술을 지녔다면, 먼저 한쪽 배우자에 대한 내적 탐구를 수행하고 나서 그 다음에 다른 쪽 배우자의 내면세계를 탐구할 수 있을 것이다. 그들이 삶을 공유하고 있다는 사실은 곧 그들이 중심적으로 관계 맺는 순간이 있다는 것이며, 이러한 순간은 그들의 공유된 환경적 안아주기 역량의 성장을 가져오는 순간일 것이다. 다음의 예는 부부치료에서 치료자의 관심의 초점이 어떻게 변하는지를 보여줄 것이다.

부부에게서 발생하는 환경적 전이와 초점적 전이의 예

피트와 사라 매스터스는 15년째 결혼생활을 해오고 있는 50대 부부이다. 피트는 이전 결혼에서 그가 지금 가까이 지내는 두 딸을 얻었지만, 이번 결혼에서는 아이를 얻지 못했다. 어린 남동생을 돌본 적이 있는 사라에게 피트의 아이는 마치 자신의 손자 손녀처럼 느껴졌다. 그들이 나를 찾아온 본래 이유는 피트의 면역성 질병인 낭창 때문에 그들의 결혼생활이 붕괴되고 있다고 느꼈기 때문이었다. 그는 초기 치료에 좋은 반응을 보였으나 2년 후에 다시 악화되었고, 그 후로는 약물요법과 식이요법 및 주변환경을 조절하는 요법 등 건강 문제에 강박적으로 매달리게 되었다. 그 다음 해 동안 사라는 피트가 다른 사람을 지배하는 행동으로 불안에 대처함으로써 부부생활이 박탈되었다고 느꼈다. 피트는 햇빛이 상태를 악화시킬 수 있기 때문에 바깥 산책도 할 수 없었다. 그는 엄격하게 음식을 조절했는데, 이것은 그들이 레스토랑에 갈 수 없다는 것을 의미했다. 그러나 그녀를 가장 화나게 만든 것은 그가 집안일을 자기 마음대로 통제하는 것이었다. 집안에서 일하는 기술자였던 그는 물건들이 다른 곳으로 옮겨지거나 환경이 바뀌는 것을 참을 수 없었다. 그는 그의 책이 자신이 놓아둔 그 자리에 있기를 원했다.

이 회기는 피트의 건강에 대한 사라의 심한 불안과, 피트의 병이 재발한 후에 변화된 그들의 삶의 모습, 그리고 죽음에 대한 피트의 부인 등에 관하여 피트와 직접적으로 이야기를 나눈 직후에 있었다. 그는 그렇게 걱정하는 사람이 단지 사라만이 아니라는 사실과, 자신이 통제적이 됨으로써 불안에 대처하고자 했다는 것을 인정했다. 이 일이 있은 후에 그들은 편안한 마음으로 문제를 다루기 시작했으며, 서로에게 훨씬 더 가까워진 것처럼 보였다. 비록 사라가 아직도 불만이 남아있다고 말하기는 했지만, 그들은 자신들이 아프기 전에 가졌던 사랑하는 관계로 다시 돌아가고 있다고 느꼈다. 그녀의 불만들은 대부분 발병 전부터 있던 것이었다.

우리는 이 두 부부의 안아주는 기능이 질병에 의해 손상을 입었다는 것과, 피트의 건강에 대한 불안을 받아들이고 공유하지 못하는 어려움이 그들의 안아주기 기능을 붕괴시킨 원인이라는 것을 알 수 있다. 그러나 그 기능은 계속된 심리치료에 의해서 회복되었고, 그 과정에서 사실상 전반적인 안아주기 역량은 크게 강화되었다—비록 적절한 안아주기를 위해서는 아직도 치료자의 현존이 요구되었지만.

이 회기에서 사라는 지난주 크게 싸운 후에 5일 동안은 모든 것이 순조로웠다고 보고했다. 피트가 그의 최근 발명품을 팔기 위해서 유럽에 가 있는 동안에 사라는 그의 책을 다른 방에 있는 임시 책꽂이에 옮겨놓고 벽과 마루를 새로 장식했다. 피트는 자신이 없는 동안에 집을 완전히 바꾸어놓은 것에 대해 사라를 비난했는데, 특히 사전에 자신에게 한마디 상의도 하지 않은 것에 대해 분개했다. 사라는 그 비난에 자신의 책임을 부인하는 방식으로 대처했다: "나는 단지 정돈과 필요한 보수를 했을 뿐이에요. 그가 있었으면 결코 그렇게 할 수 없었을 거예요. 그는 주장하기를, 집은 자신이 편안하게 일할 수 있는 장소여야만 한다는 거예요." 결국 그녀는 소파용 커버와 새 융단을 "써보고 마음에 들지 않으면 교환하는 조건으로" 들여놓았다는 것과, 그의 발명품들 그림이 실린 잡지의 커버를 예쁘게 장식한 후에 벽 위에 걸어놓았다는 것을 시인했다.

피트는 여행의 피로가 풀리자 사라에게 자신이 매우 분노하고 있다고 말했고, 그 말에 사라는 울화가 치밀어 소파의 방석을 집어던졌다. "전 제 정신이 아니었어요, 샤르프 박사님! 하지만 저 자신을 진정시키기 위해서 다른 방으로 가서 텔레비전을 보았다구요. 그런데 피트는 저보다 훨씬 더 심하게 화를 냈죠. 그는 음식이 놓여 있는 식탁을 엎어 버렸어요." 그녀는 피트가 청소를 하는 동안 계속해서 TV를 보고 있었지만, 그때 무슨 프로그램을 보았는지 전혀 기억할 수 없었다.

이런 이야기가 오가는 동안 나는 그들에게서 멀리 떨어져 있다고 느꼈다. 집안의 재정리에 대한 사라의 묘사는 지루하게 계속되었다. 피트는 말이 없었지만, 사라는 계속해서 말했다. "박사님이 오셔서 저의 집을 보셔야 해요. 우리는 그것에 대해서 아주 많이 이야기했어요. 박사님이 그렇게 하실 수 있을지 모르겠지만요." 그때 나는 그녀와 그들에 관하여 그녀가 완전히 표현할 수 없다고 느끼는 어떤 것을 이해할 수 있을 것 같았다. 나더러 자신의 집에 와주기를 바라는 그녀의 생각은 실제적인 요청이라기보다는 "그녀 내부의 집"을 이해받기를 바라는 소망의 표현이었고, 자신이 어떤 모습으로 살아가는지를 이해받고 싶었기 때문이었다. 사라는 이제 매우 생생하게 자신의 집에 대해 묘사하기 시작했고, 나는 배제되지 않고 수용되고 있다고 느끼기 시작했고, 거리감이 사라졌으며, 그들의 집안뿐만 아니라 그들의 싸움과도 관련되고 있다고 느끼기 시작했다.

피트는 자신이 책꽂이를 옮기는 일에 동의한 적이 없다고 말했고, 사라는 그가 동의했다고 말했다. 나는 누구의 말을 믿어야 할지 몰랐고, 그 두 사람 사이에 꼼짝없이 끼어있다고 느꼈다. 피트는 그가 만약에 동의했다면, 그것은 사라가 귀찮게 굴어서이지 진짜로 동의한 것은 아니었을 거라고 했고, 또 그들이 잘 지내왔기 때문에 처음에는 그 논쟁에 대해 다시 언급하는 것에 흥미를 느끼지 못했으나, 이제는 좀더 관심을 기울이기 시작했다고 말했다. 지금 그는 자신이 통제 당하고 있으며, 집안에서 자신의 영역이 모두 없어졌다고 느끼고 있었다.

내가 배제되지 않고 수용되고 있다고 느끼기 시작했을 때, 나는 그들 각자의 문제가 나 자신이 씨름하고 있는 문제와 동일한 것임을 감지하기 시작했다. 그들은 서로에게서 배제된 채 상황을 바꿀 수 없다는 무력감에 빠져있었다.

나는 피트에게 물었다. "그런 느낌이 당신 어머니에 의해 통제 받고 있다는 반복되는 느낌과는 어떤 관련이 있을까요?" 피트는 말했다. "아버지는 내가 8세 때에 돌아가셨고, 홀어머니는 내게 지나친 애착을 갖고 심하게 통제했어요. 내가 50세 되던 생일날이었죠. 내가 사람들 앞에서 말을 하고 있는데, 어머니는 어처구니없게도 나의 문법이 틀렸다고 지적하셨어요. 최근에 나는 어머니의 지나친 통제에 대해 분노를 느끼고 있어요. 사라가 나의 어머니와 똑같이 한 것은 아니지만, 나는 마치 그런 것처럼 반응했습니다. 그리고 오늘은 사라가 정말로 나의 어머니 같다는 느낌이 들었습니다."

이번에는 사라에게 물었다. "당신은 정말로 남편에게 한마디 말도 없이 집안을 새로 장식했습니까?" 나는 마치 믿기 어렵다는 어조로 말했다.

"사실이에요. 나는 내가 이야기를 하면 남편은 절대로 허락하지 않을 것이라고 생각했어요." 사라가 시인했다. "그는 정말 모든 것을 있는 그대로 두기를 원해요. 그가 자신이 하는 일의 특성 때문이라고 말하는 것은 핑계일 뿐이에요. 그는 집에 관해서는 아무 것도 바꾸지 않을 것이고, 결코 바꾸는 것을 허락하지 않을 겁니다." 그녀는 울기 시작했다.

다시 피트에게 물었다. "이것이 당신이 말하는 지배적인 어머니와 같은 모습입니까?" 그는 그렇다고 말했다. 나는 사라에게 물었다. "집안을 새로 단장하는 것이 당신에게는 왜 그렇게 중요할까요? 그것이 당신이 자랄 때 겪은 경험과 어떤 관련이 있을까요?"

그녀는 말했다. "나는 내 가족에 대해서 말한 적이 거의 없습니다. 어머니는 자주 아프셨죠. 나는 여섯 살 때 어머니가 아프셨기 때문에 다른 집으로 보내졌습니다. 아버지는 칠레 태생의 의사였는데, 어머니에게 매우 헌신적이었습니다. 그는 어머니가 병원에서 치료를 받을 수 있게 하기 위한 목적으로 병원 일자리를 얻었기 때문에 나를 돌볼 수가 없었습니다.

"아홉 살이었을 때 나는 결핵을 앓지 않았지만, 결핵 요양소로 보내졌습니다. 그 다음 해에는 숙모와 함께 살았는데, 그때 나는 사촌 형제와 방을 함께 써야 했습니다. 나는 방 한 가운데 선을 긋고는 사촌이 그 선을 넘어오지 못하게 했습니다. 이 말은 내가 내 집을, 또는 부모님과 함께 사는 집을 결코 가져본 적이 없다는 것을 의미하죠. 나는 항상 어머니께서 죽어가고 있다고 생각했습니다. 그것이 아버지가 항상 엄마를 돌봐야만 했던 이유였고요. 그러나 내가 10살이었을 때에 엄마는 기적적으로 회복되었고, 남동생을 임신했습니다. 그리고 그때 부모님들은 새 집을 얻었고, 우리는 모두 함께 살게 되었습니다."

"아버지는 어떤 분이셨어요?" 내가 물었다.

"나는 아버지가 매우 특별하신 분이라고 생각했습니다. 어머니의 질병이 나를 아버지에게서 떼어놓았죠. 어머니는 우울증에

걸리셨거든요. 지금은 아버지가 노년기 초반에 들어섰기 때문에 다릅니다. 하지만 그때 나는 아버지를 사랑했고 무척 보고 싶었습니다."

그녀는 아직도 울고 있었다. 나는 그녀가 그들과 연결되어 있다고 느꼈기 때문에 안심이 되었고, 나 자신이 진정으로 그들의 집안으로 들어가도록 허용되고 있다고 느꼈다. 시간이 거의 다 되었기 때문에, 나는 짤막하게 다음과 같은 말을 해주었다.

"사라, 당신은 집과 가족으로부터 소외감을 느꼈습니다. 당신을 위한 방도 집도 없었는데, 아픈 어머니 때문에 어쩔 도리가 없었어요. 그리고 피트, 당신이 여행하고 있는 동안 사라는 정말로 당신을 그리워했고, 당신의 질병을 염려했습니다. 그것이 사라로 하여금 자신의 어머니의 질병에 대한 염려와 그녀가 죽을지도 모른다는 실제적인 불안을 불러일으켰습니다. 그 질병에 대한 느낌이 그녀를 통제했고 그녀에게서 사랑을 앗아갔습니다."

"피트, 당신은 사라가 마치 어머니처럼 당신을 통제한다고 느끼고 있고, 또한 아버지의 부재를 느끼면서 그를 그리워하고 있습니다. 사라가 당신으로부터 무언가를 얻는다고 느끼면, 당신은 무언가를 상실한다고 느낍니다. 내 생각에는 이것이 당신이 사랑과 통제능력을 상실한 것과 관련이 있는 것 같은데요. 이것은 당신의 아버지가 돌아가신 후 어머니가 당신을 통제했다는 느낌에서 드러나고 있습니다."

"당신들이 집에 관해 이야기를 할 때, 이러한 상실과 관련된 기억들이 모두 떠오르게 되지요. 이 집은 당신 두 사람이 돌봄을 받고 있다고 느끼기를 원하는 장소이며, 사랑하는 부모님과 함께 있고 싶은 장소이기 때문입니다. 당신들이 집안에서 그렇게 느끼지 못할 때, 그것은 당신들에게 매우 실망스럽게 느껴지지요."

몇 번의 회기를 가진 후에, 사라는 자신들이 훨씬 가까워졌다

고 느꼈고, 자신이 더 이상 피트더러 이 치료에 오라고 강요할
필요가 없을 것 같다고 말했다. 피트는 그들이 좀더 도움을 받을
수만 있다면, 계속해서 오겠다고 말했다.

안아주고 담아주는 전이는 이 회기에서 집으로 상징화되었다.
나는 역전이에서 그 두 사람이 만성적으로 예리하게 느껴왔던
소외감을 느낄 수 있었다. 그들이 집에 대해서 묘사할 때, 나는
그들에 의해 수용되고 있으며 그들을 위해 안아주는 환경을 제
공할 수 있겠다는 느낌을 가졌다. 집을 둘러싼 그들의 갈등은 나
에 대한 전이로 나타났다: 나는 두 사람의 싸움에 끼어 도와줄
수도 없고, 누가 옳고 누가 그른지 알 수 없다고 느꼈다. 이것은
뚜렷이 내적 대상들과 관련된 느낌이었고, 그들은 그 내적 대상
들의 실패를 현재에서 다시 경험하고 있었다. 나의 역전이 감정
은 그들 각자에게 내적 대상관계의 어려움에 관하여 질문하도록
이끌었다. 이 부분에서 그들의 대답은 나에게 즉각적인 연상들을
일으켰는데, 그것들은 그들이 공유하는 안아주기 기능을 어떻게
손상시키고 있는지를 분명히 보여주었다. 이러한 이해를 공유하
게 되자 그들은 내적 대상들을 복구하기 위한 발걸음을 내딛게
되었다. 즉, 그들은 자신들이 공유한 안아주는 공간 안에 있는
"집"을 새롭게 단장하는 작업에 참여하게 되었다.
 이 회기에서의 작업은 이 부부의 환경적 안아주기의 실패에서
오는 전이와, 그들의 내면세계(나와 그들 서로 간에 가졌던 직접
적인 의사소통에서 드러나는)에서 오는 전이 안에서 필요한 단
서들을 수집하는 일을 포함하고 있다. 나는 먼저 그들의 내면세
계가 안아주는 경험에 미치는 영향에 관해 말해주었고, 그 다음
에는 안아주기의 실패에 대한 그들의 공유된 경험과, 그때 그들
이 다시 거절 받고 있다는 느낌에 관해 말해주었다. 이 부부치료

의 초점은 그들의 중심적인 내적 대상들에 관한 것과, 그들이 공유하는 안아주기 역량의 어려움 사이를 오가는 유동적인 것이었다.

다음에 이어지는 두 장들에서 우리는 가족과 아이의 성장에 관한 여러 측면들을 다룰 것이다.

5장

가족을 만드는 부부

부부의 형성

사랑에 빠지기

사랑에 빠지는 경험이란 사랑하는 사람과의 관계에서만 발생하는 특별한 감정과 경이로움에 압도되는 것을 말한다. 여기에는 자신을 타자에게 헌신하기 위해 외부 현실에 투자한 에너지를 철수하는 요소가 포함되어 있다. 사랑에 빠진 사람들은 사랑하는 사람을 흠모하는 동시에 자신들이 사랑스러운 존재임을 즐긴다. 거기에는 넘쳐나는 개인적 존재감과 함께 경계 없음의 요소가 있으며, 따라서 그들의 내적 태도, 감정, 그리고 충동들은 전과는 비교할 수 없을 정도로 다르게 또는 풍부하게 표현된다. 사랑에 빠지는 것은 두 사람이 사랑의 공간 안으로 들어가는 것이며, 그 공간 안에서 서로에게 빠지는 경험과 계속 이어지는 관계에 의해서 새로운 모습으로 다시 출현하는 것이다. 그 안에서는 경계가 사라지고, 시간 감각이 변형되며, 주변 환경과 다른 친구들도 개의치 않는 감정이 지배하게 된다. 이 모든 것이 말해주는 것은, 사랑 안에서 하나의 무의식 세계와 다른 하나의 무의식 세계의 융합이 발생한다는 것이다. 물론 여기에는 선택과 그에 따르는 헌신이라는 의식적인 측면들도 포함되어 있다.

결혼을 통한 유대

결혼 전과 후에 두 사람의 관계를 무너뜨리거나 견고하게 하는 여러 가지 세력들이 작용한다. 헨리 딕스(Henry Dicks)는 그것들을 그의 고전적 저서인, 결혼생활의 긴장(Marital Tensions; 1967, pp. 129-131)에서 세 가지 하위체계로 분류했다.

1. 사회 규범들과 가치들의 하위체계
2. 개인적 가치들의 하위체계
3. 무의식적 세력들의 하위체계

우리는 이것이 유용한 분류라는 데는 동의하지만, 딕스의 첫 번째 하위체계에 무의식적 차원을 첨가하는 것을 선호한다. 따라서 우리는 그의 분류를 우리의 목적에 맞게 다음과 같이 바꾸었다.

하위체계 1: 공적 현실—의식 수준. 파트너들은 종교적, 사회적, 문화적, 그리고 인종적 배경의 유사성 때문에 서로에게 매력을 느낀다. 때때로 서로 반대되는 것에 매력을 느끼기도 하지만, 이런 경우 보통은 그 배경의 전부가 아닌 일부에만 매력을 느낀다. 그들은 부모와 이웃의 기대에 의해 지지 받는 동안은 잘 살아간 다. 그들은 주위 사람들의 실망에도 불구하고 대체로 잘 살아가 지만, 때로는 사람들의 기대를 무너뜨리는 것을 목적으로 삼는 경우도 있는데, 그럴 경우에는 대체로 어려움을 겪게 된다.

하위체계 2: 공적 현실—무의식 수준. 여기에는 또한 사람들이 커플에게 갖는 무의식적 기대가 있다. 나이 든 세대의 어른들은 젊은 커플이 젊음과 성적 능력을 갖고 사람들 사이의 연대감, 성적 성취, 그리고 더 큰 공동체를 이루기 위한 의사소통에 기여할 것을 기대한다. 여기에는 커플의 관계가 결혼으로 성취되기를 바라는 부모의 소망이 있는데, 그 이유는 그 소망이 그들에게 젊고, 영원하며, 사랑스러운 공급자라는 새로운 이미지를 부여하기 때문이다. 거기에는 또한 사랑 받는 사람과 동일시하고자 하는 욕구도 있다. 우리가 말하고자 하는 요점은, 커플은 마치 자녀들이 부모의 무의식적 투사를 받는 대상이듯이, 그들의 부모, 친척, 그리고 더 큰 공동체로부터 무의식적 투사를 받는 대상이라는 것이다.

하위체계 3: 개인적 현실—의식 수준. 결혼을 가능케 하는 원동력은 관계를 인정받고 싶어 하는 커플의 의식적인 욕구이다. 여기에는 성취하고 인정받고 싶은 욕구, 사랑과 존경을 나누고 싶은 욕구, 안전한 애착 욕구, 그리고 다음 세대를 이어갈 후손들을 낳고 양육하고 싶은 욕구 등이 포함된다. 딕스는 이것을 페어베언이 말하는 "성숙한 의존" 개념과 일치하는 것으로 보았다. 이 성숙한 의존은 분화를 성취했을 뿐 아니라 다른 분화된 대상들과 협력적인 관계를 맺을 수 있는 건강한 부부의 속성이다.

하위체계 4: 개인적 현실— 무의식 수준. 여기에서 분열되고 억압된 흥분시키는(리비도적) 대상관계들과 거절하는(반리비도적) 대상관계들은 무의식적 유대 관계를 형성하는 데 적극적인 역할을 한다. 흥분시키는 리비도적 체계는 사랑을 받고 있는 동안에는 덜 억압되는 경향이 있고, 중심적 자아의 헌신을 지지해주는데, 이상적 대상에게 흥분, 성적 매력, 그리고 낭만적인 요소를 부여하는 것을 통해서 그러한 역할을 한다. 따라서 사랑받는 사람은 사랑하는 사람에게 흥분을 가져다주는 이상적인 대상이 된다. 반리비도적인 거절하는 체계는 흔히 무시되는 경향이 있는데, 그것은 사랑과 이상화의 세력에 의해 특히 강하게 억압되기 때문이다. 이러한 현상은 결혼생활에서 양가적인 태도를 극복하는 데 필수적인 것으로 보인다. 먼저 함께 살아보고 나서 결혼을 결정하는 근래의 현상은 이상화하는 일없이 무의식적인 반리비도적 체계와 직면하고자 하는 시도로 볼 수 있다. 그러나 그럼에도 불구하고 우리는 결혼이야말로 억압된 대상들의 회귀를 불러오는 결정적인 사건임을 부인할 수 없다. 우리는 이 하위체계 안에서 발생하는 무의식적 상호작용이 결혼의 성질을 결정한다는 딕스의 견해에 동의한다.

요약하자면, 부부 사이의 관계는 사회적 및 개인적인 수준에서 작용하는 의식적 및 무의식적인 과정에 따라 발생한다. 물론 서로에 대한 적합성과 조화 여부에 대한 평가가 어느 정도는 가능하겠지만, 그것은 주로 감정에 기초한 직관에 의해 결정된다. 이 적합성은 성격의 모든 영역에서 발생하는 것이라는 점에서, 각 배우자들이 거의 비슷한 정도의 성숙도를 지닌 것으로 드러나는 현상은, 보웬(Bowen; 1978)이 지적했듯이, 그리 놀랄 일이 아니다.

건강한 결혼관계에서 두 개인의 성격은 충분한 중심 자아를 지니고 있기 때문에, 성격의 많은 부분들은 의식 수준에서 과도

한 갈등이나 어려움 없이 상호작용에 사용될 수 있다. 사랑하는 사람들은 그들의 대상을 현실적으로, 다정하고, 일관성 있게 지각한다. 그들의 리비도적 체계는 성적인 흥분과 낭만과 모험을 불러일으키는 데 유용하게 사용된다. 그들의 중심 자아는 일반적으로 이상적인 대상을 수용하고, 대상의 흠들을 덮어주며, 거절 받는 것에 대한 불안을 막아준다―그 불안이 감당할 수 없는 것이 아닌 한. 이러한 상황에서 연인은 자신이 헌신하고 있고, 수용 받고 있다고 느끼며, 따라서 해방감을 느낀다. 그렇기 때문에 서로 신뢰하는 결혼관계 안에는 그 관계를 과도하게 위협하는 일없이 억압된 성격의 여러 측면들이 출현할 수 있게 된다.

다른 사람들에게 투사되는 억압된 부분은 남성적인 측면과 여성적인 측면 모두를 포함한다. 그로챤(Grotjahn 1960)은 이것에 대해서 다음과 같이 말한다: "사랑에 빠진 남자는 자신 안에 있는 여성적인 측면을 자신의 여자에게 투사하고, 그 상태에서 그 여성을 사랑한다. 만약 그가 그렇게 하지 못하고 자신의 여성적인 측면을 자신 안에 내사한 상태로 보존해야만 한다면, 그는 진심으로 한 여인을 사랑할 수 없을 것이다." 마찬가지로, 여자 안에 있는 "남성적인 포부나 욕구는 그녀의 남자에게 투사되는 것을 통해서 성취되거나 충족된다"(p. 93). 만약 남편의 시기나 경멸로 인해 아내가 자신의 남성적 측면을 분열시켜버린다면 그래서 온전한 투사를 하지 못하고 부분적으로만 투사한다면, 그녀는 "온전한 여성이 될 수 없다." 우리는 부부가 서로에게 남성적인 요소와 여성적인 요소를 투사한다는 그로챤의 기본적인 생각에는 동의하지만, 부부가 자기실현을 위해 온전한 투사를 해야 한다는 그의 생각에는 동의하지 않는다. 건강한 관계는 균형 있는 상호적 투사를 가능케 하는 투사와 재내사를 허용하며, 이 균형 있는 투사는 성 정체성, 배우자와의 공감적 동일시, 자기실현, 자식을 낳는 일과 인생의 다른 목표들을 공유하는 동반자적 관계를 가능케 해준다.

건강한 결혼관계는 두 배우자가 서로에게 투사하는, 원치 않는 자기의 측면들을 담아줄 수 있다. 사랑과 신뢰가 있는 결혼관계에서 이것들은 수용되고, 작업되고, 수정되며, 되돌려질 수 있다. 따라서 각 배우자는 성격의 숨겨진 부분들을 발견할 수 있고, 그것들이 상대방을 통제하고, 화나게 하고, 조종한다는 것을 깨달을 수 있으며, 그것들에 대해 책임질 수 있게 된다. 그 결과 부부는 성장하고, 인생의 주기를 따라 성숙할 수 있다.

건강할 경우, 중심 자아는 리비도적 자아와 긴밀한 관계를 유지하면서 반리비도적 체계의 끊임없는 공격에도 움츠려들지 않은 채, 활발한 관계와 창조적인 일과 쾌락을 추구한다. 이것이 건강한 마음의 상태이다. 그러나 그 정도로 건강하지 못한 성격의 소유자도 사랑에 빠질 때에는 그와 같은 마음의 상태가 된다. 하지만 어느 정도 시간이 지나면, 그러한 개인의 성격은 다시 보통의 기능으로 되돌아간다. 그와 동시에 억압된 흥분시키는 체계 및 거절하는 체계가 지배하게 된다. 다행스런 경우, 두 사람은 이것을 견뎌내고 심지어 그것으로부터 유익을 얻을 수 있다. 부부는 갈등을 극복하는 과정에서 유아적이고 원시적인 정신과정을 감당해내는 역량의 획득과 함께, 새로운 수준의 성숙에 도달할 수도 있다.

부부가 자녀들을 갖기 전에 이러한 일이 발생한다면, 그것은 미래의 자녀들을 위해 가장 바람직할 것이다. 그것은 부부의 동반자 관계를 발달시킬 것이고, 그 관계를 갈등의 위협으로부터 안전하고 견고한 것으로 만들어줄 것이다. 또한 그것은 새로운 아기의 출현에 의해 방해받기 전에 부부의 대상관계 패턴을 안정적인 것으로 만들어줄 것이다. 그것은 아이 양육 문제에 함께 대처할 수 있도록 부부를 준비시킬 것이고, 그들 자신의 유아적 감정을 경험하는 것을 통해서 유아의 요구와 좌절 그리고 무능력을 다룰 수 있도록 그들을 준비시켜줄 것이다. 이것이 부모가 되기 위한 그리고 건강한 "심리적 장"(psychological field)으로서의 가정을 건설하기 위한 필수 조건이다.

부부가 창조하는 가족

결혼 상황과 그것의 발달수준은 부부가 아이와 맺는 관계에 영향을 미친다. 부부가 출현하는 억압된 대상관계 체계를 잘 다루어낸다면, 가족을 형성하는 데 필요한 장이 잘 준비된 셈이다. 우리는 결혼관계의 질이 가족의 형성에 얼마나 중요한지를 아무리 강조한다 해도 결코 충분치 않을 것이다. 그것은 마치 엄마와 아기가 서로의 눈을 바라보는 것을 통해서 서로를 중심에서 안아주듯이, 가족을 중심에서 안아주는 요소이다. 부모의 대상관계 체계들은 성격을 형성하는 재료들의 저장고로서, 그것에서 선택되는 다양한 측면들이 아동 각자의 성격을 형성하는 데 사용된다. 심리학적 수준에서, 부모는 자신들의 성격 요소들을 태아에게 투사하는데, 이것은 출생 이전의 태아의 성격을 형성하는 데 사용된다. 이것은 생물학적으로 물려받은 체질과 기질 못지않게 중요한 요소이다. 여기에는 임신 기간 동안의 엄마의 신체적 및 정서적 환경, 분만 상황, 부모가 유아와 갖는 유대관계, 수유 상황, 양육 방식, 그리고 형제들이 생기는 데 따른 가족의 확장 등 다양한 요소들이 포함된다.

그러나 부부는 억압된 대상관계 체계를 다루기 위해 아이를 갖는 일을 무한정 기다릴 수는 없다. 부부의 대상관계 체계가 완전해질 때까지 출산을 미룬다는 생각은 아이를 낳을 수 있는 기간, 그리고 궁극적으로는 죽음을 부인하는 것이 될 것이다. 부모는 뱃속의 아이에 대한 무의식적 환상을 가질 뿐 아니라 그것을 아이에게 투사하는데, 그것이 아이의 성격을 형성하는 데 사용되는 최초의 재료이다. 중요한 것은 이 재료가 부부에 의해 얼마나 신진대사를 잘 거치는가이다. 부부의 발달수준이 새로운 자녀가 태어날 때마다 다르며, 그로 인해 각각의 자녀에게 고유한 대상관계적 환경을 제공한다는 것이 분명하다. 아이들의 출생 순서가 그들의 성격 발달에 영향을 미치는 것과 마찬가지로, 부부의 발달수준도 아이의 성격 발달에 영향을 미친다. 부부가 적절한 성격 발달을 이루지 못한 채 임신을 할 경우, 부부의 무의식적인 억압된 대상관계로 구성된 해결되지 않은 정신과정이 과도하게 분열되어 아이에게 투사될 수 있다. 서로에 의해 든든하게 지지받고 있는 부부나 체질적으로 튼튼한 아이는 이런 투사에서 살아남을 수 있겠지만, 그렇지 못한 부부나 아이가 이러한 상황에 적응하고 대상관계의 폭풍을 헤쳐 나간다는 것은 매우 힘든 일이다.

임신: 신체적 측면과 정신적 측면

부부가 임신 준비를 마친 후에 실제 임신할 때까지는 보통 3개월에서 6개월 정도의 시간이 필요하다. 이 시간은 억압된 대상관계의 출현을 다루는 시간이기도 하다. 한쪽 배우자의 열정적인 성적 활동으로 인한 부부의 흥분된 경험은 그들의 정신 안에 억압되어 있던 것들을 풀려나게 할 수 있다. 또는 반리비도적 세력의 출현으로 인해 완벽한 결과를 위한 "적합한 순간"이 올 때까지 성적 활동이 금지될 수도 있다. 어떤 과정에 의해 임신하는가가 유아에 대한 부부의 견해에 영향을 미친다. 태아는 이상적 대상과 관련되는데, 그것은 태아가 바로 부모가 원했던 대상이기 때문이다. 또한 여기에서 부부의 리비도적 체계의 일부인 무의식적 갈망이 활성화되는데, 그것은 태아가 부모의 흥분시키는 대상이 되기 때문이다. 반리비도적 체계와 연관된 염려와 좌절은 임신 기간 후기에 가서야 나타나는 경향이 있는데, 이 시기 동안에는 부부의 성적 활동과 삶의 방식이 방해받는 일이 자주 발생할 수 있으며, 그러한 방해는 분노와 증오를 유발할 수도 있다.

원치 않는 임신의 경우, 태아는 엄마와 아빠의 발목을 잡는 또는 그들을 인생의 목적에서 빗나가게 만드는 박해적 대상으로 간주되기 때문에, 억압된 대상관계들은 일찍부터 출현하는 경향이 있다. 이러한 좌절들은 현실에 적응하고 임신을 받아들임으로써 극복될 수 있지만, 그렇지 않은 경우 그것은 부부를 계속해서 괴롭힐 것이고, 태아에 대한 그들의 견해에 영향을 미칠 것이다. 모든 일이 순조롭다면, 그들은 서로를 아기의 엄마와 아빠로 받아들일 수 있을 것이다. 임신은 서로를 이상적으로 바라보는 그들의 시각에 대한 증거로 받아들여지며, 이러한 견해는 태아에 대한 그들의 지각으로 이어질 것이다.

임신 노력이 실패할 경우, 무의식적 대상관계가 강력하게 자극되는 일이 발생한다. 이때 임신은 성교보다 더 중요해진다. 부부는 임신도 하기 전에 아이에 의해 지배당하게 되는데, 그것은 그들이 아이에게서 거절 받았다고 느끼기 때문이다. 쉽게 유산되는 태아는 무의식 안에서 그들을 흥분시키고 거절하는 대상이 된다. 부부는 임신과 함께 태아와 아주 특별한 관계를 맺기 시작한다. 임신할 수 없을 경우, 부부는 상실, 손상된 자기 이미지, 그리고

서로에 대한 그리고 두 사람의 연합에 대한 실망감 등을 극복해
야 하는 힘든 과제에 직면하게 된다. 그들은 이상적인 요소를 태
아에게 투사하던 일을 포기하고, 그것을 그들의 관계 안으로 다
시 가져와야 한다. 그때 부부는 각각 서로에게서 발견했던 이상
적인 요소를 재검토하게 된다. 만약 새로운 현실에서 이상적인
요소를 발견하지 못한다면, 부부는 심각한 실망을 경험하게 되고,
심지어 갈라설 수도 있다. 그러나 그들이 서로에게서 이상적인
요소를 재발견한다면, 부부는 아이가 없는 상태에 적응하거나 아
니면 입양을 결정할 것이다.

불임과 입양

결혼생활을 시작한 지 5년째 되는 톰(Tom)과 알렉시스
(Alexis)는 임신을 할 수 없었다. 알렉시스는 자신이 아이를 원하
는지 확신할 수 없었기 때문에 임신 문제에 대해 톰과 의논하지
않았다. 아버지가 되기를 간절히 바랐던 톰은 아이를 원했고, 아
이를 낳을 수 없다면 입양이라도 하고 싶어 했다. 알렉시스는 톰
이 아버지가 되고자 하는 욕구가 너무 강한 나머지 그녀의 남편
보다 아이의 아버지가 되는 것을 더 좋아할까봐 두려워했다; 그
래서 그녀는 불임검사를 거부함으로써 그를 시험했다. 부부치료
에서 알렉시스는 자신이 임신을 주저하는 원인에 대해 생각해보
았다. 사랑이 많은 가족에 입양되어 자란 그녀는 자신을 키워준
어머니에게서 "스스로 사랑 받게끔 행동했다"는 말을 들었지만,
자신의 친어머니로부터는 사랑을 받지 못했다는 느낌을 갖고 있

었다. 의식 수준에서 그녀는 아이를 갖지 않거나, 자신도 입양을 하는 게 더 자연스럽다고 느꼈다. 무의식 수준에서 그녀는 톰이 자식만 사랑하게 됨으로써, 자신이 친어머니에게서 버림을 받았듯이 그에게서 버림을 받을까봐 두려웠다. 그런가 하면, 아버지가 되고자 하는 톰의 욕구는 그를 버린 아버지를 대체하고자 하는 무의식적 욕구에서 나온 것으로 보였다. 그는 자신이 받지 못했던 모든 것을 자신의 자녀에게 주고 싶어 했다. 그러나 그는 이 일에 너무 조급했기 때문에 알렉시스에게 충분히 마음을 주지 못하고 있었다. 알렉시스는 어린시절에 맹장 수술을 앞에 두고 공포에 질려 있을 때 충분한 지지를 받지 못했던 경험을 이야기 했다. 톰은 알렉시스가 이 기억을 극복해내는 데 도움을 주었고, 그녀는 마침내 톰이 옆에 있어준다면 복강경 수술을 받겠다고 동의했다. 톰은 이 과정에서 그녀에게 큰 힘이 되었고, 그래서 그녀는 필요한 수술을 받을 수 있었다. 그가 알렉시스에게 전반적으로 적당한 주의를 기울여주었기 때문에, 그들 부부는 설령 수술이 실패한다 해도 입양을 고려할 수 있었다.

많은 부부들이 불임과 관련된 스트레스로 인해 휘청거린다. 그러나 그들이 쓰러지지만 않는다면, 그 결혼은 불임으로 인한 상실을 극복하는 과정에서 더욱 견고해질 것이다. 입양을 결정할 경우, 그들이 자신들의 아기를 갖지 못하는 상실감을 충분히 애도한 상태에서 아이를 받아들인다면, 그들은 입양된 아기를 이상적 대상으로 삼을 수 있다. 아이를 입양하기 위해서 기다리는 동안에, 부부는 그들과 다른 유전인자를 지닌 아이의 부모가 될 준비를 하게 된다. 그들은 아무것도 모르는 전적으로 낯선 대상에게 헌신해야 하는 과제에 직면한다. 이때 중심 자아는 갑자기 이상적 대상을 발견해야 하는 과제를 갖는다. 아이의 성격이 온순

할 경우, 이 과정은 수월하겠지만, 까다로운 아이의 경우에는 매우 힘든 과정이 될 것이다. 그런 아이가 집안에 들어오게 될 때, 그 가정에는 무의식적인 거절하는 대상들이 활성화될 것이다. 그리고 부부는 아이가 입양아라는 사실 때문에 아이에 대한 분노와 실망을 표현하는 것이 어렵다고 느낄 것이다. 이때 입양을 돕는 사람은 부부가 아기에 대한 부정적인 감정을 충분히 표현할 수 있도록 도와줌으로써, 아이를 거절하는 패턴이나, 그러한 패턴에 대한 죄책감으로부터 또는 그 죄책감에 대한 반동형성인 아이에게 지나치게 탐닉하는 패턴으로부터 부부를 보호해주어야 한다. 공격성의 표현은 사랑의 감정을 발견하는 데 도움이 된다. 공격성을 표현하지 않으면, 공격성과 함께 사랑의 감정도 억압될 것이다. 사랑의 감정이 발견될 때, 아이는 거절하는 대상이 될 필요가 없이 부부에게 다시 한번 이상적인 대상이 될 수 있다.

임신

부부는 임신으로 인한 스트레스를 극복해 나가는 약 9개월 동안 서로에게 재적응하고, 성장하고, 발달할 수 있는 시간을 갖는다(Brenner and Greenberg 1977, Greenberg and Brenner 1977, Jessner 1966, Jessner et al. 1964, Jessner et al. 1970). 임신에 따른 변화들은 반응하고 적응하기 위한 시간을 허용하면서 점진적으로 발생한다. 남편이 아내를 바라보는 새로운 관점에 적응하는 동안에, 아내는 신체적, 생리적(호르몬), 정서적 변화에 적응한다. 남편은 아내의 배가 커지는 모습을 보면서 자신의 성적 욕구에 대해 죄책

감을 느끼거나 동생을 임신한 어머니에게 느꼈던 분노의 재활성
화로 인해 임신한 아내의 몸을 거절할 수도 있다. 부부는 아이가
그들의 관심을 모두 빼앗아버리거나, 배우자가 자신을 배제시킬
정도로 아이에게 몰두하지는 않을까 하고 불안해할 수도 있다.
따라서 아이는 경쟁자로, 침입자로, 혹은 이상적인 부부관계를 망
쳐버리는 적대자로 지각될 수 있다.

임신기간은 임산부가 아기에게 신체적으로 적응할 수 있도록
준비하는 기간이기도 하다. 임산부의 배가 불러오고 신체의 경계
가 변하면서, 감정 또한 유동적인 상태가 된다. 이것이 임신한 여
인이 종잡을 수 없는 감정 상태에 처하게 되는 이유이다. 그녀의
신체가 태아에게 적응하고 영양을 공급하듯이, 그녀의 심리 또한
하나의 대상관계 단위를 형성하고 발달시킨다. 그녀는 퇴행을 통
해 자신의 엄마에게서 받았던 돌봄의 경험을 재생시키는데, 이것
은 남편이 임신기간 내내 그녀를 지지해주고, 응석을 받아주며,
출산하는 동안 옆에 있어주는 것을 통해서 이루어진다. 그 동안
에 그녀는 태아를 그리고 좀더 후에는 유아를 지지해준다. 어떤
엄마들에게는 임신이 쉬운 일이고 따라서 도움이 별로 필요치 않
을 수 있지만, 다른 엄마들에게는 그렇지 않을 수도 있다. 그들은
구역질을 하고, 젖가슴이 처지며, 체중이 불어나는 데 따른 불편을
감당하기 위해 많은 지지를 필요로 한다. 임신이 매우 힘들게 이루
어진 데다 남편의 지지를 받지 못한다면, 그 부부는 임신기간 동안에
경험한 그 힘든 요소를 태아의 기질과 동등시할 수 있다. 그때 그들
은 태아를 거절하고 박해하는 두려운 대상으로 간주하게 된다.
만약 아기가 출생 직후에 장염을 앓거나, 잠을 자지 못하는 일로
불안해하고, 그 불안이 다시 불안한 부모에 의해 악화될 경우, 박
해적인 대상관계가 성격 안에 항구적으로 자리 잡을 수도 있다.
그러나 아기를 잘 돌보고 잘 달래준다면 상황은 반전될 수도 있

으며, 특별히 엄마가 출산 이후 기분이 좋아질 때 그럴 수 있다.

엄마는 보통 임신 3개월경에 임신 사실을 알게 되지만, 태아의 심장 소리가 들릴 때까지는 실감이 나지 않는다. 또는 태아의 심장 소리가 들릴 때에도 그것은 자신의 일부로 느껴진다. 태아의 움직임이 느껴질 때에야 태아가 비로소 독립적인 존재로 느껴진다. 오래지 않아 남편 역시 태아의 움직임을 느낄 수 있게 되며, 이때 부부는 아기가 실제로 존재한다는 증거를 갖게 된다. 그리고 차츰 아기가 발길질을 하고 딸꾹질을 하며 엄마의 뱃속을 들이받는 일에 익숙해진다. 익살스러운 몸짓으로 해석될 수도 있고 고통스런 몸짓으로도 해석될 수 있는 이러한 태아의 활동들은 아기의 실재와 독립성을 확인해주는데, 이는 태아의 정체성 형성을 위한 기초 재료가 된다. 부모는 그러한 재료에 근거해서, 그 아기가 아주 적극적이거나 수동적일 거라고 상상하게 된다. 태아가 전혀 움직이지 않을 때에, 부모는 자신들이 아기에게 손상을 입히지는 않았는지, 혹은 태아가 죽지는 않았는지 염려할 수 있다. 임신 마지막 세 달 동안에 이러한 손상에 대한 환상은 더욱 뚜렷해지는데, 그것은 장애를 지닌 아기를 출산하는 것에 대한 두려움으로 나타난다. 이때 자신들의 공격적인 생각이나 행동 때문에 자신들이 결국 벌을 받게 될 것이라고 믿는 죄책감에 시달리는 부부뿐만 아니라, 정상적인 부모도 위협을 느끼기 쉽다.

투사적 동일시

공감능력의 발달

부모가 태아에 대해 갖는 환상은 부분적으로는 아기로부터 오는 신호에 대한 반응이고, 부분적으로는 아기를 향한 소망과 두려움에 대한 반응이기도 하다. 남편과 아내는 아기에 대한 환상을 즐기며, 그 환상을 사용하여 아기를 이해하는 방식과 의사소통의 능력을 발달시킨다. 부모가 갖는 태아에 대한 환상들은 태아가 경험하는 최초의 투사물이기도 하다. 뱃속의 태아와 신체적으로 관계 맺고 있는 엄마는 태아의 정적인 상태와 동적인 상태의 리듬을 알게 되고, 태아가 누구의 모습과 성격을 닮을 것인지에 대해 상상하게 된다. 이런 상상으로 인해 그녀는 신체적으로 태아의 욕구를 채워줄 수 있고, 그 과정에서 출산 후 아기의 욕구에 반응할 수 있는 능력을 갖추게 된다. 그녀는 자신의 내적 경험에 주의를 기울이면서, 신체적인 느낌의 단서들을 포착하며, 아기의 입장에 서서 아기의 감정상태에 관해 상상한다. 이처럼 그녀는 공감능력을 발달시킴으로써 출산 이후에 아기를 민감하게 양육할 수 있는 준비를 갖춘다. 만약 엄마가 임신을 부인하거나 거부한다면, 또는 우울한 감정상태에 빠진다면, 이러한 공감능력의 발달과정은 방해받게 될 것이다. 그럴 경우, 유아는 공감이 결여된 돌봄을 경험하게 된다.

성격의 형성과 병리

무의식적 환상들이 항상 아기에 대한 부모의 공감적 이해를 촉진시키는 것은 아니다. 정반대로, 부모는 환상속의 아기를 자신이 원치 않는 부분이나 비밀스러운 부분들을 담아두는 장소로 사용할 수도 있다. 그때 부부는 아이에 대한 환상 속에서 발견한 것들을 부부관계 안에서 해결하는 대신에 그것들과 싸우기 시작할 것이다.

시몬과 르네는 뱃속에 있는 태아에게 자신들의 비밀스럽고 리비도적인 부분을 투사하였다. 시몬과 르네는 각각 56살과 32살에 결혼했는데, 그때 르네는 시몬의 외동딸과 동갑이었다. 당시에 시몬은 성에 대해 반감을 가지고 있는 차가운 여인과의 25년에 걸친 불행한 결혼생활을 끝낸 상태였다. 그는 따뜻하고 사랑스러운 르네를 만나 기뻤고, 그녀가 결혼해서 아기를 갖고 싶어 한다는 것을 알고는 더욱 기뻤다. 그는 자신이 너무 나이가 많아서 그녀와 아이를 책임질 수 있을 만큼 오래 살 수는 없을 거라고 말했다. 그러나 르네는 나이와 상관없이 시몬과 평생 살기를 원했고, 그가 죽더라도 그의 아이와 함께 살 것이기 때문에 아무런 문제가 되지 않는다고 말했다.

르네의 첫 임신은 실패로 끝났지만, 그녀는 곧 다시 임신을 하였다. 그 이야기를 하면서 그녀는 전율을 느낀다고 말했는데, 그 말은 임신보다는 유산에 관한 것처럼 들렸다. 그래서 나는 지난번 유산으로 인해 많이 힘들었느냐고 물어보았다. 그녀는 웃으면서 말했다: "그것이 어떤 것인지 아시잖아요. 그 누구도 첫 번째 아기를 대체할 수는 없지요. 그 아기는 나에게 언제까지나 특별한 아기로 남을 거예요."

르네는 나이든 부모의 외동딸이었다. 그녀는 어머니가 세상을 떠난 후에 아버지와 출장을 함께 다녔고, 18살에는 안 주인의 역할을 했다. 그녀에게 죽은 태아는 아버지의 아이, 즉 오이디푸스적 아기의 의미를 갖고 있었다. 이러한 르네의 환상이 곧 태어날 아기를 위한 엄마 역할에 방해가 될 수도 있었을 것이다. 그러나 아기의 유산은 그 무의식적 환상을 묻어버렸다. 만약 유산이 되지 않았더라면, 그 아이에게 근친상간적 환상이 투사되었겠지만, 유산으로 인해 두 번째 아기는 그러한 부담으로부터 벗어날 수 있었다.

시몬은 그 나이에 아이를 양육하는 일에 양가감정을 느끼고 있었다. 첫 번째 태아를 잃은 후에 그는 자신이 얼마나 르네와의 사이에 아이를 갖고 싶어 하는지를 깨닫게 되었다. 하지만 그는 죽음에 대한 두려움으로 인해 그리고 딸과 같은 르네와 결혼한 것으로 인해 근친상간적인 환상을 느꼈고, 따라서 그러한 소망을 억눌러야만 했다. 아기의 유산이 시몬과 르네로 하여금 그들의 관계에서 부인되어왔던 근친상간적인 측면을 통합하도록 촉진시켰다.

아이 양육의 실제

아이는 부모의 공감적인 양육뿐만 아니라 명확한 한계도 필요로 한다. 부모는 아이를 위해 한계를 그어주는 일에 함께 참여해야 한다. 배우자에 의해서 직면되지 않은 부부의 갈등이나 병리는 아이와의 관계에서 행동화될 수 있다. 이러한 모습은 아기의 출생 직후에 전개되는 양육 상황에서 예측할 수 있다. 예컨대, 아이가 울 때마다 젖을 주는 엄마는 그 울음이 무엇을 의미하는지 이해하려는 노력 없이 아이에게 반응하고 있는 것이다. 그녀는 아이를 돌보기보다는 아이와 신체적 관계를 유지하고 싶은 자신의 욕구를 충족시키고 있는 것이다.

남편이 그런 아내를 제지하지만, 아내가 주장을 굽히지 않을 경우, 그들의 갈등은 다루어지지 않을 것이고, 아기에 대한 충성이 남편과의 협력을 대신할 것이다. 남편이 아무런 제지를 하지 않는다면, 엄마는 아기가 어떤 거절도 경험하지 않도록 아버지를 대신해서 행동할 것이다. 이러한 일은 격노와 탐욕에 대한 불편

함 때문에 부부가 구강기 수준에서 대상관계를 억압했을 경우에
만 발생할 수 있다. 이때 아이는 결코 화를 내거나 탐욕적이어서
는 안 된다는 부모의 생각 때문에 아이의 공격성은 적극적으로
억압될 것이다. 아이에게 젖을 충분히 먹이지 않을 경우, 그것은
아이의 식욕을 만족시키는 경험 대신, 허기와 빨기와 만족감으로
이어지는 아이의 활기찬 경험을 박탈당하는 경험으로 인도할 것
이다. 따라서 그 젖가슴은 질식케 하는 흥분 대상이 되고, 그것은
다시금 공격성과 탐욕을 자극함으로써 거절하고 박해하는 대상
이 될 것이다. 결국 이 모든 것은 좌절을 경험할 수 있는 아이의
권리를 침해한다. 따라서 여기에는 하나의 순환궤도가 영속화된
다. 그런가 하면 아이에게 "기다리는 법을 가르친다"는 이유로
네 시간 간격으로 젖을 줄 경우, 거기에는 부정적인 대상관계가
형성된다. 이것은 부모가 너그러우면 아이의 버릇을 "망쳐버릴
것"이라는 불안과 관련되어 있는데, 이 불안은 아이가 탐욕적으
로 엄마를 다 먹어버릴 것이라는 환상에 기초해 있다. 유아들은
서로 다른 개별적인 존재요, 그들의 젖에 대한 욕구도 어제와 오
늘이 같지 않다. 아이의 요구에 따라 아무 때나 젖을 주는 것과
시간표에 맞추어서 젖을 주는 것은 모두 흥분시키거나 거절하는
무의식적 대상관계에 의해 영향 받을 수 있으며, 그때 그것은 쉽
게 문자적으로 해석되기 때문에 공감적이지 못한 양육을 초래하
게 된다.

　이런 상황에서 아이는 만족을 얻지 못하며, 엄마의 돌봄을 충
분히 좋은 것이라고 느낄 수 없다. 그 상황이 견딜 수 없는 정도
가 되면, 흥분시키는 대상 경험과 거절하는 대상 경험은 억압된
다. 그것이 더 견딜 수 없는 것이 될수록(이것은 실제적인 양육
과 아이의 타고난 기질 및 적응력에 달려있다), 억압의 정도 또
한 심해진다. 그때 중심 자아는 황폐해지고, 동일시할 수 있는 이

상적인 대상은 더욱 감소되며, 그 결과 낮은 자존감과 만족스럽지 못한 관계 패턴이 발생한다. 아이의 성격 특질과 병리의 미묘한 차이는 억압된 대상관계를 다루는 특정한 방식에 따라 결정된다.

이와 같은 설명은 엄마를 비난하기 위한 것이 아니라, 어린시절에 실제로 일어난 일들이 성격의 형성과정에 끼치는 영향을 보여주기 위한 것이다. 엄마가 그렇게 행동하는 이유는 그녀 자신의 성격과, 그녀 자신의 엄마 경험과 남편 경험 때문이다. 여기에서 부부관계가 결정적인 중요성을 갖는다. 엄마가 남편에 의해 지지 받는다면, 그녀는 정상적인 아이의 울음을 감당할 수 있고, 아기에게 필요한 것이 무엇인지를 발견하기 위해 아기와 함께 생각할 수 있다. 어떤 남편들은 아기를 조용히 시키라고 아내에게 요구하는데, 이는 사실 그들이 아기를 돌보는 책임으로부터 회피하고 있는 것이다.

밥은 공과대학을 졸업한 후에 곧 미미와 결혼했다. 첫 아들이 태어났을 때 미미는 24살이었다. 그녀는 임신기간 동안 별 어려움이 없었고 출산도 순조로웠다. 병원에서 집으로 돌아오기 전 나흘 동안 아기는 젖도 잘 먹었고 모든 것이 순조로웠다. 그러나 병원에서 집으로 돌아온 후 행복에 젖어 있을 때, 아기는 울기 시작했다. 기저귀를 들여다보았으나 젖어 있지 않았다. 그녀는 아기를 안아주고, 흔들어주고, 안고 걸어보았지만 아무 소용이 없었다. 젖을 먹이려 하자 아이는 뒤로 빼면서 거부했다. 그녀는 전전긍긍하면서 무엇을 어떻게 해야 할지 몰랐다. 그때 남편이 아이를 보기 시작했다. 그는 아기가 병원에서 집으로 오는 과정에서 지친 것 같다고 말하고는 조용한 방에 아기를 뉘었다. 방안에서 아기는 계속해서 울었고, 미미는 매우 불안했으며, 젖가슴도 아팠다. 그렇지만 남편은 그녀의 어깨를 감싸 안아주면서 조금만 기다려보자고 말했다. 그렇게 5분 정도 지나자 아기는 잠이 들었고, 이들 초보 엄마 아빠도 낮잠을 잘 수 있었다. 한 시간 반 정도 지난 후에 그들은 아이의 울음소리에 깨었는데, 이번에는 아기가 젖을 찾고 있었다.

미미는 아기가 피곤에 지쳤을 때 우는 울음이 있다는 것을 배웠고, 그럴 때는 아이를 가만히 두는 것이 최선이라는 것을 배웠다. 미미의 어머니가 방문해서 아기가 우는 모습을 보았을 때, 그녀는 아기의 방문 주위를 서성대며 극도로 불안해져서 가슴을 움켜쥐고 거의 울음을 터뜨릴 지경이었다. 그녀는 미미에게 자신은 절대로 아기를 울리지 않았으며 모든 방법을 동원하여 아기를 안정시키려고 노력했다고 말하면서, 미미를 비난했다. 그때 미미는 남편이 자신에게 했던 것처럼 자신의 어머니를 안심시킬 수 있었다.

우리는 미미와 밥의 신뢰 관계가 어떻게 아이를 다루는 부모의 전략을 발달시켰고, 그러한 전략을 사용해서 미미가 자신의 어머니와 가졌던 경험의 반복을 피할 수 있었는지를 알 수 있다. 미미의 아빠는 미미가 태어났을 당시 전쟁포로 상태였고, 어머니는 미미를 혼자서 키워야만 했다. 이런 불안한 상황은 미미의 성격이 불안하고, 의존적이며, 우울한 것으로 형성되게 하는 데 영향을 끼쳤을 수 있다.

항문기 단계, 남근-자기애적 단계, 또는 오이디푸스 성기기 단계의 경험들은 유아의 대상관계를 확인해주고, 강화해주며, 수정해준다. 건강할 경우, 이후의 상호작용은 새로운 경험을 통해 차츰 더 높은 수준의 발달을 허용한다. 그럴 경우 유아는 인지능력을 발달시키고, 전체 대상의 측면에서 사고할 수 있으며, 더 이상 원시적이고 무의식적인 환상에 지배당하거나 분열과 투사와 같은 기제들을 사용해서 불안을 다루지 않게 된다. 신체적으로, 걸음마 아동은 덜 무력하기 때문에 돌보는 사람에게 덜 의존적이 되고 더 자율적으로 기능 할 수 있다. 따라서 발달의 각 수준에서 대상의 거절하는 측면들과 흥분시키는 측면들은 이상적인 대상과 통합될 수 있으며, 그 결과 더 큰 자아의 통합을 가져오게 된다. 그러나 아이의 다양한 발달단계에서 부모가 성장하는 아이와 적절히 관계 맺지 못하는 어려움은 이러한 발달을 빗나가게 할 수 있다. 예컨대, 죽음이나 이혼과 같은 갑작스런 상실, 또는 다른 자녀의 탄생이나 우울증으로 인한 엄마의 상대적 상실 등이 그러한 어려움에 속한다.

케이시 가족은 7살 된 딸 샌드라 때문에 엄마가 힘들어하는 문제로 나를 찾아왔다. 엄마는 끊임없이 관심을 요구하고, 늦게까지 TV를 보며, 무서움을 느낄 때마다 엄마 옆에서 자려고 하는 딸로 인해 지쳐 있었다. 샌드라는 칭얼대면서 자기 마음대로 하려고 하고, 화를 돋우며, 친구들과 놀거나 캔디를 먹는 동안에만 행복해했다. 남편은 아내와 딸의 이러한 문제가 걷잡을 수 없는 상황이 될 때까지 방치했는데, 그것은 이들의 갈등이 남편 자신의 엄마와 누이 사이에서 있었던 불쾌한 장면들을 생각나게 했기 때문이었다. 군인이었던 그의 아버지는 자주 집을 비웠기 때문에, 집안에서 유일한 남자였던 그는 엄마와 누이 사이의 갈등을 중재해야 한다고 느꼈지만, 그렇게 할 수 없었다. 케이시 가족은 샌드라 외에도 어수선하고 때로는 무례한 좀더 나이든 두 아들이 있었지만, 엄마는 그들과는 잘 지냈다.

가족 면담에서, 케이시 부인이 샌드라에 대한 이야기를 진지하게 하는 동안 샌드라는 세 살짜리 여동생 미리암과 놀고 있었고, 아담과 밥은 비행기를 그리며 놀고 있었다. 샌드라는 예외적으로 미리암에게 친절했고 잘 참아주었다. 케이시 부인은 샌드라가 아기였을 때 정말 착하고 예쁜 아이였고, 두 살이 되었을 때에도 미리암과는 달리 미운 짓을 한 적이 없으며, 그렇게 좋은 관계는 샌드라가 네 살이 될 때까지 계속되었다고 말했다. 나는 그때 무슨 일이 있었느냐고 그녀에게 물었다(나는 미리암이 태어난 것과 관련된 일일 거라고 생각하고 있었다). 밥은 샌드라가 좋아하던 고양이가 죽었기 때문이라고 대답했고, 케이시 부인은 그녀의 이모가 죽었기 때문이라고 말했다. 나는 그 상실에 대해 그리고 그것이 그들 모두에게 어떤 영향을 미쳤는지에 대해 물어보았다. 그리고 미리암이 태어난 것이 샌드라를 힘들게 했던 것 같으냐고 물어보았는데, 그들은 전혀 그렇지 않았다고 대답했다. 그들은 "샌드라는 그 상실의 사건이 있은 후에 다루기 힘든 아이가 되었고, 그것은 미리암이 태어나기 이전의 문제"라고 말했다. 그러나 샌드라의 문제가 처음으로 드러난 것은 케이시 부인이 임신한 사실이 알려졌을 때였음이 얼마 후에 밝혀졌다. 케이시 부인은 그녀의 숙모의 유언을 집행하는 일로 한 주간 샌드라를 떠난 적이 있었는데, 그 후로 케이시 부인은 샌드라와 불편한 관계를 유지해왔다. 케이시 부인이 이런 말을 하는 동안 남편은 사무실 내부를 돌아다니며 그림들과 학위증들을 둘러보고 있었다. 그는 아내와 딸의 문제를 해결하는 일에 아버지의 권위를 충분히 행사하고 있지 않았다. 그동안 케이시 부인은 미리암을 이상화하고 있었고, 남편을 거의 맹목적으로 존경하고 있었다.

케이시 가족의 관계 패턴은 고통스러운 내적 대상들이 자극되는 것을 금지하도록 조직된 것이었다. 남편 케이시는 아내에게서 공격적이고 꾸중하는 자기 어머니의 모습을 발견하는 것을 원치 않았고, 케이시 부인은 남편이 자신의 조용한 어머니를 대표하는 사람으로 남아있기를 원했다. 그녀의 어머니는 케이시 부인이 대학에 들어간 직후에 세상을 떠났는데, 케이시 부인은 어머니의 죽음의 의미를 부인했고, 그 죽음을 슬퍼하는 대신에 어머니에 대한 기억을 미화했다.

샌드라가 출생하자 케이시 부인은 새로운 아기와 함께 자신이 어머니와 가졌던 좋은 관계를 재창조해냈다. 그러나 샌드라가 다시 임신한 엄마를 부정적으로 대하고 철수하자, 케이시 부인은 사랑스러운 샌드라를 완전히 상실했다고 느꼈다. 그것은 마치 그녀의 어머니가 그녀를 남겨두고 세상을 떠난 것처럼, 샌드라가 그녀를 남겨두고 죽은 것으로 경험되었다. 당시 어머니가 세상을 떠나셨을 때 케이시 부인은 아버지로부터 아무런 지지를 받지 못했는데, 그것은 현재 그녀가 남편에 의해서 지지받지 못하고 있는 것에서 반복되고 있었다. 그녀는 자신을 두고 떠난 어머니에 대한 억압된 분노를 자신을 버린 샌드라에게 분출시키면서, 샌드라의 분노와 우울증을 필사적으로 억눌러야만 한다고 느꼈는데, 그것은 그녀 자신의 분노와 우울증이 출현하는 것을 감당할 수 없기 때문이었다. 그녀의 격노는 대부분 그녀가 어머니와 겪었던 고통스런 경험—부인되고 억압된—으로부터 온 것이었다. 그녀는 치료과정에서 자신이 어머니에게 이상적 대상의 요소를 투사했다는 것을 깨닫게 되었다. 그녀의 격노의 다른 일부는 그녀의 남편이 억압하고 있는 분개로부터 오는 것 같았다. 그는 어렸을 때 자신의 억압된 분개를 누이에게 투사하곤 했는데, 그의 누이는 샌드라가 지금 하고 있듯이 그를 대신해서 싸워주었다. 이 가족에 치료적 개입이 없었다면, 부모 모두는 자신들의 어머니와 가졌던 관계의 억압된 측면들을 샌드라와의 관계에서 재연했을 것이다. 실제로 샌드라는 부모가 그녀에게 투사한 내용과 동일시한 채, 남을 비판하고 제멋대로 행동하는 소녀로 자라고 있었다.

이들 부부는 아이를 사랑했고 여러 수준에서 아이의 욕구에 공감적으로 반응할 수 있었음에도 불구하고, 특정 영역에서는 그런 사랑의 능력이 완전히 차단되어 있었다.

스튜어트와 마리아 블래키는 기특하고 착한 딸 테레사를 막 얻었는데, 마리아는 우울해졌다. 스튜어트는 이전 결혼에서 얻은 세 명의 성장한 딸이 있었음에도 불구하고 새 딸을 얻은 일로 인해 행복했지만, 아들을 원했던 마리아는 그 일로 인해 우울했다. 치료가 진행되면서 그녀는 자신이 아들을 바랐던 이유를 설명했는데, 그 과정에서 그녀의 우울한 감정은 분노로 변했다. 그녀가 13살이었을 때 그녀의 어머니는 뜻밖에 아들을 낳았는데, 그녀는 자신의 동생을 엄마처럼 보살폈다. 그녀가 대학에 가기 위해서 집을 떠났을 때에, 누나를 상실하게 된 동생은 상처를 받았고, 그래서 그녀가 방학을 맞아 집에 돌아올 때마다 그녀를 차갑게 대하곤 했다. 이것은 그녀에게 커다란 고통이었다. 그녀는 언젠가는 어머니처럼 아들을 낳을 것이라고 생각했고, 아들을 낳아 최고의 엄마가 됨으로써 그 상실을 보상하고 싶었다. 스튜어트는 2살 때에 아버지에게 버림을 받고 엄마와 누나들 손에 양육되었다. 그래서인지 그는 여자아이들이 더 편했다. 그는 아들을 다루는 법을 잘 모르겠다고 시인했으나, 자신이 얼마나 아들을 원했는지는 깨닫지 못하고 있었다. 그것은 그의 아버지에 대한 갈망과 함께 억압되어야 했다. 차츰 그들은 새로운 상황에 적응하기 시작했고, 두 사람 모두는 태어난 아이를 사랑하게 되었으며, 마리아는 더 이상 우울하지 않게 되어 치료를 종결했다.

테레사가 5살이 되었을 때 그들은 다시 나를 찾아왔다. 그녀는 파티복을 입고 학교에 가겠다고 떼를 쓰는 등, 엄마에게 도전하는 반항적인 아이가 되어 있었다. 그 이야기를 하는 동안에 나는 그 옷이 테레사에게 유일한 정장이었다는 것을 알 수 있었다. 마리아는 테레사에게 주로 남녀 공용 옷을 사주었다. 그녀는 갓 난아기였을 때에는 놀이옷을 입었고, 걸음마 시절에는 통옷을 입었으며, 다섯 살 된 지금은 청바지를 입고 유치원에 가야 했다. 그 옷들은 스타일과 색깔이 여성적이었지만, 테레사는 정장을 원했다. 마리아는 단념하고 테레사에게 다섯 벌의 정장을 고르도록 허용했는데, 그녀는 모두 파티용 정장으로 골랐다. 그것은 불안한 휴전 협정이었다.

테레사가 여섯 살이 되었을 때, 마리아는 둘째 아이를 낳았는데, 이번에는 아들이었다. 이 아들을 낳기까지 수 년 동안 그녀는 불임의 이유를 모른 채 불안 속에서 지냈다. 마리아는 기뻐서 어쩔 줄을 몰랐다. 스튜어트는 아들을 얻어 기뻐하고 있는 자신의 모습을 발견하고는, 26년 전 그의 장녀가 태어났을 때 자신이 우울했던 일을 기억해냈다. 그는 마리아가 새 아기를 돌볼 때 테레사 때보다 더 많이 도와주었다. 마리아는 이제 테레사로 인해 커다란 기쁨을 느끼고 있으며, 그녀가 딸이어서 기쁘다고 말했다. 테레사는 엄마와 좋은 사이가 되었고, 정장뿐만 아니라 짧은 바지나 청바지를 입는 것에도 흥미를 느끼게 되었다.

블래키 가족은 처음에 테레사를 자식으로서는 사랑하면서도, 소녀로서는 사랑하지 않는 문제를 가지고 있었다. 그들은 테레사의 여성성을 부인하지는 않았지만, 성차가 없는 옷을 입히는 것을 통해서 그녀가 딸인 동시에 아들이기를 바라는 그들의 소망을 유지했다. 테레사라는 이름이 선택된 것도 그것이 영어(스튜어트의 가족은 영국계였다)와 스페인어(마리아의 가족은 니카라과 출신이었다) 모두에서 똑같이 사용되는 것이기 때문이었다. 테레사는 사랑하는 부모와의 긍정적인 상호관계로 인해 충분히 강한 자아를 가지고 있었기 때문에 자신이 여성이라는 사실을 부모가 인정해야 한다고 주장할 수 있었고, 자신의 여성성에 대한 부모의 무의식적인 억압을 직면하도록 그들을 밀어붙일 수 있었다.

　위의 사례는 아이를 양육하는 방법과 함께 부모의 무의식적인 투사적 동일시가 아이의 성격과 정체성 형성에 영향을 미치는 방식을 보여준다. 이 사례는 또한 동생의 출생이 아이의 성격 형성에 미치는 영향을 보여주는데, 이 사례에서는 깊은 상처를 주는 것이 아니라, 오히려 구원의 사건으로 경험되고 있다. 새 아이의 출현과 함께 부모의 억압된 대상관계들이 표면으로 떠오르게 되는데, 그것들로 인해 아이는 불안해질 수 있다. 그러나 건강한 경우, 억압된 무의식 체계는 자연스럽게(혹은 심리치료를 통해서) 개방될 것이고, 억압된 대상관계들은 수정될 것이다. 차츰 좀더 높은 발달수준에서 이루어지는 미래의 다중적인 상호작용은 아이의 관계 패턴을 수정해주며, 따라서 이상적 대상의 흥분시키고 거절하는 측면들은 분열되거나 투사되거나 동일시되는 일없이 보다 성숙한 지각으로 의식 안에 보존될 수 있다.

　리히텐스타인(Lichtenstein 1961)에 따르면, 엄마는 아이에게 아이의 정체성을 가져다주는 반면, 아이는 "엄마의 무의식적 욕구를 충족시켜주는 도구 또는 기관(organ)"으로써 기능한다(p. 208). 이와 같은 생각에 대해 우리는 아이가 엄마만이 아니라 부모 모두를 위해서 이러한 기능을 수행한다고 말하고 싶다. 아이는 부부 사이의 관계를 위한 기관인 동시에 그 관계에서 얻어지는 열매이다. 아이는 이처럼 부모에게 부모로서의 정체성을 부여해주고, 그들로부터 자녀로서의 정체성을 부여받는다. 그러나 부모가 그들의 가족을 형성해내는 과정에서 아이가 보여주는 모습은, 유아 또는 어린 자녀가 이러한 역할을 결코 수동적으로 받아들이는 것이 아님을 보여준다. 아동들은 그들 자신과 가족의

정체성을 형성하는 과정에 개인적으로나 발달적으로 적극참여하
고 기여한다.

6 장

가족을 재창조하는 유아

이 장에서 우리는 페어베언이 관찰한 내용(1944)을 요약하는 것으로 논의를 시작해보겠다. 그는 오이디푸스 상황이 두 개의 분열된 엄마 이미지, 즉 흥분시키는 측면과 거절하는 측면을 둘러싸고 발생한다고 보았다. 아이는 오이디푸스기에 두 사람과의 양가적 관계(즉 엄마와 아빠와의 관계)에 적응해야 할 때, 부모의 흥분시키는 측면과 거절하는 측면을 부모 각자에게 나누어 전가시키는 방식으로 복잡한 상황을 단순화시킨다. 이런 식으로, 한쪽 부모는 내면의 흥분시키는 대상들과 관련되고 다른 쪽 부모는 거절하는 대상들과 관련되며, 각 부모와의 관계 패턴이 결정된다. 페어베언은 "… 이렇게 해서 아이는 스스로 오이디푸스 상황을 구성한다"고 말한다(p. 124). 이 장에서 우리는 유아와 아이의 발달에 관한 현대 관찰연구와 임상적 경험에 비추어 페어베언의 관찰을 재검토할 것이다.

아이는 발달적 요구에 맞추어 현실을 바꾸려는 내적 충동을 느끼게 되는데, 이것이 아이로 하여금 가족을 "창조해내게" 만드는 요소이다. 우리가 사용하는 "창조"라는 말은, 아동이 중간 대상과 심지어 엄마의 젖가슴까지도 창조해낸다고 서술한 위니캇(Winnicott 1971b)을 따른 것이다. 이러한 창조를 위해서 엄마는 아이가 젖가슴을 발견할 수 있는 곳에 두어야 하며, 아이 또한 자신이 엄마의 젖가슴을 창조했다는 환상을 갖도록 허용되어야 한다. 아이가 자라면서 창조해내는 가족은 물론 특허를 낼만한 새로운 발명품과 같은 것이 아니다. 그것은 가족이 이미 존재하는 상태에서 새로 태어난 아이가 수행하는 몇 가지 새로운 역할을 통해 가족을 근본적으로 재구성하는 것, 즉 아이 자신과 가족 구성원들을 위해 가족을 새롭게 만드는 것을 말한다. 사실, 새로운 아이의 출생과 함께 가족을 재창조하지 못하는 실패는 그 가족 안에 병리가 있음을 말해주는 중요한 지표이다.

유아의 창조성이 지닌 네 가지 측면

유아의 창조성은 네 가지 측면을 지닌다.

1. 유아는 기존의 가족 측면들을 자신이 창조해낸 것이라고 믿는다.

2. 유아의 현존과 성장은 가족을 근본적으로 변화시킨다는 점에서, 유아는 가족의 형태를 새롭게 창조해낸다고 간주된다.

3. 유아는 제한된 이해 능력을 가지고 가족을 창조해낸다. 초기에 유아는 분열 기제를 사용하여 가족을 이해하고, 논리적이지 못하며, 구체적이고, 몸으로 생각하고 경험하는 경향이 있다.

4. 유아는 현 단계의 사고방식과 발달의 영향 하에 이전 경험과 역사를 재해석한다. 다시 말해서, 유아는 발달의 각 단계에서 과거의 역사를 재창조해낸다.

우리는 첫 번째와 두 번째 측면을 약술하고 나서 이 장의 주된 내용을 이루고 있는 나머지 두 측면에 대해서 상술할 것이다.

첫째, 유아는 발달상의 어떤 특정한 순간에 이미 존재하고 있는 사실들을 갑자기 인식하게 되면서 기존의 가족생활의 측면들을 새롭게 발견한다. 부모 사이의 관계가 그 예이다.

둘째, 유아의 현존과 성장은 가족과 가족 구성원 모두를 변화시킨다. 아이가 성장하는 동안 가족 안에 불안정성이 발생하기 때문에, 가족 구성원들은 아이가 의도적으로 자신들의 변화를 강요한다는 공유된 환상을 갖게 된다.

셋째, 우리의 논의에서 중심적인 것으로서, 유아는 성장과정에서 자신이 창조해낸 방식으로만 가족을 바라본다. 가족에 대한 이러한 일련의 견해들은 아이의 제한된 사고능력과 조직화 능력에서 온 것이기 때문에—즉, 각각의 새로운 관찰을 하는 시기의 나이와 발달단계에 의해 결정되기 때문에—매번 다른 형태를 띤다. 그러한 견해들은 또한 각 단계에서 유아에게 중요해지는 문제들, 예컨대 두 살 경에 고조되는 분리와 자율성의 욕구나, 서너 살 때에 고조되는 성기적 욕구에 의해 영향을 받는다.

아이가 사물을 고유한 방식으로 바라보는 것은 주목할만한 현상이 아닐 수 없다. 아이는 인지 능력의 성숙에도 불구하고 각각의 새로운 발달단계에서 새로운 문제들을 바라볼 때 부분적으로는 아직도 이전 발달단계에서 사용했던 방식으로 바라본다. 이것은 마치 대수학이나 기하학 또는 산수 수준에서 미적분을 이해하려고 하는 것과 같다. 이러한 기초적인 수학 훈련을 통해서 고차원의 수학용어들을 배우는 것이 사실이지만, 새로운 개념들을 이전의 사고체계에 맞추려고 한다면 거기에는 왜곡이 발생할 수밖에 없다. 성장하는 아이들도 이와 같다. 아이들은 구식의 용어들을 가지고 성장을 이해하려고 하기 때문에 새로운 단계에서 왜곡을 발생시킨다. 이것이 그들이 사건들의 의미를 적극적으로 "창조"해내는 첫 번째 방식이다. 사실 아이들은 사건들을 퇴행적으로 재창조하며, 새롭게 만나는 사건들을 마치 옛 상황의 변형인 것처럼 생각한다. 따라서 유아의 사고는, 비록 그것이 친숙한 원리에 근거를 둔 것이지만, 창조된 것이며, 그 과정에서 아이는 사실에 대한 이해를 심각하게 왜곡시킨다. 그리고 이러한 왜곡은 분열되고, 억압되며, 성격 안에 수정되지 않은 채로 남는 경향이 있다. 또 그것은 억압되어 있고, 앞서 일어난 일에 집요하게 매달리는 경향성을 갖고 있기 때문에 계속해서 영향력을 발휘한다. 초기의 사고는 "몸에 기초한" 사고(사고에 앞서 신체 감각을 통해 인식하는 방식)와 아주 가까우며, 초기의 사건들은 복잡한 사고나 언어에 의해 정교화되는 것이 아니라, 어린아이의 직접적인 신체 경험들을 통해서 기록된다.

우리가 보아왔듯이, 유아의 초기 관계들은 엄마의 품에 안기기, 자신의 몸을 엄마의 몸에 맞추기, 소리와 시선을 통해 상호작용하기 등, 거의 신체적인 것으로 구성되어 있다. 이것은 일차적으로 신체 경험에 속한 것이라는 점에서, 유아의 심리적 토대는 관계의 신체적 측면이라고 말할 수 있다. 우리는 부부 사이의 신체적 관계들이 유아의 심리 안에 자리 잡는다는 것을 알고 있다. 처음에 신체의 상호작용은 아이의 생체리듬—깨어있는 상태의 유지, 수면과 비수면 활동, 그리고 허기와 포만의 순환주기 등—을 조직화한다. 게다가 신체의 상호작용은 전오이디푸스 단계 동안에도 비교적 중요하게 유지된다. 따라서 초기 형태의 사고로 퇴행하는 것은 신체에 기초한 사고로 되돌아가는 것을 의미한다.

일례로 세 살짜리 소녀가 "엄마, 내 아래 부분이 악어처럼 보여요"라고 말하는 것을 생각해보자. 그녀는 자신의 외음부를 입과 같은 것으로, 그리고 구강적 공격성—그녀가 두 살 때 남동생의 출생으로 인해 고조된—과 관련된 것으로 지각하고 있다. 이와 유사한 왜곡의 예를 우리는 혼동된 성적 정체성의 문제로 씨름하고 있는 한 여인의 분석사례에서 찾아볼 수 있다. 그 여인은 결국 그 혼동이 자신이 2살 반에서 4살 사이에 겪었던 경험에서 온 것임을 알게 되었다. 당시에 그녀는 좌약을 항문에 넣어준 엄마와 엉덩이를 때려준 아빠가 항문을 통해 상호작용을 한다는 혼동스런 생각을 했고, 그런 상태에서 성적 흥분을 경험했다.

유아가 가족을 창조해낸다고 말할 때, 그것은 바로 아이의 사고가 갖는 퇴행적 특성을 두고 하는 말이다. 그것이야말로 아이가 갓난아기 시절부터 서너 살이 될 때까지 가족에 가져다주는 가장 흥미롭고 중요한 왜곡들이다. 오이디푸스기에 삼각관계의 현실을 왜곡하고 뚜렷하게 창의성을 도입하는 것은 신체 경험과 초기 분열 기제가 지배하는 아이의 사고 과정이다. 우리는 흥분시키는 "리비도적" 부모와 실망시키고 거절하는 "반리비도적" 부모에 대한 아이의 지각이 궁극적으로 어머니와의 관계에 기초해 있다고 본 페어베언의 견해에 부분적으로 동의한다. 그러나 우리는 아버지와 아기에 관한 새로운 발견에 기초해서 이러한 진술을 수정할 필요가 있다고 생각한다.

그러나 여기에는 고려해야 할 또 다른 요소가 있는데, 그것은 오이디푸스기 분열이 성을 중심으로 발생한다는 사실이다. 이 네 번째 종류의 창조는 남근기와 오이디푸스기에 성기적 성이 자극되는 경험—혼돈스런 왜곡의 경험을 구성하는—과 관련된 것으로서, 이것은 과거의 경험을 재구성하고자 하는 아동의 창조적 노력을 보충해주고 수정해준다. 멜라니 클라인(1935)은 최초의 오이디푸스 현상이 생후 6개월에서 12개월 사이에 발생하며, 그 때 유아는 환상 속에서 성교하는 부모의 이미지를 시기하고 공격한다고 주장했다. 유아의 환상 속에 아버지의 성기를 소유하고 있는 엄마의 이미지가 있다는 이러한 생각은 사람들에게 쉽게 이해될 수 있는 것이 아니었다. 생후 첫 한 해 동안 아이를 관찰한 결과, 우리는 성기—자신의 성기이든 부모의 성기이든—가 아이에게 그렇게 특별한 의미를 갖지 않는다는 결론에 도달하게 되었다. 멜라니 클라인의 관찰이 두 살 반에서 다섯 살 사이에 속하는 아동들을 분석한 것에서 온 것임을 감안할 때, 그녀의 견해는 남근기와 오이디푸스기 아이의 경험에 대한 것이라고 볼 수 있다. 이 시기 동안에 이전 경험들은 회고적으로 다시 씌어진다. 이처럼 아이의 새로운 성장은 사건과 관계를 이해하는 데 영향을 미치는 창조의 네 번째 측면을 가져온다. 우리는 클라인이 보고했던 내용이 바로 아이가 창조해낸 것들이며, 그런 이유로 그녀가 아동의 초기 발달을 성적 측면에서 서술하게 되었다고 본다.

유아 관찰에서 온 공헌들

이제 우리는 1970년대 초에 시작된 유아 관찰연구의 결과를 살펴볼 것이다. 먼저 순간-화면(split-screen)을 통한 연구는 유아가 3~4주부터 목소리와 시선을 사용하여 엄마와 상호작용을 한다는 사실을 밝혀냈다. 생후 3개월경에 아이가 엄마와 갖는 관계 패턴은 낯선 사람과의 관계 패턴과 확연히 구별된다. 또한 엄마와 아이의 이러한 관계 패턴은 엄마가 유아였을 때 다른 남매들과 가졌던 것과도 구분된다. 요그만(Yogman 1982)은 상호작용 패턴을 평가하는 데 유용한 순간-화면 연구에서, 유아와 엄마, 유아와 낯선 사람, 그리고 유아와 아빠의 상호작용을 비교했다. 그는 유아가 아빠와 갖는 상호작용 패턴이 유아가 엄마와 갖는 상호작용 패턴과는 다르다는 사실을 발견했고, 따라서 그것들은 서로 다른 발달적 기능을 갖고 있는 것으로 추정했다.

특징적으로, 유아와 아빠의 관계 패턴은 빨리 달아오르고, 짧은 기간 동안 강렬한 흥분을 느끼며, 흥분이 가라앉는 기간도 짧다. 이것은 유아가 낯선 사람과 갖는 관계 패턴과도 비슷한데, 이 유사성은 아빠의 기능 중 하나가 부분적으로 낯선 사람의 역할을 수행한다는 추측을 뒷받침해준다. 우리는 엄마에 대한 아이의 반응과 아빠에 대한 아이의 반응 사이의 차이점들을 이해하는 데 도움을 준 찰스 슈와르츠벡(Charles Schwarzbeck) 박사에게 빚을 졌다.

최근까지 아빠는 두 번째 애착 대상으로서 엄마와 비슷한 역할을 하는 것으로 간주되어왔다. 아빠는 일차적으로 전체 애착과정을 안전한 것으로 만들어주고, 엄마와 아이를 세상으로부터 보호하고 담아주는 사람인 동시에, 우호적인 후원자로서 처음부터 아이를 엄마와의 공생관계로부터 끌어내주는 사람이다. 아기는 아빠와의 상호작용에서 더 갑작스러운 흥분을 느끼고, 더 많은 근육 운동을 사용하는 게임을 즐기며, 더 강렬한 흥미를 느낀다. 이와 같은 요그만의 발견에 따르면, 아빠는 아주 일찍부터 아이의 성장과 존재를 위한 배경과 맥락의 역할을 한다기보다 새롭게 발견된 특별한 초점적 대상의 역할을 한다. 아빠보다는 오히려 엄마가 아기의 존재를 위한 환경적 배경의 역할을 하는 것으로 보인다. 아빠가 아이의 특별한 관심 대상이 되는 시기는, 과거 견해와는 달리, 오이디푸스 기간도 분리-개별화를 이루는 기간도 아니고, 생애 처음부터이다. 처음부터 아빠는 흥분시키는 대상에 더 가까우며, 엄마는 안전과 한계를 제공하는 대상에 더 가깝다. 그리고 이러한 특징으로 인하여 엄마는 잠재적으로 거절하고 방치하는 대상으로 인식되기도 한다. 이러한 견해는 좀더 자세히 검토해볼 가치가 있다.

우리는 유아가 아빠와 함께 아주 강렬한 흥분에 도달하고는 재빨리 시선을 다른 곳으로 돌리고, 주의를 철수하는 패턴에 대해 이미 주목했다. 대상관계 용어로 말하자면, 이것은 아이에게 가장 초기의 리비도적 대상, 즉 흥분시키는 대상과의 관계를 발달시킬 수 있는 기회를 준다. 아빠는 "이상적인"(혹은 충분히 좋은) 대상과 흥분시키는 대상 사이를 오가는 대상인 반면, 엄마는 아이를 차분히 안심시키고 한계를 설정해주는 좌절 대상이다. 아빠가 출타 후에 집에 돌아올 때, 아이는 기쁨으로 아빠를 맞이하는 데 반해, 엄마가 집을 비웠다가 돌아올 때, 아이는 거절하거나 화를 내는 장면을 우리는 쉽게 관찰할 수 있다. 이 두 가지 반응 패턴은 대상에 대한 상반된 상호작용을 형성함으로써, 초기 분열 기제의 발달을 촉진시킨다. 아주 초기부터 유아는 부모를 각각 조금씩 다르게 사용하며, 그 둘 사이에서 상대적으로 좋지 않은 대상을 상실하거나 죽이지 않으면서 흥분시키는 대상과 실망스러운 대상 사이를 오가는 경험을 하게 된다. 따라서 우리는 이제 오이디푸스기 분열의 기초를 형성하는 것이 엄마와의 관계라는 페어베언의 진술을 수정할 필요가 있다. 아빠 또한 유아의 초기 관계 안에서 뚜렷한 역할을 수행하며, 이러한 아빠의 역할이 오이디푸스기의 발달에 미치는 영향력도 똑같이 중요하게 고려되어야 한다.

유아와 부모 커플

우리는 엄마와 아빠가 갖는 상이한 기능에 관해 살펴보았다. 처음부터 유아는 한쪽 부모와 관계를 맺는다. 우리는 양쪽 부모 모두에 대한 유아의 반응과, 그들 사이의 관계에 대한 유아의 반응을 철저하게 연구한 결과에 대해서 아직 들어본 적이 없다. 말러(Mahler)와 그녀의 동료들(1975)은 "유아는 아마도 처음부터 엄마와 아빠의 특별한 관계를 지각하고 있는 것으로 보이며, 분리-개별화 기간 동안과 그 후 전오이디푸스 단계 동안에 그 지각이 갖는 의미에 대해서 우리는 이제 겨우 이해하기 시작했다"고 말한 바 있다(p. 91).

클라인은 유아가 오이디푸스적인 심리 구성물을 갖는다고 보았는데, 이러한 그녀의 견해는 어니스트 애벌린(Ernest Abelin 1971, 1975)의 아동 관찰에서 다시 등장하고 있다. 애벌린은 1975년의 논문, "아빠의 초기 역할에 대한 언급과 관찰결과들"(Some Further Observations and Comments on the Earliest Role of the Father)에서 마이클이라는 남자아이가 7개월 반과 11개월이 되었을 때 그의 부모가 포옹하는 장면을 고통스럽게 바라보았고, 부모의 침대에 있고 싶어 했다고 보고했다. 그는 마이클이 한 살 이전에 부모 중 한 사람의 관심을 끌기 위해서 노력한다고 확신했다. 마이클이 실제로 부모 중 한 사람을 적으로 생각하고 증오했던 사람이 있다면, 그것은 그의 엄마였다. 18개월이 되었을 때 그는 부모를 함께 있게 만들어주려고 했다. 부모 중 한 사람하고만 산보하러 나갈 경우, 그는 "아빠는" 또는 "엄마는"이라고 말하곤 했다. 애벌린은 "부모 커플을 대신할 수 있는 것은 마이클에게 아무 것도 없는 것처럼 보인다"라고 한다(p. 300). 두 살이 되었을 때, 마이클은 부모와의 삼각관계에서 자신의 위치를 교대로 바꾸곤 했다.

위의 논의에서, 애벌린은 부모 두 사람이 함께 있기를 바라고, 또한 자신이 그들 모두와 함께 있고 싶어 하는 마이클의 바람에 초점을 맞추었다. 그는 이러한 마이클의 게임이 이전의 삼각관계와 관련된 불안에 대한 방어일 거라고 생각했다. 그 게임은 좀더 나이가 들었을 때 성적 자극과 비슷한 흥분의 요소를 지니고 있는 것으로 묘사되었다. 그러나 여기에서 중요한 것은 아이가 부모의 관계를 놀이의 소재로 사용하여 불안을 방어하고 있다는 사실이다. 마이클은 이러한 놀이를 사용하여 자신이 포함되는 것과 배제되는 것을 포함해서 상황의 변화에 따른 모든 변동과 감정들에 친숙해지려고 노력했던 것이다. 애벌린은 다음과 같은 결론에 도달했다:

아주 초기부터 마이클은 커플로서의 부모를 알고 있었다. 엄마와의 경쟁 관계를 보여주는 짧은 조짐이 있은 후에, 그는 놀이에서 "부모를 함께 묶으려는" 일종의 의례행동을 시작했는데, 이 시기는 말러가 말하는 재접근 하위단계(rapprochement subphase)에 해당되었다. 이것은 불안을 자극하는 "삼각관계" 과정이 완성되는 것을 막기 위한 타협들 중의 하나이다. 그 과정이 완성될 경우, 거기에는 "경쟁 대상인 부모와의 동일시," 자기 이미지의 형성, 그리고 집단 내의 관계에 긍정적인 리비도를 집중하는 일 등이 이루어질 것이다(p. 30).

미국의 정신분석 공동체 안에서 이러한 관찰은 전통적인 견해와 대조되는 새로운 견해를 나타낸다. 우리는 유아가 커플로서의 부모와 가졌던 초기 관계—또는 단순히 세 사람 관계—를 오이디푸스 사건으로 해석하지는 않지만, 초기 삼각관계가 존재한다는 가정을 수용한다. 이것은 유아가 오이디푸스기 삼각관계의 경험에 앞선 일종의 전역사가 존재한다는 것을 말한다. 그렇다면 아이는 서너 살 때 초점적 사건으로서의 삼각관계 상황으로 가는 발달적 흐름 또는 역사를 가지며, 그것은 실제 경험에 앞선 유아기 초기에 존재하는 것이라고 말할 수 있다. 유아는 커플을 분열시키기도 하고 결합시키기도 하려는 욕구 때문에 처음부터 양쪽 부모 모두를 필요로 한다.

삼각관계 상황이 두드러지기 전까지는 이자관계가 중심을 차지한다. 우리는 이 드라마의 초반부에 두 개의 이자관계, 즉 아이와 엄마 그리고 아이와 아빠의 관계가 주를 이룬다고 말할 수 있다—물론 여기에는 중요한 하위관계가 포함되어 있다. 삼각관계가 중심에 등장하게 되는 시기는 오이디푸스 단계이다. 그러나 그때까지 초기의 이자적인 관계는 유아에게 최소한 한 사람의 애착 대상을 그리고 종종 두 사람의 애착 대상을 제공해준다. 아이는 엄마 무릎 위에 앉아 있는 동안 아빠를 쳐다보고, 아빠 무릎 위에 앉아 있는 동안 엄마를 쳐다본다. 아이가 엄마나 아빠를, 낯선 사람을 관찰하기 위한 안전한 장소로 사용할 때에도 이런 일이 발생한다. 많은 유아들은 둘 이상의 애착 인물들—엄마, 아빠, 할아버지, 할머니, 남매, 혹은 가정부—을 가지고 있기 때문에 실제 상황은 더 복잡해진다. 처음에 유아는 애착 대상들 사이를 옮겨 다니거나 하나의 대상을 이용해서 멀리 있는 다른 대상을 바라보는 것으로 보인다. 그러나 약 8개월경에 인지 능력이 급격히 발달하면서 유아는 더 많은 것을 이해하게 되는데, 이때 애착 대상들 사이의 관계가 매우 중요해진다. 삐아제의 용어로 말하자면, 유아는 이때 항구적 대상들과 그 대상들 사이의 관계를 이해하기 위한 감각운동 하부구조(sensorymotor substructure)를 갖게 된다(삐아제 1962). 이 시기는 또한 클라인이 말하는 "우울적 자리"에 해당하는 기간이기도 하다(1935). 두 인물과의 관계에 대한 유아의 새로운 관심이 출현하는 것은 분열을 치유하고, 주기도 하고 박탈하기도 하는 하나의 전체 대상을 마음속에 보존하고자 하는 유아의 시도와 연대기적으로 그리고 인지 발달적으로 일치한다.

부모 커플과 분리기의 아동

우리는 유아가 성장하는 과정에서 두 사람과의 비대칭적인 (asymetrical) 관계를 다루는 현상을 살펴보았다. 아이는 엄마와 아빠에게 각각 다르게 반응한다. 게다가 유아는 커플로서의 부모에 대해서도 전혀 다르게 반응하며, 그들이 커플이라는 사실이 갖는 의미에 대해서도 일말의 불안을 갖는다. 이것은 부가적인 흥분을 제공할 뿐만 아니라 거절과 소외를 경험할 수 있는 가능성도 제공한다. 우리는 또한 이렇게 이른 시기에는 간과하기 쉬운 성별의 문제도 고려해야 한다. 18개월이 되면 유아는 자신이 사내아이 또는 여자아이라는 상당히 뚜렷한 인식을 갖게 된다. 이것은 두 살 때까지는 상당한 정도로 공고화된다. 예컨대, 15개월 된 사내아이가 성기를 만지면서(아직은 자위행위로 볼 수 없는 행동인) "아빠"라고 말했는데, 그 말을 들은 누나들은 낄낄거리며 재미있어했다. 성별에 대한 인식은 부모에 의해서 그리고 전체 가족의 남녀 비율과 부모의 성적 관계에 의해서 지원받기도 하고 방해받기도 한다. 사내아이 또는 여자아이라는 아이의 생각은 있는 그대로 수용하고 환영해주어야 한다. 어떤 가족에서는 여성적 가치만을 지지해줌으로써 집안의 모든 사내아이를, 또는 한 명의 특정한 사내아이를 여성화시키기도 한다. 건강한 가족에서는 생물학적 정체성과 심리적 정체성이 대체로 일치하는 경향이 있다. 사내아이일 경우, 아빠와의 관계는 엄마와의 관계와 다르다. 그는 "나와 닮았다"라는 아빠의 말에 의해 가치를 인정받을 뿐 아니라, "너는 내가 사랑하는 너의 아빠를 닮았다"라는 엄마의 말에 의해 가치를 인정받는다. 이 원리는 여자아이에게도 마찬가지로 적용된다. 한쪽 부모가 그 역할을 해주지 못할 때, 다른 쪽 부모는 그것을 교정해줄 수 있지만, 그와는 반대로 오히려 어려움을 가중시킬 수도 있다.

예컨대, 남자로서의 자신감이 없는 아버지가 아들의 탄생을 불안해하거나 위협을 느낄 경우, 소년과 남자들에 대한 건강한 생각을 갖고 있고 아들의 남성다움을 지지해줄 수 있는 엄마가 보완해줄 수 있다. 그러나 만약 엄마 역시 남성에 대한 두려움을 가지고 있다면―이런 이유로 불안정한 남자를 남편으로 선택했다면―, 그 아이는 남성됨에 대한 자신감을 확립하기가 쉽지 않을 것이다. 우리는 여기에다 자라나는 소년 소녀가 이 문제에 관한 부부의 견해를 내재화한다는 사실을 덧붙이는데, 이 점은 아이의 성 정체성 형성에 영향을 끼치는 하나의 독립적인 요인이다. 만약 엄마가 위협적이고 거세적인 태도로 아빠를 깎아내린다면, 아들은 그러한 관계뿐만 아니라 남자에 대한 엄마의 태도까지도 내재화할 것이다. 이와는 달리, 비록 엄마가 남자를 지지해주지는 않는다고 해도 좀더 부드러운 태도를 갖는다면, 그녀는 거세하는 엄마와는 다른 모습으로 내재화될 것이다. 이 모든 것은 오이디푸스기 훨씬 전에 일어나는 현상이지만, 오이디푸스기에 중요한 영향을 미치는 요인으로서 다시 활성화된다.

분리-개별화(separation-individuation) 단계 동안에 부모 사이의

관계에 대한 유아의 지각은 변화를 겪는다. 애벌린(1971)은 두 살 된 아이가 엄마와의 관계에서 실망을 느낄 때 마음속에서 아빠를 생각해낸다는 사실을 주목했다—예컨대, 장난감 전화로 아빠를 부르는 놀이를 한다. 아빠는 또한 엄마로부터 분리하려는 아이의 노력을 지지해주고, 분리와 관련된 아이의 불안과 상실을 감당할 수 있도록 돕는 역할을 한다(Greenspan 1982). 그러나 아이는 빈번히 결합된 부모 커플로부터도 자신을 구별해야만 한다. 말을 하기 시작하면서 아이는 부모 사이의 관계를 인식하기 시작하며, 부모와 가정부 또는 부모와 다른 형제자매의 차이를 인식하기 시작한다. 이러한 인식은 오이디푸스 상황에 대한 또 다른 전조를 형성한다—부모가 아이의 발달에 흔적을 남길 정도로 성적인 자극을 조장하지만 않는다면, 아동이 이 단계에서 특별히 성화되지는 않을 것이다.

커플로서의 부모를 떠나고자 하는 충동은 아이의 또 하나의 창조에 해당되는 것으로서, 아이가 궁극적으로 양쪽 대상 모두의 상실을 받아들일 수 있는 능력을 형성하는 데 필요한 요소이다. 이때가 바로 동성의 반리비도적인 대상이 이성의 리비도적인 대상보다 더 중요해지는 시기이다.

부모 커플과 남근-자기애적 아동

이제 전 오이디푸스 단계의 마지막 부분에 대해 살펴보겠다. 여자아이의 오이디푸스 발달단계를 두 단계로 설명한 나게라에 의하면(Nagera 1975), 여자아이는 첫 단계에서 자신이 사내아이라는 환상을 갖고 행동하며, 엄마를 자신의 대상으로 선택한다. 다음 단계에서는 여자아이처럼 행동하며, 아버지를 대상으로 선택한다. 이런 설명은 양성적인 성향의 여자아이에 대한 설명으로는 유용하지만, 평범한 여자아이들에 대한 설명으로는 적절치 않은 것으로 보인다.

나게라의 설명에 의해 자극을 받은 엣컴베(Edgcumbe)와 버그너(Burgner 1975)는 자신들의 연구에서 여자아이가 자신이 여자아이임을 일관되게 알고 있다는 사실을 발견했고, 여자아이가 사내아이의 환상을 갖는 현상이 정상적인 발달이라든지 또는 심지어 대부분의 신경증 발달에서 주요한 요인으로 작용한다는 생각에 의문을 품었다. 그들은 "남근-자기애적 단계"가 오이디푸스본 단계를 위한 발달적 전조라고 보았다. 이것이 이자관계 단계에서 발생하는 마지막 현상인 동시에, 성기가 중심적인 신체기관이 되는 단계에서 발생하는 첫 현상이다. 따라서 남근-자기애적 현상은 어린 여자아이가 사내아이처럼 행동하는 것을 가리키는 것이 아니라, 사내아이와 여자아이가 아직 성기에 관한 분화를 이룩하지 못한 상태임을 가리키는 것이다. 그들 모두는 이제 처음으로 양쪽 부모에게 접근할 때 성기를 중심적인 신체 부분으로 사용한다. 그들은 그때까지 각 부모와 맺은 관계의 역사에 의해 결정된 방식을 따라 그렇게 한다. 남자아이와 여자아이는 부모에게 자신들의 위대함을 보이기 위해서 그들의 몸 전체를 사용한다. 즉, 그들은 엄마와 아빠로부터 찬사를 기대하면서 자신의 성기를 보여주고, 새로운 흥미를 갖고서 남성과 여성 모두의 성기를 바라본다. 만약 이때 거세에 대한 두려움이 갑자기 여자아이와 남자아이에게 밀려온다면, 그것은 삼각관계 안에서 페니스나 질이 엄마나 아빠를 대신할 수 있다는 생각에 초점이 집중되지 않고 있음을 말해준다. 그 아이는 아직 주로 일대일의 관계,

즉 자신과 대상의 관계에 주로 집중해 있는 상태에 머무르고 있는 것이다. 아빠에 대한 사내아이의 성화된 충동(sexualized urge)과 엄마에 대한 여자아이의 성화된 충동은 의심의 여지없이 나중에 나타나게 될 부정적인 오이디푸스 갈등의 기초를 형성한다. 왜냐하면 성화된 대상은 긍정적인 오이디푸스기 발달을 방해하는 요소로 작용하기 때문이다. 그러나 이러한 초기의 양자단일체적 관계와 남근-자기애적 단계에서—이러한 현상의 출현을 허용하는 정상적인 가족의 아동일 경우—우리는 보통 서로 연결되어 있지 않은 두 개의 강력한 긍정적인 충동들을 발견한다. 남근기 아동은 이러한 두 가지 충동들이 서로 경쟁하고 있다는 사실을 아직 분명하게 알지 못한 채, 부모 각자에 대한 성적 매력을 경험하게 된다.

동시에, 이 시기에 분열 기제는 여전히 작용하고 있으며, 그 결과 부모 각자를 향한 매력이 서서히 그 에너지를 축적하는 동안 아이는 그것을 둘로 나눈다: 안전한 배경과 고요한 돌봄은 엄마에게로, 그리고 흥분과 근육활동의 자극은 아빠에게로 배치한다. 이 시점의 아빠는 이미 흥분시키는 대상으로서의 긴 역사를 갖고 있다. 이것은 인지 능력의 도약과 관련해서, 여자아이에게는 아빠라는 대상이 흥분을 발생시키는 반면, 사내아이에게는 아빠처럼 되는 것이 흥분을 발생시킨다는 것을 의미한다. 이것은 사내아이가 흥분을 발생시키는 보다 활동적인 일을 하는 자신에게 에너지를 투자하는 반면—이미 생리학적으로 준비된—여자아이는 흥분을 발생시키는 대상을 유혹하는 데 에너지를 투자한다는 사실과도 일치한다.

요약하자면, 남녀 모두가 비교적 분화를 이룩하지 못한 이 단계 동안의 변화는 새로운 인식에 의해 초래되며, 그러한 새로운 인식은 다음과 같은 요소들로 구성된다: 첫째, 아이가 성적 에너지로 충전되기; 둘째, 아이가 남녀 성기의 차이를 인식하고 양쪽 부모의 사랑을 얻기 위해서 성기를 보여주고 싶어 하기; 셋째, 아이가 다시금 분열 기제를 활성화시키기.

분열 기제와 삼각관계의 재창조

분열 기제는, 우리가 보아왔듯이, 아이가 아주 초기부터 사용하는 심리기제이다. 아이들은 처음부터 관계의 다양한 측면들을 구분하는 데, 특히 부모를 구분하는 데 분열을 사용한다. 그들은 양쪽 부모 사이를 오가면서, 한쪽 부모에 의해 상처를 입을 때 다른 쪽 부모를 회복을 위한 토대로 사용하기 위해 분열을 사용한다. 그들은 과거에도 이처럼 부모를 나누었다가 다시 합치는 작업을 한 적이 있는데, 이 시기에 다시 한번 성별에 따라 부모를 분열시킨다. 그것은 무엇보다도 성기적 성에 대한 관심(genitally sexualized interest)이 아동에게 새로운 영향력을 미치기 때문이다. 아이는 흥분시키는 대상의 측면들을 이성 부모에게 돌리는 한편, 동성의 부모를 상실할 수도 있다는 위협이 명백해질 때까지 이성 부모에게 새로운 리비도를 투자하기 시작한다. 사실상 아이 스스로 자초한 이 상실은 서서히 아이에게 슬픔과 불안을 가져다준다. 만약 부모가 분리되지 않으려고 버틴다면, 아이는 분노하고 좌절하지만 죄책감은 덜 느끼게 될 것이다. 만약 부모가 그들 자신들의 이유로 그 분열에 공모한다면, 아이는 더 많은 상실감과 죄책감과 보복에 대한 공포를 짊어지게 된다. 그것은 아이가 부모의 그러한 관계에 대한 책임이 자신에게 있으며, 자신이 그 분열을 초래한 장본인이라는 비밀스런 생각을 갖게 되기 때문이다. 치료적인 측면에서 볼 때, 이러한 생각을 덮고 있는 방어를 벗겨내는 일은 오랜 시간을 요하는 것이며, 오히려 그 과정에서 성나고 보복하는 나쁜 대상이 내사될 수 있다는 사실은 이미 잘 알려져 있다.

이러한 복잡한 영역에서, 아이가 좋은 대상과 나쁜 대상, 바라는 대상과 두려움의 대상을 성별에 따라 나누어놓음으로써 상황을 단순화시키는 것은 그리 놀랄 일이 아니다. 그것은 아이 자신이 그와 같은 복잡한 상황을 창조해낸 장본인이기 때문이다. 하지만, 비록 그가 몇 개월 전보다 인식능력이 훨씬 발달했다고는 하나, 그는 여전히 그처럼 복잡한 상황을 쉽사리 해결할 수 없으며, 따라서 다시 이전의 이해방식으로 되돌아감으로써 문제를 해결하고자 하는 것이다. 여기에서 분열을 다시 사용하는데, 이번에는 그 분열에 성적인 특징이 부여된다. 이것이 이 발달단계 동안에 이루어지는 새로운 창조이다. 우리는 이제 분열 기제가 사용되었는가 아니면 억압기제가 사용되었는가의 문제가 발달단계의 수준을 그리고 나중에 정신병리의 수준을 결정하는 요소가 아님을 알 수 있다. 성격과 병리를 결정하는 것은 분열 기제의 발달 수준, 그것의 정도, 그리고 분열 기제에 의한 대상의 운명이다.

아동의 발달에서 흔히 발견되지만 보통은 이론적으로 논의되지 않는 두 가지가 있다. 오이디푸스 상황은 항상 마치 그것이 두 부모와 첫 자녀에 대한 현상인양 다루어져왔다. 그러나 만약 가족 안에 이미 다른 자녀들이 있다면, 그 이론의 타당성은 약화될 것이다. 사실, 나중에 태어나는 아이들은 때로는 부모의 사랑을 두고 경쟁을 하지만, 때로는 부모처럼 동생을 돌보는 형이나 누나를 경험한다. 따라서 아이는 일찍부터 하나 혹은 그 이상의 "일차적 대상들"—비록 부모에 비해서는 이차적이지만—을 경험한다. 예컨대, 손위 형제들을 가진 아이는 엄마와의 독점적인 관계가 더 많이 방해받고 덜 집중된 애착관계를 가지며, 더 일찍부터 엄마에게서 분리되는 경험을 하며, 훨씬 일찍부터 경쟁하고 협력하는 경험을 한다. 그는 관심과 찬양의 대상이라는 점에서는 독점적이지 못하지만, 바로 그런 이유로 나쁜 대상에 의한 거절의 두려움을 적게 경험한다. 비록 맏이가 더 독점적인 관심을 받기는 하지만, 그것은 자기애적인 요소를 강화할 수 있다는 점에서 반드시 축복이라고 말할 수는 없다. 종종 동생들이 등장하면서 맏이는 오히려 유익을 얻기도 한다.

또 하나의 의미 있는 상황은 한쪽 부모만 있는 가족의 경우이다. 우리는 이 책의 2권에서 이런 가족들에 관한 임상적 문제들을 별도로 다룰 것이기 때문에 여기에서는 발달상의 문제들만을 살펴보겠다. 앞에서 우리는 아빠들과 엄마들이 부분적으로 비슷한 역할을 하는 동시에 부분적으로 서로에 대한 보완적 역할을 한다는 사실을 검토한 바 있다. 물론, 편부모도 다양한 역할들을 할 수 있지만, 그것이 쉽지만은 않다. 엄마나 아빠의 부재는 초기의 공생관계를 더욱 강렬한 것으로 만들고, 따라서 분리과정을 더 어려운 것으로 만들기 쉽다. 그런 경우 아이는 단일 대상만을 좋고 나쁜 것으로 분열시키기 때문에, 두 개의 온전한 대상을 분리하고 형성하는 기회를 가질 수 없다. 여기에 덧붙여, 부모 커플의 이미지를 경험하기 힘들다. 이것은 아이가 관계들을 지각하고 시험하는 주요한 방식을 충분히 사용하지 못한다는 점에서, 발달상의 박탈을 의미할 수 있다. 이러한 박탈은, 아마도 신체적인 장애를 가진 사람이 그러하듯이, 보상적인 방법을 사용함으로써 극복될 수 있을 것이다. 그러나 그러한 대안적인 방법의 사용에는 항상 더 큰 어려움이 따르게 마련이다. 편부모는 부족한 기능을 채워줄 수 있는 다른 많은 사람들과 관계를 맺는 경향이 있다. 그러나 조부모, 애인, 혹은 다른 형제자매들과의 관계들이 부모와의 관계를 대체할 수는 없다. 우리는 많은 아이들이 부재한 부모를 갈망하고, 그 부모에 대한 환상을 만들어내며, 그들이 존재하거나 자신을 사랑한다는 증거에 매달리며, 부재한 부모를 대신해줄 수 있는 대상을 막무가내로 추구하는, 그래서 실제로 존재하는 부모를 소홀히 하는 경향을 갖는다는 사실을 알고 있다. 이 경우에 흥분시키는 내적 대상과 거절하는 내적 대상은 모두 강화된다. 결론적으로, 아이의 애착과 공격성의 표현을 지지해주는 것은 다양한 관계 안에서 살아가는 부모 두 사람의 이미지이다—물론 그것은 자체의 힘과 변천과정을 지니고 있다. 전오이디푸스 단계와 오이디푸스 단계 동안에 편부모 혼자서 부모의 역할을 하는 것은 무척 힘든 일이 아닐 수 없다.

삼각관계에서 출현하는 성기적 성욕

이 주제에 관한 최근의 연구결과들을 종합해보자. 우선 아이가 성교하고 있는 부모에 대한 환상—그것에 대한 수많은 반응들과 함께—을 갖고 있다는 클라인의 인상적이고 충격적인 개념에 대해 살펴보자. 아이가 7, 8개월경에 양쪽 부모와 겪는 많은 경험들에 관해 논의하면서, 우리는 이러한 경험이 처음부터 성기와 관련되어 있다는 클라인의 설명을 확신할 수는 없지만, 그녀가 어디에서 그러한 아이디어를 얻었는지에 대해서 그리고 세 살이나 네 살 된 아이들의 분석에서 왜 그러한 자료들이 출현했는지에 대해서는 충분히 상상할 수 있다. 유아의 심리적 경험과, 유아가 부모와 갖는 관계는 처음에 아주 강렬한 신체적인 경험들로서, 이것은 정신신체적 동반자 관계라고 불린다. 유아가 부모와의 관계에서 겪는 최초의 경험들은 신체적인 용어로 표현되는 경향이 있는데, 그 이유는 그것이 아이의 관계를 표현하는 일차적인 "언어"이기 때문이다. 아이와 부모의 관계는 성기적인 것은 아니지만 일종의 "신체적 교합"(physical intercourse)으로 볼 수 있는 것이다. 아이는 남근기와 오이디푸스기에 접어들면서 초기 관계 경험의 관점에서 성기적 경험을 구성하는 동시에, 성기적 성이라는 새로운 관점에서 초기의 경험들을 재구성하기 시작한다. 그때 과거 경험은 성기적 관점에서 새로운 언어로 재구성되기 때문에 왜곡될 수밖에 없으며, 현재 역시 과거의 사고방식에 따라 이해될 수밖에 없다. 더욱이 아이가 성기의 형태나 성교와 같은 성적 문제들을 이해하는 최초의 방식은 지속적으로 기억되고 재경험되는 경향이 있는데, 그 이유는 그것이 최초로 형성된 모델이기 때문이다(Bowlby 1973b).

이제 우리는 오이디푸스 발달을, 아이가 삼각관계를 성기적인 것으로 성화하는 것이라고 정의할 수 있게 되었다. 이것은 남근기 단계에서 남녀 성기의 차이를 이해하는 새로운 인지능력의 성취하고, 성기를 성화하며, 삼각관계로 전환하는 것과 함께 발생한다. 갑자기 아이는 자신의 소망, 느낌, 그리고 행동이 삼각관계에서 갖게 되는 새로운 의미를 무시할 수 없게 되는데, 이는 인지능력의 발달이 가져오는 불가피한 결과이다. 아이는 성적 관계와 비성적 관계 모두를 소중한 것으로 여기며, 더 이상 어느 하나를 부인할 수 없게 된다. 여기에는 두 가지 다른 상실의 문제가 따른다. 여자아이에게는 엄마를 잃을지도 모른다는 두려움과 엄마를 향한 공격성에 대한 염려가 발생한다. 그 외에도 부모 커플을 잃을지도 모른다는 염려가 발생한다. 이 시점에서 분열이라는 방어기술이 유용하게 사용된다. 왜냐하면 그 기술을 사용함으로써 아이는 나쁜 대상을 무자비하게 공격하여 제거할 수 있고,

따라서 여자아이가 아빠와 갖는 이자적 관계는 엄마의 상실과 부모 커플의 상실을 보상할 수 있을 만한 커다란 가치를 부여받기 때문이다.

성적 에너지가 강화됨으로써 아이는 부모 커플을 성별에 따라 분열시키지만, 이것은 환상 속에서조차도 전적으로 유익한 것만은 아니다. 거기에는 거절된 부모에 의한 보복 위협과, 그들의 좋은 부분들을 상실하는 것에 대한 두려움뿐만 아니라, 보호해주고 담아주는 결합된 부모의 이미지를 상실하는 것에 대한 두려움도 있기 때문이다—이것은 본질적으로 내재화된 가족 단위(internalized family unit)를 상실하는 것이다. 내재화된 가족 단위 안에서 가족 구성원들은 서로 긴밀하게 연결되어 있다고 느끼고, 아이는 가장 안전하게 사랑 받고 있다고 느낀다. 그러므로 이성의 부모를 상실하는 것은 아이에게 담아주는 부부를 상실하는 두려움을 야기하며, 그 결과 가족의 안아주기 역량의 주춧돌을 상실할 수 있는 위험을 야기한다. 이 위험은 부모에 의해 오이디푸스적 분열이 강화되는 가족일 경우 더욱 증폭된다. 예를 들어 설명해보겠다.

네 살짜리 여자아이가 엄마에게 말했다; "엄마 미안해. 나는 엄마보다 아빠를 더 사랑해. 하지만 엄마도 많이 사랑해. 내가 여섯 살이 되면, 그땐 엄마를 아빠만큼 사랑할 거야."

이 여자아이는 엄마와의 이자적 관계의 운명에 대한 양가감정과 씨름하고 있다. 그녀는 이러한 상황의 변동을 인식하면서, 엄마에 대한 미안한 감정을 보상하기 위해 그리고 가족의 안아주기 기능을 지지하기 위해 최선을 다하고 있다. 조금 후에 그녀는 바나나 나무와 한 복판에 구멍이 난 나무(암컷을 상징하는)의 그림을 그린 다음에 그것을 "가족 메모"라고 불렀는데, 이것은 가족 단위에 대한 그녀의 인식이 변화되고 있음을 말해준다(그림 6.1).

또 다른 네 살짜리 여자아이는 엄마에게 자기가 아빠와 살 수 있도록 아빠와 이혼해 달라고 요구했다. 여덟 살인 그녀의 언니는 "엄마에게 그렇게 말하면 안돼. 그런 생각을 하는 것은 괜찮지만, 말로 해서는 안돼"라고 말했다.

여기에는 여덟 살짜리 딸이 가지고 있는 엄마와 커플로서의 부모에 대한 생각이 드러나 있다. 우리는 또한 약 4세부터 사춘

그림 6-1 "가족 메모"

기까지의 이혼한 부모의 자녀들을 관찰했는데, 그들은 부모의 이혼에 대해 부모를 다시 연합시키려고 노력하는 방식으로 반응하였고, 부모 각자의 상실만큼이나 결합된 부모의 상실을 애도하는 경향을 보였다. 흔히 형제자매들은 상실한 부모와의 관계를 그들 사이의 관계로 대체하고자 했고, 종종 "우리가 유일하게 두 부모 사이를 오가는 특별한 경험을 하고 있다"고 큰소리로 말하곤 했다.

부모의 성교에 대한 반응들

개인 정신분석에서 가져온 두 사례

분석 상황에서, 부모 커플의 상실이 자신들의 발달과정에서 겪었던 가장 힘든 경험으로 기억하는 사람들을 발견하는 것은 흔히 있는 일이다.

다음 내용은 정신분석 치료를 받고 있는 한 젊은 여성이 분석 첫해에 보고했던 원색장면에 관한 것이다.

그녀가 열 세 살이었을 때, 그녀의 엄마는 그녀를 열여섯 살된 언니와 언니의 남자친구에게 맡긴 채 집을 비웠다. 주말에 순진한 열 세 살짜리 소녀는 우연히 언니가 남자 친구와 성교하는 장면을 목격했다. 그녀는 이 기억을 보살핌의 부재에 대한 인식과 연관시켰다. 부모가 이혼한 후에 그녀는 아버지를 거의 보지 못했고, 엄마는 자신에게 무관심하다고 느꼈다. 그녀는 예전의 엄

마를 그리워했고 아빠를 갈망했지만, 무엇보다도 자신을 돌보아
주는 성적 쌍(a sexual pair)을 상실했다는 강한 느낌을 가지고 있
었다. 그녀가 본 언니와 남자 친구의 성교 장면은 사실상 상실한
부모 커플이 희화화(戱畵化)된 공허한 모습에 지나지 않았다. 나
중에 이 환자가 겪은 어려움은 부분적으로 상실한 아빠뿐만 아
니라 상실한 부모 커플을 가족에 제공하기 위해 엄마와 짝을 이
루어야 했던 데서 기인한 것으로 드러났다. 예를 들어, 그녀는 종
종 엄마와 함께 언니를 돌보곤 했다. 후에 이 환자는 성 정체성
의 혼동과 친밀한 관계를 유지하지 못하는 문제로 많은 어려움
을 겪게 되었다.

또 하나의 예는 내게 정신분석 치료를 받은 청년에게서 왔다.
아버지에게 학대받았다는 그의 오래된 감정의 이면에는 엄마가
그의 동생들에게 젖을 먹이는 동안 아버지가 그를 방에서 나오
지 못하게 했던 기억이 자리 잡고 있었다. 그때 그는 서너 살이
었다고 기억했지만, 사실 그가 최초로 어머니로부터 떨어져야 했
던 사건은 한두 살 경이었다. 비록 이것이 전형적인 오이디푸스
장면―아빠가 엄마로부터 아이를 떼어놓는―처럼 보이지만, 그
런 해석은 사건에 대한 심한 왜곡일 수 있다. 환자는 자신이 양
쪽 부모 모두에게 버림받았다고 느꼈다. 그는 모든 것을 아버지
의 탓으로 돌리는 상태에서 정신분석을 받기 시작했다. 차츰 양
가감정을 견딜 수 있는 능력이 증가되면서 그는 그의 엄마에게
"아기 낳는 기계"라며 화를 낼 수 있었다. 분석이 진행되면서 그
는 원색장면을 기억해냈는데, 그것은 아버지가 그를 엄마에게 접
근하지 못하게 했던 장면일 뿐만 아니라, 그가 부모 커플 모두에
의해 배제된 채 철수하는 장면으로 드러났다. 그는 이런 상황을
아버지를 비난하는 것을 통해서, 자기애적으로 자신을 과시하는

것을 통해서, 그리고 동성애적 성향에 굴복하는 것을 통해서 해결하곤 했다. 분석이 진전되면서 그는 자신이 부모 커플에 의해 배제되었다는 뚜렷한 느낌을 갖게 되었다.

가족의 예

마지막 예는 일곱 살 된 소녀인 로라의 사례이다. 로라의 부모인 휠러 부부는 그녀의 학교 성적이 부진한 문제와, 괴물과 유괴에 대한 그녀의 공포 문제로 도움을 받고자 했다. 로라의 두려움은 부모가 밤에 외출을 할 때 특별히 심했다. 나는 지난 3년 동안 로라의 부모를 위해 성치료, 부부치료, 개인치료를 수행해왔기 때문에 그들을 잘 알고 있었다.

그림. 6.2 로라의 집, 가족과 하늘

대기실에서 로라는 나를 반갑게 맞아주었고, 주저 없이 엄마를 두고 놀이방으로 들어갔다. 그녀는 거침없는 말투로 찰흙을 가지고 놀아도 되느냐고 물었다. 그녀는 찰흙을 일분 가량 주무르고 나서는 자기 손이 얼마나 따뜻한지 보여주겠다며 내 손을 만졌다. 그리고는 갑자기 문 쪽을 바라보더니 불안한 어조로 누군가가 들어오면 어떻게 하느냐고 물었다―이것은 분명히 그녀의 엄마가 침범하는 것에 대한 두려움을 나타내고 있었다. 로라더러 자신의 가족 그림을 그려보라고 말했을 때, 그녀는 남근 모양의 집과 풍만한 젖가슴 모양의 구름을 그리고는 그것들을 연기처럼 보이는 선으로 연결시켰다(그림 6.2). 나는 이것에 대해 집과 세상 모두 성적인 것으로 보인다고 말했다. 그러자 그녀는 두 가지를 더 그렸는데, 집의 왼쪽에는 세 마리의 새를 그렸고, 오른쪽에는 네 마리의 문어를 그렸다. 그녀에게는 자신보

그림. 6.3 수영장에 있는 로라와 부모

그림. 6. 4 아빠가 그린 인디언과 천막들

다 두 살 어린 여동생이 있었고, 가족 안에서 자신의 자리를 찾기 위해 분투하고 있는 것으로 보였다.

그녀의 가족 그림은 과도한 흥분의 요소를 드러내고 있는데, 이것은 오이디푸스적 두려움을 감추려는 잠재기 초기 단계의 방어적 시도의 결과로 보였다. 그러나 로라는 가족과 함께 만난 자리에서 아주 다른 그림을 그렸다(그림 6.3). 그녀는 자신과 부모가 수영장 둘레에 서 있는 그림을 그렸다. 침대처럼 보이는 네모난 형태, 양쪽 부모 사이에서 동일한 간격을 유지하고 있는 것, 그녀가 우연히 한쪽 손을 마치 발기된 남근 모양으로 표현한 것 등은 그녀가 부모 사이에 끼어있는 자신을 성화된 관점에서 이해하고 있음을 보여준다. 이 두 그림을 통해서 우리는 로라가 세상을, 그리고 자신이 부모와 갖는 관계를 성적인 관점에서 바라보고 있음을 알 수 있다.

그림. 6. 5. 엄마가 그린 가족 싸움

　그녀의 두려움은 부분적으로 부모를 침범하고 싶은 그녀 자신의 성적 소망에 대한 반응이었다. 가족 안에서 아빠는 드러내 놓고 관계를 성화시킨 반면, 성을 두려워 한 엄마는 성으로부터 철수했다.

　그 다음 주에 있었던 가족치료 면담에서 아버지는 가족 그림을 그렸는데, 자기 자신을 각각 천막집을 지닌 세 아내를 둔 인디언으로 묘사했다(그림 6.4). 그의 반짝이는 눈빛은 흥분시키는 대상으로서의 역할을 나타내고 있었다. 로라의 엄마는 분노와 거절로 가득한 자신과 로라의 관계를 나타내는 가족 그림을 그렸는데, 그것은 가족이 아침식사를 하는 상황에서 자신과 로라가 싸우는 장면이었다(그림 6.5). 이 싸움은 또한 엄마와 아빠 사이의 싸움이 전치된 것이기도 했다. 따라서 로라가 그린 두 개의

그림. 6. 6 로라가 그린 마녀엄마와 괴물

그림. 6. 7 로라의 그림 · 내가 망쳐버렸어요 ·

성화된 가족 그림은 그녀가 갈등 속에 있는 부모와 관계를 맺고
자 했던 시도이며, 그것이 성화된 방식으로 이루어진 것임을 보
여준다. 첫 번째 그림에서 집과 하늘이 서로 연결되어 있는 모습
이 그것을 말해준다. 두 번째 그림에서 그녀가 남근 모양의 팔을
지닌 채 부모 사이에 끼려고 시도하는 모습은 그녀의 내적 갈등
과 보복에 대한 두려움에 관해 많은 것을 말해준다.

하지만 더 초기의 두려움이 곧 드러났는데, 그것은 훨러 가족이 공격성의 위협과 가족이 깨질지도 모른다는 위협에 대처하기 위해 성화된 관계를 사용하고 있음을 확인해주었다. 엄마의 실제적인 거절은 그녀가 로라에게 자신의 자리를 빼앗길 수 있다는 두려움에서 유래한 것이었음이 곧 드러났다. 로라는 즉시 "마녀 모습을 한 엄마"를 그렸는데, 그 마녀는 부모가 자신을 보호해주지 못할 때 자기를 해치기 위해 출현하는 괴물과 한 쌍을 이루고 있다(그림 6.6). 이 괴물과 마녀는 그녀 내면에 존재하는 "나쁜 커플"인 동시에 그녀가 두려워하고 있는, 부모 사이의 관계를 나타내는 상징이기도 하다.

로라 자신에 대한 부정적인 관점은 "내가 망쳐버렸다"라는 제목의 그림에서 잘 나타나고 있다(그림 6.7). 우리의 관점에서 볼 때, 자기 자신에 대한 이러한 로라의 시각은 그녀가 부모의 성관계를 "망쳐버렸기" 때문이라는 생각에서 온 것이다. 그 그림들은 남근적 가족에 대한 성화된 해석을 나타내며, 그 후 아빠에게 성적으로 끌렸던 오이디푸스기 동안의 가족에 대한 성화된 해석을 나타낸다. 이것들은 더 초기에 경험했던 양쪽 부모의 거절하고 박해하는 관계가 새로운 형태로 나타난 것으로서, 이 시기에 그것은 흥분시키는 아버지 경험과 두려운 어머니 경험으로 나뉜다. 그리고 거절하고 박해하는 관계에 대한 이 초기 견해는 버림받는 것에 대한 공포와 관련된 전체 가족의 어려움과, 발달 과정 자체에서 오는 로라의 무의식적 환상 모두에 그 토대를 가지고 있다. 가족에 대한 이러한 생각을 드러낸 후에, 로라와 그녀의 가족은 전반적으로 많이 좋아지기 시작했다.

로라의 두려움의 상당 부분은 부모 사이의 관계가 나빠져서 한 부모 커플을 잃을지도 모른다는 현실적인 두려움에 기초한 것이었다. 그러나 자신이 홀로 남겨질 것이라는 두려움이나 부모가 겪고 있는 어려움이 그녀 자신의 오이디푸스적 침범으로 인한 결과라는 생각은 현실에 기초한 것이 아니었다. 그것은 그녀가 더 이른 시기에 경험한 적대적인 엄마와 일관성 없는 아빠와 가졌던 관계 경험 위에 세워져 있는 것으로서, 지금 그녀는 그것을 성기적 수준의 오이디푸스 위기로 해석하고 있다. 로라와 그녀의 부모 모두는 몇 가지 수준에서 오이디푸적 어려움과 관련된 대상관계적 문제로 인해 도움을 필요로 하고 있다. 세 사람 모두는 모든 두려움과 거절을 엄마에게 전가하는 문제, 버림받는 것에 대한 전오이디푸스적 두려움, 오이디푸스적 가면 아래 감추어진 부적절한 애착, 그리고 엄마에 대한 긍정적인 요소와 부정적인 요소를 성별을 따라 나누는 문제 등을 다루어야 하는 과제를 갖고 있다. 이들 모두는 부모 커플을 잃는 데 대한 염려를 공유하고 있는데, 그 상실은 그들이 어렸을 때 환상 속에서 부모 커플에게 공격을 가했기 때문으로 추측된다. 이러한 두려움이 로라의 성장 초기에 오이디푸스적 발달을 가로막는 요인으로 작용했고, 나중에는 새롭게 출현하는 그녀의 성적 관심이 커플로서의 부모를 파괴시킬 것이라고 "상상하게 만드는" 동기로 작용했다. 부모의 임상적 내력들은 그들 각자가 여러 해 전에 이와 비슷한 과정을 겪었음을 보여주었다.

가족치료는, 분석적 작업에 대해서 그렇듯이, 이러한 왜곡들의 발달적 측면에 대해 설명해주지 않는다. 그러나 우리는 이 사례에서 부모와 아이의 초기 경험들이 성화되었음을 알 수 있었고, 아이의 왜곡과 부모의 영향 사이에 밀접한 관련이 있었음을 알 수 있었다. 여기에서 드러난 성적 증상의 원인은 로라와 부모 각 사람의 전오이디푸스기 문제에서 온 것이었다. 이 가족의 치료는 이 세 가족 구성원 내부에 새로운 가족 단위를 내재화하도록 도와주고, 오이디푸스적 분열과 성적 왜곡을 상당 부분 해소하도록 도와줌으로써 성공적인 종결에 도달할 수 있었다.

이 사례는 가족치료사가 간과해서는 안 되는 또 하나의 측면을 갖고 있다. 이 논의에서 우리가 비록 유아와 아동이 자신의 발달에 미치는 영향을 강조했지만, 외부 현실이 상황에 영향을 미치는 것도 분명한 사실이다. 유아가 "창조"와 "재창조"를 통해서 발달의 역사를 형태 짓고 왜곡하는 방식이 많은 것을 설명해주는 것은 사실이지만, 가족의 현실, 부모와 중요한 다른 사람들로부터 오는 의식적 및 무의식적 반응들과 지시들 역시 아이와 가족의 무의식적인 성격에 똑같이 중요하게 영향을 미친다.

근친상간

이런 측면에서 볼 때, 아이가 창조하는 것의 최종적인 결과는 근친상간일 것이다. 물론, 그것은 실제 현실이 아니다. 아이의 내적 삶에서 이러한 현상이 보편적으로 발견된다는 사실은 아이의 현실감을 형성하도록 도울 책임이 부모에게 있음을 말해준다. 부모는 아이가 이러한 환상들을 안전하게 경험할 수 있도록 도와주어야 한다. 아이는 네 살 경에 한쪽 부모를 지배적으로 성화시키는 것을 통해서 부모 모두에 대한 갈망을 지속적으로 유지하고자 한다. 만약 부모가 암묵적으로 딸이 엄마의 자리를 대신하도록 초대하거나, 아들과 딸로 하여금 자신들을 대신해서 성적 행동을 하도록 유도한다면, 그 환상의 운명은 심각하게 왜곡될 것이다. 그것은 정신구조와 내적 대상관계에 심각한 영향을 미칠 수 있으며, 여자아이의 경우에는 더욱 심각한 것일 수 있다. 여자아이가 근친상간적 행동이 괜찮은 것이라는 느낌을 갖고 자랄 경우, 그녀의 성적 기능은 괜찮을 수 있겠지만 그녀의 대상관계는 피폐해질 것이다. 만약 그녀가 더 건강하다면 그리고 더 높은 수준의 대상관계를 동경한다면, 그녀는 성장과정에서 "오이디푸스적" 행동화에 대한 갈등이 증가하고, 성적 기능이 저하되는 것을 경험할 것이다. 이러한 오이디푸스 발달의 근본적인 왜곡은 아동이 성장과정에 기여하는 데는 한계가 있음을 말해준다.

현실과 환상의 만남

로라의 가족에서 보았듯이, 엄마와 아빠에 대한 아이의 초기 두려움은 아이가 바라보는 현실에 크게 영향을 미친다. 우리는 가족치료에서 가장 우선적으로 이러한 현실을 이해하려고 노력한다. 우리는 개인 심리치료에서 현실을 해석하는 방식에 영향을 미치고, 사건들을 발생시키는 요인으로 작용하는 환자의 환상을 중요하게 취급한다. 다시 말해서, 우리는 환자가 가족을 계속해서 재창조해내는 방식을 강조한다. 그러나 가족치료에서 우리는 그 외에도 아이가 그렇게 창조하도록 만드는 가족의 패턴이 어떤 것인지를 탐구한다. 가족의 역사를 바라보는 이 두 가지 방식은 각각 나름의 진실을 담고 있다. 그것들은 양립할 수 있고, 서로 보완적일 수 있다. 비록 지금까지는 창조해낼 수 있는 아이의 능력을 강조해왔지만, 우리는 또한 무언가를 창조한다는 것이 실제로는 이미 존재하는 것을 새롭게 발견하는 것임을 알고 있다. 부분적으로, 가장 창조적인 측면은 아이가 스스로 자신이 어떤 일을 발생하게 했다고 생각하는 것이다. 예컨대, 한 성인 남자는 분석과정에서 자신이 부모가 갈라서기를 원했기 때문에 그들의 이혼에 책임감을 느낀다고 말했다. 그의 아버지는 후에 노년이 되었을 때, 과거를 회상하면서 당시에 세 살이었던 아들 때문에 아내와 헤어질 수 없었고, 그래서 그를 미워했었다고 시인했다.

그렇다면 유아가 오이디푸스적 상황을 창조해낸다고 말할 때—비록 그것이 네 살 전까지는 지배적이지 않지만—그것이 의미하는 것은 무엇인가? 우리가 생각하는 의미는, 유아가 네 살이될 때까지 삼년 동안 신체적 내재화를 포함해서 부모 각자와 관계를 맺는 경험을 한다는 것이다. 처음 몇 해 동안에 유아가 경험하는 그 관계에 대한 관심은—보통 특별한 갈등 없이—발달과정 내내 지속된다. 물론 여기에는 분열 기제와 시기와 질투가 분출하는 순간들이 있다. 그러나 만약 아이가 소년 혹은 소녀가 되는 기간 동안에 부모 자신이 가진 문제들로 인해 그런 경험들이 과장되지만 않는다면, 아이는 각 부모와의 관계에서나 결합된 부모와의 관계에서 그런 경험들로 인해 갈등을 겪지는 않을 것이다.

그때 이자적 관계가 성화되고 성기의 차이가 새롭게 인식되는 순간이 찾아온다. 이러한 일들의 발생과 함께 아이는 관계로부터 소외되는 고통스런 상황과, 관계를 차단하고 싶어지는 상황에 직면하게 되고, 그 상황을 해결해야 하는 과제에 직면하게 된다. 이때 초기의 원색장면에 대한 기억들이 되살아나고, 부모 사이의 관계에 대한 초기 감정이 성적인 관점에서 재해석되며, 분열 기제가 다시 작용하고, 나아가 사건들이 성적인 측면에서 새롭게 인식되게 된다. 다시 말해서, 양쪽 부모와의 삼 년 혹은 그 이상의 관계경험이 재생되고 재해석되며 재창조된다. 네 살 된 아이가 사용하는 정보는 거의 모두 신체 경험에 토대한 언어로 저장되는 한편, 관계를 성기적인 것으로 성화하고자 하는 충동이 출현함으로써 이전의 사건들은 모두 성기적인 것으로 해석되게 된다. 이 지점에서 좋음과 나쁨을 성별에 따라 분열시키려는 시도가 발생하는데, 그것은 다음 네 가지 이유 때문이다. 첫째 분열이 재생되고, 둘째 이 시기에 증가되는 성기적 힘이 성 정체성의 형성과 성적 관계를 특별히 의미 있는 것으로 만들고, 셋째 비록 이 시기에 아이의 인지 능력이 빠르게 발달하기는 하지만, 그것은 아직도 한계를 갖고 있으며, 넷째 아이는 이 시기에 부모 각자와 커플이 되고 싶은 욕구로 인해 부모 커플을 경쟁상대로 간주하기 때문이다. 이차적인 인물로서의 아버지와의 관계가 지닌 흥분시키는 측면들은 이제 여자아이들과 사내아이들에게 각기 다르게 작용한다. 그러나 남아와 여아 모두는 아버지가 초기 몇 개월 사이에 아이에게 도입한 적이 있는 신체적 상호작용으로 되돌아간다. 우리는 두 개의 부모-유아 관계가 서로 다른 관계 양태로 저장된다는 사실을 알고 있다. 따라서 우리는 아이가 양쪽 부모와의 두 가지 관계 양태 모두를 소중히 여기면서, 그것들 중 어떤 것도 잃고 싶어 하지 않는 이유를 알고 있다.

그러므로 아이는 마치 어린 한스(Hans)가 프로이트에게 할아버지가 될 수 있는 기회를 주었듯이(Freud 1909), 다음 세대에서 부모를 높이는 행동을 통해서 과거에 한쪽 부모를 "제거했던 일"을 보상할 것이다. 아이의 창조는 엄마와의 신체적 관계로 이루어진 유아기 경험에 의존하며, 그러한 경험은 네 살 후반에 일어나는 대상과의 신체적인 상호 침투의 경험이 어떤 것일지를 미리 말해준다. 엄마와의 유아기 경험은 아이가 겪는 가장 의미 있는 경험이며, 아이는 그것을 나중에 성적인 영역에서 재창조한다.

7장

집단관계 이론 및 집단 경험과의 관련성

우리가 제시하는 가족치료는 대상관계 정신분석 이론에 기초해 있다. 이 말은 대상관계 정신분석적 가족치료가 개인치료 작업에서 발달해 나온 것이라는 의미는 아니다. 사실, 우리의 접근 방법을 발달시키는 데는 집단분석 이론이 커다란 영향을 미쳤다. 우리는 특히 집단과정을 대상관계 용어로 묘사한 클라인 학파의 비온(Bion)과 타비스톡 클리닉(Tavistock Clinic)의 집단 분석가였던 에즈리엘(Ezriel)에 의해 많은 영향을 받았다. 우리는 또한 프로이트 학파의 집단 분석가인 풀크스(Foulkes)에 의해서도 영향을 받았다. 집단 심리치료 이론은 가족치료에 유용하게 적용될 수 있는 이론이다. 특히 집단 구성원으로서의 경험은 집단상황을 다루는 감각을 발달시키는 데 크게 유용하다는 점에서, 가족치료에 유용하다. 우리는 이런 이유로 타비스톡 클리닉의 프로그램이나 라이스(A. K. Rice)의 집단 관계 컨퍼런스에 지속적으로 참여해왔으며, 우리의 수련생들에게도 그렇게 하기를 추천하고 있다

(Rice 1965, Rioch 1970a). 이 장에서 우리는 집단 과정에 대한 이
해와 가족치료 사이의 관련성을 설명하기 위해 우리가 참여했던
컨퍼런스 경험들을 사용할 것이다.

집단 분석: 풀크스

풀크스(1948, 1964, Foulkes and Anthony 1965)는 집단 심리치료
를 개척한 고전적 분석가이다. 그의 주된 생각은, 집단의 구성원
들은 자신만의 역사와 고유성을 지닌 개인들일 뿐만 아니라, 그
집단의 부분들로서 간주될 수 있다는 것이다. 그들은 체계를 하
나로 연결시켜주는 접속 고리들로 간주될 수 있으며, 그 접속 고
리는 집단이 지닌 특정한 스트레스가 드러나는 장소이다. 다른
말로, 개인은 자신이 속한 집단을 위해 무언가를 표현할 수 있다.
"집단 지도자"(group conductor), 즉 치료자는 집단뿐만 아니라 자
기 자신을 포함한 집단의 각 구성원들을 염두에 두어야 한다.

가족치료를 위한 집단 분석적 접근: 로빈 스키너

스키너(Robin Skynner 1976, 1981)는 가족치료에 풀크스의 이론
을 적용했다. 그는 가족치료가 지닌 집단 분석적 특징들을 다음
과 같이 요약했다:

1. 부분과 전체는 동시에 다루어질 수 있다. 또한 부분이나 전체 중 어느 하나를 다루는 것이 다른 것을 부인하거나 거부하는 것이 아니다. … 따라서 치료자는 개인들의 공헌들(이것은 각 개인에 따라 각기 다른 의미들을 가질 것이다)과 전체 집단으로서의 의사소통(집단을 하나의 전체로 간주하기 때문에 누가 무엇을 말했는가는 중요하지 않다)을 동시에 듣고 관찰해야 하며, 계속해서 그 둘을 관련시키고, 한쪽 측면을 다른 쪽 측면에서 이해하려고 노력해야 한다.

2. 낯선 사람들로 구성된 소집단이 그러하듯이, 가족은 혼돈을 발생시키고 발달을 가로막을 수 있는 잠재력뿐만 아니라, 건설적인 이해와 성장 및 긍정적인 변화를 위한 잠재력도 갖고 있다. 따라서 치료자의 주된 과제는 소집단에서처럼 성장 잠재력이 가장 효과적으로 발휘될 수 있는 환경을 만드는 것이다.

3. 치료자는 집단에 속한 개인들을 이끌어야 하는 책임과 권위를 감당해야 하지만, 전체로서의 집단(the group as a whole) 안에 잠재적으로 내재되어 있는 지혜는 치료자 개인의 지혜보다 크다는 사실을 기억해야 한다; 따라서 그는 집단의 지혜가 자신에게 하는 말에 주의를 기울이고, 그것을 존중해야하며, 작업을 진행해 나가면서 기꺼이 자신을 교정할 수 있어야 한다[1976, p. 1972].

우리의 견해는 비온의 이론에 토대를 두고 있지만, 이러한 풀크스의 견해와 일치한다. 그런가 하면 풀크스와 함께 훈련을 받은 파인즈(Pines; 1982)는 심리치료와 인간발달에서 반영(mirroring)이 담당하는 역할에 관심을 기울였다. 그는 집단이 개인 구성원들을 반영해주는 기능을 하며, 종종 반영을 다른 여러 사람들에게로 분산시킴으로써 상호작용의 어려운 측면들을 완화시킨다고 주장한다. 그는 이것을 메두사(Medusa) 신화에 비유하는데, 그 신화에서는 방패가 메두사의 해로운 모습을 흡수함으로써 메두사의 직접적인 공격을 피할 수 있게 해준다. 우리는 이 개념을 가족치료에 적용시키는 데 관심을 가져왔다. 발달하는 아이는 흔히 고전적 정신분석 이론이 주장하듯이 엄마와의 관계 안에서만이 아니라, 집단 안에서—집단 구성원들이 그의 다른 측면들을 반영해주는—성장한다. 따라서 아이는 다양한 연령, 성, 역할, 그리고 책임을 가진 사람들과의 관계 경험들을 가지고 다중적인 자신의 모습을 만들어간다. 아이는 가족 집단을 반영해주는 배경으로 이해하며, 그 안에서 중요한 타자, 과거, 현재, 그리고 미래를 본다. 반면에, 가족 구성원들은 아이의 눈을 들여다보면서 그들 자신들의 유산과 숙명의 이미지를 발견한다.

윌프레드 비온의 집단관계 이론

비온(1961)은 군대 상황에서 과제수행을 위한 소규모 집단에 대한 연구를 통해서 자신의 집단관계 이론을 발달시켰다(Rioch 1970b). 그는 집단이 주어진 과제—그것이 장교를 선발하는 일이든, 전투를 수행하는 일이든, 집단 자체의 과정을 검토하는 일이든—를 수행하는 과정에서 작업에 필요한 행동을 할 뿐만 아니라, 그 과제 수행에 유익하거나 유해할 수도 있는 의존적, 공격적, 그리고 성적인 행동을 한다는 사실을 발견했다. 그는 이러한 부가적인 행동들이 만족과 방출에 대한 무의식적인 욕구들을 나타낸다고 보았다. 그리고 이러한 무의식적인 욕구들은 뚜렷하게 눈으로 볼 수 있고 예측이 가능한 방식으로 발생한다는 점에서, 과제 집단 안에 공존하는 하위 집단들의 표현이라고 보았다. 이 하위 집단들은 주어진 과제가 수행되어야 한다는 가정 위에 세워진 것이 아니라, 무의식적인 욕구들이 충족되어야 한다는 가정 위에 세워져 있는데, 비온은 이것들을 "기본적 가정들(basic assumption groups)"이라고 불렀다. 그것들은 다음과 같이 분류된다.

1. 의존(dependency)
2. 싸움(fight)/도피(flight)
3. 짝짓기(pairing)

비온(1961)은 기본적 가정들이 과제를 수행하는 데 도움이 될 수도 있고 방해가 될 수도 있다는 사실을 인식했다; 예를 들어, 의존적인 행동은 명령에 따라 움직여야 하는 상황에서는 도움이 될 수 있지만, 명령이 감독자가 없는 상태에서 수행되어야 하는 상황에서는 방해가 될 수 있다. 싸움은 전쟁 중에 필요한 것이고, 도망은 패배 시에 적절한 것이다. 반면에 동료들 사이의 싸움이나 탈영은 집단을 와해시킬 것이다. 짝짓기는 두 사람의 기술이 요구되는 과제나, 한 사람보다 두 사람이 함께 하는 것이 더 나은 과제를 수행할 경우에는 도움이 되지만, 두 사람이 다른 나머지 사람들을 제외시키거나 그들의 기능을 제한하기 위해서 짝을 짓는다면, 그것은 과제 수행을 방해할 것이다. 부부가 자신들의 결혼 생활을 아이가 구원해줄지도 모른다는 희망 때문에 임신할 수 있듯이, 집단 구성원들은 그들이 처한 어려움에서 자신들을 구출할 수 있을 것이라는 희망 때문에 그 두 사람의 짝짓기에 공모할 수 있다.

대집단을 연구한 투르켓(Turquet 1975)은 대집단에서 구성원들이 병합하거나 융합하는 이유는 그들이 대집단이라는 불안한 상황에서 정체성 상실, 소외, 그리고 멸절의 위협을 방어해야 하기 때문이라고 설명했다. 그가 묘사한 융합의 한 유형은 시기심의 자극을 피하기 위해 차이점들을 제거하는 동질화 작용을 포함하고 있다.

스프링맨(Springmann 1976)은 대집단에서 발생하는 파편화 과정에 주목하였다. 그는 일관성과 일치성의 부재가 이해를 방해하는 주된 장애물임을 발견하고, 이것이 비온이 말하는 세 가지 기본적 가정보다 더 근본적인 가정이라고 주장했다. 그는 집단의 파편화가 집단이 지닌 잠재적인 공격성을 분산시키기 위한 시도이며, 또한 지도자를 파괴적 공격으로부터 보호함으로써 그에게 의존할 수 있다는 희망을 유지하기 위한 것이라고 주장했다. 호퍼(Hopper 1977)는 사회적 파편화의 발생이 "집단의 거대한 분노로부터 지도자를 보호하기 위한 수단"이라는 스프링맨의 생각에 동의했다(p. 10). 그는 의존 욕구가 충족되지 않을 때 격노가 발생한다고 보았다. 우리는 호퍼와의 최근 대화에서, 그가 일관성 및 그것의 부재라는 측면에 대해 더 많은 연구를 했다는 것을 알게 되었다. 그는 투르켓이 말한 융합의 개념과 비온(1967)이 도입한 기괴한(bizarre) 대상 개념을 바탕으로, 융합 현상이 분리-개별화에 대한 방어로서 발생하는 것이며, 이러한 방어는 타고난 재능의 차이에 대한 인식으로부터 오는 시기심을 피하기 위한 것이라고 보았다. 집단 구성원들은 그 시기심이 대상이나 자기를 파편화시킬 수 있을 만큼 심각해지는 것을 두려워한다. 그들이 개인의 정신건강을 유지하기 위해 시기심을 집단에 투사할 경우, 그 투사는 집단 경험을 파편화하고 집단의 응집성과 일관성에 치명적인 타격을 가한다. 그때 그것은 기괴한, 의미에 대한 무의미한 공격(meaningless attack on meaning)으로 경험된다.

집단 내에서 발생하는 전이:헨리 에즈리엘

비온과 마찬가지로 대상관계 용어들을 사용하여 집단상황에 대한 자신의 관찰을 서술한 에즈리엘(1950)은 집단 구성원들이 그들의 "무의식적 환상 대상들"을 다른 구성원들에게 투사하는 방식을 다음과 같이 서술했다: 각 구성원들은 주어진 역할이 자신들의 무의식적 환상과 일치할 때에만 그 역할에 머무를 것이며, "실제 집단이 환상 속의 집단과 일치하기 전까지는 그들 사이에서 논의된 내용을 왜곡하려고 시도할 것이다"(p. 68). 에즈리엘은 치료자의 개입을 집단이 자신을 취급하는 방식에 초점을 맞추는, 지금-여기에서의 전이 해석에 국한시켰다. 그는 집단이 그에게 원하는 것이 무엇인지(그가 "요구된 대상관계"라고 부른), 집단이 그에게서 기대할 수 없다고 생각하는 것(그가 "회피된 대상관계"라고 부른)이 무엇인지, 그리고 요구된 관계 욕구가 충족되지 않을 때에 발생할 수 있는 끔찍스런 결과(그가 "재앙적 대상관계"라고 부른)가 무엇인지를 알고자 했다(1952). 모든 해석은 두려운 재앙에 대한 평가를 포함하는데, 그는 이것을 "이유를 나타내는 절"(because clause)이라고 불렀다. 이것은 집단이 왜 하나의 행동을 선택하고 다른 것은 피해야만 하는지를 설명해준다(1952). 에즈리엘은 이러한 가정을 공유함으로써 현실 검증이 시작될 수 있다고 느꼈고, 따라서 회피된 대상관계가 덜 위장된 형태로 드러날 수 있음을 발견했다. 우리는 이러한 그의 생각을 페어베언의 이론과 통합시키려고 시도하는 과정에서, 그가 말하는 요구된 대상관계가 반리비도적 대상관계를 피하기 위해 사용되는 리비도적 대상관계일 수 있으며(혹은 역으로 리비도적 대상관계를 피하기 위해 사용되어질 수 있는 반리비도적 대상관

계일 수도 있다), 그가 말하는 재앙적 대상관계가 유기체적 공포
와 생존의 위협 앞에서 유아가 겪는 무기력한 상태와 유사하다
는 것을 발견했다. 우리는 "이유를 나타내는 절"이 작업 집단으
로 하여금 현실과 씨름하고, 과거의 경험이 미치는 영향력을 보
다 성숙한 사고와 관련해서 재작업하는 데 매우 유용하다는 사
실을 발견했다.

가족에 대한 집단 해석적 접근: 로저 샤피로 (Roger Shapiro)와 죤 진너(John Zinner)

워싱턴 정신의학 연구소에서 일하고 있는 우리의 동료인 로저
샤피로와 죤 진너는 비온의 이론을 바탕으로, 1960년대와 1970년
대에 NIMH(National Institute of Mental Health)의 지원 하에 샤피
로(1979)가 수행한 임상 연구에 참여했던 청소년 환자들의 가족
을 연구했다. 그들은 가족을, 평생 동안 진행되는 일련의 발달 과
제와 씨름하는 과제 집단으로 묘사했는데, 이 발달 과제들은 기
본적 가정들에 의해 방해를 받는다고 보았다—그들은 이러한 기
본적 가정들을 본능적 욕구와 방어 기제로 구성된, 가족의 공유
된 무의식적 가정(shared family unconscious assumptions)이라고 불
렀다.

그들은 또한 단일한 심리적 실체로서의 가족 집단이라는 개념
을 발전시켰는데(1974), 그 집단 안에서 특정 요소들은 부인될
수도 있고, 투사적 동일시의 작용을 통해서 집단 구성원 중의 한
사람에게서 나타날 수도 있다고 보았다. 이것이 우리가 잘 알고

있는 희생양이 만들어지는 과정인데, 이것은 그 희생양이 모든 혼동을 짊어진 지표 환자(index patient)가 되는 모습에서 명백히 알 수 있다. 샤피로(1979)와 그의 동료들은 컨버그(Kernberg)의 경계선 인격에 관한 이론(1975)을 경계선적 청소년들의 가족 경험에 적용했다. 진너와 샤피로(1975)는 가족도 개인과 마찬가지로 리비도적인 자기 표상과 대상 표상을 공격적인 자기 표상과 대상 표상들로부터 분열시킨다고 보고했다. 그들은 "가족 집단 안에 '좋은' 속성들(필요한 것을 제공해주고, 만족을 주고, 사랑하는)과 '나쁜' 속성들(박탈하고, 벌하고, 증오하는)이 서로 분리되어 다른 구성원들에게 전가되기 때문에, 각 구성원들은 문제 청소년들과의 관계에서 비교적 전-양가적인(pre-ambivalent) 단일한 태도를 보인다"고 주장했다(p. 104). 이러한 분열 기제는 증오가 사랑의 대상을 파괴할 수 있다는 가족의 공유된 무의식적 가정을 방어하기 위해 사용된다.

무의식적 가정의 발달

비온은 각 개인의 성격이 자체의 고유한 역가(valency)를 발휘하는 것을 통해서 집단 과정에 무의식적으로 기여한다고 말한다. 역가는 개인으로 하여금 "집단 안에서 기본적인 가정들을 만들고, 그것들에 따라 행동하도록 준비시키는 힘을 가리킨다"(p. 116). 그것은 "인간의 성격 안에 존재하는 집단적 성향이 무의식적 수준에서 자발적으로 작용하는 것"을 가리킨다(p. 136). 한 개인의 특정 역가는 다른 사람들의 성격 안에 있는 비슷하거나 보완적인 역가와 연합함으로써 그 세력을 확장시킨다. 이처럼 비슷하거나 보완적인 역가들이 함께 모일 때, 그것은 공유된 무의식적 욕구들을 충족시키고자 하는 집단적인 힘으로 기능한다. 우리는 이 과정의 의미를 가족치료 경험을 통해서 깨닫게 되었다.

이 역가들은 무엇보다도 불안, 경쟁, 그리고 과제들로 가득한 곳인, 가족에서 자라나는 아이의 성격 안에서 작용한다. 따라서 가족의 집단 과정은 가족 구성원들의 성격에 영향을 미칠 뿐만 아니라, 그들의 성격에 의해 영향을 받기도 한다. 이러한 역가가 형성되고 나면, 또는 집단 안팎에서 형성되는 전이가 일단 형성되고 나면, 그것은 다시 개인 경험의 발달 수준에 따라 더욱 강화되거나 수정된다. 그러나 종종 이러한 재작업은 불안과 그것에 대한 방어로 인해 방해받기도 한다. 이런 경우에 가족은 역가들이 지각되는 위협으로부터 스스로를 보호하기 위해 고착된 무의식적 관계 체계를 영속화시키게 되고, 그 결과 성장을 가로막는다.

치료를 받기 위해 찾아오는 가족은 수행해야 할 과제를 지닌 소규모 과제 집단이다. 가족은 출생 시점으로부터 성숙한 경지와 죽음에 이르는 여러 발달단계들을 거치는 동안 그 구성원들을 지지해주어야 한다. 그것은 또한 종족의 번식이라는 목표로 갖고 있다. 따라서 가족은 개인과 사회 모두를 위해 기능한다—가족은 사회의 문화를 전수하고, 영속화라는 사회적 목표를 생물학적으로 표현한다. 비온이 서술한 과제 집단처럼, 가족은 어떤 식으로든 그 과제를 수행한다. 그러나 가족은 또한 과제와 관련해서뿐만 아니라, 의존, 공격성의 분출(혹은 그것으로부터의 도피), 그리고 성적 짝짓기(성적 커플로서의 부모에 대한 경쟁심 때문에, 혹은 그런 부모의 부재 때문에)에 대한 반응으로 집단행동을 유발하는 경향이 있다. 이러한 경향은 비온이 서술한 집단과정의 세 유형, 즉 의존, 싸움/도피, 짝짓기라는 기본적 가정들을 발생시키거나, 투르켓, 스프링맨, 호퍼 등이 말하는 융합이라는 기본적 가정들을 발생시킨다. 가족 안에서 발생하는 기본적 가정들은 때로는 과제 집단을 지지하지만, 그것들이 현 발달단계와 조화를 이루지 못할 때에는 오히려 과제 집단을 방해한다.

예컨대, 의존 가정은 삶과 죽음의 위기에 직면한 가족 구성원들을 지지해주는 데 도움이 되고, 싸움/도피 가정은 분리-개별화 과정과, 다른 집단의 공격이나 질병과 스트레스로부터 가족을 방어하는 데 도움이 된다. 그리고 짝짓기 가정은 결혼한 부부의 단합을 지지해주고, 부모와 자녀의 협력을 촉진시키며, 아이가 받은 상처를 회복하는 일을 도와줄 수 있다. 그러나 잠을 자는 동안에도 부모와 자녀의 단합이 계속된다면, 그것은 부부 사이의 단합을 방해할 것이고, 그러면 부부는 분리될 것이고, 은밀한 대화, 조용한 휴식, 그리고 성적 결합 등의 과제를 수행할 수 없을 것이다. 이것은 의존 가정에 기초한 짝짓기의 한 유형이 가족의 다른 과제인 부부의 성적 결합을 방해하고 있는 것이다.

가족에서 융합 가정은 초기에 유아가 엄마와 갖는 긴밀한 유대 관계에 적절한 조화감, 공감적 동일시, 그리고 하나됨의 느낌을 지지해준다. 그러나 이러한 기능이 발달의 후기 단계에서도 지배적이라면, 가족들은 융합을 사용해서 서로간의 차이와 갈등과 상실을 부인할 것이다. 이것은 또한 얽혀있는 상태(enmeshment)라고 불린다(Bowen, 1977). 분체(fission) 가정은 갈등, 의견 차이, 다양한 목표들을 지원해주는 기능을 갖지만, 호퍼(Hopper)가 제안하듯이, 그것은 대상관계를 공격하여 대상 이미지를 수없이 많은 기괴한 대상들로 만들 수 있다. 위협을 느끼는 가족은 안전을 위해 초기의 융합 상태나 분체 상태로 퇴행한다. 어느 경우이든, 이해와 발달은 중단된다. 융합 가정이 지배할 경우, 융합이 이해와 갈등의 해결을 대신할 것이고, 분체 가정이 지배할 경우, 갈등이 서로 간의 연결을 공격하고 이해를 파괴할 것이다. 이러한 과정들은 정신병적 가족에서 지배적이고, 특히 자기 자신과 가족의 멸절을 초래할 것이라는 두려움에 대한 반응으로 나타나는 경향이 있다.

가족치료에서 우리는 보통 핵가족—확대가족의 일부인 소집단—을 다룬다. 더욱이, 가족의 내적 대상관계 체계는 아주 초기의 발달단계뿐만 아니라, 조부모, 부모, 숙모, 삼촌, 사촌 등과의 관계 경험들을 포함하는 이후의 단계와도 관련되어 있다. 우리는 종종 대집단에서 전형적으로 발견되는 현상이 작은 가족 집단에서도 발견된다는 것을 발견한다. 가족 안에서 소집단은 대집단을 포함하고 있다. 모든 가족들이 이러한 현상과 씨름하고 있으며, 붕괴로부터 자체를 보호하기 위해 노력하고 있다. 그러나 정신병적인 가족에서 우리는 빈번히 융합 과정과 파편화 과정 모두를 발견한다.

이러한 발견으로 인해 우리는 비온이 묘사한 것보다 더 원초적으로 기능 하는 기본적 가정이 존재한다고 믿게 되었다. 우리는 이것을 융합-분체 기본 가정(fusion-fission basic assumption)이라고 부른다. 우리는 가족치료를 위한 기본적 가정들을 다음과 같이 제안한다:

　　1. 융합/분열
　　2. 의존
　　3. 싸움/도피
　　4. 짝짓기

샤르프(D. E. Scharff 1982)가 지적하듯이, 이것은 전통적인 심리사회적 발달단계를 따른다. 즉, 편집-분열적 불안(분체)과 관련된 초기 융합 단계에서 시작해서 구강기(의존), 항문기(싸움/도피), 그리고 성기기(짝짓기)를 거쳐 오이디푸스 단계(협동)에 이르는 발달단계를 거친다.

가족치료는 집단 안에서 해석을 제공하는 방법(Shapiro 1979, Skinner 1976)을 사용하여 가족이 근저의 무의식적 욕구와 두려움에 관심을 기울이고, 기본적 가정들의 결함을 발견함으로써 그것들이 더 이상 가족의 과제 수행 능력을 방해하지 않게 만드는 것을 목표로 한다.

집단관계 경험과 가족치료

우리는 집단이론과 가족치료가 서로 조화를 이룬다는 사실을 발견했다. 이것에 대한 또 다른 증거는 집단치료를 사용하여 가족의 역동을 탐구한 혁신적인 연구결과로부터 왔다: 크래프트 (Kraft)와 마커스(Marcus) 등(1959)은 가족 구성원들을 각각 다른 치료집단에 참여시킨 후에 그들의 행동을 관찰했는데, 그 결과 각 구성원들은 그 집단에서도 자신의 가족에서 습관적으로 하던 행동을 재연한다는 것을 확인했다.

그러나 우리는 이 이론이 실제로 적용될 수 있다는 것을 경험하기 전까지는 그것의 타당성을 확신하기 어렵다. 우리가 실제로 다른 사람들—자신들의 역할을 기꺼이 인식하고자 하는—과 함께 기본적 가정들에 참여해보는 경험을 통해서만 우리는 비로소 무의식적 환상이 활성화된 상태를 경험하게 되고, 이 상태를 경험하는 것을 통해서만 역가, 집단 과정, 그리고 과제에 대해 진정으로 알게 된다. 이러한 학습 경험에 관한 실험은 라이스(A. K.

Rice) 집단관계 컨퍼런스(Rice 1965)—타비스톡(Tavistock) 모델에
기초해 있는—와 타비스톡 컨퍼런스의 프로그램에서 수행된 바
있다. 그 두 컨퍼런스들은 집단 구성원들이 자신과 집단의 기능
을 이해하는 과제를 수행하는 데 권위(authority)를 어떻게 사용
하는지를 관찰할 수 있도록 고안되었다. 그것들은 회원으로 구성
된 일련의 소집단 모임들(전체 집단의 진행과정을 감독하는 사
람들로 구성된), 좀더 혼란스러운 대집단 모임들, 그리고 집단들
사이의 모임들로 구성되었다. 집단들 사이의 모임들은 행사 참여
자들이 그 행사를 주최하는 사람들과 관계하는 방식, 그들이 집
단을 형성하는 방식 그리고 집단과 집단 사이의 관계를 연구하
는 방식 등을 다루도록 고안되었다. 따라서 그 컨퍼런스는 직장,
이웃, 사회, 국가 등의 집단 과정들을 관찰할 수 있는 일종의 실
험실이었다. 우리는 또한 이 컨퍼런스를 하위 집단들과 확대 가
족 집단들을 지닌 일종의 가족으로 보았다.

그것들은 비온의 집단관계 이론뿐만 아니라, 체계이론에도 토
대를 두고 있었다. 밀러(Miller)와 라이스(Rice 1967)는 기업체
(enterprise)란 주변 환경으로부터 원재료들을 가져다가 다양한
방법으로 처리하여 최종적인 상품으로 만들어내는 복잡하고 잘
조절된 상호관련 체계라고 서술했다. "어떤 활동을 위한 하나의
체계가 그렇듯이, 개인이나 집단은 환경과의 교류를 통해서만 존
재할 수 있는 개방된 체계이다"(p. 14). 우리는 가족을, 부부가 만
나 아이를 낳고, 아이들이 잠재기를 거치는 동안에 그들을 양육
해주고, 그들이 세상에 나갈 준비를 하는 청소년기 동안에 그들
을 감당해주며, 마침내 자율적인 성인이 된 그들을 직업 세계나
추후 교육, 동료 관계, 성적 관계의 세계로 보내는 기업으로, 다시
말해서 유전자와 사회로부터 원료를 취해서 완성된 상품으로 만
들어내는 하나의 기업으로 보게 되었다. 동시에, 가족이라는 기업

은 부부관계, 일, 여가에 비중을 둘 뿐만 아니라, 자식을 떠나보내고, 노년기를 받아들이는 성숙한 부모로 발달하는 과정을 촉진시키는 과제를 갖고 있다.

가족은 다른 가족들, 직장, 학교, 그리고 지역 사회의 여러 집단들뿐만 아니라, 확대 가족과 관련된 다른 집단들과도 의사소통을 유지하는 개방된 체계이다. 가족은 자체의 경계를 넘어 이러한 집단들과 관계를 맺는다. 가족 안의 다양한 활동들과 하위 집단들 그리고 과제 집단들 사이에는 경계들이 존재한다. 세대간의 경계는 자식과 부모를 구별해준다. 체계이론에 의하면, 기업은 생존을 위해서 주변의 환경과 관련을 맺어야 하는 동시에 자체의 안전을 유지해야 하기 때문에, 그 경계에서 발생하는 상호작용에 따른 긴장은 특별히 중요하게 취급되어야 한다. 그리고 그 경계의 특징들은 집단의 내면을 반영해주는 경향이 있다. 집단들 사이의 행동은 그것들 자체의 특징들뿐만 아니라, 다른 집단들에 대해 갖는 환상들도 반영해준다.

타비스톡 컨퍼런스에서 경험했던 소집단과도 유사하게, 가족은 서로 밀도 있게 관계를 맺고, 역사를 공유하며, 비슷한 역사를 가진 다른 집단들과 관계 맺고 있는 개인들로 구성된 소집단이다. 마치 컨퍼런스에서 집단들 사이의 문제를 다루기 위해 임의로 집단을 형성해야 했던 것처럼, 가족은 다른 집단들 즉, 확대 가족, 사회기관들, 광고 회사, 정부, 학교 등의 집단들 간의 문제를 다루어야 한다. 타비스톡 컨퍼런스에서의 경험은 가족을 가족 자체의 역사적 및 사회 문화적 정황에서 바라볼 수 있게 해주었다.

"가족"은 꽤 큰 집단일 수도 있지만, 치료를 위해 찾아오는 가족은 보통 작은 인원으로 구성된 집단이다. 그 구성원들은 출생 시점으로부터 성장기를 거쳐 노년기에 이르기까지 오랫동안 다양한 발달단계들을 거치면서 비교적 안정적인 관계를 유지해온 사람들이다. 컨퍼런스 기간 중에 새롭게 형성된 소집단들과는 달리, 가족 구성원들은 이미 그들만의 독특한 방식으로 관계하는 타자들을 가지고 있다. 컨퍼런스 소집단에서 우리가 경험했듯이, 가족 안에서도 우리는 개인적인 독특한 상호작용의 경향성, 또는 비온이 "역가"라고 부른 것을 사용해서 보완적인 역가를 가진 다른 사람들을 발견하고, 그들과 함께 행동을 통해 서로 관계를 맺는다.

가족 안에서 자라나는 개인들은 변화하면서도 지속성을 지닌 일련의 인간관계를 가지며, 그 관계 안에서 일상생활을 영위할 뿐만 아니라, 자기와 타자 사이의 관계 형태를 결정하는 심리내적 구조를 형성한다. 이러한 관계들은 현실에 의해서 다소 수정되기도 하지만, 초기에 형성된 것들은 계속해서 남아 있다가 스트레스를 받게 되면 다시 나타나기도 한다. 타비스톡 컨퍼런스와 라이스 컨퍼런스의 목적은 참여자들이 집단 내에서 그러한 무의식적인 관계를 다루는 능력을 발달시키는 것이었다. 우리는 그 컨퍼런스에서 특정 집단의 무의식이 지닌 지배적인 가정을 결정하는 것은 그 구성원들이 갖는 개인적 역가들이 혼합되는 방식이라는 것을 배울 수 있었다.

우리는 타비스톡 모델을 약간 변형시켜 하나의 혁신적인 집단관계 컨퍼런스—권위보다는 가르침과 배움의 측면에 초점을 맞춘—를 고안해냈는데(Scharff and Scharff 1979), 이 컨퍼런스는 우리에게 집단의 무의식에 대해 많은 것을 배울 수 있는 기회를 주었다. 여기에는 소집단들, 대집단들, 그리고 몇몇 새로운 집단형태들이 포함되었는데, 그 중에는 "소집단 내의 집단"이라는 것도 있었다. 그 내부 집단의 주된 과제는 초기 어린시절로부터 배운 경험들을 회상하고, 그것들이 현재의 학습과 배움에 미치는 영향에 관해 검토하는 것이었다. 다음 사례는 컨퍼런스 집단에서 경험했던 것이 원 가족 경험에서 유래한 것임을 보여준다.

내[J. S. S]가 조언자로 참여한 소집단에서, 나이 지긋한 백인 남자가 집단 지도자로 있었다. 젊은 구성원들은 그가 풍부한 지식을 가지고 있고, 자신들을 수용해주는 사람으로 여겼기 때문에 그의 적극적인 역할을 지지해주었다. 그런데 한 젊은 흑인 남자가 시간 낭비를 한다면서 그 집단을 계속해서 비난했다. 그는 차라리 대중 집회에서 흑인 정치 지도자들에게 배우는 것이 더 낫다고 느꼈다. 집단은 이러한 그의 행동을 지도자가 모든 지식을 소유하고 있다는 가정을 거부하는 것으로 해석했고, 동시에 흑인과 백인, 남자와 여자가 서로를 가르치고 배우기 위해 창조적으로 일하는 것을 두려워하고 있기 때문에 의존할 만한 다른 지도자를 찾고 있는 것이라고 해석했다. 그 흑인 남자는 조용히 앉아 있는 백인 여자를 맹렬히 비난하면서, 그 여자의 입을 열게 하려고 애썼다. 나는 그 집단이 여자인 내가 가르침을 줄 수 없거나 주지 않을까봐, 그 나이든 남자 "교사"를 두둔할까봐, 혹은 조용히 앉아 있는 여자에게 질문 공세를 퍼부을까봐 두려워하고 있다고 느꼈다.

이 사건은 잠시 제쳐두고, 그 다음 날 있었던 "소집단의 내부집단"(우리가 타비스톡 모델을 변형시킨)에서 발생한 사건을 검토해보겠다.

나이든 백인 남자는 자신의 아버지에 대한 기억들을 자랑스럽게 이야기했다. 그는 자신의 아버지는 아직도 살아 있으며, 자신과 잘 지내고 있다고 말했다. 아버지가 없는 흑인 남자는 자신의 말에 결코 귀를 기울인 적이 없었던 어머니에 대해 이야기했다. 그는 어머니가 할머니만큼 일처리를 잘하지 못한다고 불평했고, 그로 인해 어머니와 자주 다투곤 했다고 말했다. 그는 자신이 훗날 할머니와 같은 사람이 되기를 원했다고 말했다. 집단은 이 기억들과 전날 집단에서 있었던 일을 연결시킬 수 있었고, 나이 든 백인 남자가 그의 아버지의 위치를 차지하고 싶은 소망을 가지고 있었기 때문에 집단이 그를 리더로 뽑았다는 사실을 알게 되었다. 흑인 남자는 좌절을 주는 엄마에게 하듯이, 집단에 대한 실망을 표현했고, 그가 유능한 정치 활동가가 되고 싶어 했던 것은 할머니에 대한 그의 사랑 때문이었다. 그는 집단의 의존 가정에 맞추어 모든 것을 주는 아버지의 개념을 거부하고, 정치적 대집단의 싸움/도피 이미지를 도입하고자 했다.

집단 경험이 어린시절의 삶에 의해 결정된다는 사실을 보여주는 또 다른 예는 앞에서 언급된 침묵을 지키는 여자에게서 찾을 수 있었다. 그녀는 항상 집단 바깥에 머물러 있으면서 일종의 대리 자문역을 하는 사람(surrogate consultant)으로 비쳐졌다.

내부 집단 경험이 진행되고 있는 동안에, 그녀는 남동생이 태어났을 때 자신이 어머니로부터 배제되었던 경험을 기억해냈다. 집단의 또 다른 구성원은 그녀가 그 기억과 똑같은 방식으로 집단에 의하여 배제되었다고 느끼고 있음을 말해준다고 지적했다. 그때 그녀는 침묵 상태로 철수했던 것과는 대조적으로, 자신의 침묵에 대해 상당히 길게 이야기했는데, 그 이야기를 듣고 있던 비교적 침묵을 지켰던 또 다른 여자는 마치 지금 말하고 있는 여자가 모든 관심과 사랑을 독차지하고 있는 남동생처럼 느껴지는 반면 자신은 배제되고 있다고 하면서 분노를 폭발시켰다.

이 두 여인은 경쟁으로부터 철수하는 경향이 있었다. 그들은 집단을 대신하여 침묵으로 도피했는데, 그것은 곧 관심을 끌기 위한 싸움으로 바뀌었다. 남자들이 언어와 지혜를 소유한 사람으로 간주되었기 때문에, 이 집단의 역동은 싸움을 통해 아기의 생산으로 인도하는 남녀간의 협력에 대한 불안을 방어하는 것이었다. 다시 말해, 그들은 짝짓기 가정을 방어하기 위해 싸움/도피 가정을 사용하고 있었다. 이 주제는 이 집단의 자문을 맡은 두 사람이 부부라는 사실로 인해 더욱 강조되었다.

다음 사례는 표준적인 타비스톡 집단 관계 컨퍼런스의 소집단—J. S. S.가 참여한—경험에서 온 것이다. 이것은 개인적 또는 사회문화적 성질의 외상이 지금 여기에서 집단의 경계를 침범하는 방식과 과제의 선명성을 모호하게 하는 방식을 보여준다.

소집단 구성원들은 과제에 충실하려는 노력을 비난한 것에 대해 자문을 담당한 사람에게 분노를 느끼면서, 그곳에서 배운 것을 다른 사건들에 대한 경험과 통합하기 위해 노력하고 있었다. 그러나 그들은 과제를 수행하는 대신에 다른 구성원들과의 짝짓기를 시도하고 있었다. 우리는 이 모든 것을 검토한 후에 로쉬 하샤나(Rosh Hashanah-유대교의 신년 축제일)까지 이 문제를 계속해서 다루기로 했다. 로쉬 하샤나가 되자 집단 구성원 중 독일인과 이스라엘인 사이의 긴장이 표면으로 드러났다. 이스라엘인은 심하게 우울한 모습을 보였는데, 그는 그의 가족이 나찌에 의해서 살해되는 것을 보았고, 죽어가는 아버지를 팔에 안고서 평생 동안 독일인과는 이야기하지 않겠다고 다짐했었다고 말했다. 그는 20년 동안 이스라엘에서 살면서 그의 약속을 지켰지만, 이 집단에서 그 약속을 깨야만 하는 딜레마에 직면해 있었다. 그는 집단에서 이런 이야기를 할 때 독일인을 바라보면서 했다. 얼굴 표정이 차갑고 목이 뻣뻣한 독일인은 집단의 누구보다도 연민의 감정을 보이지 않았고, 자신의 조상들이 행한 과오에 대해서 자신은 아무런 책임이 없다는 태도를 보였다. 집단은 자체의 과제를 계속해서 수행했지만, 우리는 해결되지 않은 문제가 있다는 사실을 의식하고 있었다. 그것은 집단 안에 공포와 분노와 죄책감을 강하게 불러일으켰기 때문에, 우리는 그 문제를 해결할 수 없을 것처럼 보였다. 그 독일인은 집단이 과제 수행을 피하기 위해 짝짓기라는 기본 가정을 방어로 사용하고 있다고 주장했고, 그러한 일에는 공모하지 않겠다며 논의에 참여하기를 거부했다. 우리는 집단들 사이의 활동들에 관심을 갖는 동안 그 문제로부터 잠시 벗어날 수 있었지만, 그러한 활동들은 해결되지 않은 문제로 인해 제대로 이루어지지 않았다: 집단들 사이에서 일어나는 것과 관련된 주제들은 매우 실제적이었음에도 불구하고, 우리는 일종의 공허감을 느꼈다.

이스라엘인은 그가 속죄의 날이라고 말한 욤 기뿔(Yom Kippur)에 독일인이 다른 집단 구성원들과 함께 작업하고 있는 것을 보면서, 자기 자신과 자신의 학습을 방해한 아버지와, 오늘의 독일인들을 용서할 수 있다면, 그와 함께 일할 수 있을 것 같다고 느꼈다. 비록 그 독일인이 용서를 받기 위해 어떤 노력을 한 것은 아니었지만, 그의 타협을 거부하는 확고한 태도는 결정적인 요소였다. 놀랍게도 그 이스라엘인은 눈물을 흘리며 용서할 수 있었고, 집단 구성원들 중에서 가장 융통성 있는 사람이 되었다. 그 다음에서야 우리는 안심하고 다른 일반적인 주제들을 다룰 수 있었는데, 그것들은 필요한 것 같았지만 다소 평범하게 느껴졌다.

나는 스코틀랜드인으로서 지난날 잉글랜드의 압제로부터 독립을 쟁취하기 위해 완강하게 저항했던 조상들의 태도를 공유하고 있었다. 나는 또한 2차 세계대전 동안에 히틀러에 단호하게 맞섰던 영국인의 정신을 공유하고 있었기 때문에, 내게도 독일인에 대한 반감이 어느 정도 남아있다는 사실을 어렵게 인정해야만 했다. 따라서 나는 그 이스라엘인에게 깊은 연민을 느꼈지만, 또한 과거의 상처가 집단의 과제를 방해하는 것을 허용함으로써 상처를 영속화시키는 것은 하나의 방어에 지나지 않는다는 그 독일인의 주장에 동의할 수밖에 없었다. 확실히 그것은 종교적 및 인종적 차이들로부터 오는 다른 불안들에 대한 방어였고, 그로 인해 불안들이 직면되지 않고 있었다. 그 방어가 집단에 의해 받아들여지고 다루어지기 전까지는 아무런 변화도 일어나지 않았고, 다른 일들도 현실감 있게 느껴지지 않았다. 이처럼 작업이 억제되는 현상은 가족치료에서도 일어날 수 있으며, 그런 점에서, 가족치료에서 과거의 상처와 고통을 다루는 데 대한 저항을 해석하고 극복하는 일은 현실을 직면하기 위한 선결 과제라고 할 수 있다.

경계영역의 경험(Experience at the Boundary)

집단관계 컨퍼런스에서 우리는 경계영역에서 발생하는 과정들에 대해서, 그리고 집단의 겉모습이 어떻게 그것의 내부 구조와 역동을 반영하는지를 배우게 된다. 가족치료에서, 우리는 이러한 감수성을 가족이 외부의 다른 체계들과 맺고 있는 많은 관계영역들에 적용할 수 있다. 여기에는 두 개의 탐구해 볼만한 가치가 있는 영역들이 있는데, 하나는 가족과 치료자가 처음으로 만날 때 발생하는 그들 사이의 경계영역이고, 다른 하나는 핵가족과 확대 가족들 사이의 경계영역이다.

애스펜 부부는 12살 된 딸 제인에 대해 불안해했다. 그녀는 학교에서는 친구들과도 잘 지내고 공부도 잘하는 "나무랄 데 없는 아이"였지만, 집에서는 공황 반응을 보이거나 격노를 터뜨리곤 했다. 그녀의 격노는 끝장을 보기 전까지는 또는 아버지가 돌아오시기 전까지는 진정되지 않았다. 근래에 갑자기 성숙해져서 스포츠와 데이트에 더 많은 관심을 갖기 시작한 17살 된 그녀의 오빠 말콤은 자기 여동생을 유치하다고 하면서 업신여겼다. 부모는 무척 사랑스러우면서도 걱정스런 딸에 대해 명료하게 설명하면서, 그녀를 치료자에게 데리고 와야 할지에 대해 고심하고 있었다. 그들은 그녀를 훌륭하고 민감하며 지혜롭지만 불안한 아이라고 묘사했다. 나중에 나[J. S. S]는 그들이 치료자인 내가 직관력이 뛰어난 훌륭한 사람이라고 말하는 것을 들었다. 하지만 그들은 치료자가 결국에는 약속을 어기거나 상담료를 너무 많이 요구함으로써 그들을 실망시킬 것이라는 불안을 갖고 있었다. 나는 이것이 그들의 부모 세대에 대한 전이 감정이라는 것을 알고 있었지만, 그 의미를 충분히 이해할 수는 없었다.

면담은 계속되었고, 나는 제인이 시적 재능을 갖고 있다는 것을 알았다. 그녀가 쓴 시들은 그녀의 뛰어난 표현력을 증명해주었다. 그러나 그녀는 무엇이 자신을 힘들게 하는지 부모에게 말할 수 없었다. 평가를 위한 개인 면담시간 동안에 그녀는 아무 말도 할 수 없었고, 치료자에 대해서는 말하고 싶지 않은 자신을 말하게 하기 위해 유혹하는 사람으로 경험했다. 나는 그 가족이 나를 신뢰하지 않는다는 느낌 때문에 기분이 나빴다. 그리고 제인을 보면서 나의 환자 중에 성적인 학대를 받았던 두 소녀가 생각났다.

평가면담을 위한 회기 동안에 제인은 훨씬 편안해보였고, 가족 토론과 그림 그리기에 자유롭게 참여하는 것으로 보였다. 나는 이 가족이 서로를 사랑하고 있으며, 삶에 대한 낙천적인 견해와 지적인 능력을 가지고 있음에도 불구하고, 심한 갈등을 겪고 있다는 것을 알 수 있었다. 또한 거기에는 제인이 다른 아이들과 다르다는 생각과, 그녀가 누구를 닮았는가를 둘러싸고 가벼운 말다툼이 있었는데, 엄마는 제인이 아버지를 전혀 닮지 않았다고 주장했다. 제인은 검은 피부의 멕시코계 엄마를 많이 닮은 반면에, 말콤은 아버지를 빼어 닮았다고 했다. 엄마는 제인을 가까이 두고 보호했고, 그녀 편에서 말하곤 했다. 가끔씩 엄마는 제인이 입을 다물고 있는 것으로 인해 좌절을 느꼈지만, 곧 자신의 분노에 대해 죄책감을 느끼곤 했다.

나는 제인이 아빠의 자식이 아니라 엄마의 자식이라는 가족환상이 있는 게 아닐까 하고 궁금해졌다. 나는 이 환상의 기원에 대해서 추정하기 시작했고, 혹시 엄마가 과거에 애인이 있었거나 자신의 아버지와의 관계에서 해결되지 않은 오이디푸스적 애착을 갖고 있는 것은 아닐까 하고 생각했다. 그들은 나중에 엄마에게 애인이 있었고, 그녀에게는 오이디푸스적 환상만이 아니라 실제로 아버지와의 근친상간 경험이 있었다는 이야기를 털어놓았다.

이제 가족과 치료자 사이의 경계영역 안에서 가족의 전이가 처음으로 표현되고 탐구될 수 있었다. 그리고 그것이 권위와 부모 세대에 대한 전이였다는 가정이 확인되고 명료화될 수 있었다. 엄마 쪽에서는 아버지가 그녀를 유혹했고, 아버지 쪽에서는 힘 있고 부유한 부모가 돈과 선물로 그를 통제했다. 제인의 부모는 이것이 나와 그들 사이의 관계에 어떤 영향을 미치고 있는지를 이해할 수 있었고, 그것이 그들의 자녀들에게도 유사한 영향을 미칠 수 있다는 것을 깨달았다. 그러나 그들은 그러한 정보를 자녀들과는 나눌 수 없었고 나누려 하지 않았다.

애스펜 부인은 최근에야 비로소 자신이 아버지와의 성교 경험이 있었다는 것을 시인하기 시작했는데, 여전히 그 사실에 대해 부끄러워하고 당혹스러워했다. 그녀의 어머니는 그러한 일에 대한 암시들과 정보들을 무시하거나 묵살하곤 했다. 애스펜 부인은 그 이야기를 자녀들에게 털어놓을 수 없었다. 그녀는 그 이야기를 남편과 치료자에게만 털어놓았다. 그 후에 계속된 가족치료에서, 나는 비밀을 지켜달라는 그녀의 요구를 존중해주면서 그들과의 상담을 계속했다. 이스라엘인과 독일인 사이에 갈등이 있었던 소집단에서처럼, 나는 이 가족 집단을 위해 유용한 조치가 취해질 수 있다는 것을 알았지만, 근저의 문제를 직접적으로 거론할 수는 없었다. 여러 회기를 가진 후 다음의 사건이 발생했을 때, 근저의 문제가 드러나기 시작했다.

어느 주말에 아들의 졸업을 축하하기 위해 여러 친척들이 사방에서 찾아왔다. 그 날도 외조부모는 여느 때처럼 오지 않았다. 말콤은 왜 그들은 한번도 오지 않느냐고 엄마에게 집요하게 물었다. 보통 때에는 아주 분명하게 말하는 엄마도 이번에는 "나도 모르겠다. 나를 보고 싶지 않으신 게지"라고 말했다(그녀의 아버지는 비밀을 결코 발설하지 말라고 그녀를 압박해서 약속을 받아냈다). 말콤은 "왜 그들은 엄마를 보고 싶지 않은 거죠?"라고 다시 물었고, 엄마는 제인이 질문에 대답하지 않는 것과 똑같은 방식으로 "나도 몰라"라고 대답했다. 그녀는 제인처럼 머리를 두 손으로 끌어안은 채 혼란스럽다는 듯이 머리를 흔들었다.

애스펜 부인과 제인은 어떤 것을 인식하는 것이 고통스럽게 느껴질 때 그 인식을 제거하는 방법을 공유하고 있는 것 같다고 내가 지적했다. 애스펜 부인은 말했다. "그러나 나는 내 자녀들은 모든 것을 다 말할 수 있다고 생각해요." 보통은 말없이 앉아 있곤 하던 제인은 눈물을 흘리며 다음과 같이 소리쳤다. "엄마는 결코 이해하지 못할 거예요!" 엄마는 그녀에게 무슨 말이든 할 수 있다고 설득하려 했지만, 너무 말을 길게 함으로써 딸이 말할 수 있는 기회를 빼앗고 말았다. 나는, 제인 역시 할아버지에 의해서 성적으로 착취당했을 수도 있지만, 그녀의 부모는 그런 가능성에 대한 암시를 무시했을 가능성이 있다고 생각했다. 또는 제인이 할아버지에 의해 성적 착취를 당하지는 않았지만, 엄마와의 융합된 관계로 인해 엄마가 투사한 두렵고, 수치스럽고, 흥분되고, 죄스러운 감정을 동일시했기 때문에 이름 없고 말없는 불안에 사로잡혔을 수도 있다고 생각했다.

이 가족은 이런 방식으로 비밀을 숨겨왔다. 엄마는 제인에게서 분리되는 것을 원치 않았는데, 그것은 그 분리가 그녀의 아버지와의 성적인 짝짓기로부터 발생한 환상 속의 오이디푸스적 아기를 상실하는 고통을 야기할 수도 있다는 두려움 때문이었던 것으로 추정된다. 엄마는 자신을 닮은 제인을 이 환상 속의 아이와 동일시하고 있었다. 이러한 성적 상처가 새로운 세대에서 반복되었든 반복되지 않았든 간에, 이 가족의 경계영역은 침범 당했고, 그 결과 이 가족은 마땅히 해야 할 과제를 성취해낼 수 없었다. 12세 된 소녀인 제인은 병적인 불안 없이 사춘기로 이동하는 것이 불가능했고, 부모는 그들의 전문 영역에서 생산적으로 일하는 것이 불가능했다.

우리는 가족이 가지고 있는 비밀의 중요성을 잘 알고 있다 (Pincus and Dare 1978). 가족이 비밀을 털어놓는다고 해서 가족의 문제가 마술적으로 해결되는 것은 아니다. 그러나 그 비밀이 다루어지지 않는 한, 다른 어떤 노력도 무의미한 것이 될 수 있다. 우리는 타비스톡 컨퍼런스에서 미해결된 비밀스러운 관계가 과제의 진행을 방해한다는 사실을 발견했다: 스태프들 사이의 문제들은 집단 구성원들의 환상이나 현실에서 다시 출현하는 경향이 있었다. 이 가족은 그들의 비밀을 숨겼지만, 성장과정에서 성적 발달이 주된 문제로 부각되는 청소년기에 그것이 문제가 되기 시작했다. 그리고 그것은 부모와 치료자에 의해 공유되었으나 자녀들에게는 여전히 비밀로 했는데, 이것이 자녀들의 이해를 가로막았다. 우리는 이 가족이 과거 사건의 재연을 다루고 있는 것인지, 아니면 환상 내용을 다루고 있는 것인지 분간할 수 없었다. 우리는 다만, 무언가를 아는 것이 파괴적일 것이라는 믿음은 성적인 지식이 파괴적이고 근친상간적인 것이라는 생각에서 온 것임을 말해줄 수 있었다.

애스펜 씨 가족은 집단의 의존 가정(dependency assumption)이 갖는 기능을 잘 보여주고 있다. 그 가족은 애스펜 씨에게 비싼 선물들을 줌으로써 의존적 갈등을 자극했고, 애스펜 부인은 자신의 부모를 결코 안전한 환경으로 경험하지 못했기 때문에 그들에게 의존할 수 없었다. 그들은 가족의 친밀성과 조화로움과 관용에 높은 가치를 두었다. 그들은 가족을 편히 쉴 수 있는 안전한 장소로 만드는 일에 우선적인 가치를 두었다. 어린아이를 양육하는 시기 동안에는 가족 집단의 의존 가정이 아이를 안아주고, 먹여주고, 채워주는 과제를 촉진시키는 기능을 했다. 아이가 청소년이 되었을 때, 가족의 기능은 차로 여기저기 데려다주고, 다양한 활동들을 할 수 있도록 도와주며, 숙제를 확인해주는 것과 같은 또 다른 종류의 의존적 욕구를 채워주었다. 부모가 숙제를 확인해주는 것은 학점을 잘 받는 일에는 도움이 되었지만, 부모 자신들이 직장에서 스스로를 발전시키는 일과, 아이들이 자신들의 능력을 확신하는 데는 방해가 되었다.

이 가족 집단은 싸움/도피 기제를 거의 보이지 않았지만, 그것은 제인의 짜증에서 표현되었다. 부모 모두는 그들의 원가족에서 의존 욕구가 좌절될 때 발생했던 자신들의 분노를 다루려하지 않았던 것처럼, 자녀들의 의존 욕구가 좌절될 때 그들이 느끼는 분노를 다루려하지 않았다. 분노가 표출될 경우, 그것은 살인적일 것이라는 두려움 때문에 억압되거나 투사되었다. 가족 중 제인만이 분노와 공포를 표현했는데, 그녀는 아무에게서도 이해받지 못하는 고립 상태에서 죽어 가고 있다는 공포에 시달렸다. 이러한 증상들로부터 제인을 구출하기 위해서는 가족이 그러한 파괴적인 감정들에 대해 책임을 져야만 했다.

짝짓기에 대한 엄마의 부정적인 경험에도 불구하고, 부모는 그들의 결혼관계와 성생활을 유지할 수 있었다. 그러나 엄마가 제인을 감싸고 그녀를 대신해서 말하는 모습은 유해한 종류의 짝짓기에 속한다. 그것은 마치 근친상간적인 짝짓기가 발생하지 않았던 것처럼, 성적인 측면을 갖고 있지 않았지만, 거기에는 부모와 짝을 짓고 싶어 하는 아이의 의존적 욕구들이 존재하고 있다. 이제 이 욕구들은 인정되고 성적으로 행동화되는 일없이 충족되어야만 했다. 성적으로 성숙하기 이전의 오누이간의 따스한 관계는 즐거운 것이었지만, 슬프게도 계속되지 못하고 중단되었다. 그들은 더 이상 서로를 지지해주고 즐거워할 수 없었는데, 그것은 아이와 성인 남자 사이의 짝짓기는 파괴적인 것일 거라는 가족의 무의식적 가정 때문이었다.

그 가정은 엄마가 제인과는 친밀하게 지냈으면서도 그녀의 아버지와는 거리를 유지했던 이유를 설명해준다. 또한 말콤이 아기였을 때 엄마가 그에게 지나치게 애착하거나 그와 동일시하지 않았던 이유도 단순히 말콤이 사내아이였기 때문만이 아니라, 그가 제인과는 달리 자신과 다르다고 느꼈기 때문이었을 것이다. 그는 아버지와 같은 피부색을 가졌고, 할아버지를 많이 닮았다. 그는 엄마를 꼭 껴안아야 했고 엄마를 늘 필요로 했으며 엄마의 기분에 아주 민감한 반응을 보이는 아이였던 제인과는 달리, 엄

마의 기분상태에 따라 쉽게 상처를 받지 않는 자기 충족적이고
안정감을 지닌 아이였다.

가족의 경계를 넘어 다음 세대로 전수되기

제인의 공황발작은 그녀가 15개월 때 엄마와 함께 외가를 방
문한 직후에 시작되었다. 당시에 성적 학대가 있었던 것 같지는
않지만, 유아의 개인적 경계가 침범되는 일이 발생했고, 그로 인
해 그녀는 더 이상 불안을 담아낼 수 없었던 것으로 보인다. 그
리고 이것이 분리-개별화 과정의 연습단계에서 발생했기 때문에,
그녀는 자율성과 연관된 불안을 형성한 것으로 보인다. 제인의
불안은 엄마에 의해 완화되기는커녕 오히려 강화되었는데, 그것
은 애스펜 부인 자신이 이 방문에서 죄책감, 성적 자극, 그리고
배제 당하는 느낌 때문에 심한 스트레스를 받았기 때문이었다.
이러한 가족의 주제들은 그 후로 엄마-아동의 관계 안에 민감한
주제들로 자리 잡게 되었다. 그러나 그것들은 분리와 성적 관계
가 절실한 문제가 되는 사춘기에 도달하기 전까지는 잠복 상태
에 머무르게 되었다.

애스펜 가족의 사례는 과거 세대의 경험이 다음 세대로 전수
되는 과정을 보여준다. 우리는 이것이 마술적이거나 신비한 방식
이 아니라 내적 대상관계의 상호작용을 통해서 발생한다는 사실
을 보여주려고 노력했다. 이러한 내적 대상관계들은 주체가 어떻
게 관계에 참여할지를 결정하는 하나의 내적 작업 모델(an inner
working model)로서 기능한다. 이 모델은 주체가 부모와 갖는 실
제 관계방식, 자녀의 관계방식에 대한 부모의 기대, 그리고 집단

으로서의 가족이 이전 세대 및 지역사회와 맺는 관계방식 등이 집약된 것이다. 그것은 전이를 치료자에 대한 환자의 왜곡된 지각으로 보는 좁은 의미의 개념에서 자기의 부분들 사이의 상호작용으로 보는 보다 광범위한 의미의 개념으로 확장시켜준다. 대상관계 이론, 집단이론, 그리고 체계이론은 모두 가족을 더 큰 체계를 구성하는 부분 집단으로 본다. 집단 안에는 하위체계들이 있으며, 이것들은 활동이나 과제 지향적인 집단들만이 아니라 상호 연결된 대상관계들로 구성되어 있다. 가족이 그것의 테두리 안에서 상호작용을 하는 동안, 그것은 자체의 무의식적 대상관계 체계를 다른 체계를 향해 투사한다. 따라서 가족이 치료를 위해 찾아올 때, 그것은 치료자와의 상호작용에서 자체의 무의식적 대상관계 체계를 드러낸다. 그리고 그때 치료자는 그 가족의 무의식적 대상관계 체계를 경험하고 가족이 그것을 이해하고 수정할 수 있도록 돕는다. 이것이 정신분석적 가족치료의 하부 층을 구성한다.

8장

평가

평가를 위한 가족 면담의 필요성

　가족치료를 고려할 때 대부분의 가족들은 가족을 평가하는 절차를 갖는다는 생각을 하지는 않는다. 흔히 부모는 치료자가 대화를 통해 자녀의 문제를 발견해주기를 바란다. 평가면담에는 모든 가족을 포함시켜야 하는데, 그 이유는 여럿이다. 어린아이가 낯선 치료자의 사무실로 들어설 때 가족과 함께라면 그는 덜 불안할 것이고, 부모는 자녀들과 함께 있어줌으로써 자신이 치료과정의 일부라는 사실을 확인할 수 있을 것이다. 아동의 문제는 가족 상황에서 생겨난 것이기 때문에, 그것을 가족 상황 안에서 바라보는 것이 가장 바람직하다. 가족 문제에 관해 가능한 한 많은 정보를 얻기 위해서 그리고 그 문제를 다루는 데 필요한 가족의 자원을 모두 동원하기 위해서, 치료자는 그 문제를 공유하고 있는 모든 구성원들이 하고 싶은 말과 행동이 무엇인지를 들을 필요가 있다. 개인치료에서 우리는 아동의 내적 갈등을 다룬다. 그러나 환경에 의존해 있는 아동의 경우, 문제 환경을 개선하지 않고는 치료적 진전이 불가능할 수 있다.

이러한 이유 외에도 우리가 가족과 함께 작업해야 하는 많은 이론적인 이유들이 있다. 지표 환자(index patient)의 전체 가족상황을 검토하는 것은 매우 흥미로운 일이다. 그 일은 가족이 전체 구성원들의 성장을 어떻게 돕고 가로막는지를 알게 해준다. 우리는 이제 지표 환자의 고통이 개인적인 것만이 아니라 다른 구성원들을 대신해서 앓고 있는 증상이라는 사실을 알게 된다. 따라서 증상을 지닌 개인은, 증상이 개인 성격의 불균형을 나타내듯이, 가족체계에 문제가 있음을 나타내는 신호의 역할을 한다. 심리치료적 개입은 한 개인이나 가족, 또는 양쪽 모두에 초점이 맞추어질 수 있다.

우리가 제안하는 방식은 전체 장면을 포착하면서도 초점 렌즈를 가지고 가족 안에서 발생하는 상호작용을 살펴보는 것이다. 이것은 관심의 초점을 개인과 가족 사이를 오가면서 이동하는 것이라기보다는 가족 집단의 역동, 심리내적 과정, 그리고 개인과 가족 집단과 치료자 사이의 대인관계적 과정에 똑같이 초점을 맞추는 것을 가리킨다. 과정과 내용, 그리고 언어적 및 비언어적 행동 모두가 동등한 비중을 갖는다. 이것은 프로이트가 추천한 자유연상 기법(1912a)—"주의를 고요한 수면 위에 떠돌게 하면서 어떤 특정한 하나에 집중하지 않는"—과 유사하다(pp. 111-112).

정신분석적 가족치료에서 우리는 수용적이고 개방적으로 경청하는 법을 배우도록 촉구한다. 우리는 보스조르메니-나기(Boszormenyi-Nagy)가 고안해낸 "다방향적인 편향성(multidirectional partiality)"이라는 개념(1972)과 이것을 "참여적 공정성(involved impartiality)"으로 고쳐 부른 스티얼린(Stierlin)의 개념이 매우 유용하다는 사실을 발견했다. 즉, 우리는 부모, 아이, 청소년, 혹은 조부모의 경험에 똑같이 공감하려는 의도를 갖고 있다. 여기에서 "의도를 갖는다"(intend)라는 단어를 사용하는 이유는, 우리가 환자의 가족 안에서 일어나는 역동에 대한 반응으로 종종 어느 한쪽으로 기울기 쉽기 때문이다. 자연스런 공감적 경청을 방해하는 것이 있다면, 그것은 치료자가 가족과 함께 조사해야 할 주제이다. 이러한 개방적인 자세는 가족 구성원들로 하여금 자신들을 성찰하고 문제를 함께 풀어가는 모델을 제공하며, 경험에 대한 성찰 내용과 성찰 과정을 소중히 여기는 태도를 갖게 해준다. 이것은 또한 자신들이 어항처럼 속이 다 보이는 곳에 있다는 구성원들의 불안을 줄여준다.

다양한 세대에 속한 가족 구성원들과 등거리를 유지하는 면담에서 얻은 언어적 및 비언어적 정보를 가지고 우리는 무엇을 하는가? 그 정보를 어떻게 치료적으로 사용하는가? 여기에서 우리는 다시 분석방법(1912a)에 대한 프로이트의 서술에서 자문을 얻는다. "분석가는 자신의 무의식을 그것이 마치 수용 기관(receptive organ)인 것처럼 환자의 무의식을 향해 열어놓아야 한다"는 것이다(p. 115)—물론 당시에 프로이트가 말하고자 했던 것은 환자의 욕동의 근원과, 그 욕동이 대상들과 갖는 갈등에 관한 것이었다. 분석가는 환자의 무의식이 보내는 신호에 대한 자신의 무의식적 반향을 토대로 환자의 무의식에 대한 이해를 구성한다.

대상관계 이론의 관점을 따르는 우리는 무의식을 성적 그리고 공격적 욕동의 근원으로 보기보다는 소중한 사람들과의 애착관계를 유지하고자 하는 근원적인 욕동에 기초해 있고, 또한 가족 경험에 뿌리를 두고 있는 억압된 대상관계들의 저장소로 본다. 우리는 대상관계 이론에 토대한 가족치료 실제에서, 가족 구성원들 내부에서(within) 그리고 그들 사이에서(between and among) 형성된 무의식 과정들에 귀를 기울인다. 우리는 그 과정들이 우리 자신의 무의식 안에서 공명을 일으키도록 허용한다. 그리고 이런 경험으로부터 가족의 무의식을 구성하고 있는 내용을 재구성하려고 노력한다. 정신분석적 가족치료사는 자유롭게 받아들이고 반향하는 심리적 기관으로 사용될 수 있기 위해서 자신이 먼저 개인치료를 받는 일이 수련과정의 필수적인 부분임을 알게 된다. 우리는 정보에 대한 검열 작용과 정보의 의미에 대한 편견으로부터 자유롭기를 원하며, 우리 자신의 내적 가족에 대한 인식—장점과 단점 모두를 포함한—을 발전시키기를 원한다.

가족과의 첫 면담에서 수행될 필요가 있는 평가 면담의 방법을 서술함에 있어서, 가장 먼저 요구되는 것은 치료자가 처음부터 정보에 대해 개방적이고, 자신을 기꺼이 성찰하고자 하는 태도를 갖는 것이다. 이것이 이해와 변화를 촉진시킬 수 있는 작업 방식을 발견하는 데 필요한 가장 핵심적인 요소이다.

준비사항

치료에 관심을 가진 사람에게서 전화를 받았을 때, 치료자는 이러한 사항들을 설명할 필요는 없다. 다만 염두에 두고 있으면 된다. 그것이 면담과정에 대한 우리의 설명에 설득력을 준다. 우리는 4회 내지 6회의 평가면담을 갖는데, 그 가운데 적어도 한번은 아이들만, 부모만, 그리고 집단으로서의 가족과 면담을 가지며, 필요하다면 아이들을 위한 심리검사도 활용한다. 마지막으로,

해석을 제공하고 구체적인 계획을 세우기 위한 회기에서 우리는 우리가 받은 인상과 추천사항들을 설명해주고, 가족과 함께 본격적인 치료에 들어가기 위한 계획을 세운다. 우리는 보통 이것을 가족 전체와 함께 만나는 자리에서 하는데, 그 이유는 관련된 모든 사람들에게 평가와 추천 내용을 들려주고, 그들이 그것들에 대해 어떤 반응을 보이는지를 파악하기 위해서이다. 이것은 가족의 저항을 다룰 수 있도록 우리를 준비시켜주고, 가족치료를 받아들일 수 있도록 가족을 준비시켜준다.

우리는 보통 전화상으로 가족치료에 대해서 설명하지 않지만, 평가과정은 함께 하는 것이며, 그 과정에서 가족 구성원들이 어떤 치료 양태를 선택할 것인지에 대해서 함께 의논할 수 있다는 내용은 전화로 말해준다. 우리는 보통 전화로 평가방식에 대한 틀을 설명해주고, 치료비에 대해서 말해주며, 만날 날짜를 정한다. 이 첫 만남은 가족 전체가 참여하는 만남일 수도 있고 그렇지 않을 수도 있다. 우리는 전화를 거는 사람이 어떻게 시작할지를 결정하게 한다. 왜냐하면 그 사람이 이미 다른 가족 구성원들을 대신해서 치료를 위한 절차를 밟기 시작했기 때문이다. 물론, 평가면담에 참여한 모든 가족 구성원들이 가족치료에 동의하는 것도 아니고, 또 가족치료에서 반드시 도움을 얻는 것도 아니다. 하지만 대부분의 가족 구성원들은 가족 평가를 위해 함께 만나는 시간을 갖는 것에 동의할 것이다.

우리는 네 번에서 여섯 번에 걸친 평가면담을 위해 높은 비용을 책정하는 편이다. 이것은 필요할 경우 회기 시간이 길어질 수도 있는 가능성과, 소아과 의사나 학교 선생과의 전화통화, 심리학자와의 협조 그리고 상담 회기의 취소 등을 고려한 것이다. 우리는 결석한 회기들에 대해서는 비용을 청구하지 않는데, 그것은 가족치료의 경우 일정 시간동안 함께 작업해야 한다는 약속이 없기 때문이다. 높이 책정된 평가비용은 가족이 오지 않을 때 비용을 지불 받을 수 있을 지에 대한 치료자의 불안을 덜어준다. 가족치료 는 다른 치료보다 취소되는 경우가 더 많은데, 그 이유는 여러 사람들이 다 함께 참석할 수 있는 시간을 잡는 것이 어렵다는 것과, 설사 시간을 잡는다 하더라도 거의 항상 어느 한 두 사람에게 문제가 발생하기 때문이다. 우리는 가족 전체 상담을 위해 오후 늦은 시간이나 저녁 시간, 혹은 토요일 아침 시간을 비워두고, 가능한 한 융통성을 유지하려고 노력한다.

어린아이들을 포함시킬 것인가?

어떤 치료자들은 아직 말을 하지 못하는 어린아이는 가족치료 모임에서 제외시켜야 한다고 말하지만, 우리는 그 말에 동의하지 않는다. 모든 사람들이 함께 참석할 때에만 가족이 어떻게 기능하는지 알 수 있다고 생각하기 때문이다. 만약에 아기가 가족 모임에 없다면, 우리는 가족들이 그 유아에게 일상에서 어떻게 대하는지 알 수 없을 것이다. 걸음마 아동을 집에 두고 온다면, 우리는 혼돈과 말썽에 대한 가족의 반응이 어떤 것인지 알 수 없을 것이다. 예를 들어, 가족은 치료가 진행되는 과정에서 아기나 걸음마 아동을 제외시키는 것을 선택할 수 있다. 그러나 이것은 가족의 결정사항이지, 치료자가 그렇게 요구할 수 있는 사항은 아니다. 만약에 치료자가 아이들을 제외시킬 것을 결정한다면, 가족 구성원들은 자신들의 혼란과 욕구를 치료자에게 가져오는 것을 불안해할 것이다.

　어떤 가족은 더 어린아이들이 더 큰 아이들의 좋지 않은 행동에 물들지 않게 하려고 어린아이들을 제외하고 싶어 할 수도 있고, 또 어떤 가족은 모든 과목에서 "수"를 받는 완벽한 아이를 제외시킴으로써, 그 아이에 대한 이상화를 유지하려고 할 수도 있다. 우리는 모든 자녀들이 문제 아이를 지지해주는 법을 배우고, 그들 자신들에 대해서 더 많이 알게 되기 위해서 가족 모임에 참여하는 것이 중요하다는 사실을 지적해준다. 우리는 물론 부모가 함께 참석하기를 기대한다. 우리는 아버지의 참여가 절대적으로 중요한 요소이고, 특히 상담과정에 권위를 부여해주는 요소라고 생각한다. 아이들만을 다루거나 엄마들이 주로 왕래하는 아동보호 클리닉에서는 아버지들이 모임에 참석하는 것을 더 꺼리는 현상을 볼 수 있다. 그러나 아버지의 존재를 가치 있게 여기는 치료자들은 대체로 아버지를 참석시키는 데 별 어려움을 겪지 않을 것이다.

　아버지를 출석시켜야 한다고 믿는 대표적인 가족치료사는 피터 브루겐(Peter Bruggen)이다. 영국 세인트 알반스(St. Albans)라는 도시의 힐렌드(Hillend) 병원에서 가출 청소년을 위한 프로그램을 운영했던 그는, 아이에 대한 법적 권한을 가지고 있는 사람들, 즉 부모나 아이를 보호하고 있는 사회복지사들을 첫 번째 치료모임에 반드시 참석시킬 필요가 있으며, 그 후의 모임들에 참여시키는 것도 검토해야 한다고 주장했다. 그는 이것을 그 시설에 들어올 수 있는 유일한 조건으로 내세웠다(Bruggen, Bying-Hall, and Pitt-Aitkens 1973). 그러한 생각은 매우 유용한 것이었지만, 그것이 성공할 수 있었던 것은 아마도 그만한 시설이 있었기 때문으로 보인다.

　외래 환자의 경우, 우리는 부모의 권위를 존중하는 동시에, 첫 번째 평가면담을 통해 가족 전체가 상담에 진지하게 임하는 자세를 갖게 되기를 희망한다. 그러나 만약 가족 전체가 함께 참여할 수 없다면, 누가 참석하든 간에 그들과 함께 작업을 시작할 것이다. 그리고 다른 구성원의 불참이 갖는 의미를 탐구하고 분석할 것이다. 물론 이것이 항상 가능한 것은 아니다. 우리가 가족에게 "치료자의 상황과 조건에 맞추어야 한다"고 주장한다면, 그것은 가족치료의 가능성을 가로막게 될 것이다. 그러므로 우리는 항상 "가족의 상황과 조건에 맞추어" 시작해야 한다.

샌더스 부인이 18세 된 딸인 엘리자베스의 일로 내게 전화를 했을 때, 그녀는 약물에 의존한 채 우울하고 통제할 수 없는 상태에 있었다. 나는 가족모임을 주선했는데, 그들 부부 사이에 존재하는 엄청난 파괴적 에너지를 느낄 수 있었다. 샌더스 씨는 부인의 불안정한 성향에 대해 경멸하는 태도를 보였다. 샌더스 부인은 남편의 공격에 무너져 내렸는데, 남편은 이것을 견딜 수 없었다. 그는 더 이상 이런 모임에 참석하지 않겠다고 말했다. 아들 스튜어트는 분명히 아버지 편을 들었고, 잔인하리만큼 무관심한 태도를 보이면서 자신은 아무렇지도 않다고 말했다. 샌더스 부인은 황급한 얼굴 표정으로 치료자에게 그들을 압박하지 말라는 신호를 보냈고, 그들이 떠나지 않도록 말려줄 것을 간청하였다. 나는 이 가족의 남자들은 여자의 약점을 즐기는 성향이 있는 것 같다고 말했다. 나는 온 가족이 치료의 기회를 사용하지 않는 것은 커다란 손실이지만, 먼저 관심이 있는 사람들과 치료를 시작하는 것이 좋겠다고 말했다. 그 이유는 그들이 아프거나 약하기 때문이 아니라, 치료받을 준비가 되어 있기 때문이라고 덧붙였다. 나는 엘리자베스가 대학에 들어간 그 해 여름까지 그녀를 치료했고, 엄마와는 약 2년간 개인치료를 수행했다. 나는 그 두 사람과 개인 상담을 하면서, 초반에는 그들이 심리치료를 받는 것이 그 가족에게 무엇을 의미하는지 그리고 가족치료의 기회를 상실한 데 대한 애도에 초점을 맞추었다. 그 두 사람은 실망스럽고 지지받지 못했다는 자신들의 감정과 직면할 수 있었고, 차츰 자존감을 증진시킬 수 있었다.

지금까지 사람들은 문제 아동을 지표 환자라고 언급해왔다. 이 말은 성인은 지표 환자가 될 수 없다는 뜻이 아니다. 성인도 지표 환자가 될 수 있다. 우리는 성인이 치료를 받겠다고 요청해올 때, 항상 부부치료나 가족치료의 가능성도 염두에 두어야 한다.

45세 된 오리어리 부인은 증폭되는 불안과 최근에 악화된 만성적인 천식, 가족과 남편에게 맞추는 일에 지쳤다는 느낌, 그리고 직업 문제로 내게 전화를 했다. 나는 가족이 함께 만나면 더 유익할 것이라고 말했고, 그녀는 그 제안에 기꺼이 응했다. 가족 모임에서, 그녀는 자신의 가족이 해체될 수도 있다는 불안을 느끼고 있음이 드러났다. 그녀의 남편은 매일 저녁 집에서 술을 마셨고, 아이들은 그런 그를 혐오했다. 그는 자신은 직장에서 결코 술을 마시는 일이 없기 때문에 치료를 받을 필요가 없다고 주장했다. 나는 가족 평가면담에서 이 부부의 가족 배경을 살펴보았다. 그는 알코올 가족과 알코올 문화에서 성장한 후에 미국으로 이주했는데, 그때 그의 어머니도 그를 따라 미국으로 왔다. 그는 자신의 엄마가 그랬던 것처럼 두목 행세를 하는 아내를 피하기 위해 술을 마셨다. 물론, 그의 음주는 그가 두려워하는 행동을 아내에게서 유발했는데, 그것은 그의 무의식적 흥분을 자극했다. 모든 지적에도 불구하고 그는 금주를 선택하지 않았고, 아내는 점점 더 "두목 행세"를 했다. 이번에 그녀는 따로 휴가를 계획했고, 결국에는 별거를 선택했다.

오리어리 부인의 그런 결정은 개인치료를 통해서도 도달할 수 있었을 것이다. 하지만 그런 결정을 하게 만든 중요한 자극은 그녀가 경시하는 경향을 보였던 음주문제를 직면하게 만든 아이들에게서 왔다. 가족치료가 오리어리 씨에게 기회를 주었지만, 그것을 거절한 것은 그가 전처럼 술을 마실 것이라는 분명한 신호를 가족들에게 전달한 것이었다. 별거의 위협은 아무런 도움이 되지 못했다. 따라서 가족모임은 참여한 모든 구성원들로 하여금 그 부부가 결혼관계를 지속할 수 있는 희망이 전혀 없다는 것을 분명하게 깨닫게 해주었다. 오리어리 부인은 현실을 직면하면서 오히려 평온함을 얻었고, 다시 숨을 쉴 수 있게 되었다.

가족 평가의 여섯 가지 과제

가족 평가의 여섯 가지 과제는 다음과 같다:
1. 치료적 공간의 제공
2. 발달단계와 수준에 대한 평가
3. 방어적 기능의 예시
4. 무의식적 가정과 근저의 불안에 대한 탐구
5. 해석과 평가방식에 대한 반응의 조사
6. 공식화, 추천, 그리고 치료를 위한 계획수립

첫 면담에서 공간을 제공하기

환자들은 정신분석적 가족치료사가 냉담하고 말하기 좋아하지 않는 사람일 것이라고 추측할 수 있다. 우리는 무의식 차원에서는 환자들을 잘 수용해주고 자유롭게 해주는 비지시적인 방법을 따르지만, 의식 차원에서는 그렇게 하지 않는다. 우리는 적극적으로 가족을 환영해주고, 가족들이 들어올 때 각 구성원들에게 우리 자신을 소개한다. 우리는 불안이 고조되기를 기다리면서 말없이 앉아있는 대신에, 우리가 아는 것(전화통화, 소개한 사람, 다른 모임에 관한 사항 등)에 대해서 말하면서, 그들이 하는 말에 경청할 준비가 되어있다는 것을 전달한다. 이런 방식으로 우리는 가족 구성원들 또한 그들이 아는 것을 말할 것이고, 따라서 함께 배우고 작업해나갈 것이라는 우리의 기대를 소통한다.

방 배치와 놀이 자료의 사용

우리는 방안에 그림을 그리는 데 필요한 재료나 장난감이 준비된 탁자를 놓고, 그 둘레에 의자들을 나란히 또는 둥글게 배열한다. 우리는 놀이 자료를 가족의 중앙에 배치함으로써 아이들뿐만 아니라 부모와 십대 자녀들 모두가 그것들을 사용할 수 있고, 놀이가 치료과정의 일부임을 암시한다. 어린아이들은 그들의 불안이나 갈등을 놀이를 통해 표현한다. 우리는 그들이 자유롭게 놀이 자료를 사용할 수 있도록 허용한다. 뿐만 아니라 어른들은 놀이 자료들을 사용하든 안 하든, 그것들을 통해서 어린시절의 기억들을 떠올리는 경험을 한다.

우리는 환자와 우리의 관계 그리고 상담실 환경을 안전한 학습공간으로 만들려고 노력한다. 우리는 그 공간에서 전이, 원초적 불안 그리고 퇴행 등을 다룰 것을 기대한다. 우리는 치료에서 만나는 모든 가족들의 문제를 잘 다룰 수 있다고는 생각하지 않지만, 설령 아무리 강렬하고 역동적인 정서적 과정들이 발생한다고

해도 그것에 대한 우리 자신들의 반응을 잘 다룰 수는 있을 것
이라고 기대한다. 우리는 생사와 관련된 중요한 문제들을 다룰
수 있는 준비가 되어 있다. 이러한 적극적인 태도는 가족들에게
쉽게 전달되기 때문에, 가족들이 자신들을 기꺼이 드러내도록 용
기를 주는 경향이 있다. 우리는 무엇보다도 가족의 이야기에 경
청하고, 반응하며, 우리 자신 안에서 발생하는 방어적 태도를 극
복하고 불안을 직면하기 위해서 적극적으로 노력한다. 우리는 이
러한 과정을 "안아주는 환경을 제공하기"(providing a holding
environment)라고 부르는데, 이것은 비온이 말하는 "담아주기" 과
정(1967)과도 유사하다—이것은 복스(Box; 1981b)에 의하여 가족
치료 분야에 소개되었다.

우리가 가족의 불안을 담아줄 때, 가족은 그 불안을 바라보고
그것에 대해서 배우는 동안 그 불안을 간직할 수 있는 공간을
갖는다. 이러한 담아주기가 없다면, 그것은 전처럼 억압되고 말
것이다. 불안은 억압된 초기의 관계 경험이 풀려나 가족의 좋음
과 생산성을 파괴할 것이라는 두려움에서 온다. 우리는 가족에게
이 불안에 의해 파괴되거나, 그것을 거절하거나, 통제하지 말 것
을 권고한다. 우리는 그 불안을 있는 그대로 받아들이면서 그것
에 대한 우리의 경험을 다루어 나간다. 이것이 대상관계 접근법
의 핵심적인 요점이다: 이것은 시간적 및 공간적으로 불안을 다
루는 데 필요한 충분한 거리를 허용해주는데, 그 결과 가족들은
그 불안을 담아내고 소화해낼 수 있는 공간을 갖는다.

우리가 제공하는 안아주기 환경은 단지 테두리 기능만을 제공
하는 것으로 간주되어서는 안 된다; 내부로부터 오는 안아주는
특성이 존재한다. 이것은 가족의 내적 대상관계 체계에 대한 우
리 자신의 경험을 분석한 후에, 그 분석을 토대로 한 해석을 통
해서 소통된다. 이것은 가족 경험의 의사소통에 직접성을 주는데,

그것은 치료자의 내면 가장 깊은 수준에서 느껴지고 반응된 것이기 때문이다. 정확하고 민감한 해석은 가족으로 하여금 치료에 대해 깊은 관심을 갖게 만든다. 우리는 해석을 단순히 물고기를 잡는 보통 낚시 바늘이 아니라, 가족 경험의 핵심을 파고드는 갈고리를 지니고 있어서 한번 물면 결코 빠져나갈 수 없는 특수한 낚시 바늘로 생각해왔다. 평가면담 동안에 해석의 효과를 가늠하고, 변화를 위한 가족의 역량을 시험하며, 가족으로 하여금 이해를 통해 성장할 수 있는 가능성을 깨닫게 하는 것은 매우 중요한 과제이다. 이런 과정을 통해서 가족과 치료자는 장기적인 정신분석적 가족치료를 선택할 것인지를 결정할 수 있다. 이러한 접근법은 모든 가족들이 추구하는 것이라기보다는, 증상 제거의 수준을 넘어 계속해서 성장하고자 하는 가족들에게 매력적인 것일 것이다.

워싱턴 정신분석학교 가족치료사 수련과정에 있는 학생이 그녀가 만나고 있는 가족—엄마와 세 딸(10살, 8살, 5살)로 구성된—을 면담해줄 것을 내게 요청했다. 나는 면담을 위해서 어떤 장난감들을 가지고 가는 것이 좋겠느냐고 물었다. 그녀는 아이들의 노는 모습을 보지 못했기 때문에 잘 모르겠다고 말했고, 그들은 말을 아주 잘하기 때문에 장난감이 별로 필요치 않을 것 같다고 말했다. 그래도 나는 몇 개의 장난감을 준비해 갔다. 아이들은 그림도 그리고 인형놀이를 하면서 아주 재미있게 놀았다. 그들은 놀이에서 아버지와 집을 잃은 것에 대한 슬픔과, 엄마가 그들과 놀아주지 않고 잠드는 동안에 그들에게 자장가를 불러주지 않는 것으로 인한 분노를 표현했다. 그 수련생 치료자는 이러한 뜻밖의 현상에 놀라워했고, 다음 회기 때에는 장난감들을 더 많이 갖다 놓겠다고 생각했다. 한 달 후에 그 수련생은 아이들이 인형들을 사용해서 경쟁과 비난을 재연하기 시작했다고 보고했다. 그 놀이에서 그들은 아버지에게 성적 학대를 겪은 여자아이들의 심리적 갈등을 간접적으로 표현했다. 이것은 그들이 직접적으로 표현할 수 없는 주제였다. 그들은 인형이라는 매개물을 사용해서 그 문제를 드러낼 수 있었고, 문제해결을 위한 첫 발걸음을 내디딜 수 있었다. 치료가 상당히 진행된 후에, 엄마 역시 매체들을 가지고 자신을 표현할 수 있게 되었는데, 이것은 집에서 아이들과 더 나은 의사소통을 위한 전주곡과도 같은 것이었다.

우리는 말과 놀이 모두에 주의를 기울임으로써, 성인들과 아이들이 자신들의 경험을 표현하는 각기 다른 방식에 관심을 가지고 있다는 것을 소통한다. 또한 우리는 전문적인 용어보다는 사랑, 미움, 소망, 분노, 슬픔, 두려움, 좋음, 나쁨과 같은 단순한 말들을 주로 사용하는데, 이것은 어린아이들의 이해를 돕기 위해서이다. 우리는 사무실 배치와 근저의 태도를 통해서 어른과 아이, 가족과 치료자가 함께 이해하고 작업하는 동반자라는 협력적인 관계를 확립하고자 노력한다.

우리는 흔히 다음과 같은 질문으로 면담을 시작한다: "그 문제에 대해서 어떻게 생각하세요?" 우리는 제기된 문제로부터 시작하며, 서두르지 않고 그것의 본질을 탐구한다. "다른 사람들은 그것에 대해 어떻게 생각하죠?" 그 다음에 우리는 그 문제를 둘러싼 상호작용에 대해 알아보는데, 이것은 그 가족이 맺는 관계 양식을 보여준다. 그리고 가족은 평가를 하고 있는 지금 여기에서 서로 간에 그리고 치료자와의 상호작용을 시작한다. 비록 어떤 치료자가 잠재적으로 유익한 전문가로 지각될 수는 있지만, 그는 좋은 부모, 나쁜 부모, 조부모, 조숙한 아이, 애완용 동물 등 수많은 대상의 측면들과 연결될 수 있다. 우리는 치료자를 향한 가족의 전이를 이끌어내기 위해서 조용하고, 중립적이며, 유보하는 방식으로 행동하지 않는다. 우리는 과거와 현재에 가족 구성원들 사이에서 일어났거나 일어나고 있는 전이에 더 많이 초점을 맞추는, 정상적이고 적절한 사회적 태도를 유지한다.

그러나 치료과정에서 그리고 심지어 평가과정에서도 치료자에 대한 가족의 전이는 발생할 수밖에 없는데, 치료자는 그 전이를 이해하려고 노력해야 한다. 평가과정에서 발생하는 전이는 보통 환경적 안아주기와 관련되어 있다. 만약 처음부터 초점적 전이가 발생한다면, 그것은 가족 안에 환경적 안아주기의 역량이 결여되어 있음을 말해주는 심각한 병리의 신호이다. 심할 경우, 그것은 가족치료를 수행할 수 있는 가족의 능력을 상실할 수 있다. 그런 가족은 아마도 초점적인 안아주기를 제공하는 개인치료나 부부치료를 통해 가족의 안아주기 역량을 강화한 후에야 치료 작업에 임할 수 있을 것이다.

첫 평가면담에서, 치료자를 만나는 것에 대한 가족의 불안은 가족의 병리적 역동의 표현을 촉진시킬 것이라고 우리는 가정한다. 이것은 마치 발달과제를 수행해야한다는 압력이 있을 때 병리적 역동이 표현되는 것과도 같다. 가족은 자체의 안아주기 역량을 치료적 안아주기 상황에 투사할 것이다. 그때 가족이 기대하는 것과 우리가 실제로 제공할 수 있는 것 사이의 틈새가 곧 드러날 것이다. 치료자가 초기에 이러한 환경적 전이의 표현에 대해 해석해주는 것은 치료에 대한 저항을 완화시키고, 일반적인 심리치료와 정신분석에서 저항과 불안에 대한 초기 전이 해석과 마찬가지로, 치료동맹을 확보할 수 있게 하는 기초이다(Gill and Muslin 1976). 이것은 또한 치료 후기에 상황적 및 핵심적 전이를 다룰 수 있는 길을 예비한다.

우리는 가족치료에서 가족의 문화적 및 종교적 배경과, 가족

구성원 자신들 및 공동체에 대한 태도와, 그들의 가치가 갖는 중
요성에 대해서 배울 수 있었다. 그러나 이러한 정보가 가족의 상
호작용에 대한 고정관념을 만들어낼 수 있다는 우려 때문에 그
것을 정형화하지는 않을 것이다. 다만 가족의 다양한 측면들을
다루는 데 필요한 실용적인 지식을 제공하는 포괄적인 책인,「종
족과 가족치료」(Ethnicity and Family Therapy; McGoldrick, Pearce,
and Giordano 1982)를 추천하는 것으로 만족할 것이다. 우리의 관
심은 가족들을 특정한 유형으로 분류하는 것보다는, 그들의 독특
한 문화와 가치를 이해하고 존경하는 개방성에 있다.

발달단계와 수준의 평가

우리는 가족의 발달단계를 이해하기 위해 노력한다. 가족 구성
원들의 상호작용에 친숙해지면서, 우리는 그 상호작용들을 특징
짓는 특성과 현재의 발달단계에 적절하지 않은 근저의 양태를
정의하게 된다. 다음의 사례는 이런 우리의 노력을 보여준다:

브라운 부부는 불행한 가족생활 때문에 나를 찾아왔는데, 그
들의 문제는 대부분 16세 된 딸 애쉴리에게 얼마만큼의 자유를
주어야 하는가라는 문제와 관련된 것이었다. 첫 가족모임에서 그
들 부부는 자녀들이 말을 듣지 않는다고 불평을 털어놓았다. 11
세 된 둘째 딸 디어더는 부모가 언성을 높여야만 목욕을 했고,
애쉴리는 정돈된 집안을 엉망으로 만들어 놓기 일쑤였다. 아이들
은 집안에서 자신들이 나쁘게 행동했고 부모에게 대들었다는 것

을 인정했지만, 학교에서는 해야 할 일들을 했고, 일주일에 한번씩 하는 집안일을 잘 해왔다고 주장했다. 브라운 부인은 남편이 자녀들을 통제해주기를 원했지만, 브라운 씨는 부인의 고음이 듣기 싫었기 때문에 질서를 잡으려는 그녀의 노력을 지원해주지 않았다. 그는 또한 자신을 통제하고, 자신이 하고 싶은 말을 끝까지 할 수 없도록 가로막으며, 자신을 비난하는 그녀의 태도가 싫었다. 그는 조용히 포기한 채 수동적인 태도를 유지했지만, 그의 아내는 그의 그러한 수동적인 태도에 더 큰 분노를 느끼곤 했다. 그리고 자녀들은 가족에게 무관심한 상태로 철수하는 아버지로 인해 불안해했다.

이 부부와의 두 번째 만남에서, 브라운 부인은 남편이 취침 직전에 화장실에서 책을 읽으면서 대변을 보는 20분 동안 지독한 냄새 때문에 자신이 얼마나 힘들었는지에 대해 묘사했다. 왜 그는 아이들의 화장실을 사용하거나 방취제를 뿌리지 못했을까? 그는 그녀가 변비로 고통 받고 있기 때문에 자신이 대변보는 것을 즐기는 것을 시기하고 있다고 느꼈다. 그리고 그는 그녀가 대변 냄새를 싫어하는 만큼 자신은 방취제 냄새를 싫어한다고 말했다.

이 부부는 또한 돈 문제로 불화하고 있었다. 두 번째 가족모임에서, 그들은 각자 돈을 벌어서 공동으로 사용했는데, 그들의 지출을 충당하기에는 부족했고, 끊임없이 신용카드 회사와 은행에(치료자에게도) 빚을 지고 있다고 말했다. 그들을 위기로 몰아간 주된 원인은 그들이 자주 집을 새로 장식하고 새 가구를 들여오며, 보석장식을 새로 바꾸는 데 있었다. 애쉴리는 자신이 좋아하는 반지가 자신도 모르는 사이에 갑자기 바뀐 것에 특히 화가 나 있었는데, 그것은 부모가 자신을 놀래주려고 은은한 보석을 반짝거리는 보석으로 바꾸었기 때문이었다. 그녀는 부모가 자신의 반지를 망쳐버렸고, 그것을 "쓰레기"로 만들었다고 느끼고 있었다. 부모는 그녀의 감사할 줄 모르는 태도와 버릇없는 말에 경악했고, 그렇게 착했던 딸이 그토록 못된 딸로 변한 것이 슬프다고 말했다.

이 예는 항문기 단계에 기초한 관계의 측면을 보여주고 있다. 배설 문제에 대한 지나친 침범, 돈 문제에 대한 갈등, 모든 것이 마음에 들지 않아서 다시 뜯어내고 새로 고치는 행동 등은 이 가족이 공유한 심리사회적 발달의 수준을 보여주는 표시들이다. 독자들은 "이 설명은 대상관계 이론이 아니라, 고전적 정신분석에서 말하는 발달이론에 속한다"고 생각할 것이다. 사실, 이것은 프로이트의 고전적 심리성적 단계 이론에 기초한 설명이다. 하지만 프로이트의 이론을 더 확대한 에릭슨(1950)에 따르면, 개인의 인격은 엄마와의 관계 안에서 각 발달단계의 변화들과 타협함으로써 하나의 평형상태를 발달시키는데, 그 상태의 성질은 개인의 타고난 요소와 어머니의 양육방식, 그리고 개인 자신의 적응에 달려있다. 개인이 항문기 동안에 겪는 어려움들은 "항문 부위의 장애(변비), 근육 조직의 장애(근육이 무력해지거나 경직되는), 강박적 환상(자신의 몸 안에 해로운 물질이 있다는 망상적 두려움), 사회적 영역에서의 장애(강박적인 조직화를 통해 환경을 통제하려는 시도) 등을 일으킬 수 있다"(1963 ed., p. 83). 우리는 개인의 몸과 마음이 환경과 상호작용한다는 에릭슨의 개념이, 개인의 성격발달은 가족 구성원들의 성격에 의해 영향을 받는다는, 가족의 사회적 측면에 적용된다고 본다.

이러한 가족의 발달수준에 대한 이해는, 인간은 유아적 의존(거의 구강기적 특성을 지닌)에서 성숙한 상호 의존(성기적 관계 역량을 포함하는)을 성취하는 방향으로 발달해나간다는 페어베언의 생각이 확장된 것이다. 그 사이의 단계들은 관계를 위해 "중간 기술들"을 어떻게 사용하는가에 달려있다. 이 기술들은 인간의 의존성의 변천을 다루려는 개인의 시도를 가리킨다(Fairbairn 1941). 개인이 성장하는 동안 이러한 기술들을 사용하듯이, 가족은 구성원들의 발달수준의 총합을 나타내는 공유된 기술들을 사용한다. 그것들은 발달이 발생하고, 그것을 촉진시키거나 저해하는 가족의 모체(matrix)를 구성한다.

우리의 경험에 의하면, 하나의 발달수준이 오랜 시간 동안 일관되게 드러나는 것은 드문 현상이다. 보통은 여러 양태들이 혼합된 모습을 보인다. 수련생들은 종종 "이것을 평가하는 것이 왜 필수적인 것인가? 그것이 무슨 소용이 있는가?" 하고 질문한다. 가족의 발달수준에 대한 평가는 치료자가 다루고 있는 수준을 인식하는 데 도움이 된다. 가족의 발달수준과 그것의 경직성과 융통성을 가늠해보는 것은 그 가족을 치료하는 일이 얼마나 힘들지와 얼마나 오래 걸릴지에 대한 아이디어를 제공한다. 브라운 가족이 서로 협력하는 단계에 도달하기 위해서는 항문기를 거쳐 남근기와 오이디푸스 단계로 발전해야만 한다. 이런 가족을 다루는 치료자는 가족 구성원간의 싸움을 통제하거나, 가학적인 해석을 통해 보복하거나, 경직된 입장을 취하거나, 치료비와 지불시기에 관한 문제들과 씨름하거나, 편을 들거나, 그리고 가족을 정화시키겠다고 생각하는 것으로 반응하기 쉽다. 이러한 항문기 단계의 발달적 문제를 지닌 가족을 다루는 데 필요한 치료적 자세는 융통성 있는 태도로 각 구성원들이 말하는 내용을 가치 있게 여겨주면서, 분명한 한계 인식과 기대를 가지고 일관되게 작업하는 것이다.

방어적 기능의 예

항문기에 고착된 환자를 다루어본 개인치료자는, 소년이 자신의 것을 소유하기 위해서 그리고 엄마의 요구와 간섭으로부터 자신을 지키기 위해서 자신의 배설물(혹은 배설물에 해당하는 말이나 생각)을 보유하는 모습에 친숙해 있을 것이다. 또한 그는 엄마에게서 더 이상의 사랑을 받지 못할지도 모른다는 근본적인 불안으로부터 자신을 방어하고자 한다. 개인치료 경험에서 온 이러한 통찰은 가족이 모든 구성원에게 돌아갈 수 있을 만큼 음식이 충분치 않을까봐 불안해하는 현상과 일치한다.

브라운 가족이 겪는 또 다른 어려움은 음식과 관련된 것이었다. 양쪽 부모가 모두 직업을 가졌기 때문에 시장을 보는 일과 음식을 장만하는 일이 쉽지 않았다. 엄마가 식사당번을 할 때에는 음식이 만족스러웠지만, 아빠 차례가 되면 가족은 라비올리(역주: 이태리식 만두) 통조림으로 때우는 게 고작이었다. 부모는 그들 중 누가 그 일을 맡든지, 자녀들이 자신들의 수고에 감사해야 한다고 느꼈지만, 자녀들은 엄마가 식사당번일 때에만 집에 오는 것이 즐거웠다. 가족이 함께 외출을 할 때마다 그들은 무엇을 먹을지의 문제로 다투었다. 부모 중 한 사람이 비싼 사탕을 사거나, 가족 중 한 사람이 말도 없이 과자 한 상자를 먹어 치우곤 했다. 인스턴트 음식을 아주 싫어하는 부모는 자녀들이 좋은 음식을 고르는 법을 배울 수 있도록 좋은 식당에서 음식을 사주는 것을 선호했다. 이 가족의 외식이 가장 즐거운 활동이었던 것으로 보인다. 부모는 빠듯한 예산에도 불구하고 일상적인 식사 활동보다 이따금씩 밖에서 외식하는 일에 높은 우선순위를 두었다.

우리는 이 가족이 음식에 몰두하는 문제를 갖고 있음을 발견한다. 우리는 항문기 단계의 관계 양태는 과도기적 기술에 속하는 것으로서, 불충분한 구강기적 공급 및 채워지지 않은 의존적 욕구와 관련된 불안에 대한 방어적 양태라고 생각한다. 우리는 그 가족에게 그런 용어들을 사용하지는 않지만, 통제와 완벽함에 대한 투쟁이 어떻게 잘 먹고 돌봄을 받고 싶은 기초 영역에서의 불만족을 방어하고 있는지를 보여주려고 노력할 것이다. 즉, 우리는 방어들을 명명하고, 그것들이 어떻게 불안을 방어하는지를 보여줌으로써 가족을 도울 것이다.

공유된 무의식적 가정들과 근저의 불안에 대한 탐구

우리는 가족사에 대한 열린 질문들을 사용하여 가족 구성원들로 하여금 자신들이 공유하고 있는 무의식적 불안의 출처를 탐구하도록 도울 것이다. 이 접근은 브라운 부부로 하여금 그들이 공유하고 있는 무의식적 가정들 근저에 있는 공유된 불안을 발견하도록 도울 것이다.

두 번째 가족모임에서, 브라운 부부는 자녀들이 듣는 자리에서 자신들이 경험한 어린시절에 관해 이야기했다. 독자였던 브라운 씨는 아버지와 엄마 그리고 숙모들의 과도한 관심을 받았다. 그는 아내가 자신과 자식들을 더 큰 사랑으로 돌보지 않는데 대해 실망했다. 브라운 부인은 자신의 엄마와 좋은 관계를 맺지 못했고, 십대였을 때 아버지를 잃었다. 그녀는 남편이 자신을 위해 무언가를 계속 공급해주기를 갈망했지만, 그렇게 해주지 못한다고 느끼고 있었다. 그 결과, 그녀는 일을 선택했고, 그 결과 가족들을 돌볼 수 있는 여력이 없었다. 브라운 씨는 자신을 돌보는 법을 전혀 배우지 못했고, 브라운 부인은 돌보는 것을 배우고 싶어 하지 않았다. 자녀들은 가정을 깨끗하게 유지하는 데 필요한 일들을 증오함으로써 이 갈등을 영속화했는데, 그들은 부모를 자신들의 전용 기사처럼 부렸고, 취침 시간, 샤워, 파티 참석, 전화사용, TV 시청 등을 제멋대로 하겠다고 주장했다.

이 가족은 부족한 공급에 대한 무의식적인 두려움을 공유하고 있다. 그들의 분노와 실망의 많은 부분은 음식과 돌봄이 불충분할 것이고, 다른 가족 구성원들이 자기들보다 더 많은 몫을 차지할 것이라는 공유된 가정으로부터 유래한 것으로 보인다. 게다가, 누군가에 의해서 통제된다는 것은 스스로 결핍을 보충하는 일에 자유롭지 못하다는 무의식적 의미를 갖고 있다.

전이와 역전이의 사용

우리는 가족치료에서 출현하는 전이를 관찰함으로써 가족에 대한 보다 깊은 이해에 도달하게 된다. 즉, 우리는 가족 구성원들이 치료자를 인식하는 방식과 그들이 치료자에게 기대하는 내용을 파악하는 데 전이를 사용한다.

두 번째 가족모임에서, 나는 그림 재료들이 준비되어 있다고 하면서, 만약 그들이 가족의 삶을 그림으로 표현한다면, 가족을 평가하는 데 유용할 것이라고 제안했다. 엄마는 그림을 그리지 않겠다고 말했다; 그녀는 예술을 활용한 가족치료라는 강연회에 참석한 적이 있는데, 그때 그것을 추론들로 가득한 "쓸모없는" 것이라고 생각했다. 아버지는 "그림을 그리는 일에 분당 1달러를 지불하지는 않겠다고 말했다." 애쉴리는 그림을 그리는 데 관심이 있었지만, 그것을 포기하라는 말을 들었다. 비록 나는 치료에 그림을 그리기를 사용하고 있고, 또 연구결과를 보여주는 데 그림을 자주 사용하는 편이지만, 그것이 우리의 작업에 필수적이라고는 생각하지 않는다. 나는 그림을 그릴 것을 요구하지 않았지만, 그들은 마치 내가 그것을 요구하기라도 한 것처럼 행동했다. 내가 그림 그리는 것을 거부하는 가족을 만난 것은 이번이 처음이었다. 브라운 부부는 자신들이 종이와 크레용을 사용하는 데 대한 불안을 갖고 있다는 사실을 부인했다. 나는 그들이 그림을 망칠까봐, 그리고 그로 인해 내가 자신들을 비난하고 판단할까봐 두려워하고 있다고 추측했다. 대신에, 나는 그들이 회기를 통제해야 하는 문제와, 나에게 의존하거나 통제받아서는 안 되는 문제에 대해 작업했다. 이들 부모들은 자신들의 딸들에게 그랬던 것처럼 나에게 큰 기대를 가지고 있었지만, 그들은 가족이 나의 변덕이나 욕구에 의해 좌지우지되는 것을 원치 않았다.

역전이에서, 나는 내 의도가 왜곡되는 것에 대해 화가 나는 것을 느꼈다. 내게는 "이 가족에 대해서 글을 쓴다면, 보여줄 그림이 아무것도 없겠구나"라는 생각이 들었지만, 곧 "아무래도 괜찮아. 그것 없이도 작업을 해낼 수 있을 거야"라고 생각했다. 쉽게 그림을 그린다는 생각을 포기한 것이다. 돌이켜 보건대, 나는 연구에 대한 필요를 치료에 대한 필요에 비해 이차적인 것으로 간주했던 것으로 보인다. 이것은 마치 좋은 부모가 자녀들의 발전을 위해서 자신들의 이기적인 욕구를 포기하는 것과도 같다. 하지만, 아직도 나는 마음속에서 "그러나 보여줄 수 있는 그림이 하나도 없는데"라는 후렴구를 듣고 있었다. 그 순간에 나는 생각했다: "이것이 바로 그들이 그린 그림이다. 그것은 아무것도 없음에 대한 그림이며, 그들이 갖고 있지 않고 가지려 하지 않는 것을 나타내는 그림이다." 이 역전이 경험으로부터 나는 이 가족이 분노에 찬 거절하는 말들을 주고받음으로써 가족의 중심에 아무것도 없다는 공유된 감정을 방어하고 있다는 사실을 추론해낼 수 있었다. 그때 아무것도 아니라는 말이 나의 관심을 끌었다. 나는 개인분석에서 아무것도 아닌 것은 무의식적으로 여성의 성기를 의미할 수 있다는 것을 배워 알고 있었다. 여기에서 그 말은 이 가족에 대한 나의 경험을 나타내는 것이었다. 나는 이들 부부의 성적 관계가 궁금해지기 시작했다.

해석과 평가에 대한 가족의 반응을 시험하기

두 번의 가족모임에서 애쉴리는 구석에 위치한 의자에 앉았고, 부모는 소파에 그리고 그들 사이에는 디어더가 앉았다. 엄마와 아빠는 번갈아 가면서 디어더를 껴안아 주었는데, 그녀는 그러기에는 너무 나이가 든 것 같았다. 나는 그들이 성난 말들을 주고받는 모습을 통해서 부모와 자식들 모두가 서로에게 실망하고 있음을 알게 되었고, 그들에게는 사랑스럽고 긍정적인 것은 아무것도 일어나지 않는 것 같다고 말하기도 했다. 엄마와 아빠가 디어더를 포옹하는 모습에서, 나는 부모 모두가 애정과 친밀한 관계를 갈망하고 있다는 것을 알 수 있었다. 반면에, 디어더는 그녀 자신과 애쉴리 모두에게 공허함을 채우고 싶은 소망을 나타내고 있었다. 이러한 나의 생각에 부모는 동의했고, 자신들이 애쉴리를 그런 식으로 사용했다고 말했다. 그들은 애쉴리를 임신하기 전에 서로에게 실망한 상태였는데, 그녀가 태어나자 경이와 기쁨으로 그녀를 맞이했다. 우리가 이런 이야기를 나누는 동안 애쉴리는 부모의 반대에도 아랑곳하지 않고 말없이 손으로 종이와 크레용을 집었다. 그녀는 반쯤은 가려진 유혹적인 젊은 여성의 얼굴을 그렸다(그림 8.1). 나는 애쉴리가 사춘기 때까지 이상적인 대상에 대한 부모의 욕구를 채워준 완전한 아이였던 것 같다고 했다.

다음 회기에서 디어더는 자기 의자를 따로 갖기를 원했다.

애쉴리는 부모에게서 자신을 분리해내고 자신의 정체성을 발견하기 위해서, 부모가 자신에게 투사한 것들을 거부해야만 했다. 그녀가 그렇게 했을 때, 깊이 억압되어 있던 정신내용—욕심과 분노에 의해서 파괴되었거나 "똥처럼 불쾌한 것"이 되어버린 실망스럽고 거절하는 대상의 측면들—이 풀려나면서 그 거부는 더욱 격렬한 것이 되었다.

나의 해석에 대한 반응으로 애쉴리는 매력적인 소녀의 얼굴을 또 하나 그렸는데, 나는 그것을 욕구와 흥분을 자극하는 대상—내가 이상적 대상이라고 언급했던—으로 간주했다. 내가 이런 생각을 하고 있을 때 그녀는 그림에 "아악"라는 단어를 써넣었고, 그 결과 그림이 지닌 아름다움을 망쳐버렸다(그림 8.2). 나는 그녀의 이런 행동이 나의 해석을 확인해주는 것이라고 생각했다: 그녀는 처음에 부모에게 "아름다운" 대상일 뿐 아니라 갈망의 대상이었으나, 성장과정과 가족의 환경에 의해 망가져버렸다.

그림. 8. 1 애슐리의 첫 번째 그림

이 회기에서 나의 해석은, 부모 사이의 사랑이 실패했다는 느낌에서 오는 엄청난 고통을 겪고 있는 자녀들을 위로해주어야 한다는 지적과 함께, 이 부부의 이차적으로 억압된 끝없는 상호 동경과 연결되어 있는 성난 거절의 요소에 초점이 맞춰졌다. 방어적이지 않으면서 이러한 진술을 수용하고, 더 깊은 이해를 위해 그것을 사용할 줄 아는 이들 부부의 역량은 그들이 좋은 치료적 결과를 얻을 수 있다는 긍정적인 증거를 제공해주었다. 부

그림. 8. 2 애슐리의 "나쁜 그림"

모들과 마찬가지로, 애쉴리도 내가 말한 것에 구체적인 형태를 주는 그림을 그림으로써 나의 해석에 무의식적으로 동의했을 뿐만 아니라, 가족치료 상황에서 생산적이고 창조적으로 일할 수 있는 가족의 역량을 확인해주었다.

그 다음 부부치료 회기에서, 나는 지난번 회기를 언급하면서 그들의 관계 안에 있는 공허감에 대해서 질문했다. 그들은 최근에 성 관계를 전혀 갖지 않고 있으며, 애쉴리가 태어난 이후로 거의 가진 적이 없다고 말했다. 브라운 부인은 분노한 나머지 성 관계를 요구하는 대신 종종 잠자리에 들기 전에 싸움을 걸곤 했다. 그녀는 성 관계가 남편에게는 돈을 버는 것보다 더 중요하다는 것을 알고 있었기 때문에 더욱 분노했다. 브라운 씨는 불행과 좌절을 느꼈지만, 그의 성적 욕망을 되찾기 위해 적극적인 노력을 기울이지 않았다.

공식화, 권고, 그리고 치료 계획의 수립

이 가족의 경우, 의존성에 대한 불안에 기초한 항문기 단계의 어려움이 성기적 성욕 단계로 발달하는 것을 방해했다. 가족은 16세 된 애쉴리가 그들의 이상화된 흥분 대상으로서의 역할을 원하지 않았거나 수행할 수 없게 되었을 때, 그리고 그런 것보다는 성적 호기심에 흥미를 갖기 시작했을 때, 심리치료를 받기 위해 찾아왔다. 공허한 관계를 유지하는 부부에게 이런 문제는 종종 스트레스의 원인으로 작용한다. 왜냐하면 그것은 이전 어린시절의 동경과 희망을 재생시키고, 때때로 감당할 수 없는 시기심을 불러일으키기 때문이다.

브라운 부부는 부부치료와 가족치료를 각각 주 1회씩 하라는 우리의 추천을 받아들였다. 처음에 문제 아동으로 인식되었던 애쉴리는 부모의 관계가 치료되는 것이 훨씬 중요하다고 느꼈기 때문에 자신의 개인 평가와 개인치료를 거부했다. 자신의 무의식이 드러나는 것에 저항했음에도 불구하고, 그녀는 부모가 자신에게 투사한 내용—나쁘게 변한 좋은 대상—을 그들에게 되돌려주고 있었다. 우리는 가족의 경제적 여건과 브라운 부인이 정신사회복지사(psychiatric social worker)와 이미 개인상담을 받고 있는 점을 고려해서, 부부치료와 가족치료를 번갈아가며 주 1회 시행하는 데 동의했다.

브라운 부인은 보험회사에서 치료비를 지급받기 위한 목적으로 가족치료가 아닌 개인치료를 받았다는 보고서를 작성해달라고 내게 요청했다. 나는 그녀의 한편으로는 이해를 하면서도, 다른 한편으로는 그 가족이 내가 해줄 수 있는 것보다 많은 것을 요구하고 있다고 느꼈다. 우리는 그러한 요청에서 그 가족이 무의식적으로 공유하고 있는 가정을 치료자에게 투사하고 있음을 볼 수 있었다. 나는 그 요청을 거절할 수밖에 없는 이유를 말해주었다. 그들은 보험료 신청양식에 서명하지 않겠다는 나의 결정을 받아들였다. 나는 내가 해줄 수 있는 것의 한계와 해석에 적절히 반응할 수 있는 역량이 그들에게 있음을 확인했고, 그들이 나와 함께 상담을 잘 진행해 나갈 수 있다는 것과, 가족치료에 잘 적응할 수 있다는 것을 다시 한번 확인했다.

평가면담에서 전개되는 가족의 역동은 때때로 평가라는 범위를 넘어설 수도 있다.

브라운 가족은 나의 동료였던 사회복지사에 의해서 내게 의뢰되었다. 나는 가족과의 직접적인 경험을 통해 배우는 것을 더 선호하기 때문에, 의뢰자로부터 아무런 정보도 원하지 않았다. 그러나 평가를 마친 후에, 치료 계획과 그 가족의 요구를 거절한 이유—그녀도 나의 생각에 동의하는 것처럼 보였다—에 대해 그 의뢰자와 전화로 이야기를 나누었다. 몇 달이 지난 후에 그녀는 환자들을 의뢰한 자신에게 전화로나 편지로 감사를 표현하지 않아 서운했다고 말했다. 나는 그녀에게 전화를 해서 이야기를 나누었고, 우리가 함께 일하고 있는 것으로 생각하고 있다고 항변했다. 나는 애쉴리처럼 공손하지 않고 감사할 줄 모른다고 비난받고 있다고 느꼈고, 브라운 부인처럼 내가 했던 모든 것을 열거하면서 방어적으로 반응했다.

이것은 브리튼(Britten; 1981)이 묘사한 평가과정의 또 다른 현상—가족의 역동은 의뢰기관과 치료기관 사이에서 반향될 수 있다는—을 보여준다. 이런 사실을 알고 있던 우리는 이러한 잠재적으로 파괴적인 요소를 담아낼 수 있었고, 그 정보를 사용하여 이 가족의 평가과제에 관한 경계를 확립할 수 있었다. 이것은 또한 의뢰 연결망이 치료를 시작하는 것에 대한 불안을 성공적으로 담아낼 수 있으려면, 동료와의 관계가 예절의 수준을 넘어 지속적인 주의를 요한다는 사실을 일깨워준다.

평가과정에서 우리는 가족의 강점들과 자원들, 그리고 약점들에 대한 충분한 지식을 갖기 위해 노력한다. 우리는 가족의 좌절을 견디는 능력, 심리학적 감수성, 치료 작업을 해낼 수 있는 능력을 평가한다. 우리는 그들이 해석에서 통찰을 얻는지 아닌지를 알 필요가 있다. 우리는 또한 각 개인의 병리수준과 개인치료의 필요성 여부를 평가한다. 이런 정보들에 근거해서 우리는 가족치료, 개인치료, 부부치료, 혹은 가족의 욕구와 동기 수준에 적합한 통합적인 치료계획을 추천한다.

9 장

대상관계 가족치료 기법

"대상관계 접근에 관해 우리가 꼭 알아야 할 것은 그것이 하나의 이론이라기보다는 하나의 작업방식이라는 사실이다" (Sutherland 1985). 대상관계 가족치료는 가족 구성원들이 서로를 재발견하고, 서로에게 투사했던 자기의 잃어버린 부분들을 재발견할 수 있는 정서적 공간을 제공해준다. 이 투사된 자기의 부분들은 증오에 의해 위협 받고 있는 좋은 부분을 안전하게 유지하기 위한 목적으로, 또는 자신 내부의 거절되고 증오스런 부분을 제거하기 위한 목적으로 다른 사람들에게 투사되었을 수 있다. 치료자가 제공하는 공간은 가족으로 하여금 투사한 것들을 분류하고, 수정하고, 신진대사를 거친 형태로 재내사할 수 있는 기본적인 안전감을 준다. 대상관계 가족치료는 이러한 투사들을 이해하기 위해 작업하며, 그 투사들로 인해 발생할 뿐만 아니라 그 투사들에 다시 기여하는 가족의 안아주기 기능의 실패를 다룬다.

따라서 대상관계 가족치료의 기본적인 "기법"은, 방금 말했듯이, 기법이 아니다. 사실 우리는 이 장에서 제시되는 세부사항들이 일종의 규칙으로 오해될까봐 일말의 우려를 갖고 있다. 물론 우리는 상황이 지닌 실용성이 보다 자연스레 흐르고 전달되는, 그래서 각 치료자들에 의해 매번 다시 고안해낼 필요가 없는, 경험으로부터 배운 대상관계 가족치료 기법이 존재한다고 믿는다. 우리는 이러한 종류의 구체적인 방법들을 수련생들을 감독하는 과정에서 토론의 주제로 삼는다. 그러나 그 기법들은 그 자체로서 대상관계 가족치료의 본질을 구성하지는 않는다. 그것들은 유용한 것이지만, 절대 어겨서는 안 되는 어떤 것이 아니다. 심리치료를 위한 지름길로 간주되는 그 방법들을 따르는 동안에도, 우리는 왜 하필 그 시점에 그것을 말했는지 스스로 묻지 않을 수 없다. 예컨대, 어떤 언급이 기법적으로는 정확한 것일지라도, 전이에 대한 검토는 그 언급이 가족 상황에 대한 오해를 나타낸 것임을 보여줄 수 있다.

기법은 가족의 상황을 주어진 시간과 공간에서 가능한 한 충분히 이해하고, 그러한 이해를 집단으로서의 가족이 유용하게 사용할 수 있게 해줌으로써 가족치료의 기본적인 접근에 도움을 줄 수는 있지만, 결코 기본적인 접근을 대체할 수는 없다. 따라서 기본적인 접근을 떠나서는 기법의 세부사항들은 무의미한 것이 되고 만다.

이 장의 나머지 부분에서 우리는 가족치료를 시작하고 진행해 나가는 방식을 다룰 것이다. 그 밖의 여러 기본적인 주제들은 다른 곳에서 다룰 것이다. 우리는 8장에서 평가에 대해 다루었고, 기법의 핵심내용을 구성하고 있는 전이와 역전이에 대해서는 10장에서 다룰 것이다. 거기에서 우리는 전이는 가급적 피해야 하는 부적절한 것이라는 견해가 잘못된 것임을 밝힐 것이다. 기법과 전이 중 어느 것을 먼저 다룰 것인가의 문제는 계란과 닭 중 어느 것이 먼저인가의 문제와 같은 것이다. 전이를 언급하지 않고 기법을 다루는 것은 공허한 것인 반면에, 전이는 어느 정도 기본적인 기법들을 알고 난 후에야 충분히 이해될 수 있는 것이다. 그러므로 우리는 먼저 실용적인 지침들을 제시한 후에, 우리가 제안하는 방법의 핵심적인 내용을 다룰 것이다. 따라서 9장과 10장은 기법에 대한 한 묶음으로 읽혀져야 할 것이다.

틀을 제공하기

진너(Zinner; 1985)는 치료의 틀이라는 랑스(Langs)의 개념(1976)을 가족치료에 적용하면서, 가족치료에서 "치료의 틀"을 제공하는 방식에 대해 논의했다. 우리는 치료를 위한 시간과 공간과 구조를 결정함으로써 가족을 안아주는 공간을 마련한다. 예를 들어, 매주 한번씩 가족모임을 가질 경우, 그 틀이 치료의 수단이 된다. 비록 효과적인 작업수행을 위해서는 틀이 적절해야 하지만, 가장 적절한 하나의 틀이 있는 것은 아니다. 매주 온 가족이 함께 만나는 것이 유일한 공통분모이며, 이 가족모임은 부부치료 또는 한두 사람의 개인치료와 병행해서 진행할 수 있다. 회기의 형태는 사려 깊고 융통성 있는 계획에 의한 최선의 것이어야 한다. 일단 틀이 확립되면, 우리는 그 틀을 멋대로 바꾸려는 가족의 시도가 안아주기 상황을 사용하지 못하는 가족의 어려움을 나타내는 것이라고 간주한다.

말하자면, 우리가 부모 중 한 사람에게 개인 상담을 받도록 권하는 것과, 그 사람이 가족치료 상황에서 벗어나기 위해서 개인

치료를 받겠다고 주장하는 것 사이에는 커다란 차이가 있다. 어떤 가족 구성원이 아무런 논의나 계획 없이 불쑥 개인치료를 받겠다고 나선다면, 그 가족은 가족치료에서 드러나게 될 비밀을 보호하기 위해 "틀을 변경하려는" 시도에 공모할 가능성이 높다.

융통성 있는 틀: 하위 집단들과의 작업

물론 융통성이 필요할 때가 있다. 우리는 종종 부부치료와 가족치료를 병행하는 동시에 한 사람이나 두 사람 또는 그 이상의 구성원들과 개인치료를 진행한다. 이것은 가족치료와 개인치료의 통합을 다루는 제2권 2장의 주제와도 관련되어 있다. 게다가, 때로는 가족의 하위 집단들과 작업하는 것이 유익할 수도 있다. 가족 구성원들 중 일부가 가족치료에 참여하겠다고 동의한 후에 다시 참석하지 않겠다고 결정할 경우, 우리는 새로운 틀을 만들려고 시도할 텐데, 이것은 틀의 변형으로 간주되지 않는다. 가족의 하위 집단들이 공유한 쟁점들을 다루는 것은 융통성 있는 틀을 형성하는 데 필요한 요소라고 할 수 있다. 우리는 다음 장에서 기본적인 형태를 변경한 두 개의 예를 제시할 것이다.

가족이 상담실로 들어오면

먼저 우리는 가족이 상담실에서 어떤 배열로 앉는지를 주목한다. 우리가 평가면담이 아니라, 중간단계의 회기를 하고 있다고

가정해보자. 우리는 가족 구성원들이 상담실로 들어온 후에 어디
에 앉는지, 어떤 과정을 거쳐 자리를 잡는지, 그때 어떤 분위기인
지에 주목한다. 치료자가 처음부터 자리 배열에 대해서 말하는
것은 보통 도움이 되지 않지만, 그런 정보를 기억해두는 것은 회
기의 후반부에 가족에 대한 이해를 정리하거나 새로 자리를 배
치하는 데 필요하다. 여기에서 중요한 것은 문자적인 의미에서의
자리 배열이 아니라, 그것이 가족에게 어떤 의미를 갖는가이다.
그것은 가족 구성원들 각자에게 다른 의미를 가질 수 있다. 그리
고 같은 자리 배열도 그것이 언제 이루어지느냐에 따라 그 의미
가 달라질 수 있다. 이런 이유로 그것의 정확한 의미를 처음부터
아는 것이 불가능하기 때문에, 우리는 그 의미가 드러날 때까지
기다리는 편이다.

어린아이나 청소년이 포함된 가족의 경우, 자리를 잡는 과정을
둘러싼 분위기는 종종 그날 가족이 상담실에서 느끼는 감정에
대한 부가적 정보를 제공해준다. 거기에는 왜 다른 곳—축구를
하거나 집에서 숙제를 하거나 다른 것을 할 수 있는—이 아니라
하필 상담실인가라는 불평이 있을 수 있다. 또는 부모와 가까이
있거나 멀리 떨어져 있는 의자를 차지하기 위한 아이들 사이의
경쟁은, 치료자가 그것에 대해 언급을 하든 않든, 가족에 대한 많
은 정보를 제공해준다. 이 시점에서 그런 관찰을 표현할 필요가
있다면, 유머스럽게 하는 것이 좋을 것이다. 그렇지 않으면 아이
들은 우리가 자리에 앉는 것과 같은 시시한 문제를 너무 심각하
게 다루고 있다는 인상을 받을 것이다.

"오늘 저녁에는 네가 좋아하는 산수공부를 포기하는 게 무척
힘들었겠는 걸"이라든지, "네가 빠져서 너희 축구팀이 큰일 났겠
다"와 같은 말을 가볍게 건넬 수 있을 것이다. 물론, 무엇을 말하
든지 간에 그 말은 치료자 자신의 스타일에서 나오는 편안한 것

이어야 한다. 이러한 관찰에 대한 표현은 상담을 시작하는 데 따른 불안에 초점이 맞추어져야 한다. 12살 된 고집 센 아이는 "이 바보 같은 짓을 해야 돼요?" 하고 저항할 수 있을 것이다. 이럴 경우, 치료자는 먼저 이 아이가 대변하고 있는 가족의 저항을 평가해야 한다.

저항의 분석

이 주제는 기법에 대한 좁은 의미의 개념을 넘어 두 가지 중요한 사항과 관련되어 있다. 하나는 정신분석 치료에서 근본적인 요소인 저항 개념과 그 저항을 다루는 방식이고, 다른 하나는 가족 구성원이 가족을 대표해서 언제 그리고 어떤 식으로 그 저항을 표현하는가의 문제이다.

우리는 치료자의 요청을 기꺼이 따르고자 하는 부모와 확고한 동맹관계를 맺고 있다고 느껴지는 상황에 있을 수 있다. 부모가 맏딸의 못마땅한 행동—또 다른 어머니가 "일시적인 못된 행동"이라고 부른—을 고쳐보려고 치료자에게 데리고 온 경우가 그것이다. 이 딸은 치료를 받고 싶은 마음이 전혀 없었지만, 부모들은 이 상황을 해결하기 위해 도움을 받기를 원했고, 그래서 가족치료를 시작했다. 예상대로, 이 딸은 가족모임에 오는 것을 번번이 싫어했고, 부모들은 그녀에게 끊임없이 동기를 공급해주어야 했다. 하지만, 그녀의 행동은 깊은 의미에서 부모의 저항을 표현하고 있었다. 가족모임에 딸을 데려오는 부모의 열심에 의존하게 된 후에, 우리는 그들 모두가 중요한 문제들에 관해 말하는 것을 회피하고 있다는 것을 발견했다. 이제 그녀의 표면적인 저항은 그들 모두의 저항을 나타내는 것으로 간주되었다.

가족의 저항을 대신하는 개인의 저항

이 가족에게 상담을 받고자 하는 동기가 없다고 말하는 것은 정확한 평가가 아니지만, 다섯 명의 가족 구성원 모두가 상담에 오기 위해서서 그들 안에 있는 무언가를 극복해야만 했던 것이 사실이다. 아버지는 상담실에서나 가정에서나 어떤 것에 대해서 말하는 것이 지닌 가치에 대해 명백한 의심을 가지고 있었다. 이러한 그의 의심은 침대에 누워있었더라면 더 좋았을 토요일 아침에 상담실에 있어야만 하는 현실 때문에 얼굴을 잔뜩 찌푸리고 있는 그의 장녀와 둘째 딸, 그리고 무표정한 모습으로 침묵을 지키고 있는 그의 아들에게서 간접적으로 표현되고 있었다. 또한 자녀들의 저항은 늘 말을 많이 하고 더 많은 대화를 원하는 엄마에 대한 가족의 거부감을 나타내는 것이기도 했다. 이런 맥락에서, 치료에 오기를 싫어하고 회기 동안에 말이 없는 자녀들의 저항은 아빠 편에 서서 아빠를 "대변하고 있음"을 의미했다. 치료자는 이런 상황에서 엄마가 받는 비난을 떠맡게 되는데, 그 이유는 치료자가 엄마처럼 이 가족의 상징적인 지도자의 역할을 맡게 되기 때문이다.

치료자는 이런 저항의 요소들을 고려해서 가족에게 언급할 내용을 결정해야 한다. 일단 이런 저항의 유형이 발견되면, 치료자는 여러 수준에서 그것을 어떻게 다루어야 할지 결정할 수 있다. 이 가족의 경우, 첫 번째 수준의 저항은 치료실이 아닌 다른 곳—자기 집의 침대—에 있고 싶어 하는 지표 환자의 의식 수준에 있고, 두 번째 것은 그녀에게 전적으로 동의하는 언니의 지지 안에 자리 잡고 있으며, 세 번째 것은 치료에 참여하는 것에 대한 저항을 부인하고 있는 아버지를 대변하고 있는 자녀들의 수동적인 태도 안에 있다. 그리고 네 번째 것은 이 가족이 엄마에게 갖는 거부감 안에 있다: 그녀는 가족 구성원들이 자신이 원하는 방식으로 치료에 참여하지 않는 것에 대해 공격했고, 그들은 치료에 오는 것을 지속적으로 싫어하는 것으로 반응했다. 그러나 이 저항의 또 다른 측면은 그것이 자신의 소망을 표현하는 것에 대한 엄마 자신의 저항을 나타낸다는 것이다. 엄마는 치료자에게 "모든 구성원들이 말하게 만드는 일"을 떠맡기는 것을 통해서 자신의 소망을 방어했고, 그렇게 함으로써 가족 안에서 자신이 맡고 있는 고통스러운 역할에서 벗어날 수 있었으며, 동시에 그 역할을 위한 동맹을 얻었다고 느꼈다. 다섯 번째 것은 저항이 전이의 한 측면이라는 것인데, 이 중요한 측면에 대해서는 전이를 중점적으로 다루는 다음 장에서 논의할 것이다.

시작하기

지금까지 우리는 회기를 시작하기까지 고려해야 할 사항들을 생각해보았다. 이제 우리는 누가 이야기를 꺼낼 것이고, 회기를 조직화할 것인지의 문제들을 생각해볼 것이다: 부모가 먼저 할 것인가, 아니면 아이들이 먼저 할 것인가?

실제로 상담 회기의 첫 몇 분 동안에 치료자가 해야 할 일은 가족이 편안하게 느낄 수 있는 분위기를 만들어줌으로써 그들

스스로 중요한 문제들을 꺼낼 수 있게 하는 것이다. 가족치료 과
정에서, 가족 모두가 토론할 필요가 있다고 명백하게 느끼거나
중요한 주제가 드러나는 결정적인 순간이 발생한다. 그럴 경우,
우리는 누군가가 그 문제를 꺼낼 것을 기대한다. 우리가 그 위기
에 대해서 알고 있는데도 불구하고 아무도 그 문제를 꺼내지 않
는다면, 우리는 즉시 개입해서 가족이 그처럼 중요한 문제를 무
시하고 있다고 지적할 것이다. 그 다음에 우리는 왜 그래야만 했
는지에 대해 물어보거나 추측할 수 있을 것이고, 그러한 회피의
유형과 그것에 대한 탐구가 가족이 직접적으로 다룰 필요가 있
는 힘든 주제로부터 멀어지게 하는 결과를 가져올 것인지를 판
단할 수 있을 것이다.

　하지만 대부분의 경우, 우리는 치료 상황의 경계를 재확립하기
위한 약간의 의사소통을 거친 후에, 가족이 어떤 주제에 초점을
맞출 것인가를 스스로 결정하게 한다. 개인치료에서와 마찬가지
로, 가족이 잠깐 동안 혹은 심지어 꽤 오랜 동안 초점 주제를 결
정하지 못하는 것은 큰 문제가 되지 않는다. 치료자가 비단 가족
의 문제뿐만 아니라 다른 모든 것들에도 관심을 갖는 것이 그렇
듯이, 가족 구성원들이 치료자에게 이런 저런 순조로웠던 일에
대해서 말하는 것은 치료를 위해 바람직한 것이다. 보통, 치료의
시작 단계에서 주도적인 역할을 하는 사람은 부모이다. 이것은
아이들이 상담에 오기 싫어하거나 너무 어릴 경우에는 더욱 그
렇다. 그들이 말하는 내용과 선택하는 진행방식은 우리가 앞으로
어떤 것을 보고 들을 것인지에 대한 윤곽을 보여준다.

　기본적으로, 우리는 어떤 주제를 도입할 때 그것에 대한 강의
를 하거나 어떤 결론을 내려주는 것이 아니라, 대화를 열어주는
것이 되기를 희망한다. 그 주제를 누가 꺼내는가는 그리 중요하
지 않다. 다만 우리가 가족 구성원 각자의 관점에 관심을 갖고

있다는 것과, 그들 각자가 주제에 대한 의견을 진술할 수 있을
뿐만 아니라, 주제를 도입할 수 있는 권리도 가지고 있다는 것을
가능한 한 빨리 알리려고 할 것이다. 이것에 대한 예들은 이 장
의 후반부를 포함한, 이 책 전체에서 찾아볼 수 있다. 이 시점에
서 필요한 핵심적인 기법은 우리의 기본적인 입장을 바꾸지 않
은 상태에서 정보와 상호작용의 흐름을 원활하게 하는 데 필요
한 것들을 수행하는 것이다. 우리는 가족 구성원 각자가 겪는 어
려움의 측면을 이해해주고 그 이해를 함께 나눔으로써, 그들이
성장하도록 돕거나 그들 스스로 자신들의 문제를 해결하도록 도
울 것이다.

참여의 장을 확장하기

앞서 제시한 예에서, 엄마는 딸이 이번 주에는 숙제를 하지 않
는 문제로 말썽을 부렸고, 그로 인해 집안이 시끄러웠다고 말하
는 것으로 회기를 시작했다. 기본적인 상황을 이해하는 데 필요
한 충분한 정보를 얻기 위해 엄마의 이야기를 들은 후에, 우리는
참여의 장(the field of participation)을, 즉 우리 자신과 가족의 관
찰 범위를 확대시키기 위해 노력했다.

우리는 상황에 대한 다른 가족 구성원들의 견해를 묻는 것을
통해서 이 참여의 장을 확장할 수 있을 것이다. 논리적으로, 우리
는 사건에 대한 딸의 견해에 귀를 기울여야 한다. 그것이 처음
있는 처음이라면, 반드시 그녀의 관점에 대해 물어보아야 할 것
이다. 하지만, 가족은 종종 어떤 문제들을 반복하는 경향이 있으

며, 그로 인해 치료자는 그 구성원을 지표 환자로 생각하기 쉽다—즉, 그는 전에도 이러한 불평을 들은 적이 있다. 우리는 엄마가 반복되는 상황을 문제시하는 것이 잘못이라고 말하는 것이 아니다. 그것이 반복되는 문제라면 엄마는 마땅히 그렇게 해야 한다. 그러나 이 경우에 가족치료 회기에서 그 문제를 해결하기 위해서는 또 다른 방법들을 필요로 한다. 우리가 방금 비난받은 딸이 질문에 부정적인 반응을 보일 거라고 생각할 수 있을 만큼 그녀에 대한 충분한 경험을 가지고 있다고 가정해보자. 그때 우리는 그녀의 반감을 고려해서, 직접적으로 그녀에게 묻는 대신에 다른 가족 구성원에게 물어볼 수도 있을 것이다. 예컨대, 우리는 그 문제를 알고는 있으면서도, 문제의 핵심에 서 있지 않은 여동생에게 이 상황을 어떻게 보느냐고 물어볼 수도 있다. 혹은 이 문제와 별 관련이 없는 그녀의 오빠에게 물어볼 수도 있다. 어떤 점에서, 우리는 지연 전술을 사용하고 있는 것이지만, 이것은 사실 엄마와 딸 사이의 작업 공간을 확장하기 위한 전략이기도 하다. 엄마가 그 주제를 도입하는 순간, 딸은 자극을 받아 마음을 닫거나 화를 내는 등 부정적인 반응을 보일 것이고, 엄마가 자신을 공격하고 거절하는 박해 대상이라고 생각할 것이다. 우리는 이 결함 있는 중심적 관계 안에 좀더 넓은 공간을 도입하고, 엄마-딸의 안아주는 능력을 좀더 증가시키기를 원한다. 그리고 이를 위해서는 전체로서의 가족이 그 두 사람에게 더 충분한 안아주기를 제공해줄 필요가 있다.

이것은 다른 사람들을 가족상황에 더 적극적으로 참여하게 만드는 기법으로 인도한다. 그녀의 오빠가, 여동생이 소란을 피운 것이 사실이고 그 자신도 화가 났지만, 그 상황에 대해 충분히 알고 있었기 때문에, 자신은 방에 들어가 책을 읽거나 밖에서 친구들과 농구를 했다고 말한다면, 우리는 그가 자신을 여동생에게 동정적인 대상으로 제시하고 있다는 것을 알 수 있을 것이다. 그러면 우리는 그가 무엇 때문에 화가 났는지 물어볼 것이고, 그이유가 부모가 그날 오후 내내 싸웠거나, 할머니가 방문을 해서 모든 가족 구성원들의 기분을 망치게 했기 때문이라는 것을 알게 될 것이다. 이 지점에서 우리는 다른 자매를 관여시킬 수도 있고, 아버지나 어머니에게 할머니 때문에 그들이 화가 났는지, 아니면 그들이 싸웠는지, 그렇다면 무엇 때문에 싸웠는지 등을 물어볼 수 있을 것이다.

만약 그들이 어째서 화가 났는지 그리고 무슨 문제로 불화하는지를 묘사하기 시작한다면—"아이의 설명되지 않는 행동"은 거의 언제나 가족 내의 정황과 관련되어 있다—그때 우리는 그둘을 연결시킬 수 있다. 이 연결은 단순한 행동주의적인 설명 이상의 것이다. 우리가 남편에게 "당신들 부부는 어머니가 방문한 것 때문에 화가 난 건가요?"하고 물었고, 그가 이렇게 대답했다고 가정해보자: "나이가 드시면서 건망증이 있으신 어머니는 점점 더 폭군이 되어 가는데, 그것 때문에 아내가 무척 힘들어합니다. 우리 부부의 싸움은 어머니가 아내에게 요리는 이렇게 해야 된다고 간섭하는 것에서 시작되지요. 나는 아내가 어머니의 비위를 맞추어 주기를 원하지만, 아내는 이것이 자신의 집이라는 사실을 어머니에게 주지시켜달라고 내게 요구하죠. 그때 나는 죄책감을 느끼는데, 그것은 종종 어머니가 떠나신 후에 부부싸움으로 나타납니다." 이제 우리는 아내와 지표 환자인 딸에게 그들이 각각 어떻게 생각하느냐고 물어볼 수 있을 것이다. 여기서 주목할 것은 엄마가 처음에 제기한 문제—숙제를 둘러싼 딸의 돌출행동—로부터 우리가 멀리 와있다는 사실이다. 이것은 그들의 딸로 하여금 그녀를 사로잡고 있는 올무에서 벗어나게 하는 효과를 가져다줄 것이다. 어떤 점에서, 우리는 반복적인 싸움으로 엄마와 딸의 중심적 관계를 손상시키는 반리비도적인 체계 근저의 역동을 탐구한 것이다. 우리는 이제 딸에게 사실을 부인하거나, 자신에 대해 보고하거나, 싸움을 다시 시작하는 수치를 겪도록 강요하지 않게 될 것이다. 우리는 그녀에게 다른 사람들이 하는 똑같은 것, 즉 가족 상황에 대해 보고해줄 것을 요청할 것이다.

종종 그 소녀는, 비록 처음부터는 아닐지라도, 몇 번씩 반복하면서 우리의 질문에 대답해주는 훌륭한 보고자가 될 수 있다. 만약 그녀가 토라지지만 않는다면, 그녀는 약간 조소하는 식으로 이렇게 말할 수 있을 것이다: "그럼요. 할머니가 오실 때마다 엄마 아빠는 긴장하세요. 선생님도 그 모습을 보셔야 해요. 부모님들은 내가 숙제하기를 싫어한다고 생각하죠. 그런데, 할머니가 오시면 엄마는 아빠에게 요리하라고 하세요." 그녀는 이렇게 많은 말을 하지 않고 단지 몇 마디만 할 수도 있을 것이다. 그러나 이처럼 성난 십대의 공격적인 태도는 그것 자체만으로도 가족을 위해 크게 기여하고 있는 것이다. 비록 그녀가 심술궂게 보일지라도, 그녀는 부모에 대한 자신의 견해를 제시함으로써 부모의 문제를 해결하는 일에 합류한 것이다. 그때 우리는 이렇게 질문할 수 있을 것이다: "부모가 이러한 싸움을 하고 있는 동안, 기분이 어때?" 혹은 덜 직접적인 방식으로, "할머니가 방문하실 때 어떤 느낌이지?"라고 물을 수 있을 것이다. 얼마나 직접적으로 질문을 하는가의 문제는 자녀나 다른 가족 구성원이 얼마만큼 그 질문에 반응할 수 있느냐에 대한 치료자의 판단에 달려있다. 중요한 차이는 그 소녀가 그 순간에 보호되고 있다는 데 있다. 이 과정에서 치료자는 그 소녀가 어떤 종류의 질문을 감당할 수 있고, 대답할 수 있는가를 생각해줌으로써, 가족이 줄 수 없었던 안아주기를 제공하고 있다.

이 지점에서 우리는 해석을 할 수 있을 것이다. 예를 들어, 우리는 "네가 숙제를 하기 싫었던 게 오후 내내 엄마와 아빠가 싸웠던 것과 관련이 있지 않을까"라고 말할 수 있을 것이다. 또는 이야기를 그 정도에서 멈추고 그들이 얼마만큼 치료자의 해석을 연결시킬 수 있는지를 살필 것이다. 가족 스스로가 대부분의 탐구를 수행하는 것이 가장 바람직하겠지만, 만약 그들이 그렇게 할 수 없다면, 일반적인 이해를 돕는 말을 하는 데 치료자가 인색할 이유는 없다. 말이 적은 것이 가족치료의 필수사항은 아니다. 물론, 치료자가 계속해서 말을 함으로써 가족을 압도할 필요도 없다.

따라서 가족이 탐구를 계속하거나 생각을 함께 나누는 일을 확장하지 못할 때, 혹은 우리가 가족들에게 필요한 이해가 어떤 것인지를 보여주고 싶을 때, 우리는 해석을 상당한 정도로 확장할 수 있을 것이다. 우리는 그 소녀에게 "너의 그런 행동은 가족의 문제에 대처하는 하나의 방식일 수도 있단다"라고 말하거나, 부모에게 "부부간의 싸움으로 인해 딸이 기분이 상해서 위층으로 올라간 것 같군요. 그 딸은 당신들 중 누가 옳고 그른지에 대해 어떤 생각을 갖고 있을지도 모르죠. 예컨대, 딸이 엄마가 잘못한다고 생각했다면, 그녀가 엄마와 다툰 것은 아빠에게 무언의 지지를 보낸 것일 수도 있어요. 혹은 그녀는 가족들이 할머니를 대하듯이 자신을 대하고 있다고 느꼈을 수도 있습니다. 그리고 그녀의 문제 행동은 바로 그것에 대해서 말하는 그녀 자신의 방식일 수 있어요. 이런 말들 중에 혹시 마음에 와 닿는 것은 없으세요?" 물론, 이 마지막 질문은 열려있는 것으로서, 자녀나 부모 누구에게도 해당될 수 있는 것이다.

이러한 대안들은 가족 안에 새로운 종류의 사고와 안아주기를 발생시키는 두 가지 해석 방식을 나타낸다. 이것은 해석의 수준과 관련된 것일 수도 있다. 첫 번째 방식은 단순히 질문을 통해 연결시켜주는 말을 하는 것이고, 두 번째 방식은 그 연결을 동기에 대한 대략적인 가정을 제시하는 것으로 확장시키는 것이다. 지금까지의 해석은 그리 심오한 것이 아니었음에도 불구하고, 문제 해결을 위한 새로운 시도였다. 그것은 "문제 해결을 위해 성난 태도로 비난하는 대신에, 무엇이 가족 구성원들을 화나게 하고 불화하게 만드는지를 이해하기 위해 함께 노력해보자는 것이고, 그런 노력은 사물을 바라보고 다른 사람들을 대하는 우리 모두의 태도에 변화를 줄 수 있다"는 것이었다. 우리의 추측이 대체로 맞다면, 그리고 가족 구성원들이 그 문제에 대해 작업할 수 있다면, 그들은 또 하나의 작업을 함으로써 우리의 해석을 따를 것이다.

아마도 이쯤에서, 지표 환자는 마지못해 고개를 끄덕이며 이렇게 말할 것이다: "맞아요. 나는 할머니 때문에 화가 났어요. 할머니도 사람이잖아요. 때로 나는 엄마 아빠가 할머니를 싫어하는 만큼이나 나를 싫어한다고 느껴요. 그러나 나는 엄마 아빠가 싸우는 게 무서워요. 그리고 화가 나요. 선생님의 말이 맞는 것 같아요." 그녀가 이렇게 말하기란 쉬운 일이 아니겠지만, 이런 일은 실제로 일어날 수 있다. 만약 그녀가 그렇게 말한다면, 우리는 적어도 숙제와 관련된 어려움을 그녀가 더 잘 이해할 수 있게 되었고, 다른 힘든 상황들은 좀 다르겠지만, 거기에도 나름의 숨은 이유들이 있을 거라고 말해줄 수 있을 것이다.

그 외에도, 우리는 가족으로 하여금 아버지를 둘러싼 엄마와 딸의 경쟁관계의 가능성, 혹은 좀더 깊은 수준에서의 엄마에 대한 실망의 원인을 고려해보도록 권고할 것인지를 생각해볼 수 있다. 이것이 가족보다는 아이에 관한 것이라는 인상을 주지 않기 위해서, 우리는 딸—엄마에게 착한 아이가 아니라 나쁜 대상, 즉 일종의 살아있는 비난인—에 대한 엄마의 실망도 똑같이 다루어질 수 있다고 지적하고 싶다. 또 하나의 접근방식은 부부간의 불일치가 어느 정도인지를 탐구하는 것인데, 이 사례에서 그 문제의 초점은 외할머니에게 맞추어져 있다. 더 바람직한 것은 이 모든 것들이 시간을 두고 탐구되고, 천천히 가족전체의 패턴과 그것의 다양한 출처들에 대한 폭 넓은 이해와 연결되는 것이다.

핵심 감정의 교환: 지금-여기와 그때-거기

주제 선정보다 더 중요한 것은 선정된 주제와 가족 구성원들 사이의 정서적 거리이다. 어떤 가족 구성원들은 다른 구성원들보다 더 먼 거리를 필요로 할 수도 있다. 다시 말해서, 거리를 유지하고자 하는 욕구는 각기 다양하다. 이것은 회기를 진행하는 동안 중요하게 고려해야 할 사항이다. 정서적 거리의 또 하나의 측면은 그 주제들이 얼마만큼이나 회기 바깥에서 일어나는 것과 관련되어 있는가이다. 우리는 치료실 밖에서 일어난 사건을 "그때-거기에서"의 사건으로 부른다. 이것은 본질적으로 우리가 과거의 다른 상황에서 있었던 것을 재검토하고 있음을 뜻한다. 거리를 유지할 필요가 적을 때, 논의되고 있는 감정들은 치료 공간 안에서 되살아나며, 그때 그것들은 직접적인 지금-여기에서의 사건들이 된다.

우리가 지금 여기에서의 문제를 다룰 경우, 찌푸린 얼굴표정, 논쟁, 전혀 의미 있는 것을 말하지 못하는 가족의 어려움과 같은 회기 동안에 발생하는 사건들에 대해 탐구하게 될 것이다. 그리고 그것은 전이 상황에 대한 탐구로 인도할 것이다. 가족은 지금 여기에서 작업을 수행해야 하고, 회기 동안에 우리가 제공해주는 담아주는 환경 안에서 일어나는 사건들에 대한 탐구 작업을 수행해야 한다. 이 과제의 성공과 실패는 치료자로서의 우리와 맺는 관계와, 가족이 우리가 제공해준 담아주는 환경과 맺는 전반적인 관계에 달려 있다. 우리는 특정 순간에 전이의 함축적인 의미를 강조할 수도 있고, 혹은 그것에 주의를 환기시키지 않으면서 그것을 관찰하고 이해할 수도 있는데, 어떤 것을 선택할지는 여러 요인들에 달려있다. 이 주제는 다음 장에서 다룰 것이다.

지금-여기에서의 사건이 갖는 이점은 가족과 치료자가 경험을 공유함으로써 그들이 다루는 주제에 직접성과 확실성을 주는 것이다. 지금-여기에서의 사건을 탐구할 것인지 아니면 그때-거기에서의 사건을 탐구할 것인지를 선택하는 것은 어렵게 보일 수 있지만, 실제로는 그렇지 않다. 집에서 일어난 일에 대해서는 누군가가 화를 내거나 깊은 불신의 표정을 짓기 전까지는 토론을 진행하는 것이 비교적 수월하게 이루어질 것이다. 토론이 감정적이 되는 순간이 있는데, 그때가 바로 지금 여기에서 일어나고 있는 것에 대한 논의로 이동해야 하는 순간이다: 치료자는 그 순간에 그 표정을 지은 사람이 느낀 것에 대해 물어보고, 또 그 표정을 바라본 사람이 느낀 감정에 대해 물어볼 수 있을 것이다.

일상에서의 사소한 일들이 중요한 탐구 주제가 되는 것은 바로 이런 이유에서이다. 우리가 4장에서 주목했듯이, 이것들은 초기에 부모와 유아의 상호작용에서 그랬던 것처럼, 핵심적인 안아주기 경험을 구성하는 기본 재료이다. 가정에서 있었던 일상적인 어려움에 관해서 이야기하는 것이야말로 핵심적인 정서를 나누는 순간—이해와 변화를 위한 금빛 순간—으로 가는 가장 직접적인 통로이다. 그런 순간이야말로 가족 경험의 핵심적인 요소가 치료실 안에 현존하는 순간이다. 그러므로 우리는 다른 어떤 때

보다도 그러한 요소를 상세히 작업할 수 있게 된다. 전이가 발생하는 이 치료적 순간들을 포착해내는 것이 곧 정신분석적 접근의 핵심적 요소이다. 다음의 사례는 이 점을 보여준다.

로버트 씨 부부는 12살 난 데비와 10살 난 빌을 자녀로 두고 있다. 이들 부부는 3년 전에 성적인 문제—아내에게 성적 흥미를 느끼지 못하는—로 내게 성-치료를 받은 적이 있는데, 그 문제는 지금 어느 정도 개선된 상태이다. 그들은 성-치료를 받은 지 일 년 후에 데비의 문제로 다시 내게 왔었는데, 그때 로버트 부인은 데비가 지난 수년 동안 견딜 수 없는 고통을 주는 가시와 같다고 말했다. 데비는 명백한 우울증 증상을 보였고, 학교생활은 엉망이었으며, 한번에 한 친구에게만 필사적으로 매달리는 행동 패턴을 보이고 있었다. 빌은 거의 문제를 일으키지 않는 착한 아이였고, 학교생활과 스포츠 분야에서 우수한 능력을 발휘했으며, 부모의 신뢰를 얻고 있었다. 부모들 사이의 관계는 여전히 불편했는데, 로버트 부인은 남편이 자신을 성적으로 거부한다고 생각했고, 그를 미성숙한 골칫덩어리로 취급했다. 로버트 씨는 시립학교에서 시시한 직책을 맡고 있으면서 어려움을 겪고 있었다. 그는 직장 상사들이 자신의 권리를 침해한다고 비난하는 일에 시간을 낭비하고 있었다. 또 그는 책임 있는 학교 체계를 만들기 위해서는 많은 정보를 갖는 것이 필요하다고 하면서, 자신은 읽지도 않는 관련된 문서들을 수집해서 온 집안을 가득 채우고 있었다.

오늘은 데비가 설거지를 하지 않은 것에 관해 토론이 시작되었다. 로버트 부인은 자신이 다른 모임에 참석하기 위해 서둘러 나가면서 데비에게 식탁을 닦으라고 말했었고, 빌에게는 위층으로 올라가 숙제하라고 말했었다고 주장했다. 그러자 데비는 엄마에게 항의했다: "그것은 사실이 아니에요. 엄마는 내게 설거지를 하라고 말한 적이 없어요. 내가 하겠다고 제안을 했죠. 그때 엄마는 '너는 설거지를 해본 적이 없지 않니? 이제는 해볼 때가 된 것 같구나'라고 말했어요. 엄마가 그렇게 말했을 때, 나는 '좋아요, 엄마가 그렇게 생각하신다면, 설거지를 안 할래요'라고 말했어요. 그리고 엄마는 '거봐. 내 말이 맞잖아!'라고 말했어요."

엄마에게 맞서는 데비의 모습은 아주 당당해보였다. 그리고 엄마는 "그래? 내가 그렇게 말했다면, 네가 왜 그렇게 화를 내는지 이해가 된다"라고 차분하게 응답했다.

그들 사이에 긍정적인 감정이 조금씩 증가하고 있었다. 대화는 한동안 계속되었고, 그 다음에는 화제가 로버트 부인의 어머니에게서 온 전화에 대한 것으로 바뀌었다. 데비는 할머니와 좋은 관계를 유지하고 있었지만, 로버트 부인은 자신의 엄마를 미친 사람으로 취급하고 있었고, 자신이 어렸을 때 정서적으로 자신을 방치한 것에 대해 분노와 증오를 느끼고 있었다. 로버트 부인은 엄마가 자신의 어린시절에 강박적으로 가계에서 물건을 훔쳤던 일과 수차례나 바람을 피웠던 일 외에도, 이런저런 일들을 딸에게 털어놓음으로써 자신에게 너무 큰 부담을 주었던 일로 인해 엄마를 증오했다. 결국 그 정사들 중의 하나가 들통 났을 때, 그녀의 아버지는 가족을 떠났다. 로버트 부인은 자신은 일찍부터 동생들을 돌보는 사람이 되어야 했지만, 자신의 여동생은 아기처럼 돌보아주었다고 느끼고 있었다.

이번 주에 걸려온 전화에서 로버트 부인은 어머니와 짧은 이야기를 나눈 후에 데비에게 수화기를 넘겼고, 데비는 할머니와 다정하게 대화를 나누었다. 그 후 데비는 기분이 좋아져 아래층으로 내려왔고, 친구를 집에 데려와서 자도 되느냐고 물었다.

회기에서 이러한 이야기가 진행되는 동안, 로버트 부인은 카우치에서 나를 향해 돌아누운 상태로 "그 애가 데비의 유일한 친구예요. 나는 데비에게 그 친구가 있는 게 다행이라고 생각해요"라고 말했다.

데비는 상처받고 화난 얼굴로 엄마를 바라보았고, 눈에는 눈물이 글썽거렸다. 나는 계속해서 말을 하려고 하는 로버트 부인을 중지시켰고, 데비에게 그녀가 엄마를 노려보았을 때 어떤 느낌이었느냐고 물었다. 데비는 처음에 눈물을 참으면서 이렇게 말했다: "집에서도 이래요. 내가 아무것도 하지 않아도 엄마는 나를 화나게 만들어요. 이건 옳지 않아요. 엄마는 나를 별로 좋아하지 않아요. 그런 엄마가 나를 왜 낳았을까요?"

이때 나는 이 감정적인 순간에 대한 이해를 확장시키는 작업을 해야겠다고 생각했다. 그렇게 생각한 이유는 데비가 그녀의 엄마에게 했던 질문들은 여러 달에 걸친 부모와의 상담에서 대답되지 않았고, 지난 6개월 동안의 가족모임에서도 아무런 수확 없이 반복되는 질문이었기 때문이었다. 그 순간 처음으로 나는 많은 문제들의 근저에 있는 것을 발견했다.

그때 나는 로버트 씨에게 아내가 데비에 대해 한 말을 어떻게 생각하느냐고 물었다.

그는 말했다: "아내가 그런 말을 한 것은 사실이에요. 나는 그녀가 데비를 다루는 방식을 아주 싫어하죠. 그녀는 빌에게는 결코 그런 식으로 대하지 않아요. 나는 그녀가 데비에게 불공평하게 대한다는 말에 동의합니다."

아버지와 데비가 같은 편이 되기, 가족의 분열, 그리고 그 순간에 드러난 가족의 안아주기 기능의 손상 등을 확인한 후에, 나는 로버트 부인에게 "데비가 친구 한명이라도 가진 것이 다행이라고 말했을 때, 무슨 생각을 하셨나요?"라고 물었다.

그녀는 이렇게 대답했다: "나는 데비에게 화가 많이 나 있었어요. 생각해보면, 데비가 전화로 나의 엄마와 나눈 이야기 속에 나를 자극한 것이 있었던 같아요. 나는 때로 데비가 나의 엄마처럼 자기밖에 모른다고 느끼곤 하죠. 나의 엄마는 자신의 일에만 신경을 쓰기 때문에 내게 무슨 일이 일어나든 상관하지 않아요. 데비가 나의 엄마와 잘 지내는 것이 좋은 일이라고 생각하면서도, 한편으로는 기분이 상해요. 그래서 데비가 통화를 끝내고 아래층으로 내려왔을 때 화가 났었지요. 하지만 꾹 참았는데, 여기에서 그 사건에 대한 이야기가 다시 나왔을 때, 나는 나 자신을 통제할 수가 없었어요. 나는 나를 이렇게 만든 엄마를 내 딸 데비가 좋아하는 게 싫습니다."

데비는 "보세요. 이건 불공평해요. 엄마는 내가 할머니와 잘 지내기를 바라면서도, 막상 내가 그렇게 하면 그건 내가 엄마를 미워하기 때문이라고 생각해요"라고 말했다.

그러자 엄마는 부드러운 어조로 말하기 시작했다: "그것은 사실 데비의 잘못이 아니에요. 하지만 나는 데비와 어머니가 한편이 되어 나를 무시할 거라고 느꼈죠."

나는 말했다: "내 생각에 당신은 때때로 데비와 당신의 남편이 한편이 되어 당신을 무시한다고 느끼는 것 같아요. 그래서 당신은 남편에게 분노하고 있는데, 그 분노를 데비에게 쏟아 붓는 것이 훨씬 쉽다고 느끼고 있죠."

"사실이에요. 나는 남편에게 화를 못내요. 나는 그가 두려워요. 믿을 수 있으세요? 끔찍스런 남자! 그는 두렵지만, 데비는 두렵지 않아요"라고 그녀가 말했다.

나는 로버트 씨에게 물었다: "당신은 당신의 아내가 당신에게 갖는 나쁜 감정의 일부를 데비가 느끼고 있다는 것을 아시나요?"

"아니요. 그런 적이 없어요. 그건 옳은 일이라고 생각하지 않아요. 하지만, 나는 그들 사이에 무언가 나쁜 일이 진행되고 있다고 느끼죠. 그런 이유로 나는 종종 아내에게 화를 낸답니다. 사실,

나는 종종 아내가 빌의 사랑만을 추구하면서, 나와 데비는 거부하고 있다고 느낍니다."

"그런 나쁜 감정을 느끼는 순간 안에 두 분 모두가 겪었던 과거의 경험이 들어있는 것 같습니다. 제가 보기에는 그런 일들이 집에서 항상 일어나고 있을 것 같은데요. 보세요, 그 안에 가족의 모든 것이 들어 있습니다!" 나는 혹시 이 문제에 영향을 끼친 다른 대상관계 경험들이 있지 않을까 궁금해졌다.

방금 제시한 자료 안에는 엄마의 과거와, 엄마와 딸 사이의 부정적 감정에서 오는 반복되는 불평들을 포함한 많은 것들이 포함되어 있다. 그러나 이 회기에서 발생한 핵심적인 진전은 문제에 대한 생생한 감정—엄마가 딸에게 상처를 주고, 딸이 엄마를 경멸스런 시선으로 바라보는 것에서 드러나는—을 현재 안으로 가져온 것이다. 이 회기 동안에 우리는 서로를 거절하는 초점적 관계 맺기—초점적인 안아주기를 제공해주지 않는—의 예를 검토할 수 있었다. 또한 이 가족의 공유하는 안아주기 역량은 문제를 더 나은 방법으로 해결하기에는 역부족이었는데, 그것은 아버지가 아내와의 동맹관계를 버리고 상처받은 딸의 편을 들어주는 모습에서 드러났다. 그때 그의 아내는 자신의 엄마와의 관계에서 느꼈던 것처럼, 자신은 혼자이고 모든 책임을 혼자 져야 한다고 느꼈다.

이제 우리는 부모 사이의 동맹관계가 변한 것을 가족의 삼각관계라는 측면에서 서술할 수 있게 되었다(Bowen 1978). 이 가족 안에 그리고 이 특정 시기에 상당히 빗나간 오이디푸스적 삼각관계가 존재한다는 사실에는 의심의 여지가 없었다. 그러나 그것은 상세히 설명될 필요가 있는 매우 특별한 방식으로 빗나간 것이었다. 더 중요한 것은, 그렇게 빗나간 데는 탐구될 수 있고, 결국에는 서술될 수 있는 여러 가지 이유들이 있다는 점이다. 특히 이런 이유들을 가족 구성원들의 상처 및 갈망과 연관지어 생각한다면, 가족 구성원들은 자신들을 더 잘 이해할 수 있다고 느낄 것이다. 우리가 "이유를 나타내는 절"(because clause)이라고 부르는 이 주제에 대해서는 이 장의 후반부에서 다룰 것이다. 가족 구성원들은 처음에 치료자와 함께 있는 상황에서 치료자에게서 이해받는다고 느끼고, 나중에는 서로에게서 이해받는다고 느끼며, 궁극적으로는 그들 자신들이 더 잘 이해해주는 사람들이 되고 있다고 느낄 것이다. 외적 대상의 변화는 내적 대상을 수정한다. 내적 대상의 변화는 개인의 자기(self)를 변화시키고, 이것은 외적 대상에게 새로운 영향을 미친다. 이 과정의 상호적인 측면들은 서로 맞물려 있으면서 서로를 강화시켜준다: 대상과 자기는 끝없이 계속되는 순환과정 안에 함께 묶여있다.

개입의 종류

우리는 에드워드 비브링(Edward Bibring; 1954)이 개인치료에 적용했던 것과는 달리, 해석적 작업의 다양한 수준들을 구별하지 않는다. 그보다는 개입의 네 가지 영역을 고려해볼 것을 제안한다: 첫 번째 영역은 회기를 조직화하고, 구성원들 모두가 말할 수 있는 공간을 필요로 한다고 말해주고, 혼돈을 진정시키고, 탐구를 시작하게 만들기 위해 개입하는 영역이다. 두 번째 영역은 지지와 충고를 주기 위해 개입하는 영역이다. 세 번째 영역은 이해를 돕기 위해 개입하는 영역이다. 이것은 현 상황에 이름을 주거나 그것을 명료화하기 위한 피상적인 언급으로부터 점차 깊은 해석

적 언급에 이르기까지 다양한 수준을 포함한다. 게다가, 어떤 언
급들은 전이를 일으키거나, 전이를 조사하기 위한 것일 수 있
다. 우리는 다음 장에서 이 측면을 자세히 다룰 것이다. 그리고 네
번째 영역은 극복과정을 수행하는 동안에 가족이 스스로 이해의
과제를 담당할 수 있을 때까지, 그리고 치료의 종결 단계에 도달
할 때까지 모든 수준의 개입들을 반복해서 사용하는 영역이다.

치료 회기의 조직화

치료자가 하는 일의 상당 정도는 대화가 없는 가족 구성원들
이 대화를 시작하고, 말을 좀 적게 하라고 요청하거나 시작한 말
을 끝낼 수 있도록 지켜주고, 반복되는 다툼에 개입해서 문제 해
결을 위한 다른 종류의 정보, 예컨대 부모의 어린시절에 관한 정
보를 제공하는 등, 치료 작업에 발동을 거는 것과 관련되어 있다.
이런 종류의 역할은 가족을 조직화하고, 필요할 경우 방법을
제시해주며, 삶의 상황에서 좀더 성숙하고 지식을 갖춘 동반
자로 활동하는 부모 기능의 파생물이다. 이렇게 치료적 공간
을 촉진시키고 조직하는 것을 통해서, 우리는 아이들을 먹이
고, 훈련시키고, 교육하고, 씻어주는 일을 책임지고 있는 부모
처럼 행동한다. 처음에 우리는 많은 역할을 해야 할 수도 있지
만, 늘 그런 것은 아니다. 왜냐하면 이 기능들과 현 가족 안에서
부모가 담당하는 기능 사이에는 중복되는 부분이 많기 때문이다.
그러므로 많은 가족들은 처음부터 그들의 경험들을 조직화하
는 일을 스스로 감당할 수 있고, 그럴 경우 우리는 현재 일어
나고 있는 일들을 이해하는 데 더 많은 초점을 둔다.
그럼에도 불구하고, 거의 모든 가족치료에서 치료자는 어느 정

도 촉진적인 역할을 해야 한다. 그러한 역할이 요청될 때, 치료자가 그것을 피할 이유는 없다. 치료자는 치료적 공간을 "관리하고" 사용하는 일에 책임을 져야 한다. 치료적 공간의 복잡성 때문에 가족치료는 개인치료에서보다 더 많은 조직화를 필요로 한다. 이러한 이유로 개인치료와 가족치료를 병행하는 치료자들은 가족치료 상황에서 더 적극적인 활동을 하며, 이러한 증가된 활동이 적합한 것이라고 느낀다. 가족치료가 지닌 이러한 관리적 측면들은 우리가 관찰했던 다른 가족치료의 양태에서와 마찬가지로 대상관계 가족치료에도 적용된다.

가족의 대상관계 역사에 관해 질문하는 기법은 특별히 주목할 만한 가치가 있다. 우리는 나이든 가족 구성원들이 자신들이 자랄 때 겪었던 경험들을 젊은 구성원들과 나누도록 격려한다. 그 정보들은 가족에서 자연스럽게 획득되기도 하지만, 때로는 분명하게 물어보아야 할 경우도 있다. 가족 구성원 중 한 사람에게 원 가족에서 겪었던 비슷한 경험에 관해 물어보는 최상의 시점은 치료적 진전이 가로막히는 순간이나 그런 정보가 이해와 공감을 촉진시킬 수 있다고 기대되는 순간이다. 우리는 그런 순간에 치료 현장에서 전개되는 특정 상황과 관련된 대상관계의 역사를 알고 싶어 한다.

이런 질문들은 부모 또는 일차적 인물들과의 상호작용에 대한 기억을 끌어내기 위한 것이다. 사실, 우리가 얻고자 하는 것은 경험되고 내재화된 관계의 역사이다. 이러한 내적 대상들의 역사 안에는 상호작용들의 기록과 한데 짜여져 있는 왜곡된 환상 경험들이 들어있다. 이것은 사실에 대한 역사라기보다는 내재화된 대상들의 역사라고 할 수 있다. 이런 정보는 종종 가족 안에서 지금 일어나고 있는 상호작용들의 의미를 연결시키거나 해석을 할 수 있는 능력을 가져다준다.

지지와 충고를 제공하기

가족치료에서 지지는 많은 역할을 한다. 그것은 개인이나 가족으로 하여금 견디기 힘든 어떤 것을 견딜 수 있도록 돕는다. 그것은 가족이 결여하고 있는 안아주는 기능을 제공해주는 지지적인 부모의 역할이기도 하다. 지지는 실제로 격려해주거나 인정해주는 어떤 말을 해주는 것일 수도 있고, 치료 과정 자체 안에 포함된 것일 수도 있다. 대부분의 가족에게 우리가 줄 수 있는 가장 큰 지지는 해석을 통해 안아주는 역량을 증진시켜주는 것이다. 탐구를 계속하고, 상호 이해를 위한 공간을 넓히도록 격려하며, 그들이 더 견딜 수 있다고 믿어주고 버텨주는 과정은 그들에게 큰 격려가 된다. 이것은 미래의 발달에 대한 이상을 안아주는 부모 기능을 제공해주는 것으로서(Loewald 1960), 엄마가 유아에게 성장하고, 모험을 감수하며, 성취하도록 지지해주는 것과 같은 것이다. 엄마는 지지를 제공해줌으로써 자신의 보호 아래 아이가 분리된 개인이 될 수 있도록 격려해준다. 만약 가족이 어린아이처럼 더 직접적인 지지를 필요로 한다면, 우리는 부모들처럼 그것을 주어야 한다. 그러나 그때에도 우리는 우리가 지지해주고 있다는 것과, 그것이 어째서 적절한 것인지를 알고 있어야 한다.

이것은 부모에게 자녀 양육에 관해 충고해주는 역할을 포함한다. 우리처럼 아동치료 경험이 있는 치료자들은 아동을 다루고 한계를 설정하는 방법에 관해 부모에게 충고하는 법을 알고 있다. 우리는 부모의 방어들을 존중해주면서 가능하면 적게 그리고 조심스럽게 충고를 한다. 부모를 위한 안내서와 심리치료 사이의 공유영역에 관해 다룬 문헌들은 많이 있다(Arnold 1978). 예컨대, 아이에게 자기 방으로 들어가라고 말함으로써 한계를 그어주도록 부모에게 충고를 할 경우, 우리는 부모가 과연 그렇게 할 수 있는지를 알아보기 위해서 기다린다. 그들이 그렇게 할 수 있다면, 그들은 효과적으로 한계를 설정함으로써 좋은 결과를 얻을 수 있을 것이고, 부모와 아이의 관계는 개선되기 시작할 것이다. 그러나 한계를 그어주어야 한다는 우리의 충고를 그들이 받아들일 수 없다면, 부모 사이의 역동 안에 있는 무엇이 그리고 부모 각자의 심리 안에 있는 무엇이 그런 충고를 실행하지 못하게 방해하는지를 조사하기 위해 부모를 위한 치료를 시작해야 할 것이다.

우리의 가족치료 접근이 갖고 있는 일반적인 틀 안에는 이러한 종류의 작업을 위한 공간이 있다. 치료자는 부모의 역할을 더 효과적으로 할 수 있도록 도울 뿐 아니라 자녀들의 역할도 잘할 수 있도록 도와야 한다. 하지만, 사실상 쉽게 분개할 수 있는 잠재기 아동이나 청소년들에게 직접적인 충고를 하는 것은 결코 쉬운 일이 아니다. 이러한 경우에, 우리는 부모의 특권을 지지하지만, 그것은 아이들을 무시해도 좋다는 것을 의미하지는 않는다. 따라서 그 점을 분명하게 밝혀주는 질문들을 해주는 것이 바람직하다. 그리고 이런 질문들을 할 수 있는 정도는 각 가족마다 다르다. 어떤 경우에는 가족이 동맹관계를 형성하고 있어서 대부분의 합리적인 개입을 무리 없이 받아들일 수 있을 것이다. 하지만 가족의 동맹관계와 안아주는 역량이 심하게 공격받는 또 다른 경우에, 치료자는 자신이 부모의 편을 들고 있다는 인상을 주지 않도록 노력하는 것이 현명할 것이다. 이 문제는 치료자의 판단에 달려있다. 대부분의 가족들은 치료자가 그들과 함께 작업하는 방식을 배워가는 처음 얼마동안 치료자의 판단 실수를 어느 정도 참아줄 것이다.

가족에게 직접적인 충고를 하는 것이 현명하지 않다고 판단될 때, 우리는 일반적으로 더 선호되는 작업을 택한다: 우리는 한계설정에 대해 또는 충고에 대해 그들이 어떻게 느끼는지를 질문을 할 수 있다. 이 질문은 보통 아이의 저항이나 분개에 대한 느낌이나, 부모가 느끼는 죄책감에 대한 논의로 이끌 수 있다. 약간의 행운이 따른다면, 이러한 논의는 부모 자신의 성장과정에서 겪은 특정 경험이 부모 기능에서의 무능을 가져온 요인으로 작용했음을 보여줄 수 있을 것이다. 그러나 이런 질문은 종종 앞장에서 서술된 바 있는 반항적인 12세 소녀의 어머니처럼, 강한 반발을 불러일으킬 수도 있을 것이다.

엄마: "그 말은 딸이 내게 소리를 지를 경우 그녀의 숙제를 도와주지 않겠다고 말해도 된다는 말인가요? 그래서 그 애가 시험에 떨어지도록 내버려두라고요?"

치료자: "글쎄요, 어떻게 생각하세요?"

엄마: "그 애가 낙제를 하면 그 다음에는 내게 소리를 지르지 않을 것 같은데요. 또는 시험에 합격할 수도 있겠죠. 그러면 내 딸은 더 이상 숙제를 하는 데 내 도움을 필요로 하지 않겠지요. 그렇게 생각해본 적이 없네요. 됐습니다. 이제 무얼 해야 할지 알 것 같아요."

이런 식의 작업은 자녀들이 부모에게 직접적으로 맞서도록 허용할 것이다. 그럴 때 우리는 그것에 대해 토론하도록 지지해줄 것이다. 우리는 누구의 편을 드는 일 없이, 부모에게 맞서는 아이를 지지해주는 동시에 한계 설정과 관련된 어려움을 탐구하도록 엄마를 지지해줄 것이다. 아이는 종종 더 효과적이고 덜 왜곡된 자녀양육 방법을 찾기 위해 노력하는 부모를 거부하지 않는다. 사실, 아이에게 직접 물어보면, 아이는 부모가 자신에게 한계를 그어주는 것이 필요하다고 대답할 것이다. 하지만 아이는 그것의 합리적인 변형을 요구할 것이며, 그렇게 아이는 한계설정 과정에 참여할 수 있을 것이다.

요약해서 말하자면, 우리는 먼저 이런 문제들을 가족의 상황을 이용해서 평이한 탐구 방식으로 접근하는 것이 최선이라고 말할 수 있다. 이것이 어떤 이유로 인해 적절치 않다면, 예컨대, 아이가 너무 어리든지 혹은 협력하기를 거부한다면, 치료의 틀을 유지하면서 안내를 제공할 수 있을 것이다. 이 주제에 대한 더 상세한 논의는 제2권에서 다룰 것이다.

의사소통을 촉진시키기

가족치료의 중간 목표들 중의 하나는 의사소통을 개선하는 것이다. 우리는 질문을 하거나 다른 사람들이 말을 하게 만드는 것을 통해서 이 목표를 성취하려고 하지 않는다. 우리는 관계가 좋지 않은 남편과 아내가 등을 대고 앉아서 서로에 대해 무엇이 싫은지를 말하게 하는 기법과 같은 수단을 사용하지 않는다. 우리는 말에 가치를 부여하는 것을 통해서, 즉 말로 표현하는 것을 통해서 의사소통을 촉진시킨다. 가족의 정서적 상황이 언어사용 이전의 경험으로부터 유래한 것일 때, 그래서 말로 표현할 수 없을 때, 우리는 그런 사실을 말로 지적할 것이다. 우리는 비언어적 의사소통에 주목하면서, 그것을 다시 언어로 표현할 수 있도록 도울 것이다. 어떤 가족들에서 언어는 언어로서가 아니라, 침묵을 강요하는 것으로, 포장으로, 무기로, 쓰레기로, 혹은 토하기로 사용된다. 우리는 언어가 이런 식으로 사용되고 있고 또 그것이 가족 경험의 파생물이라는 것을 확인할 경우에, 더 나은 의사소통 능력을 촉진시키려는 노력을 시작할 것이다. 그 외에도, 우리는 아이들과 청소년들이 자신들의 나이에 맞게 소통할 수 있도록 장난감, 종이, 크레용 등의 자료를 제공해줄 것이다.

이해: 해석을 통해 가족의 경험에 참여하기

가족치료에서 해석을 사용하는 것은 비효과적이라는 지적이 있어왔다; 가족들은 진실을 알고 싶어 하지 않으며, 어떤 해석도 들으려 하지 않는다는 것이다. 이것은 해석과정에 대한 근본적인 오해를 나타낸다. 해석을 거리를 둔 채 가족에게 부과하는 주지적인 내용으로 보는 이런 관점은 희화화된 것이다. 여기에서 우리는 다만 이 책에 포함된 자료와, 가족 안에서 이해가 갖는 힘을 탐구하고자 하는 독자들의 경험에 의지해서, 이런 관점이 잘못된 것임을 밝히기 위한 기본적인 틀만을 제공할 것이다.

해석은 정신역동적 치료과정의 핵심적인 요소이다. 해석이란 우리가 추측하는 것을, 그것이 맞든 틀리든 간에, 가족에게 강요하는 것이 아니라 가족과 함께 이해에 도달하는 과정이라는 점을 앞에서 분명하게 밝혔다. 이것은 해석이 아무리 깊은 수준에서 이루어진다고 해도, 그것이 모든 문제를 단번에 해결해주는 신탁의 말이 아님을 말해준다. 때로 치료자의 말이 그런 역할을 하기도 하지만, 그것이 일반적이지는 않다. 그것은 가족 구성원의 말 한마디가 가족의 문제를 해결하는 돌파구가 되는 것과도 같다. 사실, 가족치료가 잘 진행될 때, 이런 일이 발생한다.

우리가 강조했듯이, 해석은 이해하는 과정을 통해서 그리고 이해를 위한 노력을 공유하는 과정을 통해서 가족에 참여하는 작업이다. 그것은 안아주는 과정의 주된 작업을 구성하는 것으로서, 엄마와 자녀 사이의 초점적인 관계 맺기와 초점적인 안아주기에 비교될 수 있는 것이다. 치료자는 해석이 항상 옳아야 한다고 생각할 필요는 없다. 많은 경우에 가족 구성원들이 잘못된 해석을 "바로잡아줄 것이고," 치료자는 그들이 수정해준 내용을 따라 작업해 나가야 할 것이다. 이것이 치료과정이다. 하지만, 치료자가 말한 것에 가치를 부여하는 데 사용하는 단서들은 일차적으로 의식적인 찬성이나 반대가 아니다. 그 단서들은 가족 구성원들 사이의 의견의 불일치를 포함하는 감정적인 어조와 그것에 수반되는 연상내용이다. 다음의 예에서, 치료자의 언급을 부모가 즉각적으로 부인한 것은, 아들이 곧 확인해주었듯이, 치료자의 말이 옳았음을 보여준다.

　치료자: "내가 보기에는, 죤이 상담에 오기를 꺼려하는 가족 구성원 모두의 마음을 대변하고 있는 것 같은데요."
　아버지: "잘못 생각하신 것 같군요. 나는 가족들 모두가 참석해서 이 문제를 해결하기를 바라고 있습니다. 나는 여기에 오는 게 힘들다는 그들의 하소연을 듣는 데 지쳤습니다."
　엄마: "나는 이 치료에 대해서 남편과 같은 생각을 하고 있어요."
　죤: "엄마와 아빠는 여기에 오는 도중에 다투셨죠. 아빠는 나는 '당신이 아이들에게 그렇게 말하지 않았으면 좋겠소. 그렇기 때문에 우리가 그 망할 놈의 가족치료에 가야 되잖소'라고 말했죠."

　해석은 대상관계 치료에서 쟁기를 끌어주는 소의 역할을 한다. 해석적 언급은 단순히 이론적인 개념이거나 가족에게 전문적인 용어들을 쏟아 붓는 것이 아니다. 비록 그것들이 이해를 위한 길잡이는 될 수 있겠지만, 그 이상은 아니다. 우리는 이론적인 용어들이 매우 유용하다고 느끼고 있음에도 불구하고, 그러한 용어들을 사용하지는 않는다. 우리는 가족의 경험에 친숙한 일상적인 용어들, 그들의 상징, 그리고 그들에게 의미가 분명한 언어들을 사용한다. 이것은 그들이 중요하다고 느끼는 문제들에게 생명력을 불어넣는 용어들을 그들에게서 빌려다 쓰는 것을 의미한다. 미누친(Minuchin 1974)은 이것을 "추적하기"(tracking)라고 불렀다. 그러나 가장 중요한 것은 그 용어가 분명하고 직접적이어야 한다는 점이다. 즉, 그것이 단순하고 짧아야 한다. 때로는 단 몇 분간의 말이 장황한 연설보다 훨씬 더 효과적이다. 하지만, 이것과 관련해서 정해진 규칙은 없다. 중요한 것은 그 뜻이 분명해야 하고, 가능한 한 가족에게 분명하게 전달될 수 있어야 한다는 점이다. 어린아이들이나 이해 능력이 손상된 가족 구성원들을 대상으로 말할 경우, 치료자는 자신이 사용하는 언어를 바꾸어야 한다. 아주 어린아이들에게 말할 때, 그 언어 안에는 놀이적인 요소가 포함되어야 할 것이다. 이 주제에 대해서는 제 2권의 3장과 4장에서 상세히 다룰 것이다.

이런 식으로 해석은 두 가지 역할을 한다. 해석은 현 순간의 직접적인 문제에 대해 한 사람에게, 가족 구성원 두 사람 사이의 관계에게 그리고 가족 전체에게 말하는 동시에, 우리에 관한 "초의사소통"(metacommunication)에 관해, 즉 우리가 이해하기 위해 거기에 현존하고 있다는 사실을 말해준다. 우리가 가족과정에 참여하고 있으면서도 그 과정 바깥의 관점을 가질 수 있을 때, 우리는 그들이 누구인가를 반영해주는 것과 그들이 스스로 탐구해가는 데 필요한 담아주기를 제공하는 것 사이를 오가는 살아있는 진자운동을 잘 해낼 수 있을 것이다.

우리가 제안하는 모델에서, 해석의 일차적인 초점은 가족 구성원의 안아주기 상황과, 그 안아주기에 필요한 담아주는 공간을 제공해주지 못하는 문제에 맞춰진다. 여기에는 많은 요소들이 포함되어 있다: 자기 자신은 버림받았고, 피해를 입었으며, 사람들을 방어적이 되게 하고 분노하게 만드는, 사랑받지 못하는 사람이라는 공유된 불안; 사람들이 자신을 오용하고, 있는 그대로서의 자신을 사랑하지 않을 거라는 두려움에서 오는 통제욕구; 이런 일을 겪은 가족 구성원들의 과거 역사; 가족들이 서로를 현재를 살

고 있는 대상이라기보다 어제의 대상으로 대하기. 이것들은 가족
이 안아주는 역량을 더욱 발전시키도록 돕는 치료과정에서 흔히
언급되는 주제들이다. 그러나 그것들은 전반적인 목표에 관한 것
이지 우리가 실제로 그런 말을 하는 것은 아니다. 대신에 우리는
목적을 이루기 위해 작업해나간다. 앞의 예에서, 치료자는 아버지
역시 가족치료에 오는 것에 대해 못마땅한 감정을 가지고 있다
는 존의 언급을 따라갔다.

　　치료자: "내 생각에는 존이 가족 전체를 대신해서 이 감정을
표현하고 있는 것 같습니다. 아이가 상담에 오길 싫어하는 것은
있을 수 있는 일이니까, 존이 그렇게 하는 것이 가족에게는 더
안전하다고 느껴지겠죠. 그러나 그는 자신이 이곳에 오는 것을
싫어하는 유일한 사람인 것처럼 취급되자 더 고립되었고, 가족들
이 자신을 이해한다고 느낄 수 없게 되었죠. 만약 그가 여러분을
대신해서 무언가를 말하고 있다고 생각한다면, 여러분은 여기에
있는 것이 왜 힘든지를 더 잘 이해할 수 있을 것 같은데요."

행동을 통한 해석

　모든 의사소통이 말로 표현되는 것은 아니다. 우리는 때로 말
없이 어떤 자세를 취하거나 메시지를 담고 있는 어떤 행동을 통
해서 무언가를 말한다. 행동을 통한 개입이 때로는 말로 하는 것
보다 더 효과적일 수 있다. 예컨대, 아이의 보복이 두려워 한계를
정해줄 수 없었던 부모는 결석한 회기의 비용을 지불해야 한다
는 것과, 회기를 정시에 끝내는 문제에 대해서 치료자에게 불만
을 터뜨렸다. 치료자는 말로 설명하는 것이 방어적으로 보이거나,

그들에게 굴욕감을 줄 수 있다고 생각되었기 때문에 비 보복적인 태도로 자신의 입장을 일관성 있게 유지하기로 했다.

또 다른 경우, 어떤 부모는 6세 된 아들이 치료자가 제공한 장난감을 만지작거리는 것에 대해 반복해서 그를 훈계했다. 치료자는 아이가 조용히 앉아 있어야한다는 부모의 생각에 직접적으로 도전하는 대신에, 장난감을 가지고 놀 수 있는 기회를 아이에게 줌으로써 놀이는 아이들에게 자유스러운 활동이라는 것을 행동으로 전달했고, 놀이가 자녀와 부모 사이의 긴장을 완화시킬 수 있음을 보여줄 수 있었다.

이러한 종류의 개입은 또 다른 용어로 "모델을 제공하기" (modeling)라고 불린다. 우리가 이것을 "행동을 통한 해석"으로 부른 이유는 우리의 목표가 이해를 증진시키는 데 있다는 점을 강조하기 위해서이다—그것이 말없는 이해이지만. 이 용어는 또한 우리가 언어적 개입을 하는 것과 마찬가지로 행동적 개입을 할 수도 있음을 보여준다.

이유를 나타내는 절

해석은 공격무기로서의 창이 되어서는 안 된다. 많은 개인들과 가족들은 자신들의 방어적인 행동들에 대해 안전한 느낌을 갖고 말할 수 있게 되기까지는 많은 시간을 필요로 한다. 우리가 조급하게 그런 말을 하면, 그들은 쉽게 자신들이 오해받고 있다고 느낀다. 언어와 억양은 우리가 그들을 적으로 삼고 있지 않다는 것을 전달해주는 데 커다란 역할을 하는 것이 사실이지만, 성공적인 해석을 위해서는 그들이 실제로 들을 수 있게 될 때까지 기다리는 것도 중요하다.

치료자가 처음부터 그들이 그렇게 하는 이유를 설명해줄수록, 그들은 그것을 쉽게 받아들이는 경향이 있다. 우리는 앞의 7장에서 언급했듯이, 헨리 에즈리엘(1952)이 "이유를 나타내는 절"이라고 불렀던 것을 사용한다. 이 용어의 본래적인 의미는 확장될 수 있다. 즉, 그것은 가족 구성원들이 어째서 그런 일들(치료자와 관계 맺는 것을 포함한)을 항상 자기들이 해오던 식으로 반복하는지—선택한 방식에 결점들이 있을 때조차도—를 가족 구성원들의 관점과 경험을 통해 설명하려는 모든 시도들을 포함하는 것으로 이해할 수 있다. 에즈리엘은 집단이 치료자와 맺는 관계는 세 가지 측면을 보여준다고 보았다: "필요한" 측면, "회피된" 측면, "재앙과 같은" 끔찍스런 측면.

이것들은 집단 구성원들에게 분배된 집단 전이의 세 부분으로서, 집단 전이를 온전히 이해하는 데 필요한 요소들이다. 여기에서 우리가 이것들을 도입하는 이유는 그것들이 해석에 깊이와 포괄성을 제공해주고, 전이를 대상관계 관점에서 이해하도록 안내해준다는 사실을 지적하기 위해서이다. 해석에 대한 이런 지침을 제시하는 것이 갖는 어려움은 그것이 마치 치료자가 항상 모든 것을 포용하는 자세로 반응할 수 있을 거라는 약속을 제시하는 것과 관련되어 있다. 그러나 사실 이처럼 거창해 보이는 해석적 공헌은 대개 많은 작업들과 부분적인 기여들의 최종적인 산물을 나타낸다. 때때로 우리는 "이 문제 패턴은 우리가 관심을 가져야 할 필요가 있기 때문에 발생하는 것 같습니다"라고 말하는 것이 치료자가 할 수 있는 전부라고 느낀다. 우리는 "이유를 나타내는 절"을 만드는 일에 가족이 함께 참여하도록 초청한다.

우리는 때로 가족 구성원들의 서로에 대한 포용력과 의사소통의 역량을 확장시켜주는 설명을 제공하기도 한다. 때로는 그런 설명을 반드시 제공해야 할 때도 있다. 종종 우리는 "이 사람의 문제가 무엇인가?"라는 좁은 범위의 질문보다는 "그들 사이의 문제가 무엇인가?"와 "그들과 나 사이의 문제가 무엇인가?"라는 넓은 범위의 질문을 함으로써, 그리고 집단으로서의 그들에 대한 관찰에서 얻은 확장된 관점을 받아들임으로써, 그런 설명을 제공할 수 있다. 치료자는 다음의 몇 가지 노력들을 통해서 이러한 확장된 관점을 위한 정보를 끌어낼 수 있다: 가족의 담아주기 기능에 주의를 집중하는 노력과, 집단 과정—집단으로서의 가족이 갖고 있는 문제가 다른 구성원들에 의해 대변되고 있는—을 이해하려는 노력, 그리고 전이를 수용해주고 처리해주는 노력을 통해서. 따라서 "이유를 나타내는 절"은 그것의 특성, 깊이, 포괄성 등에서 다양한 모습을 보일 것이다.

　예컨대, 이 장의 앞부분에서 서술한 로버트 가족과의 면담 초기에 수행한 작업은 탐구적인 성질의 것이었다. 그 가족은 상당 기간 동안 안아주는 환경 안에서 서로를 향한 공감을 확장시킬 수 있었다. 그렇게 하는 동안에 엄마는 부분적으로 "이유를 나타내는 절"을 제공할 수 있었는데, 그것은 그녀가 자신의 딸이 자기 때문에 상처 입었다고 말했을 때, 그리고 그 딸이 설거지를 하고 싶어 하지 않는 이유를 알게 되었다고 말했을 때, 명백히 표현되었다. 잠시 후에, 이런 식으로 서로를 안아주는 그들의 역량은 붕괴되었고, 엄마는 맹렬한 공격을 함으로써 재앙적 관계를 드러냈다. 치료자는 그 안아주기의 실패에 대해 탐구함으로써, 때때로 엄마는 자신의 남편에게 공개적으로 화를 내는 것보다 딸에게 공격을 퍼붓는 것이 덜 고통스럽기 때문에 그렇게 한다고 말할 수 있었다. 여기에서 그 설명은, 만약 엄마가 남편에게 직접적으로 화를 낸다면, 그것은 온 가족에게 재앙을 가져올 수 있다는 숨겨진 두려움을 가족이 인식하도록 이끌었다. 그러나 그것은 치료자가 한 번의 도약으로 그렇게 한 것이 아니었다.

치료자의 해석은, 아내가 남편 대신에 딸에게 화를 낸 것이 남편은 두렵지만 딸은 그렇지 않기 때문이었다고 스스로 인정할 수 있도록 인도했다. 이것은 현 가족 안에서와, 남편에게 투사된 아내의 내적 대상들 모두에서 남편을 향한 그녀의 태도 근저에 놓여있는 두려움으로 가족들을 한 걸음 더 가까이 나갈 수 있게 해주었다. 이것은 모든 가족 구성원들로 하여금 가족 안에서 반복되는 장면들을 더 잘 이해할 수 있게 해주었고, 앞으로 더 큰 이해를 향해 나아갈 수 있는 토대를 마련해주었다. 다음 수준의 설명이 정서적 영향력을 가질 수 있게 하기 위해서, 현재 상황은 자신의 엄마로부터 당했던 엄마의 오랜 거절의 경험과 연결될 필요가 있었고, 나중에는 자신의 딸이 늘 자신보다 더 많은 것을 누리는 것으로 보였던 자기 언니와 같다는 그녀의 감정과 연결될 필요가 있었다. 이것은 그녀의 개인적 반응에 대한 풍부한 맥락을 제공해주었다. 딸은 엄마의 그런 반응에 대해 실제로 연민을 느꼈고, 그래서 자신이 동경하는 엄마처럼 될 수 있었다.

전이와 역전이

해석은 그것이 치료 환경을 안아주기 상황으로 사용하는 가족에 대한 치료자의 경험으로부터 나오는 것일 때, 가장 효과적일 수 있다. 이것은 우리를 전이와 역전이의 영역으로 데려다준다. 우리는 가족치료에서 전이의 사용은 개인치료나 부부치료에서의 그것과는 다르다는 것을 배웠다. 이러한 차이는 기법을 각 상황에 맞게 변형시킬 것을 요구한다. 가족치료와 부부치료에서, 전이와 역전이의 사용은 정신분석적 가족치료의 가장 근본적인 요소라는 점에서, 우리는 다음 장에서 그 주제를 중점적으로 다룰 것이다.

극복과정

"극복과정"은 작업이 진전되면서 증가하는 저항에 맞서 분석 작업을 계속해나가려는 노력을 가리키는 프로이트(1914)의 용어 이다. 그는 1926년에 "자아(ego)는 저항을 포기하기로 결심한 후 에도 억압을 취소하는 데 여전히 어려움을 겪는다"라고 말했다 (p. 159). 달리 말하자면, 저항을 명명하는 것만으로는 충분하지 않으며, 새로운 인식에도 불구하고 억압을 계속 유지하려는 자아 의 선호를 없애기 위해서는 "끈질긴 노력"이 요구된다. 이것은 환자와 분석가에게 끈기를 요하는 힘든 일이며, 변화의 가망성이 거의 없다고 느껴질 수도 있다. 그러나 만약 이 힘든 과정이 비 교적 잘 진행된다면, 억압된 정신 층들이 제거되고, 갈등들이 하 나씩 해소될 것이다.

　이것은 가족치료에서도 마찬가지이다: 우리는 단지 저항들을 명명하는 것만으로 가족의 억압된 무의식적 자료를 쉽게 풀어낼 수 있다고는 기대하지 않는다. 가족들은 방어적인 대상관계 체계 로 인해 고통을 받는데, 이것은 가족 구성원들이 서로 관계 맺는 방식과 가족이 치료자와 관계 맺는 태도에서 찾아볼 수 있다. 이 관계들이 매우 복잡한 이유는 그것들이 다양한 갈등의 경험들과 타협들에서 유래한 것일 뿐만 아니라, 서로를 강화시키는 작용을 하기 때문이다. 따라서 그 관계들은 현 체계를 고수함으로써 그 것을 변화에 저항하는 것으로 유지시킨다. 모든 가족치료는 이 체계를 깨뜨리고자 노력하며, 그 중에서도 대상관계 가족치료는 특히 그런 현상의 동기가 무엇인지를 탐구하는 것을 통해서 그 렇게 하고자 한다. 어떤 체계에 근본적인 변화를 가져오기 위해 서는 그 체계를 구성하고 있는 많은 요소들—다양한 형태들로 그리고 각기 다른 발달단계들에서 드러나는—을 거듭해서 작업해내야 한다. 이것이 대부분의 가족치료가 장기간의 시간을 필요로 하는 이유이다.

프로이트는 신경증 증상에 대한 보다 정교한 견해를 발전시킨 후에 극복과정이라는 개념을 형성해냈다(1926). 그는 증상이란 표현과 만족을 추구하는 원본능과 그것을 억압하는 자아 사이의 타협의 산물이며, 억압된 본능적 자료가 풀려나는 것에 대해 자아가 느끼는 불안의 표시라고 보았다.

가족 안에서, 개인이 드러내는 증상은 그 자신의 개별화와 집단의 연속성 사이에서 생겨난 타협의 산물이라고 볼 수 있으며, 가족이 드러내는 증상 패턴들은 현 가족의 목표와 이전 세대의 목표 사이에서 생겨난 타협의 산물이라고 볼 수 있다. 그리고 가족이 형성하는 증상은 가족 체계가 현재의 발달단계와 조화되는 새로운 균형을 찾거나 그 균형에 저항하는 과정에서 생겨나는 불안의 표시라고 볼 수 있다. 대상관계 용어로 말하자면, 개인이나 가족집단에서 드러나는 증상은 과거에 가족에서 겪었던 관계 경험의 결정체이다. 증상은 가족 구성원들 사이에서 특별한 패턴을 따라 분배된 많은 작은 투사적 동일시들을 나타낸다. 이것들은 서로 강화하는 많은 관계 방식들의 조합들이다. 이 조합들은 그것들이 발생했을 때 그랬던 것과 똑같은 이유들로 영속화된다. 즉, 성숙한 상호적 의존을 지지해주는, 안아주는 가족 대신에 안아주지 못하는 가족으로 인해 관계들이 서로 얽히고 고착되는 것이다.

이 극복 기간은 힘들게 느껴지고, 때로는 지루하며, 좌절을 주거나, 절망스럽게 느껴진다. 그럴 때 우리는 그러한 저항이 심리 내적 수준에서, 대인관계 속에서, 그리고 세대 사이에서 발생하는 것임을 우리 자신들에게 상기시킨다. 이것은 저항이 여러 출처에서 온다고 보았던 프로이트의 견해와도 일치한다. 그 출처들로는 새로운 지식과 억압에서 풀려나는 것을 받아들이려 하지 않는 자아, 본능적 충동을 포기하려 하지 않는 원본능, 성공을 용납하지 못하는 초자아가 있다. 극복과정이 아주 절망스럽게 수렁에 빠질 때, 우리는 억압된 자료에 가장 가까이 다가갔다는 사실을 우리 자신들에게 상기시킨다. 억압된 자료는 순수하게 성적이거나 살인적인 충동으로만 구성된 것이 아니라, 가족 안에서 발생하는 모든 종류의 유아적 관계 형태들을 포함하고 있다. 우리가 극복해야 하는 것은 다른 것이 아니라, 관계에 대한 기본적인 인간의 욕구를 보다 적절하게 충족시켜줄 성숙한 관계 패턴이 결핍된 상황에서 애착에 대한 근본적인 욕구를 충족시키기 위해, 이러한 유아적 형태의 관계 맺기를 고집하고 있는 가족의 집요함이다.

가족치료는 개인치료에 비해 커다란 이점이 있다. 가족의 한 구성원이 변할 때 그것은 다른 사람들에 영향을 미치게 되고, 따라서 가족 체계 전체를 변화시키는 것이 그것이다. 이러한 변화는 다른 가족 구성원들에게 변화를 수용하게 하는 압력으로 작용함으로써 극적이고 강렬한 파급효과를 갖는다. 가족의 일부에서 발생한 새로운 통찰들과 변화는 우리의 극복과정의 진행을 가속화할 수 있는 힘을 갖는다. 가족체계의 한 영역에서 발생한 변화가 가족체계 전체의 변화를 가져오는 효과에 대해서는 여러 비분석적 가족치료사들도 설명한 바 있다. 예컨대, 보웬(1978)은 이런 이유로 가족치료의 대상을 부부로만 제한했다. 그는 자기의 개선된 분화는 부부와 치료자의 삼각관계에서 일어나는 것이며, 이런 변화에 대한 반응으로 다른 가족 구성원들의 변화가 자동적으로 따라온다는 사실을 발견했다. 물론 변화가 이런 식으로 발생하는 것은 사실이다. 그러나 이러한 변화에 대한 저항이 가족의 다른 부분들에서 발생하기도 한다. 그때 가족은 이전의 균형상태로 되돌아가거나, 혹은 변화를 최소화하기 위한 새로운 균형을 만들어내고자 한다. 우리가 가족치료의 극복과정에서 같은 문제들을 반복해서 다루는 것은 바로 이런 이유 때문이다.

이것은 단기 가족치료 대 장기 가족치료의 문제에 대해 말해준다. 최근 연구에서, 앨런 거맨(Alan Gurman)은 가족치료의 평균 횟수가 4회에서 7회이며, 보통 20회를 넘지 않는다는 사실을 발견했다. 스티얼린(Stierlin; 1985)은 식욕감퇴 가족들과 8회에서 10회의 가족치료를 실행한 결과, 80퍼센트가 치료가 되었거나, 커다란 개선 효과가 있었다고 보고했다. 그러나 자료를 더 정밀하게 조사해본 결과, 증상이 개선된 환자의 90퍼센트는 단기간의 식욕부진 증상을 보인 청소년들이었던 것으로 드러났다. 가족치료 성공률은 연령이 높을수록 그리고 식욕부진의 기간이 길수록 현저히 떨어졌다. 우리는 꽤 심각한 문제를 가지고 있는 가족들을 대상으로 장기간에 걸친 가족치료와 개인치료를 선호하는 편이다. 우리는 가족치료가 매우 효과적인 방법이기는 하나, 그렇다고 해서 그것이 기적과 같은 아니라고 생각한다. 가족치료는 개인의 대상 세계를 구성하고 있는 가족 구성원들과의 작업을 통해서, 그리고 변화되어야 할 내적 대상들이 기초해 있는 과거 경험에 대한 작업을 통해서, 변화의 기간을 단축시켜준다.

우리는 1년에서 2년에 걸쳐 매주 1회씩 가족모임을 갖는 것이 좋다는 우리의 권고가 가족치료의 일반적인 흐름과는 다른 것임을 알고 있다. 다른 형태의 가족치료를 하는 많은 사람들은 덜 빈번하고 더 적은 횟수의 치료로도 최선의 결과를 얻을 수 있다고 주장한다. 대상관계 가족치료는 기본적으로 심층적인 치료이며, 이것은 종종 개인치료나 부부치료를 병행함으로써, 혹은 사춘기 이전의 아이를 가진 가족의 경우—시간을 연장한 회기를 주 2회 갖는—에는 회기 수를 늘임으로써, 더욱 집중적인 치료가 된다. 잭 그랠러(Jack Graller)는 치료를 좀더 심화시키기 위해서 부부치료 회기를 주 2회로 늘렸다고 말한 적이 있다. 대부분의 가족들은 한정된 목표를 갖고 치료를 시작하지만, 현재의 어려움과 근저의 문제들 사이의 연결 관계에 대한 이해가 확장되면서 그들의 목표를 확장할 수도 있다.

다른 한편, 단기 가족치료는 그 자체의 뚜렷한 역할을 갖고 있다. 단기 가족치료는 처음부터 단기로 계획된 것일 수도 있고, 예상보다 일찍 목표가 달성되어 기간이 단축된 것일 수도 있다. 이러한 단기치료의 예들은 다음 장에서 제시될 것이다. 어떤 가족들은 매우 한정된 목표들을 끝까지 고수한다. 그 이유는 이해될 수는 있지만 변경될 수는 없는 방어적인 이유들 때문일 수도 있고, 그들의 안아주는 능력이, 비록 현재의 위기 상황에서는 제 기능을 발휘하지 못하고 있지만, 여전히 강한 상태로 남아있기 때문일 수도 있다. 종종 이런 가족들은 어떤 특정 발달단계에서 고착되어 있기 때문에 단기치료를 위한 좋은 후보자들이 된다. 일단 그 단계의 위기가 분석되면, 그들은 필요한 것을 얻고 나서 치료를 떠난다. 그런가 하면, 단기치료 외에는 다른 선택의 여지가 없는 가족들도 있다. 예를 들어, 자식이 대학에 가기 위해 집을 떠나거나, 가족이 그 지역을 곧 떠나게 되는 경우가 그것이다. 그럴 때 우리는 그 가족의 장기치료를, 일정 기간 안에 가능하거나 상황에 적절한 목표들에 초점을 맞추는 단기치료를 위한 맥락으로 사용한다. 이러한 관점을 가질 때, 치료자는 무력감을 느끼거나 몇 회기 안에 근본적인 변화를 가져오는 전능한 존재가 되려고 시도할 필요가 없다.

어떤 치료자들은 장기치료에 적합하지 않은 상황에서 작업한다. 건강관리 기관들, 보험회사들, 임상 기관들, 혹은 학생 건강 서비스 기관들은 경제적인 이유로 장기치료를 금하기도 하고, 너무 많은 환자들 때문에 단기치료를 권장하고 있다. 다른 여러 의료 기관들도 환자들이 자주 이동하는 문제나, 지표 환자들이 퇴원을 한 후에는 더 이상 가족들과 함께 일할 수 없는 문제 때문에 장기치료에 어려움을 겪을 수 있다. 이런 환경에서 정신분석적인 치료가 과연 도움이 되는가라는 물음이 제기된다. 분석적 접근은 예산의 압력 하에 서비스를 제공하는 기관을 만족시켜줄 수 있을 만큼 빠른 시일 안에 증상을 제거할 수 없다. 그것은 단지 단기치료를 시행하는 치료자들의 관점들과 임상적인 통찰을 넓혀주는 역할밖에 할 수 없다.

보조 기법들

우리는 이 장에서 어린 자녀들이 있는 가족을 평가하고 치료하는 일에 놀이나 예술 활동을 매체로 사용하거나, 꿈 해석을 사용하거나, 또는 다른 투사적 도구들을 사용하는 등의 보조 기법들에 대해서는 거의 말하지 않았다. 이것에 관한 예들은 이 책의 다른 장들에서 제시되고 있다. 비록 이런 보조 기법들에 친숙한 것이 유용하기는 하지만, 그것들을 사용하는 문제는 일차적으로 이 장에서 우리가 논의해온 기본적인 치료 기법에 달려있다. 예컨대, 가족치료에서 꿈이나 그림을 다룰 때, 그것은 그 꿈이 가족과 가족 구성원 모두에게 갖는 공유된 의미라는 측면에서 탐구되어야 한다. 보통은 꿈 이야기를 하거나 그림을 그린 사람에게 먼저 그것에 대해 설명해보도록 기회를 주는 것이 좋다. 그렇게 함으로써 그는 다른 가족 구성원들의 반응에 의해 공격받는다는 느낌을 갖지 않을 수 있다. 그 다음에 우리는 다른 가족 구성원들의 반응이나, 그들의 무의식적 연상내용에 대해 물어볼 수 있다. 때로는 그들의 반응에 대해 물어볼 필요 없이, 출현하는 자료들을 연상내용으로 간주할 수도 있다. 이 지점에서부터 논의는 다른 주제들과 똑같은 방법으로 진행될 수 있다. 즉, 그것은 연구되고 이해될 수 있다. 놀이와 그림을 사용하는 치료사례들은 1장, 6장, 8장에서와 제2권의 4장, 9장에서 제시되고 있으며, 꿈을 사용하는 사례는 제2권의 9장에서 제시될 것이다.

공동치료

가족치료에 두 사람의 치료자가 참여하는 것은 정신분석적 가족치료에서 하나의 전통으로 확립되어 있다. 이것은 수련을 받는 상황이나 실험연구를 하는 상황에서 특히 유용한데, 그것은 그 두 사람이 가족에 대한 이해를 넓히기 위해 그들의 반응들과 관찰들에 대해 함께 토론할 수 있기 때문이다. 경계선 청소년들을 대상으로 가족치료를 발전시킨 국립 정신건강기구(NIMH)는 청소년 담당 치료자가 부모의 사회복지사와 공동으로 치료를 수행하게 함으로써, 그들이 각각 청소년의 관점과 부모의 관점을 대표할 수 있게 했다(Berkowitz et al. 1974). 이 작업방식은 특별히 어려운 문제를 지닌 가족들의 치료에 유용할 것이며, 추가되는 비용도 정당화될 수 있을 것이다.

우리의 관점에서 볼 때, 이러한 이유들은 두 명의 치료자가 함께 작업하는 방식을 정당화해준다. 공동치료는 가족들로 하여금 그들의 내적 세계를 투사(전이)할 수 있는 화면을 넓혀줌으로써,

치료자의 관찰범위를 확장시켜준다. 그럼에도 불구하고, 이 책에서는 공동치료의 예를 충분히 제시하지 않았는데, 그 이유는 최근에 우리가 공동치료를 거의 하지 않고 있기 때문이다. 우리는 과거에, 특히 우리가 수련 중에 있을 때는 주로 공동치료를 했다. 데이빗 샤르프(David Scharff; 1982)는 성적 장애 환자들을 위한 정신분석적 치료방법을 개발하는 과정에서 이 방법을 광범위하게 사용했다. 공동치료를 실시하는 수련생들을 위한 감독 경험을 통해 우리가 발견한 것은 가급적이면 수준이 비슷한 치료자를 한 팀으로 묶는 것이 효과적이라는 사실이다. 그렇지 않을 경우, 경험이 적은 치료자는 경험이 많은 파트너에 의해 가려질 수 있다.

두 사람의 치료자를 가짐으로써 관찰범위와 전이를 받아낼 수 있는 더 넓은 공간을 확보하는 것은 가족에 대한 이해를 넓히는 기회를 제공해주지만, 그러기 위해서 두 사람은 매 회기 사이에 활발한 토론 시간을 가져야만 한다. 이러한 처리과정이 없이는, 가족의 "좋거나" "나쁜" 전이들이 나타날 때 두 사람 사이에는 보이지 않는 분열이 필연적으로 발생할 것이고, 그 결과 공동치료는 더 이상 유용하지 않게 될 것이다. 공동치료 경험을 처리하는 과정은 이러한 함정을 피하기 위해서 뿐만 아니라, 가족의 투사를 이해하기 위해서도 필요한 작업이다.

우리가 이 방법을 가치 있는 것으로 여기고 있고, 필요할 때 그것을 추천하며, 수련생들에게 가르치고 있지만, 우리 자신들은 지금 실제로 사용하지 않고 있다. 그것은 우리가 가족의 투사들을 처리하는 데 필요한 시간과 공간이 다른 결혼하지 않은 사람들로 구성된 팀보다 훨씬 더 많이 필요하기 때문이다. 다시 말해, 그것은 우리가 흡수하는 가족의 투사들이 우리 각자의 내적 대상체계를 흔들어 자극할 뿐만 아니라, 우리가 공유하고 있는 대상관계들과 함께 공명을 일으키기 때문이다. 가족을 이해하는 일과 우리 자신을 이해하는 일 모두에서, 우리가 공동치료에서 얻을 수 있는 것들이 많이 있음에도 불구하고, 우리는 어떤 지점에서 선을 그어야만 했다. 그래야만 임상작업이 우리의 결혼생활을 침범하는 것을 막을 수 있고, 임상경험들과 기법들을 우리의 결혼생활의 문제들을 재조정하기 위한 기초로 사용하는 우를 범하지 않을 수 있었다. 예컨대, 저녁식사 시간은 우리 부부가 함께 삶을 나누고 아이들과 함께 하는 시간이지, 역전이와 같은 골치 아픈 문제에 대해 곰곰이 생각해보는 시간이 아니라는 생각을 하게 되었다.

가족치료에서 정신분석적 기법이 갖는 한계

정신분석적 기법이 가족치료에 효과적이지 않은 이유에 대한 글들은 많이 있기 때문에, 우리는 정신분석적 기법의 한계에 대해서만 간략하게 살펴보겠다. 정신분석적 기법이 효과적이지 않거나 부적절한 가족 유형들이 존재하는가? 일반적인 의미에서, 치료가 좀더 수월한 가족들이 있는데, 그것은 그들이 치료적 동맹을 형성할 수 있는 능력을 갖고 있기 때문이다. 사람들은 그런 가족의 구성원들이 교육수준이 높고 언어 구사력이 좋은 사람들일 거라고 생각하기 쉽다. 부분적으로는 그게 사실이다. 그러나 항상 그런 것은 아니다. 이런 가족들은 다른 일반적인 가족들보다 더 효과적으로 언어를 사용하여 저항함으로써 치료과정을 더 어렵게 만들 수도 있다.

우리는 교육수준이 낮은 많은 가족들이 성찰을 사용하는 정신분석적 작업방식에 잘 적응하는 모습을 보아왔다. 심층적인 이해

에 도달할 수 있는 능력은 유창한 언어가 아니라, 신뢰와 동맹관
계에서 온다. 치료가 특히 어려운 가족들이 있는 것도 사실이다.
예컨대, 빈민지역의 가족들, 문제가 다중적인 가족들, 욕구충족을
지연시키는 능력을 상실한 약물남용 가족들이 그들이다. 그러나
이들 가족들 중에도 기꺼이 이해에 도달하기 위해 노력하고, 서
로를 좀더 잘 안아주기 위해 투사를 철회하는 가족들이 있는 것
도 사실이다. 그런 가족들이 특정 사회 경제적 계층에 속한다는
이유로 대상관계 가족치료에서 아무런 도움을 받을 수 없다고
가정해서는 안 된다.

　어떤 가족들은 다른 가족들보다 치료하기가 더 힘이 든다. 가
족이 입은 손상이 복합적인 것이거나, 상징적 사고능력을 결핍하
고 있는 경우, 우리가 사용하는 접근 방식은 종종 부적절한 것으
로 보일 수도 있을 것이다. 이런 가족들 중 일부에게는 보다 구
체적인 개입방식이 더 효과적일 수도 있을 것이다. 하지만 그런
경우조차도, 치료자가 정신분석 수련과정을 통해서 획득한, 가족
의 문제를 발달적 용어와 전이적 용어로 개념화할 수 있는 능력
은 치료자 자신의 역전이를 이해하는 일뿐만 아니라, 궁극적으로
는 가족의 문제를 해결하는 일에 최상의 도움을 줄 것이다.

　가족치료에서 이러한 분석적 기법들이 효과적이지 못한 이유
는 그 가족의 상징적 사고능력이 피폐하기 때문이 아니라, 가족
구성원들이 탐구하는 일에 자신을 개방하지 못하고 투사를 철회
하지 못하기 때문이다. 그리고 이런 가족들 중에는 가난한 가족
들뿐 아니라, 교육수준이 높거나 부유한 가족들도 얼마든지 있다.
그런 가족들에게는 어떤 종류의 치료적 노력도 효과적이지 못할
것이다. 하지만, 어느 한 가족이 보다 치료 작업을 위해 마음을
열지 않을 때에는 보다 지시적인 접근 방법들이 일시적인 해결
책을 제공해줄 수도 있을 것이다.

끝맺기

가족의 변화를 성취하는 것은, 마치 아이들이 여러 번의 반복을 통해서 더 높은 수준의 정서적 및 지적 발달을 이룩하는 것과 마찬가지로, 수개월의 준비 작업과 이후에 이어지는 문제 영역에서의 진전과 후퇴를 거듭한 후에야 가능할 것이다. 이 말은 물론 치료 작업이 영원히 계속되어야 한다는 의미가 아니다. 가족치료의 종결은 단기치료에서처럼 시간에 초점을 두지 않지만, 그것은 모든 회기가 진행되는 동안에 치료자의 마음속에 간직되어 있다. 실제적인 의미에서, 치료의 표본으로서의 한 회기는 무한히 지속되는 것이 아니라 끝나는 시간이 있다. 우리는 많은 가족치료사들이 한 회기의 길이를 두 시간 혹은 그 이상으로 연정한다는 것을 알고 있지만, 보통 한 회기를 45분에서 1시간 정도로 잡는 경향이 있다.

우리는 설령 회기가 갑자기 중단되는 느낌을 준다고 해도, 정각에 회기를 끝낸다. 이것은 개인의 삶이 가족이라는 테두리 너머의 현실을 갖고 있듯이, 치료라는 테두리를 넘어서는 가족의 삶이 존재하고 있으며, 우리가 그것을 존중하고 있음을 보여주기 위해서이다. 어떤 점에서, 치료자는 가족으로 하여금 자율성을 획득할 수 있도록 돕기 위해 가족의 과거를 가족의 현재 대상관계 체계와 연결시키려고 노력하고 있는 것이다. 회기가 끝날 때나 휴가기간 동안, 가족 구성원들 사이의 분리-개별화와, 가족과 치료자 사이의 분리와 개별화를 이루기 위한 훈련을 쌓는 것을 통해서, 치료자 역시 가족이 자신을 떠나는 것에 대한 준비를 한다. 매번 개별 회기의 종결에 대한 가족의 반응을 다루는 작업에는 종결에 대한 준비작업도 포함되어 있다.

종결은 매우 다양한 형태를 취할 수 있다. 이 주제는 치료자의 작업 방식에 많은 도전을 주는 것이므로, 우리는 제 2권의 마지막 장에서 상세하게 다룰 것이다. 여기에서 우리는 치료의 종결이 가족 전이를 수정된 형태로 재경험하고 재작업하는 기간을 제공해주듯이, 매 회기의 종결 역시 분리와 애도의 문제를 해석하고 극복해야할 필요를 부각시킨다고 말할 수 있다.

10장

전이와 역전이

전이와 역전이에 대한 작업은 대상관계 가족치료의 특징을 구성한다. 대상관계 이론과 정신분석적 집단이론은 전이에 대한 가장 폭넓은 견해를 제공한다. 전이는 가족 구성원들 사이, 가족 구성원들과 치료자 사이, 그리고 집단으로서의 가족과 치료자 사이에서 일어난다. 우리는 전이가 일어날 때마다 그 전이에 대해 작업한다. 그러나 우리의 지속적인 초점은 가족이 공유한 전이에 의해 정의된 가족-치료자 관계에 맞추어져 있다. 우리는 가족의 공유된 전이를 감정과, 환상과, 생각들과, 행동들을 포함한 우리의 역전이 반응을 인식함으로써 알 수 있다. 우리는 수련생들에게 임상상황에서 역전이를 처리하고 검토하는 방식을 상세히 설명하는데, 그 이유는 그것이 기법 교육에 필수적이라고 생각하기 때문이다. 우리는 가족의 경험에 대한 우리의 가정들이 정확한 것임을 확인하기 위해 역전이를 연구하며, 그 결과 그 가정들은 직감의 수준을 넘어 전달될 수 있는 것이 된다. 우리는 이런 접근이 기꺼이 "치료자의 인격을 사용해서 작업하는" 기술을 배우고 싶어 하는 전략적 및 구조적 가족치료 생도들에게도 유익하리라고 생각한다(Aponte and VanDeusen 1981).

우리는 개인 분석 상황에서 발달해 나온 전이와 역전이 개념의 역사에 대한 이론적 개관으로부터 시작할 것이다. 그 과정에서 우리는 대상관계 이론이 프로이트의 초기 개념들을 얼마나 많이 확장시켰는지를 보여줄 것이다. 그 다음에 우리는 이 개념적 변화들이 어떻게 치료자 내면에서 환자의 내적 대상세계—환자의 가족이 갖는 견해에 일치하는—를 형성하게 했는지를 보여줄 것이다. 그리고 전이와 역전이에 대한 치료자의 인식을 가족치료에 어떻게 적용하는지를 보여줄 것이다.

전이 개념: 프로이트

전이 개념은 1895년에 프로이트에 의해서 도입된 이후 여러 해에 걸쳐 수정되어왔다. 그는 처음에 환자들이 자신들을 불쾌하게 만드는 실제 상황에 대한 기억을 피하기 위해 사고와 감정 사이를 왜곡되게 연결시키는 경향이 있다는 것을 발견했다. 이와 비슷하게, 환자들은 과거에 중요했던 인물들에 대해 가졌던 감정을 치료자에게 왜곡된 방식으로 연결시킨다는 것을 알게 되었다. 프로이트는 이러한 유형의 잘못된 연결을 전이라고 부르고, 과거의 어떤 사람에게 가졌던 금지된 감정이 치료자에게 옮겨지는 바람에 치료에 저항했던 한 여성 환자의 예를 들어 이것을 설명했다. 그는 또 어떤 환자들은 최면요법과 초기 분석 기법을 사용하는 치료자에게 영향을 받거나, 의존하게 되는 것을 두려워하는 것을 발견했다. 그는 이러한 전이들이 치료에 대한 저항으로 해석되어야 한다고 보았다.

10년 후에, 프로이트(1905b)는 두 종류의 전이를 설명했다. 그 중 하나에서, 환자는 금지된 충동을 직접적인 대체 인물인 의사에게 옮겨놓는다. 다른 하나에서, 환자는 금지된 충동들을 승화의 과정을 통해 "독창적으로" 수정하는데, 프로이트는 이것을 본래의 충동에 대한 "개정판"이라고 불렀다. 이것은 의식화될 수도 있고, 치료자의 인격이나 상황 안에 있는 실제적인 특상 중 얼마를 그 개정판에 첨가할 수도 있다(p. 116). 정신분석적 상황에서 반복적으로 그리고 필연적으로 발생하는 이 전이들은 그때마다 발견되어야 하고, 그것들을 초기 원천에 다시 연결하는 해석을 통해서 치료자에게서 분리되어야 한다. 다시 말해서, 전이는 이제 정신분석적 과정을 자유롭게 하기 위해, 해석에 의해 기억으로 전환될 필요가 있는 과거 경험의 반복으로 간주되고 있다.

프로이트는 1895년에 전이를 치료에 걸림돌이 되는 것으로 보았지만, 1905년에는 그것을 정신분석의 "가장 강력한 동맹세력"으로 보았다. 그는 "분석과정에서 도달한 해석에 대한 타당성을 환자가 확신하게 되는 것은 전이가 해소된 이후에만 가능하다"고 보게 되었다(1905b, pp. 116-117).

12년 후에 프로이트(1917b)는 환자가 겪었던 최초의 심리적 상황이 분석가와의 배타적인 관계 안에서 강력하게 반복되기 전까지는 그 전이 현상들이 더 빈번하고 강제적으로 출현한다는 것을 알게 되었다. 이런 현상을 그는 "전이신경증(transference neurosis)"이라고 불렀다. 그것은 분석가와 깊이 관련되어 있기 때문에, 분석가는 그것을 조사할 수 있는 충분한 시간을 가질 필요가 있다. 그러나 오늘날 분석가들은 전이를 제거하기 위해서가 아니라, 그것의 온전한 성질을 밝히기 위해서 그리고 그것을 과거의 경험과 연결시키기 위해서 해석한다. 전이에 관한 프로이트 글들은 분석에서 전이가 발달하는 경로를 따르고 있다.

프로이트는 초기 관계의 중요성과, 환자가 분석가와 갖는 관계의 중요성을 충분히 인식했음에도 불구하고, 리비도 이론에 더 큰 비중을 두었다(1905b). 그는 전이를 어떤 관계의 반복이 아니라, 과거에 있었던 심리적 경험이 치료자의 인격에 적용되어 나타나는 것이라고 조심스럽게 언급했다: 치료자는 단순히 환자의 리비도, 혹은 성적 에너지가 분배되는 장소에 지나지 않는다(1917c). 프로이트(1912b)는 긍정적 전이는 정신분석적 관계를 촉진시키고 치료의 효과를 증진시키기 때문에 해석이 필요치 않다고 보았던 반면에, 성애적 전이-사랑이나 과도하게 긍정적인 전이는 부정적인 전이만큼이나 초기 경험에서 온 원 갈등이 출현하는 것에 대한 저항 현상으로 보았다(1915). 전이는 새로운 억압이 필요치 않은 안전한 정신분석적 상황에서 극복될 수 있다. 분석가는 쾌락원리의 영향으로 인해 현실을 직면하는 것과 치료자의 권위에 대해 환자가 무의식적인 저항을 갖는다는 사실을 알아야 하며, 그 사실을 환자가 이해하도록 도와야 한다.

대상관계 이론에서 보는 전이 개념

우리는 이 전이 개념을 치료관계 안에서 반복되는 초기 관계들뿐만 아니라, 심지어 초기 부분-대상관계들을 포함하는 것으로 확장시킨 대상관계 전이 개념을 살펴볼 것이다. 우리는 전이를,

유아기 의존 상황과 초기 애착 추구에서 발생한 성적 및 공격적 성질의 원시적 정서들에 의해 채색된, 개인의 관계방식의 살아있는 역사라고 본다. 분석 상황은 분석가의 절제로 인해 그러한 전이를 불러일으키도록 고안된 것이다. 절제는 "환자의 욕구와 갈망을 환자 안에 계속 머물러 있게 함으로써, 그것이 치료 작업을 해내고 변화를 가져오도록 추진하는 힘으로 작용하게 만드는 정신분석의 근본적인 치료원리이다. 우리는 절제 이외의 다른 대리수단을 사용함으로써 그 힘을 약화시키지 않도록 주의해야 한다"(프로이트 1915, p. 165).

대상관계 이론에 기초해서, 우리는 절제를 환자 내부에 "대상허기"(object hunger)를 만들어내는 요소로 볼 수 있다. 전이가 강렬함과 명료성의 특징을 갖는 것은, 분석환경 자체가 환자와 분석가 사이에 커다란 간극을 발생시켜 환자로 하여금 애착 대상인 분석가를 향해 나아가게 하도록 고안된 것이기 때문이다. 분석가가 어느 정도 거리를 유지함으로써 환자는 철수상태에서 나와 앞으로 나아가도록 이끌리게 된다. 이것은 분석가가 환자를 조종하는 것으로 오해될 수 있지만, 그것은 사실이 아니다. 그것은 환자의 폐쇄된 내면세계를 개방하고, 환자와 분석가 사이에서 발생한 커다란 간극 안에 숨쉴 수 있는 심리적 공간을 만드는 데, 그리고 과거에 겪었던 상처를 되살려내고 재검토하는 데, 필수적인 요소이다. 이 과정에서 환자는 발달의 다양한 시기에 겪었던 옛 경험들을 되살려내는데, 그 중에서 가장 중요하고 가장 도달하기 힘든 것은 아주 어린시절의 경험들이다. 분석가에 의해서뿐만 아니라 더 중요하게는 환자 자신에 의해서 반응의 적절성과 부적절성이 관찰될 수 있는, 어린시절의 경험들이 현재의 분석 상황에서 재생됨으로써, 환자는 현재 삶의 어떤 사건들이 옛 반응들을 촉발시켰는지를 알 수 있게 된다.

영국의 대상관계학파 이론가들은 치료자-환자의 관계가 임상 실제에서 중심적인 위치를 차지한다는 믿음을 공유하고 있다. 그 이론은 영국 경험주의 전통 안에서 이루어진 환자와 치료자 사이의 관계에 대한 연구로부터 발달해 나온 것이다. 이 집단에 약간 늦게 합류한 건트립(1969)은 다음과 같이 말했다:

자아의 발달과 유지가 점점 더 근본적인 정신역동적 과정으로 이해된다면, 그리고 자아가 인격적인 대상관계를 통해서만 발달하는 것이라면, 모든 수준의 심리치료, 특히 가장 깊은 수준의 심리치료는 인격적인 치료관계의 결과로서만 발생한다는 결론에 도달한다 ⋯ 우리가 "인격"에 대해 더 관심을 기울일수록, 그리고 "증상"에 대해 덜 관심을 기울일수록, 보다 인격적인 치료관계가 전체 상황을 지배하게 될 것이다[p. 310].

이러한 일반적인 상황은 전이를 비인격적인 상황 안에 존재하는 개인의 고립된 현상으로서가 아니라, 맥락 안에 즉, 치료자와의 인격적 관계 안에 존재하는 개인의 문화적 현상으로 보도록 요구한다. 우리는 전이란 치료적 관계 안에서 발생하는 고유한 현상이라는 버드(Bird 1972)의 주장에 동의한다. 또한 우리는 "전이가 모든 인간관계의 기초가 되는 보편적인 정신 기능"이라는 아직 충분히 탐구되지 않은 그의 생각에도 동의한다(p. 267). 우리는 한 걸음 더 나아가, 지각 능력, 인지 능력, 정서조절 능력이 충분히 발달하지 못한 초기 단계에서의 관계 경험에 의해 현재의 관계 경험이 채색되는 곳에서 그와 같은 보편적인 유형의 전이가 가족 구성원들 사이에서 발생한다고 말하고 싶다. 이러한 유형의 전이는 가족 집단(7장을 보시오)에서 뿐만 아니라, 낯선 집단(Bion 1961)에서도 유사하거나 보완적인 성향

을 지닌 사람들과 서로 얽히게 만드는 세력으로, 즉 역가
(valency)로 작용한다.

억압된 나쁜 대상관계가 풀려나는 것에 대한 저항

프로이트(1926)는 저항을 자아(의식을 관장하고, 집행자로서의
역할을 하는 마음의 부분인)에 의해 원본능의 충동들(무의식을
구성하고 있는 부분인)이 억압되는 데서 유래하는 것이라고 설
명했다. 이러한 억압된 것에 대한 저항에 덧붙여서, 그는 전이와
질병으로 인한 이차적 습득에서 기인하는 저항들을 서술했는데,
이 두 가지 저항 모두를 자아에 의한 저항으로 간주했다. 이것들
외에도 그는 극복과정을 필요로 하는 원본능 저항과, 죄책감을
달래기 위한 처벌의 필요—성공과 회복을 가로막는 요소로 작용
하는—에서 오는 초자아 저항이 존재한다고 보았다. 저항에 대한
이런 개념들은 가족치료에 유용하기는 하지만, 충분한 것은 아니다.

페어베언(Fairbairn 1952)은 의식적인 중심적 자아가 스스로 감
당하기에 너무 고통스러운 관계경험을 제거하기 위해서 분열되
고 억압된 자기(self)의 영역들을 만들어낸다고 주장했다. 여기에
서 저항은 다르게 이해되고 있다: 저항은 고통스러운 관계 경험
이 인식되는 것을 막기 위한 것이다. 건트립(Guntrip 1969)은 이
개념을 논리적으로 확장했다: 저항은 이전 경험의 고통이 현재의
치료 상황 안으로 들어오는 것을 막기 위해서 발생하는 것이다.
치료 상황에서 저항을 발생시키는 동기는 치료적 관계이다: 그는
"내 경험에 의하면, 환자 안에 있는 성인 부분은 또 한 사람의

성인(치료자)과 함께 어린아이 수준의 경험으로 되돌아가는 것을 아주 당혹스럽고 굴욕적으로 경험하는 것이 분명하다"고 말했다 (p. 314).

여기에서 저항은 환자들이 힘들고 고통스러운 자신의 부분들을 스스로에게 드러내는 데 따른, 그리고 우리와의 관계 안에서 그것들을 경험하는 데 따른 어려움으로 간주된다. 환자들은 처음부터 치료자를 자신들의 비판적인 내적 대상들과 동일시하기 때문에, 자신들이 찬성하지 않는 부분들을 치료자에게 보여주는 것이 점점 더 힘들어진다. 치료가 진행되면서 그들은 그들을 수용해주는 치료자의 태도에 힘입어 자신들에 대해 덜 비판적일 수 있다는 확신을 갖게 된다. 다시 말해서, 환자가 주로 사용하는 정신기제는 치료자를 반리비도적 대상으로 느끼는 투사적 동일시에서 반리비도적 대상이 이해되고 따라서 덜 비판적이 되는 내사적 동일시로 옮겨간다.

3년째 분석적 치료를 받고 있는 33세의 그래픽 디자이너인 하비(Harvey)는 자살을 시도한지 일주일 만에 새로운 남자와의 관계를 시작했다. 그녀는 분석가에게 이제는 만사가 좋아졌다고 말했다. 분석가가, 그 관계가 그렇게 빠르게 진행된 것은 그녀가 그에게 전적으로 의존해 있는 동안 그가 떠나가는 것에 대한 두려움을 방어하고 있기 때문일 수 있다고 제안하자, 그녀는 크게 화를 내면서 치료자는 아무것도 이해할 수 없는 사람처럼 보인다고 비난했다. 치료자 역시 세상의 다른 사람들과 똑같은 사람이었다. 그것에 대한 증거는 다른 사람들도 그녀에 관해 똑같은 것을 말한다는 사실이었다. 그녀의 분노의 초기 원천에 대한 치료자의 질문들은 완강하게 거부당했다. 그녀는 치료자에게 입 닥치라고 소리쳤다: 그가 이해하고 안하고는 중요치 않았다. 회기가

끝났을 때 그녀는 카우치에서 내려와서 머리카락을 매만지면서
말했다: "못되게 굴어서 미안해요. 그럴 수밖에 없었어요. 하지만
선생님을 힘들게 한 것에 대해서는 죄송해요!" 그녀는 다음 날
들어오자마자 이렇게 말했다: "말하기가 쑥스럽네요. 어제 차에
탔을 때 선생님이 옳았다는 걸 깨달았어요. 나는 선생님이 휴가
를 떠나는 것에 대해서 화가 나있었던 같아요. 선생님은 나를 버
린 나의 아버지와 똑같아요. 내가 선생님을 그토록 필요로 하는
순간에 나를 떠나는 것을 참을 수 없어요. 물론 지금은 이렇게
말하고 있지만, 여전히 쉽지는 않아요."

여기에서 전이와 저항은 치료적 관계 안에서 재창조되는 내재화된
대상관계들로부터 발생하는 대인관계적 현상으로 간주되고 있다.

역전이

프로이트는 역전이에 대해 거의 언급하지 않았는데, 그것은 아
마도 스트레이치(Strachey 1958)가 주장하듯이, 그가 환자들이 자
신의 기법에 관해 너무 많이 아는 것을 원하지 않았기 때문인
것 같다. 1910년에 그는 역전이를, 환자가 분석가 자신의 무의식
적인 감정에 영향을 미치는 것에 대한 분석가의 반응이라고 서
술했다. 나중에 그는 유아적 사랑이 전이에서 나타나게 만드는
것은 분석가의 영향력이라고 하면서, 역전이 감정이 발생하는 것
을 경고했다. 그는 역전이를 분석가가 멀리해야 할 유혹적인 감
정으로 보았다(1915). 그는 분석가 안에서 출현하는 무의식적인

유아기 콤플렉스들에 대한 저항에서 역전이가 발생하는 것이며, 그것은 분석가의 자기 분석이나 수련분석을 통해서 해결될 수 있다는 견해를 견지했다(1910, 1912a, 1937).

초기 정신분석 기법에서―그리고 현대 정신분석가들의 상당 수가 계속해서 사용하는 기법에서―역전이는 분석가 자신의 분석되지 않은 갈등이 환자에 의해 자극되어 나타나는 어려움을 반영하는 것으로 간주되었다. 예컨대, 그린슨(Greenson 1967)은 정신분석적 기법에 대한 그의 저서에서 다음과 같이 기록했다: "역전이는 환자에 대한 분석가의 전이 반응으로서, 전이와 평행관계에 있고, 전이와 짝을 이룬다 … 역전이 반응은 분석가로 하여금 환자를 끊임없이 오해하고, 무익하거나 유혹적이거나 지나치게 허용적인 행동을 하도록 이끌 수 있다"(p. 348). 이와 같은 정신분석적 사고의 흐름에서, 역전이는 본질적으로 치료적 상황에 의해 환기된 분석가 자신의 전이를 나타내는 것으로 여겨졌다. 타워(Tower 1956)는 "역전이는 치료 상황에서 발생하는 분석가의 전이를 지칭하는 용어로 남겨져야 한다"고 주장했다. 그녀는 역전이는 환자와의 관계 안에서 정상적으로 일어나는 현상이지만, 그것이 정상적인 정도를 넘을 경우 분석의 진전을 방해할 수 있다고 보았다.

그러나 영국의 분석가들은 환자들이 분석가에게 투사한 내용을 분석가가 내적으로 받아들이는 과정에서 보이는 반응들을 연구하는 것을 통해서, 역전이 개념을 좀더 세련된 수준으로 확장시켰다. 이러한 진전은 클라인과 그녀의 동료들(Segal 1964)에 의해 주로 투사(Klein 1936)와 투사적 동일시(Klein 1946) 개념에 대한 논의들을 둘러싸고 이루어졌다. 그들은 리비도와 죽음 본능의 공격적 파생물로 구성된 욕동을 분열시켜 일차적 대상에게 투사하는 데서 역전이 상황이 발생한다고 제안했다. 그러나 그들은 또한 내적인 "좋은 엄마"와 "나쁜 엄마"를 실제 엄마의 인격에 외재화시키는 것에 대해서, 그리고 엄마의 이미지를 여러 부분들로 분열시키는 현상—엄마가 좋은 측면과 나쁜 측면을 모두 포함하고 있다는 생각, 즉 전체로서의 엄마 개념을 아이가 감당할 수가 없기 때문에 발생하는—에 대해서도 탐구했다. 페어베언(1952)은 유아의 정신 조직이 나쁜 대상관계로부터 보호받는 방식으로 엄마와의 경험을 받아들이는 과정에서 생겨나는 것이라고 설명했다. 그러나 분석가의 경험을, 환자의 상황을 이해하기 위한 가장 근본적인 도구로 사용한 분석가들은 클라인학파의 임상가들이었다. 그 외에도, 영국의 위니캇(1971b)과 건트립(1969), 그리고 미국의 씨얼즈(Searles 1979, 1986) 등은 이런 논의들을 클라인이 본래 사용했던 것보다 더 매력 있는 것으로 만드는 데 크게 공헌을 했다.

하인리히 랙커의 공헌

역전이에 대한 가장 명료한 이론적 설명은 클라인 계통의 아르헨티나 분석가인 하인리히 랙커에게서 찾아볼 수 있다. 그는 자신의 1957년 논문 "역전이의 의미와 사용"에서 역전이와 관련된 상호작용을 설명했다. 그의 사고는 가족치료에 가장 유용한 도구를 제공했다. 랙커는 이전의 다른 사람들과 마찬가지로, 환자의 투사와 분석가 자신이라는 두 가지 원천에서 나오는, 역전이에 기여하는 다양한 요소들을 설명했다. 그는 이 후자의 요소, 즉 분석가 자신의 문제에서 발생하는 역전이는 진정한 역전이가 아니라, 환자에 대한 치료자의 전이를 나타낸다고 보았다.

그는 전적으로 새로운 사고를 도입했는데, 그것은 역전이란 환자의 투사를 받아들이는 근본적인 상황을 나타내는 것이며, 이것이 투사적 동일시로 조직화된다는 생각이었다. 역전이는 이러한 일이 일어나고 있다는 것을 치료자가 알지 못하는 동안에만 발생한다. 치료자는 이 투사적 동일시를 받아들이고, 그것이 자신을 점령하도록 허용한 다음, 그것을 인식하고, 그 경험을 처리할 준비가 되어 있어야 한다. 그런 방식을 통해서만 환자는 자신이 깊이 이해 받는다고 느낄 수 있다. 이러한 경험이 차단될 경우, 환자는 정서적으로 닫혀 있고 멀리 있는 상태에서 기계적으로 취급되고 있다고 느낄 것이다. 이 설명에서, 이러한 전이들(투사적 동일시와 같은 개념으로 사용되는)을 기꺼이 받아들인다는 것은 치료자가 환자의 내면세계를 이해하는 근본적인 수단으로 역전이를 사용한다는 것을 의미한다.

랙커는 이어서 환자의 대상세계 안에 있는 투사적 동일시의 다양한 원천들을 검토했다. 이것들이 존재하는 것은 환자 내적 상태가, 우리가 이미 말했듯이, 근본적으로 여럿으로 분열되어 있기 때문이다. 가장 근본적인 분열은 자기와 대상 사이의 분열이지만, 고통스러운 경험의 종류에 따라 다양한 대상 경험들 사이에도 분열이 존재한다.

일치적 동일시와 상보적 동일시

랙커의 이론 중에 우리의 작업에 가장 근본적인 도움을 준 내용은 치료자가 환자의 자기(self)나 대상(object) 중 어느 것과도 동일시할 수 있다는 생각이었다. 만약 비교적 좋은 동맹 관계를 유지하고 있는 환자로부터 그녀의 남편이 전날 밤에 술에 취해서 그녀를 때리겠다고 위협했다는 말을 듣는다면, 치료자는 그녀

를 대신해서 그녀의 남편에게 분노를 느낄 수도 있고, 또는 그녀
의 안전에 대해 불안을 느낄 수도 있을 것이다. 이처럼 환자의
자기와 동일시하는 것을 랙커는 일치적 동일시라고 불렀다.

다른 한편, 만약 환자가 회기 동안에 말을 함부로 하면서, 우리
의 해석이 그녀의 감정은 아랑곳하지 않고 그녀를 공격한다거나
무언가를 강요한다고 비난할 경우, 치료자는 공격받는다고 느낄
것이고, 그녀가 불만스러워 하고 화가 나있는 그 대상들과 자신
을 동일시할 것이다. 이처럼 환자의 대상들과 동일시하는 것을
랙커는 상보적 동일시라고 불렀다.

이제는 역전이의 원천들에 관해 생각해보자. 씨얼즈와 위니캇
그리고 다른 사람들의 임상적 공헌들은 이 영역의 이해에 많은
도움을 주었다. 예컨대, 치료자가 환자의 대상으로 취급되고 있다
고 느낄 때, 아마도 환자는 자신의 자기의 역할을 담당하고 있을
것이다. 하지만, 치료자가 그녀의 자신의 일부로 취급되고 있다고
느낀다면, 치료자는 그녀가 자신의 대상세계 안에서 어떤 사람이
되고 있는가를 생각해볼 필요가 있을 것이다. 그래야만 환자에게
"나는 그대의 아버지가 그대를 취급했던 것처럼, 그대가 나를 취
급하고 있다고 느끼고 있습니다. 이것은 아마도 그런 취급이 그
대에게 어떠한 것이었는지를 나에게 알려주기 위한 것이거나, 내
가 그대의 아버지처럼 위협적인 존재가 될 수 있는 가능성을 피
하기 위한 것 같습니다"라고 말할 수 있을 것이다. 치료자가 용
어—그 자체로서는 크게 중요한 것이 아니지만 고도의 정교성을
지닌—에 집착하지만 않는다면, 그는 환자의 자기와 대상의 변화
무쌍한 투사들을 받아들이고 흡수하는 역할을 담당하는 데 랙커
의 공헌을 유용하게 사용할 수 있을 것이다. 다른 이미지들이 치
료자에게 전달하는 상황을 이해하고 명료화하는 것은 치료 작업
의 중요한 부분을 차지한다.

"소극적 능력"의 성장

이 모든 것을 종합해볼 때, 충분한 시간을 투자하는 심리치료에서, 치료자는 환자가 어렸을 때 겪었던 가족 경험을 재경험할 수 있어야만 한다고 말할 수 있다. 그리고 이것은 정서적으로 교류하고 있는 두 사람 사이에서 발생하는 것이기 때문에, 치료자와 환자는 이 경험의 정서적 타당성에 대한 공유된 확신을 함께 세워나갈 수 있다. 치료자와 환자 사이에서 사용되는 언어와 일어나고 있는 것에 대해 치료자가 경험하고 생각하는 내용은 기술적인 용어로 서술하거나 어떤 이론의 틀에 끼워 맞출 필요도 없고 또 그래서도 안 된다. 치료자는 자신과 환자 사이에 심리적 공간을 만들기 위해, 그리고 치료자 자신 안에 환자의 대상 세계에서 일어난 경험들로 채울 수 있는 내적 공간을 만들어내기 위해, 수용적인 자세를 유지해야 한다. 그러기 위해 치료자는 "소극적 능력"으로 불리는 성격적 자질을 발달시킬 필요가 있다. 이 용어는 셰익스피어의 희곡에 등장하는 인물을 묘사하기 위해서 시인 키이츠(Keats)가 처음으로 사용한 것으로서, "성급하게 사실이나 이유를 찾지 않으면서 불확실성과 신비와 의심의 상태에 머무르는" 능력으로 정의된다(Murray 1955, p. 261). 비온은 이런 생각을 받아들여 치료자를 훈련시키는 데 사용했다. 우리는 1973년도에 타비스톡 클리닉에서 일했던 아더 하야트 윌리암스(Arthur Hyatt Williams)에게서 이 개념의 의미를 배울 수 있었다. 그것은 하나의 경험이 갖는 의미가 그 경험 자체에서 출현할 수 있도록 충분히 오랫동안 "알지 못하는 것"을 견디고, 알아야 될 필요를 중지시키는 능력을 가리킨다. 치료자가 이것을 성공적으로 해낼 수 있을 때, 역전이 경험은 마침내 치료자와 환자의 관계에 대한 모든 것을 알려줄 것이며, 이론에 끼워 맞추는 식으로 는 도달할 수 있는 깊은 수준의 것을 알려줄 것이다. "소극적 능력"은 대상관계가 하나의 이론이라기보다는 하나의 작업방식임을 보여준다.

개인치료에서의 환경적 전이와 역전이

치료자가 자신 안에 소극적 능력이 발달할 수 있는 공간을 창조해낼 때, 거기에는 치료적 안아주기 상황의 주요 부분이 형성된다. 이것은 치료 상황에서 제공되는 다른 모든 요소들과 함께, 개인치료의 안아주는 환경을 구성한다. 이러한 안아주는 환경 안에서 개인은 안아주는 환경 자체에 대한 전이를 발생시킨다. 이 전이 안에서 그는 자신을 돌보아주었던 일차적 인물들이 제공해준 안아주기 방식을 따라 치료적 관계에 대한 기대를 갖는다. 이것은 환경적 전이라고 불린다. 치료자는 치료적 환경—치료자가 제공해주는—에 반응하는 환자의 방식에 자신의 방식을 따라 반응을 하는데, 이것은 환경적 역전이라고 불린다.

개인치료와 개인분석에서 치료자와 환자의 초기 관계는 아직 대상세계를 서로 깊숙이 침투하는 과정을 포함하지 않는다. 그보다 환자는 치료자가 특정 종류의 작업을 위한 환경—치료자가 제공할 것이라는 환자의 기대와 일치할 수도 않을 수도 있는—을 제공해주기를 기대한다. 처음에 나타나는 전이들은 치료자가 그러한 작업 공간을 제공해주는 것과 관련된 것인데, 이는 아이의 성장을 지원해주기 위해 부모가 적절한 안아주기를 제공해주는 것과 비교될 수 있다. 초기 엄마-유아 상황의 측면에서 설명하자면, 환경적 전이는 아기가 엄마의 품안에 있을 때 보이는 엄마의 신체적 특질들과 활동들—눈과 눈을 마주치는 경험을 통해 중심적 관계를 발달시키는—에 대한 반응이다. 주 1회 만나는 개인치료의 대부분에서, 치료자가 든든히 안아주는 측면에 대한 전이가 가장 두드러지며, 대부분의 역전이도 여기에서 발생할 것이다. 이것은 또한 전이 신경증이 구체적인 형태를 갖추기 전인 분석 초기 단계 동안에 지배적으로 나타나는 전이이다.

치료 초기에 환경적 전이가 환자의 정서와 접촉되고 있음을 일단 인식하고 나면, 치료자는 그것의 변천과정을 이해하고, 심리치료나 정신분석의 후기 단계에서 주로 발생하는 초점적 전이와는 다른 방식으로 그것에 대해 작업할 수 있는 적합한 위치에 있게 된다.

개인치료에서 가져온 예들

한 여성이 전화로 상담을 요청했는데, 그녀는 먼저 상담실이 치료자의 집에 있는지에 대해서 물었다. 그녀의 이전 치료자는 집에 상담실을 갖고 있었기 때문에, 그녀는 치료자의 풍요로운 가족생활을 엿볼 수 있었는데, 이것이 그녀에게는 커다란 고통이었다. 그녀는 이제는 그런 상황을 견딜 수 없을 거라고 느꼈다. 이번 치료자의 상담실도 집에 있다고 하자, 그녀는 다른 치료자를 소개해 달라고 했다.

이 예에서, 이미 치료의 안아주기 상황에 대한 환경적 전이가 상담의 시작을 방해하고 있음이 드러나고 있다. 환경적 전이는 치료를 시작하는 시기뿐만 아니라 나중 시기에도 출현한다.

　　2년째 정신분석을 받고 있는 한 여성이, 자신은 아직도 어린 딸을 부부 침대에서 데리고 잔다고 대수롭지 않게 언급했다. 분석가는 그 사실에 대해서 이미 알고 있었지만, 아직은 분석적으로 고려할 단계가 아니라고 느끼고 있었다. 왜냐하면 환자는 치료자가 자신의 그러한 행태를 인정해주는 것이 자신을 수용해주고 이해해주는 것이라고 믿고 있었고, 그것이 자신을 환경적으로 안아줄 수 있는 치료자의 능력—그녀의 엄마가 갖지 못했던—을 나타낸다고 믿고 있기 때문이었다. 분석가는 환자가 상담을 계속해야 할지에 대한 양가감정을 계속해서 언급했기 때문에 심기가 불편했다. 그는 딸과 한 침대에서 자는 것에 대해 직접적으로 질문을 했고, 예상했던 대로 자신이 신뢰받고 있지 못하고 있다는 느낌을 주는 반응을 얻었다. 환자는 치료자가 잠자리 배치에 대한 그녀의 지혜를 인정해준 줄 알았는데, 그렇지 못한 것에 대해 배신감을 느낀다고 말했다.

　　비록 분석가의 개입이 여러 종류의 역전이를 나타내는 것으로 보일 수 있지만, 가장 중요한 것은 환자가 분석가를, 어렸을 때 자신을 비난하던 엄마로 보고 있다는 것이다. 여기에서 우리는 환자의 어머니가 어린 환자를 안전하게 안아주지 못했다는 증거를 본다. 이것은 치료의 어느 시점에선가 환자가 분석가를 좀더 초점적인 방식으로 사용할 가능성이 있음을 말해준다. 초점적인 관계방식이 너무 위험한 것으로 느껴졌기 때문에, 환자는 환경적 전이 안에서 분석가가 제공해주는 안아주기와 안전에 더 많은 도전을 하게 된 것이다. 이것에 대한 분석가의 역전이는 매우 불편한 것이었지만, 안아주기 환경이 사라지는 것에 대한 그녀의 두려움에 관한 분명한 정보를 제공해주었다.

개인치료에서 발생하는 초점적 전이와 역전이

전이의 다른 측면들은 부모와 가졌던 중심적 관계 경험으로부터 오는데, 이것은 엄마와 아이가 정신신체적 동반자 관계를 맺고 있는 동안 그들의 몸과 마음의 핵심적 경험을 통해서 형성된 것이다. 개인치료에서, 전이의 이런 측면들은 환자가 내적 대상들의 일부를 치료자 안으로 투사할 때 드러난다. 우리는 이것을 초점적 전이(focused transference)라고 부른다. 치료자는 투사적 동일시의 과정을 통해서 이 전이를 받아들이고, 그것에 의해 영향을 받는다. 초점적 전이는 가끔 중요한 타자들과의 관계 안으로 투사된 대상관계들을 검토함으로써 탐지할 수도 있지만, 가장 명백하게 이해되는 순간은 역전이에서 경험되는 순간이다. 역전이에서 환자의 내적 대상체계가 재창조되는데, 그것은 환자가 아이였을 때 엄마와의 사이에서 발생했던 초점적인 관계 맺기가 지금 여기에서 재현되는 것이다. 우리는 이것을 초점적 역전이(focused countertransference)라고 부른다.

환경적 전이와 초점적 전이를 주의 깊게 구별하는 것이 중요한 만큼, 그 둘 사이에 겹치는 부분이 있음을 기억하는 것도 중요하다. 엄마가 안아주는 환경 안에서 유아가 초점적인 관계 맺기를 경험하듯이, 엄마에 대한 중심적인 경험은 환경 엄마의 경험과 연결되어 있다. 그 둘 중 하나의 재경험은 다른 하나의 차단을 의미한다. 중심적 관계의 직접성으로부터 오는 안아주기의 측면이 있는데, 이것은 환경적 안아주기를 더욱 튼튼하게 하는 데 기여한다. 따라서 여기에는 관계의 측면들 사이와 두 전이의 측면들 사이에서 전진과 후퇴를 반복하는 움직임이 있다. 건강한 경우, 이 두 측면들 사이에 조화로움이 존재하겠지만, 병적인 가족에서는 그 두 측면들 사이에 조화로움이 결여되거나, 어느 한 쪽 측면을 보호하기 위해 그 둘 사이를 분열시킬 것이다. 어떤 경우이든, 치료자는 이 두 측면들을 받아들이는데, 이것들은 환자가 초기 경험을 회상해냄에 따라 어느 정도 구별되며, 치료관계 안에서 심리치료의 유형과 치료단계에 따라 더욱 뚜렷이 구별된다.

우리는 임상 상황에서 이 두 유형의 역전이를 신체적 관계를 사용해서 구분하는 것이 유용하다는 것을 발견했다. 환경적 역전이는 "안아주는 팔"(arms-around)로, 그리고 초점적 역전이는 "마주 보는 눈"(eye-to-eye)으로 생각해 보자. 이것은 지나친 단순화의 위험을 내포할 수 있기 때문에, 문자적인 내용으로가 아니라 연상을 위한 시각적인 이미지로 간주해야 할 것이다. 또한 이 두 종류의 경험은 각각 다른 경험으로부터 구별되는 동시에 그것을 포함하기 때문에, 어느 순간에라도 하나가 다른 하나 안으로 용해될 수 있음을 기억해야만 한다.

정신분석에서 가져온 예

여기에서 검토하고자 하는 사례는 이미 4장에서 다루어졌고 이 장의 앞부분에서 다시 언급된 바 있는 하비양의 사례로서, 그것은 초점적 전이와 초점적 역전이에 대한 작업이 이루어지는 방식을 보여준다(물론 이것은 환경적 전이와 환경적 역전이에 대한 언급이 없이는 불가능하다.). 그 사례를 선택한 이유는 역전이의 역할이 어떤 것인지를 보여주기 위해서이다.

이 장의 앞부분에서 보고했던 정신분석 회기를 마친지 몇 주 후에, 하비 양은 다음과 같은 말로 회기를 시작했다: "오늘은 너무 피곤해서 말할 기운도 없어요. 직장의 과제를 시간에 맞추어 끝내느라고 밤을 새웠거든요. 만약 내가 여기서 무언가를 하기를 원한다면, 선생님은 질문을 하셔야 할 거에요. 하지만, 선생님께서 나를 말하게 만드는 방식에 내가 동의하지 않는다는 것을 선생님은 아실 거예요."

이것은 그녀와의 작업에서 반복되는 주제였기 때문에, 분석가는 "또 시작이군"이라는 생각과 함께 불쾌감을 느꼈다. 그러나 그는 질문을 받는 상황에 대해 자신이 무슨 생각을 갖고 있는지를 스스로 물어봄으로써, 그녀를 돕기를 원하는 자신의 소망에 응답했다.

그녀는 "바보! 그건 맞는 질문이 아니에요"라고 말했다. "내게서 어떤 말을 듣기를 원한다면 구체적으로 질문을 해야 한다고, 몇 번이나 말해야 알아들으시겠어요?" 그녀는 큰소리로 말하기 시작하더니, 결국에는 직장에서 그녀의 상사가 임원회의를 소집했던 상황에 대해 이야기했다. 그녀의 상사가 임원들에게 그녀에게 진행 중인 프로젝트에 대해 질문을 했을 때, 그녀는 바보처럼 아무 말도 할 수 없었다. 그때 그녀는 그가 "자신을 떠보기 위해 질문을 했다는 생각" 때문에 그에게 몹시 화가 났었고 그래서 그 질문들을 큰 소리로 그에게 되돌려주고 싶었다.

분석가는 회기의 앞부분에서 자신이 애를 먹고 있다는 것과 하비 양이 전보다 화가 더 많이 나있다는 것을 깨달았다. 이러한 생각은 분석가가, 그녀가 직장에서 취급받았던 것과 똑같은 방식으로 취급받고 있다는 것을 이해하는 데, 그리고 그 자신이 종종 그녀에 의해 이런 식으로 "취급된다는 것"을 깨닫는 데 도움을 주었다. 이것은 그를 환자와 싸우는 일종의 싸움으로 이끌었고, 이는 다시금 그로 하여금 자신의 작업방식에 대해 논쟁적이고 불만스럽게 만들었다. 그때 그는 몇 분간 침묵했는데, 그녀는 그에게 "지금 뭐하세요? 내게 질문을 하셔야죠. 내가 방금 말한 것에 대해서 어떻게 생각하세요?"라고 말했다. "자신의 작업방식이 불만스럽다"는 그의 느낌은 이제 그가 환자에 의해서 괴롭힘을 당했고 침묵을 강요당했다는 느낌과 관련되어 있는 것으로 보였다. 그는 괴롭힘을 당하고 있다는 자신의 느낌과 그것에 수반되는 내면의 불만을 근거로 다시 질문했다.

"내가 질문에 즉각 대답하지 않는 것이 과거의 누구처럼 행동하고 있는 것 같은가요?"

이번에 그녀는 이렇게 대답했다: "마치 나처럼 행동하고 있어요! 그리고 나는 다른 사람들처럼 즉, 내 언니, 엄마, 내가 십대 시절에 싫어했던 선생님들 그리고 나의 전 남편처럼 행동하고 있고요. 나는 결코 싸우려 하지 않았어요. 그들이 나에게 질문을 하면, 나는 당황해하면서 침묵하곤 했죠. 나는 싸움에 말려들지 말아야 한다고 스스로에게 다짐하곤 했어요. 그러나 나는 소리 지르고 싶었죠."

"보세요. 전에도 말한 적이 있지만, 다시 말할게요. 나의 어머니는 나를 의자에 앉혀놓고 읽는 법을 가르치려고 했어요. 그리고 내가 잘못 읽으면 고함을 질렀죠. 엄마는 '너는 네 능력을 다 사용하고 있지 않아. 네가 계속 그렇게 하면, 넌 아무 것도 성취할 수 없을거야' 라고 말하곤 했어요. 그리고 다시 나에게 소리를 지르곤 했죠. 나는 그때 겨우 다섯 살이었어요! 나는 침묵을 지켰고, 그러면 엄마는 '그냥 앉아있지 마!' '무슨 말이든 좀 해보란 말야!' 라고 소리쳤어요. 나는 지금 고함을 질러서 옛날에 엄마가 나에게 어떻게 했는지를 느끼게 해주고 싶어요."

분석가는 안도감을 느꼈다. 환자는 자신의 내적 경험의 고통스러운 부분을 분석가와 나누기 시작했기 때문이다. 이제 분석가는 하비 양과의 작업에서 그랬던 것처럼, 자신이 낯설고 혐오스런 사람이 되고 있다는 느낌과, 다투기 좋아하는 침묵을 지키는 희생자라는 느낌에 의해 더 이상 압도되지 않게 되었다.

같은 회기 동안에, 환자는 이전의 누구보다 더 많은 신뢰와 사랑을 느끼게 된 한 남자와의 새로운 관계에 대해서 이야기하기 시작했다. 그 관계는 그녀의 결혼관계와 너무나 달랐다. 그녀는 자신이 분석가를 공격한 것을 그가 이 새로운 관계에 대해 확신을 가지고 있지 않다는 느낌과 관련시켰다. 그녀는 지금 만약 자신이 이전의 다른 남자들과 가졌던 관계들이 미성숙한 것이었다고 분석가가 지적한다면, 그 사실을 시인할 수 있지만, 전에는 그렇게 할 수 있을 만큼 그를 신뢰하지 않았다고 말했다. 사실, 그녀는 만약 그가 그 남자들과 함께 있는 자신을 보았더라면, 그 관계들에 대해 즉시 의심했을 거라는 점을 알고 있으면서도, 그 관계들이 성숙한 것들이었다고 우겼었다. 그녀는 이렇게 말했다. "나는 전에는 그것을 말할 수 없었어요. 내가 선생님께 고함을 칠 수 있었던 것은 선생님을 신뢰하기 때문입니다. 나는 아무리 화가 나고 기분이 상한다고 해도 누군가에게 소리를 지를 수 있을 만큼 다른 사람을 충분히 신뢰해본 적이 없어요. 그런데 나는 지금 이 새로운 관계에 대해서 선생님께 말할 수 있게 되었습니다. 내가 오늘 피곤해했지만 계속해서 말하도록 나를 밀어붙인 것에 대해서 감사하게 생각해요. 선생님은 내가 계속해서 앞으로 나아가도록 찌르는 막대기였습니다."

"찌르는 막대기"라는 단어가 분석가의 내면에서 반향을 불러일으켰다. 왜냐하면 그것이 그가 유사 남근적인 방식으로(pseudo-phallic way) 환자를 벌주고, 놀려주고, 자극함으로써 수행해야 하는 기능과 연관되어 있다고 느끼기 때문이었다. 이제 그것은 환자의 도움으로 더 의미 있는 것이 되고 있었다.

이 사례에서, 분석가는 오랜 동안 비판적인 모성적 대상에 의해 박해받고 있는 환자와 동일시된 상태에 머물러 있었다. 그의 해석적인 질문이 환자로 하여금 자신이 치료자에게 투사하고 있는 내용을 인식하게 해주었을 때, 그것은 환자가 자신의 엄마와의 관계에서 경험했던 "찌르는 막대기"처럼 느껴졌다. 환자가 이것을 깨닫게 되자, 분석가는 투사적 동일시 또는 초점적 전이에 사로잡히는 것에서 풀려날 수 있었고, 그를 부분적으로 괴롭히고 있는 박해 대상으로부터 벗어날 수 있었으며, 환자를 위한 좋은 대상으로 바뀌었다고 느꼈다. 이것은 환자가 자신의 새로운 관계에 대해 치료자에게 이야기할 수 있을 만큼 충분히 치료자를 신뢰하게 되었을 때, 그리고 동시에 그녀가 분석 초기부터 환경적 전이 안에 있어왔던 반리비도적 요소를, 즉 신뢰의 부족을 확인했을 때 발생했다. 환자의 태도와 자기 자신에 대해 불편하게 느꼈던 많은 시간동안, 분석가는 그 불편함의 출처를 발견하는 일을 계속하면서, 명확하게 "알지 못하는" 모호한 상태를 견뎌야만 했다. 이 말은 그가 그 불편함의 출처에 대하여 전혀 모른다는 의미가 아니다. 환자가 말했듯이, 어떤 점에서 환자와 치료자는 이미 그것을 알고 있었다. 그러나 그는 또한 그녀의 투사적 동일시에 의해 압도되거나 그것을 그녀에게 되돌려주거나 벗어버리지 않은 채 그것을 견뎌냄으로써, 적당한 순간에 깨달음에 도달할 수 있어야만 했다. 이런 방식으로, 치료자는 그녀가 두려워했던 것을 되살려내야만 했다. 그녀가 자신의 대상들과의 경험을 되살려낼 수 있었을 때, 그녀는 치료자와 함께 그것을 극복해낼 수 있었다.

이것은 분석가가 자신이 공격당하고 있으며 부당한 취급을 받고 있다는 느낌을 견뎌내야 하는 것을 의미한다. 환자는 치료자의 담아주는 능력을 거듭 공격했다. 그러나 그녀가 이 회기에서 명확하게 밝혔듯이, 그 공격은 환경을 신뢰할 수 있는 그녀의 새로운 역량, 즉 그녀가 오래 전에 포기했거나 결코 그녀가 가져본

적이 없는 능력을 나타내는 것이었다. 근본적으로, 화를 내는 그녀의 능력은 환경적 전이에 대한 신뢰를 나타내는 것이었고, 그 공격들을 담아낼 수 있는 치료자의 전반적인 능력은 오랜 작업기간 동안 그들의 관계 안에 신뢰를 가져다준 요소였다. 신뢰가 자라나면서 환자는 치료자가 자신을 안아줄 수 있다는 믿음을 갖게 되었다. 이 회기는 담아주는 능력이 강화되었다는 공유된 확신을 갖게 해주었고, 그 결과 그들은 초점적 전이와 초점적 역전이를 다루는 작업을 계속할 수 있었다.

개인 심리치료의 경우, 전이의 강도가 정신분석에서보다 덜 강렬한 것으로 간주되어왔고, 그로 인해 개인 심리치료에서의 전이의 역할에 대한 혼동이 있어왔다. 분석가들은 일반적으로 개인 심리치료에서 전이가 별로 유용한 것이 아니라고 간주해왔다. 그것은 확실히 정신분석의 그것보다 산만한 것으로 여겨졌다. 치료자와의 오이디푸스 갈등의 요소들이 전이나, 분석가의 휴가를 둘러싼 사건들이나, 또는 환자로 하여금 분석가를 거절하는 대상으로 느끼게 만드는 분석가의 언급에서 촉발될 수 있다. 그러나 이런 사건들은 구르는 눈 덩이처럼 갑자기 커다란 세력을 형성하지는 않는다. 그것은 환자가 사람들과 치료자를 내적 대상들 중의 하나로 취급하는 경향으로 나타난다. 치료자가 다른 사람들보다 더 우호적이면, 그 또는 그녀는 좀더 우호적인 대상들의 특징을 이끌어낼 것이다. 이러한 대상들의 역할은 처음부터 문제해결과 자기-발견이 진행될 수 있는 환경을 제공하는 것이다. 따라서 우리는 개인치료에서 치료자에 대한 환자의 가장 핵심적인 반응은 주로 안아주는 환경을 제공하는 기능의 성패와 관련되어 있다고 결론 내린다.

개인 환자가 가족에 대한 내적 이미지를 형성하기

하비 양의 사례가 주는 교훈은 가족치료사들뿐 아니라 가족에 관심을 갖고 있는 개인 심리치료사들에게도 매우 중요하다. 전이는 치료자가 환자의 가족 상태를 이해하는 데 도움을 주는데, 그 가족 상태는 오직 역전이를 통해서만 충분히 그리고 정확하게 이해될 수 있다. 환자가 어린시절에 엄마와 겪었던 경험의 일부가 그 회기 동안에 나타났고, 다른 회기들에서는 환자가 아버지와 형제자매들과 겪었던 경험들이 재현되었다. 그러한 회기들 덕택에 치료자는, 비록 그것이 완전히 정확한 것은 아닐지라도, 환자가 가족에서 겪은 경험에 대한 풍부한 정보를 얻게 되었다. 환자가 가족에서 겪은 경험에 대한 주관적인 견해가 소위 바깥에서 가족을 바라보는 견해 못지않게 타당성을 갖는다는 것이 대상관계적 접근이 갖고 있는 생각이다. 그 두 가지가 동등한 중요성을 갖고 있으며, 그 중 하나가 다른 하나를 대체할 수 없다. 유사한 방식으로, 가족치료사들은 결국 가족 구성원 개인의 내적 현실에 대한 견해를 가질 수 있으며, 이것은 치료실 안에서 벌어지는 가족들 사이의 상호작용만큼이나 "진실한 것"이다(Winer 1985).

가족치료에서의 전이와 역전이

이것은 가족치료와 부부치료에서 전이와 역전이의 타당성에 대한 고려에로 우리를 인도한다. 가족치료에서, 환자들은 강렬하고 평생 지속된 초점적 전이들을 갖고 치료를 찾게 되는데, 이러한 초점적 전이들은 개인 심리치료에서는 아주 드물게만 발견되고, 정신분석에서는 전이 신경증의 출현 이후에만 가능해지는, 효과적인 치료적 지렛대로 작용한다. 개인 환자처럼, 가족 역시 치료자가 제공해주는 안아주기 공간 안에서 전이를 발생시키면서 치료를 시작한다. 가족치료에서, 이러한 환경적 전이를 이해하는 것이야말로 초점적 전이들에 직접적으로 영향을 주는 도구이다. 환경적 전이와 역전이가 가족 치료에서 치료자의 이해를 위한 주요 조직자라는 생각이 우리의 기본적인 가정이다. 다음의 사례는 그 가정을 예증해줄 것이다.

이 회기는 내가 거의 2년 동안 여러 가지 형태를 사용해서 치료했던 잰슨 가족의 것으로서, 이 책의 4장과 제2권 2장에서도 서술되고 있다. 이 가족은 9살 난 톰이 전자제품을 파는 가게를 침입해서 일부 제품들을 파손시킨 일로 인해 나에게 의뢰되었다. 톰은 학교에서는 놀림 받는 대상이었고, 그의 두 형들과는 끊임없이 싸우는 아이였다. 가족치료 첫 회기에서 톰이 그의 두 형들에게 격노해서 치료실을 뛰쳐나간 후에, 아버지는 톰의 형들을 가족치료에서 배제하려고 했다. 그는 이렇게 말했다: "우리 아들 중 하나가 망가졌습니다; 우리는 그가 다른 성한 아들들을 오염시키도록 내버려두고 싶지 않습니다." 이 말은 아버지의 방어적 자세를 분명히 드러내고 있다. 그 시점에서 잰슨 씨를 가족치료에 참여하도록 설득하기가 어렵다는 것이 내게는 분명했고, 그것은 잰슨 부인도 동감이었다. 하지만 아버지가 분위기를 지배했다는 점에서 딱히 치료라고 할 수도 없는 부모와의 작업과 함께, 톰과 6개월간의 개인치료를 행한 후에 집안과 가족치료 회기 안에서 그의 행동이 많이 개선되자, 아버지는 다시 다른 아들들을 가족치료에 참석시키는 데 동의했다. 이 회기는 정기적인 치료모임을 갖기 시작한지 약 일 년쯤 되었을 때 그리고 4장에서 보고된 회기 몇 주 후에 있었던 것으로서, 당시에 두 형들은 캠프에 참석하느라고 거기에 없었다.

세 사람이 들어와 자리에 앉았다. 톰은 빨간색 회전의자에 앉아서 회기 내내 의자를 돌려댔는데, 그 때문에 아버지는 화가 났다. 잰슨 부인은 지난 주 상담실에 오는 도중에 싸웠던 일을 언급했지만, 어쨌든 이번에는 싸우지 않았다고 말했다. 톰은 당시에 이것을 아버지에게 대항하는 기회로 사용했었다. 잰슨 씨는 그들 모두는 그리고 톰까지도 캠프에 가있는 두 아들을 그리워하고 있는 것 같다고 말했다. "물론 보고 싶어요. 그들은 내 형들이잖아요"하고 톰이 말했다. "하지만 너는 형들과 자주 싸우잖아?"하고 엄마가 말했다.

"우리는 서로 사랑해요. 형제들이 다 그런 거 아닌가요? 하지만 나는 집을 독차지 하는 게 좋아요"하고 톰이 말했다.

이때까지 나는 이것을 일종의 흥미롭지만 대수롭지 않은 사건이라고 느꼈고, 톰이 정말로 캠프에 참석하고 있는 형들을 일년 전보다 더 좋아하고 있다는 것을 알 수 있었다. 나는 부모들이 톰에게 자신의 발전을 자랑하도록 부추기고 있다고 느꼈고, 그것이 나의 유용성에 대한 증거라도 되는 양 마음 한편에서 고마움을 느꼈다.

이것이 톰의 변화에 대한 "보고서"였다는 나의 생각은 잠시 후 잰슨 씨가 톰의 학교 성적표를 받았다고 말했을 때에 확인되었다. 그가 이 말을 하자, 톰은 요란하게 의자를 돌리면서 어처구니없는 행동을 하고 화를 내기 시작했다. 양쪽 부모는 이러한 그의 행동에 화를 내면서 멈추라고 말했지만, 톰은 한참 동안 멈추지 않았다. 그들은 이러한 그의 행동 때문에 집에서도 화를 낸다고 말했다. 마침내 잰슨 씨는 "톰, 당장 멈추지 않으면 아이스크림은 없을 줄 알아"라고 말했고, 톰은 "협박이에요?"라고 소리쳤다. 아빠는 다시 "그래 협박이다. 아빠는 지금 아주 심각하게 말하는 거야"라고 말했다. 톰은 계속해서 그러한 행동을 멈추지 않았고, 입을 삐죽거리기 시작했다. 그는 "톰! 정말로 아이스크림 없을 줄 알아"하고 재차 강조한 아버지에게 도전하고 있었다. 아버지가 이 말을 하자 잠시 수그러드는 톰을 보면서 나는 그들이 일종의 춤을 추고 있다는 느낌이 들었다. 나는 톰이 그의 행동을 멈추지 않는 데 대해 잰슨 씨에게 연민을 느끼면서도, 동시에 톰을 애초에 그러한 곤경으로 몰고 간 그에게 화가 나 있었다. 나는 톰의 학교생활에 대한 보고와 그의 성장에 대한 보고 사이에 혼동과 모순이 있다고 느꼈다: 잰슨 씨는 톰이 자기의 형들에게 사랑을 표현하는 능력이 증가된 것을 자랑하는 것으로 문제를 덮어버리고 있는 것처럼 보였다. 그런데 그는 왜 학교생활에 관한 이야기를 끄집어내야만 했을까? 나는 톰이 학교에서 잘하는 것에 대해 스스로 곤혹스러워 하는 것 같다고 느꼈다. 비록 그 순간에는 분명히 설명할 수 없었지만, 나중에 나는 잰슨 씨의 자랑이 학교에서 톰을 곤경에 처하게 만들고 있다는 것을 알게 되었다. 톰은 학교에서 자신의 "총명함"을 뽐내고 싶은 소망을 담고 있는 광대 역할을 하고 있었다. 그는 지금 좋아지고 있고, 그렇게 하지 않는 것이 더 좋다는 것을 알고 있으면서도, 아버지에 의해 그렇게 하도록 자극받고 있는 것 같았다.

이 시점까지 나는 아직도 무슨 일이 일어나고 있는지 감을 잡지 못하고 있었고, 잰슨 씨와 톰 모두에게 막연한 불편함을 느끼고 있었다. 나의 불편함은 부분적으로 톰의 광대 짓 때문이었는데, 나는 그 순간에는 그 느낌을 의식하지 못했고, 다만 그가 자신을 과시하고 있다고만 느꼈다. 그리고 나는 잰슨 씨가 톰에게 계속해서 협박을 사용하는 것에 대해 불편함을 느꼈는데, 그것은 효과적인 한계 설정이라기보다는 보복적이고 쓸모없는 것이라고 여겨졌다. 나는 잰슨 씨가 톰으로 하여금 다른 아이들을 못살게 구는 아이가 되도록 부추기고 있다는 생각 때문에, 내가 불편한 느낌을 가지고 있었다는 사실을 뒤늦게 기억해냈다. 나는 그것이 최선의 해결책이 아니라는 것을 확신하기 시작했지만, 잰슨 씨는 톰이 문제아로 부각되는 상황을 제시했기 때문에, 내 생각을 말할 수 없었다. 나는 잠재기와 이른 사춘기 시절에 내가 겪었던 친구 관계들 때문에 이 부분이 나의 취약한 부분이라는 것을 알고 있었는데, 이것은 내가 타고난 감각을 사용할 수 있는 다른 영역과는 달리, 이 영역에서는 매번 고심 끝에 해결책을 생각해내야 한다는 것을 의미했다. 그래서 나는 약간 혼동된 상태에서 "아마도 결국은 그렇게 해야 되는 것인가 보다"라고 생각하는 것으로 끝을 내곤 했다.

하지만, 나는 나의 불편함이 환자가 갈등과 혼동 상태에 있으며, 가족이 준비되어 있다면 지금이 개입할 때임을 알리는 신호라는 것을 알고 있었다. 나는 잰슨 씨에 대한 분노가 대체로 그에 대한 나의 호감이 증가하는 상황에서 일어나고 있음을 알고 있었다. 나는 잰슨 부인이, 종종 그랬듯이, 옆에 앉아 가만히 지켜보기만 한다는 사실을 주목했다. 그 순간에 나는 그녀가 모든 일들을 잰슨 씨에게 떠맡긴 채 억지웃음을 짓고 있다고 생각했다. 내가 이러한 것들을 생각했을 때, 잰슨 씨는 톰에 대한 보고서에 기록된 개선에 관해 계속해서 말하고 있었다. 연초에 형편없었던 톰의 출발을 생각할 때 그것은 훌륭한 성취였다.

이제 나는 치료를 위해 나의 불편함을 이용할 준비가 되었다고 느꼈다. 나는 아빠의 협박과 아이의 다루기 힘든 행동에 대해 그에게 질문하기 시작했다. 나는 말했다: "지금 여기에서 일어난 말싸움이 톰이 학교에서 문제아로 취급받는 것과 관련이 있지 않을까요? 톰은 당신이 그것에 대해 언급하는 것을 원치 않고 있습니다."

잰슨 씨는 아마도 그 둘 사이에 어떤 관계가 있을 거라고 대답했지만, 나의 질문에 당황하는 기색이 역력했다. 왜냐하면 내가 질문한 시점이 바로 그가 막 톰을 공격하려고 했던 때였기 때문이었다. 나는 내 자신의 불편함으로 인해 내가 바랐던 것보다 덜 매끄럽게 그 상황에 개입했고, 그 과정에서 그를 혼동스럽게 만들었다는 것을 알 수 있었다. 하지만 잰슨 씨는 내 말에 즉각 반응하지 않았고, 덕분에 우리는 그 순간을 무사히 넘길 수 있었다.

그는 "나는 '협박하는 것' 외에 다른 것을 생각할 수 없었습니다. 선생님이라면 어떻게 그를 멈추게 했을까요?"라고 묻고는, 계속해서 말했다. "하지만 나는 그것이 학교와 관련이 있다는 것을 알고 있습니다." 그는 잠시 아래를 내려다본 후에, 다시 톰을 바라보면서 이렇게 말했다: "톰! 내가 어렸을 때 싸움을 얼마나 많이 했는지 알아? 나는 번번이 싸움에서 졌단다." 이 말을 할 때 그의 목소리는 편안했고, 톰과의 정면충돌을 향해 달려가던 모습에서 사랑 많은 아버지의 모습으로 변했다.

그런 말을 하는 잰슨 씨의 어조는 믿겨지지 않는 것이었다. 그것은 자발적이고 진지한 것이었고, 자신을 드러내는 새로운 방식이었다. 나는 새로운 돌파구가 열리는 것에 대해 안도의 숨을 내쉬었다.

톰은 "아뇨, 전혀 몰랐어요. 정말 그랬어요?"라고 답했다. 그는 의자에 앉은 채로 빙글빙글 도는 것을 멈추었고, 손에 쥐고 있던 카드를 내려놓고는 아버지를 똑바로 쳐다보았다.

나는 일종의 "지각 변동"이 발생하는 것을 느낄 수 있었다. 잰슨 씨에 대한 나의 감정은 일종의 감동이었다. 나는 그가 자신의 착한 아들들이 오염될 수 있다는, 말도 안 되는 생각을 내세워 자신에 대한 조사를 회피했다는 사실을 나중에 깨달을 수 있었다. 비록 나는 어떤 면에서 남편의 협박을 참아내는 잰슨 부인에게 동정심을 느끼기는 했지만, 마치 아무 일도 없는 것처럼 그냥 지나치는 것은 내가 그녀에 의해서 협박을 느꼈다는 것을 의미했다. 하지만, 나는 그가 기꺼이 함께 나누고 싶어 한다는 이러한 작은 증거만을 가지고도 그를 더 좋아하고 있다고 느꼈다. 나는 그가 자신의 방어를 내려놓는 것이 얼마나 어려운 것인가를 알고 있었기 때문에 그의 용기를 존중하고 있는 것이라고 스스로 생각했다.

그래서 나는 그에게 좀더 이야기를 해달라고 요청했고, 그는 이번에는 약간 수줍어하면서도 적극적으로 설명했다: "나는 운동을 잘 했는데, 그게 도움이 되었죠. 하지만 나보다 나이가 많은 아이들이 찾아와서는 나를 괴롭혔어요. 나는 그들을 이길 수가 없었죠. 톰을 상대할 때와는 달랐죠. 왜냐하면 그들은 내 또래의 아이들이 아니었으니까요. 나는 종종 그들에게 얻어맞곤 했습니다."

나는 여전히 약간 화가 난 상태로 그가 어떻게 그렇게 번번이 나이가 많은 아이들에게 얻어맞았는지 알 수 있겠다고 혼자 생각하고 있었다. 즉, 그는 틀림없이 그들을 자극했을 것이다. 그가 자기를 괴롭혔던 아이들에 대해서 짧게 언급했을 때, 나는 그가 그 아이들에게 먼저 시비를 걸어 화를 돋운 다음에 그들에 의해 얻어맞는 장면을 머릿속에 떠올렸다. 이 환상에서 나는 부분적으로 잰슨 씨와 동일시했고, 부분적으로 그를 괴롭혔던 아이들과 동일시했으며, 그리고 부분적으로 나의 아동기 자기의 관점에서 바라보고 있었다. 나는 그와 그들 모두에게 각각 약간의 연민을 느꼈다.

내가 이러한 생각에 잠겨 있을 때, 잰슨 부인은 "나는 당신이 그들을 자극할 만한 일을 하지는 않았는지 궁금해요"라고 말했다. 나는 이어서, 잰슨 씨가 혹시 톰이 학교에서 놀림을 받을 때마다 그것에 대한 반응으로 톰에게 싸움을 걸었던 것이 아닌가 하고 생각한다고 말했다. 우리가 톰이 다른 아이들을 어떻게 자극했을 지에 대해서 함께 생각하고 있었기 때문에, 나는 잰슨 씨가 톰으로 하여금 아이들에게 싸움을 걸라고 격려한 것이 아닐

까 궁금해졌다—비록 그가 그것에 대해서 염려하기는 했지만. 잰
슨 부인이 웃으며 말했다: "오! 그는 사람들을 자극하는 데 소질
이 있어요. 물론 그는 먼저 나를 자극하지요."

"예를 들 수 있을까요?" 내가 물었다.

그들은 지난번에 있었던 큰 싸움도 그러한 종류의 것이었다
는 데 동의했다. 그러나 그들은 서로를 보고 미소를 짓고는, 톰
앞에서 그것에 대해 말하고 싶어 하지 않았다. 왜냐하면 그것은
그들의 성생활과 관련된 것이었기 때문이었다. 나는 지금까지는
잰슨 씨에 의해 차단되어 있던, 두 사람에 관한 자료들이 출현하
게 될 시점이 가깝다는 것을 느꼈다. 그러나 나는 그 순간에 그
들의 결혼생활과 관련된 사적 경계를 침범하고 싶지 않았다. 그
래서 나는 그들이 이런 맥락에서 함께 이야기할 수 있는 다른
예들이 있느냐고 물었다.

잰슨 부인은 잠시 생각에 잠긴 후에 남편을 바라보며, "당신
이 나를 차로 마중 나오기로 되어 있었는데, 의사소통이 잘 안돼
서 서로 다른 곳에서 기다린 적이 있었죠"라고 말했다. 잰슨 씨
가 말을 이었다: "아내는 수중에 돈이 하나도 없었기 때문에 꽤
먼 거리를 걸어야 했고, 그 일로 몹시 화가 나서 집으로 들어왔
어요." 그는 그녀가 집안으로 들어올 때 극도로 화가 나 있다는
것을 알았다. 그녀는 이렇게 말을 이었다: "그래요, 하지만 당신은
내게 미안하다는 말 대신에 동서남북도 모르는 바보라고 비난을
하면서, 집까지 걸어온 게 싸다고 말했어요. 나는 그때 정말로 화
가 났지만, 그게 내가 말하려는 초점이 아니에요. 내 말은 당신이
그 사건을 이용해서 나를 성나게 만들었다는 거예요." 이 말을
하면서, 그녀는 그를 공격하고 있는 것이 아니라는 것을 전달하
기 위해 다정한 미소를 지었고, "여보! 당신도 그걸 알고 있죠?"
라는 말을 덧붙였다.

그는 "사실이에요. 내가 그녀에게 그렇게 했어요. 나는 그런 걸 어느 정도 즐기는 것 같아요. 그렇게 해서는 안 되는데, 그러나 내가 그렇게 한다는 것은 사실이에요"라고 말했다.

나는 그들 스스로 이 부분을 처리할 수 있어서 매우 기뻤고, 서로를 안아줄 수 있는 능력을 갖고 있다는 점에서 그들이 존경스러웠다. 이 가족 안에서 한 사람이 다른 사람을 자극한다는 사실을 가족 구성원들이 인식하게 되었을 때, 나는 그것을 톰의 문제와 연결시킬 수 있겠다고 느꼈다. 그래서 나는 톰에게 그의 아버지의 삶의 이런 부분에 대해서 알고 있었느냐고 물었다.

"나는 아빠가 엄마와 나를 놀린다는 것은 알고 있어요. 하지만, 아빠가 나이 많은 아이들과 싸웠던 일은 전혀 몰랐어요. 아빠, 그건 아주 재미있네요!"하고 톰이 말했다.

이제 나는 그들 모두와 더 가깝게 느껴졌기 때문에, 다음과 같이 말했다: "잰슨 씨, 혹시 당신은 당신을 못살게 굴던 아이들에 대한 승리감을 대신 느끼기 위해서 톰이 못되게 구는 아이들을 혼내주기를 바랐던 것은 아닐까요?"

"그런 생각은 안 해보았는데요. 그럴 수도 있겠네요"라고 그가 말했고, 잰슨 부인이 그의 어깨를 손으로 감싸주었다. 그녀는 남편에 의해서 종종 괴롭힘을 당한다고 느꼈지만, 그것을 문제삼지는 않았다. 나는 그것이 그녀의 피학성의 일부라고 생각했다. 하지만 나는 우리가 톰이 학교에서 동료들에게 괴롭힘을 당하는 문제를 다루었듯이, 이제는 그가 가족에서 괴롭힘을 당하는 느낌에 대해서 말할 수 있을 것이라고 느꼈다.

나는 이 회기를 요약하면서 다음과 같이 말했다: "학교에서 괴롭힘을 당하는 것과 집에서 괴롭힘을 당하는 것은 서로 관련이 있는 것 같고, 따라서 집에서 일어나는 것을 이해하는 것은 학교에서 일어나는 일을 이해하는 데 도움이 될 것 같습니다."

톰은 상담실을 나가면서 예전과는 달리 "안녕히 계세요"라고 즐겁게 말했는데, 이것은 그가 치료과정에 흥미를 느끼고 있다는 것을 말해주는 표시였다.

이 회기에 대한 설명에서 우리가 목표로 삼은 것은, 가족치료에서 가족 구성원들은 이미 잘 발달된 서로에 대한 전이들을 갖고 있기 때문에 치료자는 가족으로부터 복잡한 전이들을 받는 대상이라는 사실을 보여주는 것이었다. 분명한 것은 회기 내에서 가족에 대한 다중적인 반응들이 발생하며, 가족 구성원들 사이의 관계의 측면들뿐만 아니라 가족 구성원 각자에 대한 아주 특정한 반응들이 발생한다는 사실이다.

그러나 전체적인 가족치료의 장은 이런 식으로 조직화하기에는 너무 복잡하다. 이러한 조직화 시도들은 전체로서의 가족에 대한 치료자의 혼동된 느낌이나, 치료자가 가족의 하위 집단들이나 개인들이 하는 말에 귀를 기울이는 동안에 자발적으로 떠오르는 환상에서 오는 것이기 쉽다. 이해하는 능력과 그 이해를 조직화하는 능력은 "소극적 능력"(negative capability)에서 자라나오는 것이다.

그러한 치료자의 환상들은 치료자가 단편적인 개인의 초점적 전이에서 발생한 실패들보다는 포괄적인 환경적 전이에서 발생한 실패들을 이해하는 방향으로 나아갈 때, 좀더 복잡한 수준의 역전이 반응으로 인도할 수 있다. 가족 구성원들은 서로에 대해 초점적 전이들을 가지고 있다. 그것은 톰이 그의 아버지를 마치 자신을 괴롭히는 "못살게 구는 아이"인 것처럼 취급하는 것과 같다—여기에서 "못살게 구는 아이"는 톰이 내사적으로 동일시한 아버지를 나타낸다. 또 그것은 잰슨 씨가 "고통 받는 희생자" 이미지를 자신의 아내에게 투사하는 것과도 같다—여기에서 잰슨 부인은 그러한 투사를 그녀 자신의 이유들로 인해 기꺼이 받아들이고 있다(이 회기에서 그 문제는 탐구되지 않았다). 회기의 여러 지점들에서 치료자는 이러한 동일시들에 영향을 받는다; 실로 그것들은 보다 포괄적인 안아주기 전이 경험을 건설하는 데 필요한 기본 재료들이 된다.

개인적 전이를 사용해서 환경적 전이를 감지하기

일반적으로 가족들은 한 번에 한 명의 구성원을 통해서 말한다. 그 구성원 개인의 전이는 치료자에게 특별히 강한 충격을 가할 수 있고, 그 결과 스티얼린(Stierlin 1977)이 "참여적 공정성(involved impartiality)으로부터의 일탈"이라고 부른 것을 초래할 수 있다. 우리의 경험에 의하면, 그러한 개인적 전이의 영향력과 그로 인한 역전이적 일탈은 모든 가족치료 회기에서 발생하는 본질적인 현상이다. 그러한 일탈이 일어날 때마다, 그것은 아주 특별한 방식으로 이해될 수 있다: 전체로서의 가족은 그 구성원들이 공유하고 있는 환경적 전이가 어떤 것인지를 드러내기 위해, 초점적 형태로든 아니면 환경적 형태로든, 한 개인의 전이를 전면에 내세운다. 이런 관점에서 볼 때, 공정성으로부터의 역전이적 일탈은 치료의 걸림돌이 아니라 가족이 공유하고 있는 환경적 전이를 이해하는 데 필수적인 도구가 된다.

따라서 이 회기 안에서, 치료자가 때로는 잰슨 씨에게 그리고 때로는 톰에게 분노를 느낀 것은 가족 전체에 의해 괴롭힘을 당하고 있다는 치료자 자신의 역전이적 반응을 나타낸다―이 가족은 치료자가 그들을 괴롭히기 위해 치료 상황을 이용할지도 모른다는 집단적인 두려움 때문에 치료자를 괴롭히는 그런 전이를 발생시켰다. 치료자가 톰, 잰슨 씨, 그리고 잰슨 부인 각자에게 시간에 따라 다른 방식으로 느꼈던 일탈된 감정들은 매번 그들의 상호작용을 결정해주는 가족의 공유된 환경 전이에 대한 실마리들이었다. 우리는 1986년에 타비스톡 클리닉에서 이 가족치료 사례를 발표할 때 도움을 준 이스카 비텐버그(Isca Wittenberg)에게 감사를 표한다. 그녀의 코멘트는 이 이론적 요지에 대한 우리의 생각을 예리하게 해주었다.

이런 식으로, 가족의 개인 구성원들 각자에 대한 치료자의 반응들도 가족을 위한 환경적 안아주기를 지원해준다. 치료자가 하루를 끝내면서 가장 유용하게 주의를 기울여야 할 것은 바로 이러한 전이의 기능이다. 이런 수준에서, 집을 건축하는 데 모든 벽돌 하나하나가 중요한 것과 같이, 개별적 및 하위 집단의 전이와 역전이의 상호작용을 구성하는 모든 요소들은 중요하지 않은 것이 없다. 그러나 잘못 놓여진 하나의 벽돌에 주의를 기울이는 것은 그 벽돌 하나에 대해서가 아니라 그 집 전체의 구조와 기능에 대해서 생각할 수 있게 해준다. 이 가족의 경우, 전반적인 안아주기 기능은 괴롭힘을 당하고 조롱받는 것에 대한 가족의 공유된 몰두로 인해, 즉 누가 희생자가 되고 누가 공격자가 될 것인가에 대한 관심으로 인해—이것은 또한 치료자에게 환경적 전이로 느껴졌는데—심하게 손상되고 고갈되어 있는 것으로 보인다.

역전이를 촉진시키기

가족의 전이에 대한 정보는 처음에는 조직화되지 않은 방식으로 치료자에게 수령된다. 그것은 가족의 공유된 관심에 대한 치료자의 반응인 역전이에 의해 조직화된다. 가족이 세상—가족의 내면세계와 가족을 둘러싼 환경을 포함하는—에 관한 공유된 관심을 다루기 위해 분투하는 동안, 치료자는 가족에 대한 정보를 받아들이며, 자기 자신과 가족 사이의 영역 안에서와 안아주는 환경 안에서 가족의 관심을 다루는 치료 작업을 수행한다.

가족의 분투로부터 오는 이런 신호들은 치료자 자신의 유사한 분투들과 불가피하게 혼합된다. 이러한 내적 연결과정을 통해서 치료자는 자신의 내적 대상관계들과, 환자들이 가져오는 내적 대상관계들 사이에 서로 일치하는 것들을 분류해내는데, 이 분류과정에서 치료자는 전체 진행과정을 좀더 의식적으로 이해하기 위해 자신이 과거의 유사한 분투들에 어떻게 대처했었는지를 기억해낸다. 물론, 어떤 문제들은 다른 것들보다 치료자에게 더 많은 어려움을 주었을 것이다. 치료자는 누구나 자신의 내면 안에 내재화된 분투라는 고유한 과거 영역들을 가지고 있다. 개인치료와 슈퍼비전은 바로 이러한 영역들에 통찰을 주고, 그것을 유용하게 사용할 수 있는 수준으로 끌어올리기 위해 고안된 것이다—이것은 치료적 노력을 통하지 않고서는 불가능하다. 이것은 이 영역들이 완전히 제거되거나 중화됨으로써, 치료자의 정신이 무의식적 전이를 받아들이는 장치나 역전이를 발생시키는 장치로 작용할 수 있게 된다는 말이 아니다. 일단 치료자가 이 영역들과 충분히 접촉하고나면, 그 영역들은 내적 분투의 일부가 되어본 적이 없는 다른 영역들보다 훨씬 더 유용한 것으로 변하게 된다. 왜냐하면 그 영역들이야말로 치료자가 씨름하고 있는 환자들과 공감대를 가장 잘 형성할 수 있는 영역이기 때문이다. 우리는 수련생들이 슈퍼비전이나 다른 사례지도 상황에서 개인치료를 더 받아야 한다는 말을 듣는 것을 두려워하지 않으면서, 이런 주제들을 자유롭게 다루도록 격려한다. 우리가 수련생들에게 전해주고자 하는 가장 힘들고 중요한 교훈은 그들이 자신들의 취약성을 개방하고 탐구하는 것이야말로 근본적으로 가장 중요한 일이라는 사실이다. 이것이 우리가 강조하는 정신분석적 가족치료의 초석이요, 역전이에 기초해서 수행하는 가족치료 기법의 핵심이다.

개인분석에서는 초점적 전이/역전이가 크게 강조되는 요소인 반면, 가족치료에서는 환경적 전이/역전이가 핵심적 요소로 강조된다. 그리고 그 둘 사이에는 겹치는 부분도 있다. 이 장에서 우리는 이 두 형태의 전이들과 역전이들이 개인치료와 가족치료 작업에서 다양한 정도로 공존하고 있음을 보여주었다.

참고문헌

Abelin, E. L. (1971). The role of the father in the separation-individuation process. In Separation-Individuation, ed. J. B. McDevitt and C. F. Settlage, pp.229-252. New York: International Universities Press.

_____ (1975). Some further observations and comments on the earliest role of the father. International Journal of Psycho-Analysis 56:293-302.

Ackerman, N. W. (1958). The Psychodynamics of Family Life: Diagnosis and Treatment of Family Relationships. New York: Basic Books. Reissued Harper Torch Books, 1972.

_____ (1966). Treating the Troubled Family. New York: Basic Books.

_____ (1970). Child participation in family therapy. Family Process 9:403-410.

_____ (1982). The Strength of Family Therapy: Selected Papers of Nathan W. Ackerman, ed. D. Bloch and R. Simon. New York: Brunner/Mazel.

Andolfi, M. (1985). Master videotape presented at the annual meeting of the American Association of Marriage and Family Therapy, New York, October.

Andolfi, M., Angelo, C., Menghi, P., and Nicolo-Corigliano, A. M. (1983). Behind the Family Mask: Therapeutic Change in Rigid Family Systems. Trans. C. Chodorkoff. New York: Brunner/Mazel.

Aponte, H. J., and VanDeusen, J. M. (1981). Structural family therapy. In Handbook of Family Therapy, ed. A. Gurman anf D. Kniskern. New York: Brunner/Mazel.

Arnold, L. E. ed. (1978). Helping Parents Help Their Children. New York: Brunner/Mazel.

Balint, M. (1952). Primary Love and Psycho-analytic Technique. London: Tavistock. New and enlarged edition, 1965.

_____ (1968). The Basic Fault: Therapeutic Aspects of Regression. London: Tavistock.

Balint. M. Ornstein, P., and Balint, E. (1972). Focal Psychotherapy: An Example of Applied Psychoanalysis. Philadelphia: J B Lippincott.

Bannister, K., and Pincus, L. (1971). Shared Fantasy in Marital Problems: Therapy in a Four-Person Relationship. London: Tavistock Institute of Human Relations.

Bateson, G., Jackson, D. D., Haley, J., and Weakland, J. (1956). Toward a theory of schizophrenia. Behavioral Science 1:251-264.

Beels, C. C., and Ferber, A. (1969). Family therapy: a view. Family Process 9:280-318.

Beiser, H. (1976). Play equipment. In The Therapeutic Use of Child' s Play, ed. C. Schaefer, pp. 423-434. New York: Jason Aronson.

Benedek, T. (1959). Parenthood as a developmental phase: a contribution to libido theory. Journal of the American Psychoanalytic Association 7:389-417.

_____ (1960). The organization of the reproductive drive. International Journal of Psycho-Analysis 41:1-15.

_____ (1970a). Fatherhood and providing. In Parenthood: Its Psychology and Pathology, ed. E. J. Anthony and T. Benedek. Boston: Little, Brown.

_____ (1970b). The family as a psychologic field. In Parenthood, Its Psychology and Psychopathology, ed. E. J. Anthony and T. Benedek. Boston: Little, Brown.

Berkowitz, D., Shapiro, R., Zinner, J., and Shapiro, E. (1974). Concurrent family treatment in narcissistic disorders in adolescence. International Journal of Psychoanalytic Psychotherapy 3:379-396.

Bibring, E. (1954). Psychoanalysis and the dynamic therapies. Journal of the American Psychoanalytic Association 2:745-770.

Bibring, G. L., Dwyer, T. F., Huntington, D. S., and Valenstein, A. F. (1961). A study of the psychological processes in pregnancy and of the earliest mother-child relationship. Psychoanalytic Study of the Child 16:9-72.

Bion, W. R. (1961). Experiences in Groups and Other Papers. London: Tavistock.

_____ (1967). Second Thoughts. London: Heinemann.

Bird, B. (1972). Notes on transference: universal phenomenon and hardest part of analysis. Journal of the American psychoanalytic Association 20:267-301.

Blos, P. (1967). The second individuation process of adolescence. Psychoanalytic Study of the Child 22:162-186.

Bodin, A. M. (1981). The interactional view: family therapy approaches of the Mental Research Institute. In Handbook of Family Therapy, ed. A. Gurman and D. Kniskern. New York: Brunner/Mazel.

Boszormenyi-Nagy, I. (1972). Loyalty implications of the transference model in psychotherapy. Archives of General Psychiatry 27:374-380.

Boszormenyi-Nagy, I., and Framo, J, L. (1965). Intensive Family Therapy. New York: Hoeber Medical Div. Harper & Row. Reprinted New York: Brunner/Mazel, 1985.

Boszormenyi-Nagy, I., and Spark, G. M. (1973). Invisible Loyalties: Reciprocity in Intergenerational Family Therapy. Hagerstown, Md.: Harper & Row.

Bowen, M. (1978). Family Therapy in Clinical Practice. New York: Jason Aronson.

Bowlby, J. (1960). Grief and mourning in infancy and early childhood. The Psychoanalytic Study of the Child 15:9-52.

_____ (1969). Attachment and Loss. Vol. 1: Attachment. London: Hogarth Press. new York: Basic Books.

_____ (1973a). Attachment and Loss. Vol. 2: Separation: Anxiety and Anger. London: Hogarth Press. New York: Basic Books.

_____ (1973b). Registrars' Seminar, Tavistock Clink, London.

_____ (1980). Attachment and Loss. Vol. 3: Loss: Sadness and Depression. London: Hogarth Press. New York: Basic Books.

Box, S. (1981a). Introduction: space for thinking in families. In Psychotherapy with Families: An Analytic Approach, ed. S. Box et at al. London: Rortledge and Kegan Paul.

_____ (1981b). Working with the dynamics of the session. In Psychotherapy with Families: An Analytic Approach, ed. S. Box et at al. London: Rortledge and Kegan Paul.

_____ (1984). Containment and countertransference. Paper presented at the Washington School of Psychiatry, Fifth Annual Symposium on Psychoanalytic Family Therapy, Bethesda, Md., April.

Box. S., Copley, B. Magagna, J., and Moustaki, E., eds. (1981). Psychotherapy with Families: An Analytic Approach. London: Rortledge and Kegan Paul.

Brazelton, T. B., Koslowski, B., and Main, M. (1974). The origins of reciprocity: the early mother-infant interaction. In The Effect of the Infant on Its Caregiver, ed. M. Lewis and L. Rosenblum. New York: Wiley-Interscience.

Brenner, P., and Greenberg, M. (1977). The impact of pregnancy in marriage. Medical Aspects of Human Sexuality 11(7):15:-21.

Britten, R. (1981). Reenactment as an unwitting professional response to family dynamics. In Psychotherapy with Families: An Analytic Approach, ed. S. Box et at al. London: Rortledge and Kegan Paul.

Bruggen, P., Byng-Hall, J., and Pitt-Aitkens, T. (1973). The reason for admission as a focus of work for an adolescent unit. British Journal of Psychiatry 122:319-329.

Butler, R. N., and Lewis, M. (1976). Sex After Sixty. New York: Harper & Row.

Byng-Hall, J. (1973). Family myths used as a defense in conjoint family therapy. British Journal of Medical Psychology 46:239-250.

Call, J. (1984). Early patterns of communication. In Frontiers of Infant Psychiatry, Vol. 2, ed. J. Call, E. Galenson, and R. Tyson. New York: Basic Books.

Clayton, P. J., and Barnstein, P. E. (1976). Widows and widowers. Medical Aspects of Human Sexuality 10(9):27-48.

Cooklin, A. (1979). A psychoanalytic framework for a systemic approach to family therapy. Journal of Family Therapy 1:153-165.

Davanloo, H. (1978). Basic Principles and Techniques in Short-Term Dynamic Psychotherapy. New York: Spectrum.

Deutsch, F. (1957). A footnote to Freud's 'Fragment of an analysis of a case of hysteria.' Psychoanalytic Quarterly 25:159-167.

Dicks, H. V. (1967). Marital Tensions: Clinical Studies Towards a Psychoanalytic Therapy of Interaction. London: Rortledge and Kegan Paul.

Duhl, B. S., and Duhl, F. J. (1981). Integrative family therapy. In Handbook of Family Therapy, ed. A. Gurman and D. Kniskern. New York: Brunner/Mazel.

Edgcumbe, R., and Burgner, M. (1975). The phallic-narcissistic phase: a differentiation between preoedipal and oedipal aspects of phallic development. Psychooanalytic Study of the Child 30:160-180.

Eissler, K. (1953). The effect of the structure of the ego on psychoanalytic technique. Journal of the American Psychoanalytic Association 1:104-143.

Erikson, E. H. (1950). Childhood and Society. New York: Norton. Revised paperback edition, 1963.

_____ (1958). Young Man Luther. New York: Norton.

_____ (1962). Reality and actuality. Journal of the American Psychoanalytic Association 10:451-473.

Ezriel, H. (1950). A psychoanalytic approach to group treatment. British Journal of Medical Psychology 23:59-74.

_____ (1952). Notes on psychoanalytic group therapy Ⅱ : interpretation and research. Psychiatry 15:119-126.

Fairbain, W. R. D. (1940). Schizoid factors in the personality. In Psychoanalytic Studies of the Personality, pp. 3-27. London: Routledge and Kegan Paul, 1952.

_____ (1941). A revised psychopathology of the psychoses and psychoneuroses. In Psychoanalytic Studies of the Personality, pp. 28-58. London: Routledge and Kegan Paul, 1952.

_____ (1943). The repression and the return of bad objects (with special reference to the war neuroses). In Psychoanalytic Studies of the Personality, pp. 59-81. London: Routledge and Kegan Paul, 1952.

_____ (1944). Endopsychic structure considered in terms of object relationship. In Psychoanalytic Studies of the Personality, pp. 82-136. London: Routledge and Kegan Paul, 1952.

_____ (1952). Psychoanalytic Studies of the Personality, London: Routledge and Kegan Paul, 1952. Also published as An Object Relations Theory of the Personality. New York: Basic Books, 1954.

_____ (1954). Observations on the nature of hysterical states. British Journal of Medical Psychology 27(3):105-125.

_____ (1963). Synopsis of an object-relations theory of the personality. International Journal of Psycho-Analysis 44:224-255.

Flugel, J. C. (1921). The Psychoanalytic Study of the Family. In the International Psycho-analytical Library, No. 3, ed. E. Jones. London: International Psycho-Analytical Press.

Foulkes, S. H. (1948). Introduction to Group-Analytic Psychotherapy: Studies in the Social Integration of Individuals and Groups. London: Heinemann. Reprinted London: Maresfield Reprints, 1983.

_____ (1964). Therapeutic Group Analysis. London: Allen & Unwin.

Foulkes, S. H., and Anthony, E. J. (1965). Group Psychotherapy: The Psychoanalytic Approach, 2nd ed. Harmondsworth: Penguin.

Fraiberg, S., Adelson, E., and Shapiro, V. (1975). Ghosts in the nursery: a psychoanalytic approach to the problem of impaired mother-infant relationships. Journal of the American Academy of Child Psychiatry 14:387-421. Also published in Clinical Studies in Infant Mental Heath, ed. S. Fraiberg. New York: Basic Books, 1980.

Fraiberg, S., ed., and Fraiberg, L., collaborator (1980). Clinical Studies in Infant Mental Health. New York: Basic Books.

Framo, J. L. (1970). Symptoms from a family transactional viewpoint. In Family Therapy in Transition, ed. N. Ackerman, pp. 125-171. Boston: Little, Brown.

_____ (1976). Family of origin as a therapeutic resource for adults in marital and family therapy: you con and should go home again. Family Process 15:193-210.

_____ (1981). The integration of marital therapy with sessions with family of origin. In Handbook of Family Therapy, ed. A. Gurman and D. Kniskern. New York: Brunner/Mazel.

_____ (1982). Explorations in Marital and Family Therapy: Selected Papers of James L. Framo, Ph.D. New York: Springer.

Freud, A. (1958). Adolescence. Psychoanalytic Study of the Child 13:255-273.

Freud, S. (1895). The psychotherapy of hysteria. Standard Edition 2:255-305.

_____ (1905a). Three essays on the theory of sexuality. Standard Edition 7:135-243.

_____ (1905b). Fragment of an analysis of a case of hysteria. Standard Edition 7:7-122.

_____ (1909). Analysis of phobia in a five-year-old boy. Standard Edition 10:1-149.

_____ (1910). Future prospects of psycho-analytic therapy. Standard Edition 11:141-151.

_____ (1912a). Recommendations to physicians practicing psychoanalysis. Standard Edition 12:111-120.

_____ (1912b). The dynamics of transference. Standard Edition 12:99-108.

_____ (1914). Remembering, repeating, and working through. Standard Edition 12:147-156.

_____ (1915). Observations on transference love. Standard Edition 12:159-171.

_____ (1917a). Mourning and melancholia. Standard Edition 14:243-258.

_____ (1917b). Transference. Standard Edition 16:431-447.

_____ (1917c). Analytic therapy. Standard Edition 16:448-463.

_____ (1921). Group psychology and the analysis of the ego. Standard Edition 18:69-134.

_____ (1923). The ego and the id. Standard Edition 19:3-63.

_____ (1926). Inhibitions, symptoms and anxiety. Standard Edition 20:87-174.

_____ (1937). Analysis terminable and interminable. Standard Edition 23:216-253.

Friedman, L. (1962). Virgin Wives: A Study of Unconsummated Marriages. London: Tarvistock. Springfield, Ill.: Charles C Thomas.

Frost, R. (1969). "The Oven Bird" and "Nothing Gold Can Stay." In The Poetry of Robert Frost, ed. E. C. Latham. New York: Holt, Rinehart & Winston.

Furman, E. (1974). A Child' s Parent Dies: Studies in Childhood Bereavement. New Haven: Yale University Press.

Gill, M., and Muslin, H. (1976). Early interpretation of transference. Journal of American Psychoanalytic Association 24:779-794.

Graller, J. (1981). Adjunctive marital therapy. The Annual of Psychoanalysis 9:175-187. New York: International Universities Press.

Greenberg, M., and Brenner, P. (1977). The newborn' s impact on parents' marital and sexual relationship. Medical Aspects of Human Sexuality 11(8):16-28.

Greenson, R. (1965). The problem of working through. In Drives, Affects and Behavior. Vol. 2, ed. M. Schur, pp. 217-314. New York: International Universities Press.

_____ (1967). The Technique and Practice of Psychoanalysis. Vol. 1. New York: International Universities Press.

Greenspan, S. (1981). Psychopathology and Adaptation in Infancy and Early Childhood. New York: International Universities Press.

_____ (1982). The second other: the role of the father in early personality formation and the dyadic phallic phase of development. In Father and Child: Developmental and Clinical Perspectives, ed. S. H. Cath, A. R. Gurwitt, and J. M. Ross. Boston: Little, Brown.

Gross, A. (1951). The secret. Bulletin of the Menninger Clinic 15:37-44.

Grotjahn, M. (1960). Psychoanalysis and Family Neurosis. New York: Norton.

Grunebaum, H., and Chasin, R. (1982). Thinking like a family therapist: a model for integrating the theories and methods of family therapy. Journal of Marital and Family Therapy 8(4):403-416.

Guntrip, H. (1961). Personality Structure and Human Interaction: The Developing Synthesis of Psychodynamic Theory. London: Hogarth Press and the Institute of Psycho-Analysis.

_____ (1969). Schizoid Phenomena, Object Relations and the Self. New York: International Universities Press.

Gurman, A. S., and Kniskern, D. P., eds. (1981). Handbook of Family Therapy. New York: Brunner/Mazel.

Guttmann, H. (1975). The child' s participation in conjoint family therapy. Journal of the American Academy of Child Psychiatry 14(3):490-499.

Haley, J. (1971). Changing Families. New York: Grune & Stratton.

_____ (1980). Leaving Home: The Therapy of Disturbed Young People. New York: McGraw-Hill.

Hartmann, H. (1939). Ego Psychology and the Problem of Adaptation. New York: International Universities Press, 1958.

Henderson, E., and Williams, A. H. (1980). An essay in transference. Paper presented at the Washington School of Psychiatry, Fifth Annual Symposium on Psychoanalytic Family Therapy, Bethesda, Md., April 1984.

Hopper, E. (1977). Correspondence. Group Analysis 10(3):9-11. April.

Jackson, D. (1965). The study of the family. Family Precess 4:1-20.

Jackson, D., and Weakland, J. (1961). Conjoint family therapy: some considerations on theory, technique, and results. Psychiatry 24:30-45.

Jacobsen, E. (1954). The self and the object world: vicissitudes of their infantile cathexes and their influence on ideational and affective development. Psychoanalytic Study of the Child 9:75-127.

Jacques, E. (1955). Social systems as a defence against persecutory and depressive anxiety. New Directions in Psycho-Analysis, ed. M. Klein, P. Heimann, and R. Money-Kyrle. London: Tavistock. New York: Basic Book.

_____ (1965). Death and the mid-life crisis. International Journal of Psycho-Analysis 46(4):502-514.

Jessner, L. (1966). On becoming a mother. In Conditio Humana, ed. R. Griffith. Berlin: Springer.

Jessner, L., Jessner, N., and Abse, D. W. (1964). Pregnancy as a stress in marriage. In Marriage Counselling in Medical Practice, ed. E. M. Nash, L. Jessner, and D. W. Abse. Chapel Hill, N.C.: University of North Carolina Press.

Jessner, L., Weigert, E., and Foy, J. (1970). The development of parental attitudes during pregnancy. In Parenthood: Its Psychology and Psychopathology, ed. E. J. Anthony and T. Benedek, pp. 209-244, Boston: Little, Brown.

Johnson, A. M., and Szurek, S. A. (1952). The genesis of anti-social acting out in children and adults. Psychoanalytic Quarterly 21:313-343.

Kahn, M. (1986). The self and the system: integrating Kohut and Milan. In The Interface of Individual and Family Therapy, ed. S. Sugarman. Rockville, Md.: Aspen Systems.

Kaplan, H. S. (1974). The New Sex Therapy: Active Treatment of Sexual Dysfunction. New York: Brunner/Mazel.

Kernberg, O. (1975). Borderline Conditions and Pathological Narcissism. New York: Jason Aronson.

Kerr, M. E. (1981). Family systems theory and therapy. In Handbook of Family Therapy, ed. A. Gurman and D. Kniskern. New York: Brunner/Mazel.

Khan, M. M. R. (1963). The concept of cumulative trauma. The Psychoanalytic Study of the Child 18:286-306. Reprinted in The Privacy of the Self. London: Hogarth Press and the Institute of Psycho-Analysis, 1974.

Klein, M. (1928). Early stages of the Oedipus conflict. In Love, Guilt and Reparation & Other Work: 1921-1945. London: Hogarth Press. Reissued 1975.

_____ (1932) The Psycho-Analysis of Children. Trans. A. Strachey. Rev. A. Strachey and H. A. Thorner. London: Hogarth Press and the Institute of Psycho-Analysis, 1975.

_____ (1935). A contribution to the psychogenesis of manic-depressive states. International Journal of Psycho-Analysis 16 and in Love, Guilt and Reparation & Other Works: 1921-1945. London: Hogarth Press and the Institute of Psycho-Analysis, 1975.

_____ (1936). Weaning. In On Bringing Up of Children, ed. J. Rickman London: Kegan Paul.

_____ (1946). Notes on some schizoid mechanisms. International Journal of Psycho-Analysis 27:99-110. And in Envy and Gratitude & Other Works: 1921-1945. London: Hogarth Press and the Institute of Psycho-Analysis, 1975.

_____ (1948). Contributions to Psychoanalysis, 1921-1945. London: Hogarth Press. Also published as Love, Guilt and Reparation & Other Works: 1921-1945. London: Hogarth Press and the Institute of Psycho-Analysis, 1975.

_____ (1957). Envy & Gratitude. London: Tarvistock. New York: Basic Books.

_____ (1961). Narrative of a Child Psycho-Analysis. London: Hogarth Press and the Institute of Psycho-Analysis, 1975.

Kohut, H. (1971). The Analysis of the Self. New York: International Universities Press.

_____ (1977). The Restoration of the Self. New York: International Universities Press.

Kraft, I., Marcus, I., et al. (1959). Group therapy as a means of studying family diagnosis and dynamics. Presented at the annual meeting of the American Group Psychotherapy Association. Cited in Grotjahn (1960).

Kramer, C. (1968). The Relationship Between Child and Family Pathology: A Suggested Extension of Psychoanalytic Theory and Technique. Chicago: The Kramer foundation.

Kubler-Ross, E. (1969). On Death and Dying. New York: Macmillan.

Kwiatkowska, H. Y. (1971). Family art therapy and family art evaluation. In Conscious and Unconscious Expressive Art, Psychiatry and Art, ed. I. Jakab. Vol. 3, pp. 138-151. Basel: Karger.

Laing, R. D., and Esterson, A. (1964). Sanity, Madness and the Family. Vol. 1: Families of Schizophrenics. London: Tavistock.

Langs, R. (1976). The Therapeutic Interaction. Vol. 2: A Critical Overview and Synthesis. New York: Jason Aronson.

Levay, A. N., Kagle, A., Weissberg, J. (1979). Issues of transference in sex therapy. Journal of Sex and Marital Therapy 5(1):15-21.

Levi, L. D., Stierlin, H., Savard, R. J. (1972). Father and sons: the interlocking crises of integrity and identity. Psychiatry 35:48-56.

Lichtenstein, H. (1961). Identity and sexuality: a study of their interrelationship in man. Journal of the American Psychoanalytic Association 9:179-260.

Lidz, T. (1963). The Family and Human Adaptation. New York: International Universities Press.

Lidz, T., Cornelison, A. R., Fleck, S. and Terry, D. (1957). Schism and skew in the families of schizophrenics. In A Modern Introduction to the Family, ed. N. Bell and F. Vogel. Glencoe, Ill. Free Press, 1960.

Liley, A. W. (1972). The foetus as a personality. Australian/New Zealand Journal of Psychiatry 6:99-105.

Lindemann, E. (1944). symptomatology and management of acute grief. American Journal of Psychiatry 101:141-148.

Loewald, H. (1960). On the therapeutic action of psychoanalysis. International Journal of Psycho-Analysis 41:16-33.

MacGregor, R. M., Ritchie, A. M., Serrano, A. C., and Schuster, F. P. (1964). Multiple Impact Therapy. New York: McGraw-Hill.

Mandanes, C., and Haley, J. (1977). Dimensions of family therapy. Journal of Nervous and Mental Disease 165:88-98.

Mahler, M., Pine, F. and Bergman, A. (1975). The Psychological Birth of the Human Infant: Symbiosis and Individuation. New York: Basic Books.

Main, T. F. (1966). Mutual projection in a marriage. Comprehensive Psychiatry 7(5):432-449.

Malan, D. H. (1975). A Study of Brief Psychotherapy. New York: Plenum.

Malone, C. (1974). Observations on the role of family therapy in child psychiatry training. Journal of the American Academy of Child Psychiatry 13:437-458.

Mann, J. (1973). Time-Limited Psychotherapy. Cambridge, Mass.: Harvard University Press.

Masters, W. H., and Johnson, V. E. (1970). Human Sexual Inadequacy. Boston: Little, Brown.

Masterson, J. F., Jr. (1967). The Psychiatric Dilemma of Adolescence. Boston: Little, Brown.

McGoldrick, M., Pearce, J. K., and Giordano, J., eds. (1982). Ethnicity and Family Therapy. New York: Guilford.

Meissner, W. M. (1978). The conceptualization of marriage and family dynamics from a psychoanalytic perspective. Marriage and Marriage Therapy, ed. T. J. Paolino Jr., and B. S. McCrady, pp. 25-88. New York: Brunner/Mazel.

Menzies, I. E. P. (1960). A case study of the functioning of social systems as a defence against anxiety. Human Relations 13:95-121.

Miller, E. J., and Rice, A. K. (1967). Systems of Organization: The Control of Task and Sentient Boundaries. London: Tavistock.

Minuchin, S. (1974). Families and Family Therapy. Cambridge, Mass.: Harvard University Press.

Minuchin, S., Montalvo, B., Guerney, Jr., B. G., Rosman, B. L., et al. (1967). Families of the Slums: An Exploration of Their Structure and treatment. New York: Basic Books.

Murray, J. M. (1955). Keats. New York: Noonday Press.

Nacht, S. (1965). Criteria and technique for the termination of analysis. International Journal of Psycho-Analysis 46:107-116.

Nadelson, C. C. (1978). Marital therapy from a psychoanalytic perspective. In Marriage and Marriage Therapy, ed. T. J. Paolino, Jr., and B. S. McCrady, pp. 101-164. New York: Brunner/Mazel.

Nagera, H. (1975). Female Sexuality and the Oedipus Complex. New York: Jason Aronson.

National Center for Health Statistics (1983). Advance report on final divorce statistics. Monthly Vital Statistics Report 34:9, Supplement. Washington, D.C.

_____ (1984). Annual Summary of Births, Marriages, Divorces, and Deaths, U.S. Vol. 33, no. 13. Washington, D.C.

Paolino, Jr., T. J. and McCrady, B. S., eds. (1978). Marriage and Marriage Therapy: Psychoanalytic, Behavioral and systems Theory Perspectives. New York: Brunner/Mazel.

Parkes, C. M. (1971). Psycho-social transitions: a field for study. Social Science and Medicine 5:101-115.

_____ (1972). Bereavement: Study of Grief in Adult Life. London: Tavistock. New York: International University Press.

Paul, N. (1967). The role of mourning and empathy in conjoint marital therapy. In Family Therapy and Disturbed Families, ed. G. Zuk and I. Boszormenyi-Nagy. Palo Alto, Calif.:Science and Behavior Books.

Paul, N., and Grosser, G. (1965). Operational mourning and its role in conjoint family therapy. Community Mental Health Journal 1:339-345.

Pearce, J. K., and Friedman, L. J., eds. (1980). Family Therapy: Combining Psychodynamic and Family Systems Approaches. New York: Grune & Stratton.

Peller, L. E. (1954). Libidinal phases, ego development and play. Psycho-analytic Study of the Child 9:178-198.

Piaget, J. (1962). The stage of the intellectual development of the child. Bulletin of the Menninger Clinic 26:120-128.

Pincus, L., ed. (1960). Marriage: Studies in Emotional Conflict and Growth. London: Methuen.

_____ (1976). Death and the Family: The Importance of Mourning. London: Faber & Faber.

Pincus, L., and Dare, C. (1978). Secrets in the Family. New York: Pantheon.

Pines, M. (1982). Mirroring and group analysis: an illustration with reference to the group treatment of borderline and narcissistic disorders. Paper presented at Washington School of Psychiatry Symposium on the British Group-Analytic to Group and Family Treatment. Washington, D.C.

_____ (1985). Mirroring and child development. Psychoanalytic Inquiry 5(2):211-231.

Racker, H. (1957). The meanings and uses of countertransference. Psycho-analytic Quarterly. Vol. 26. Reprinted in Transference and Counter-Transference. New York: International Universities Press, 1968.

_____ (1968). Transference and Counter-Transference. New York: International Universities Press.

Reiss, D. (1981). The Family' s Construction of Reality. Cambridge, Mass.: Harvard Universities Press.

Rice, A. K. (1965). Learning for Leadership. London: Tavistock.

Rioch, M. (1970a). Group relations: rationale and technique. In Group Relations Reader I, ed. A. Colman and W. H. Bexton. A. K. Rice Series, Sausalito.: Galif.: Grex, 1975.

_____ (1970b). The work of Wilfred Bion on groups. Psychiatry 33(1):56-66. Reprinted in Progress in Group and Family Therapy, ed. C. Sager and H. Kaplan pp. 18-32. New York: Brunner/Mazel, 1972.

Robertson, J., and Bowlby, J. (1952). Responses of Young children to separation from their mothers. Courier du Centre International de l' Enfant 2:132-142.

Robertson, J., and Robertson, J. (1971). Young children in brief separation: a fresh look. Psychoanalytic Study of the Child 26:264-315.

Sander, F. (1979). Individual and Family Therapy: Toward an Integration. New York: Jason Aronson.

_____ (1985). Family or individual therapy: the determinants of modality choice. Hillside Hospital Journal of Psychiatry 7(1):37-41.

_____ , ed. (1987). Report of the Task Force on the Integration of Individual and Family Therapy. Washington, D.C.: The American Family Therapy Association. Draft in Preparation.

Satir, V. (1967). Conjoint Family Therapy: A Guide to Theory and Technique. Rev. ed. Palo Alto, Calif.: Science & Behavior Books.

Savege, J. (1973). Psychodynamic understanding in community psychiatry. Proceedings of the Ninth International Congress of Psychotherapy, Oslo. Reprinted in Psychotherapy and Psychosomatics 25:272-278, 1975.

Scharff, D. E. (1969). The inpatient treatment of a borderline personality disorder. Psychiatric Opinion 6:37-43.

_____ (1975). The transition from school to work: groups in London high schools. In When Schools Care, ed. I. Berkovitz. New York: Brunner/Mazel.

_____ (1976). Aspects of the transition from school to work. In Between Two Worlds: Aspects of the Transition from School to Work, D. E. Scharff and J. M. M. Hill. London: Careers Consultants.

_____ (1978). Truth and consequences in sex and marital therapy: the revelation of secrets in the therapeutic setting. Journal of Sex and Marital Therapy 4(1):35-49.

_____ (1980) Between two worlds: emotional needs of adolescents facing the transition from school to work. In Responding to Adolescent Needs, ed. M. Sugar. New York and London: SP Medical and Scientific Books.

_____ (1982). The Sexual Relationship: An Object Relation View of Sex and the Family. London: Routledge and Kegan Paul.

Sharff, D. E., and Hill, J. M. M. (1976). Between Two Worlds: Aspects of the Transition from School to Work. London: Careers Consultants.

Sharff, D. E., and Scharff, J. S. (1979). Teaching and learning: an experiential conference. Journal of Personality and Social Systems 2(1): 53-78.

Schwarzbeck, C. (1978). Identification of infants at risk for child neglect: observations and inferences in the examination of the mother-infant dyad. In Traumatic Abuse and Neglect of Children at Home, ed. G. Williams and J. Money, pp. 240-246. Baltimore: Johns Hopkins University Press.

Searles, H. (1979). Countertransference and Related Subjects: Selected Papers. New York: International University Press.

_____ (1986). My Work with Borderline Patients. New York: Jason Aronson.

Segal, H. (1964). Introduction to the Work of Melanie Klein. London: Heinemann.

_____ (1973). Introduction to the Work of Melanie Klein. New, enlarged edition. London: Hogarth Press.

Selvini Palazzoli, M. (1974). Self-Starvation: From the Intrapsychic to the Transpersonal Approach to Anorexia Nervosa. Milan: Feltrinelli. Trans. A. Pomerans. London: Human Context Books, Chaucer Publishing.

_____ (1985). Towards a general model of psychotic family games. Paper presented at the annual meeting of the American Association of Marriage and Family Therapy, New York, October.

Selvini Palazzoli, M., Boscolo, L., Cecchin, G., and Prata, G. (1975). Paradox and Counterparadox. Milan: Feltrinelli. Trans. E. V. Burt. New York: Jason Aronson, 1978.

Shapiro, E., Zinner, J., Shapiro, R., and Berkowitz, D. (1975). The influence of family experience on borderline personality development . International Review of Psycho-Analysis 2(4):399-411.

Shapiro, R. L. (1966). Identity and ego autonomy in adolescence. In Science and Psychoanalysis, ed. J. H. Masserman. New York: Grune & Stratton.

_____ (1979). Family dynamics and object-relations theory: an analytic, group-interpretive approach to family therapy. In Adolescent Psychiatry: Developmental and Clinical Structures, ed. S. C. Feinstein and P. L. Giovacchini. Chicago: University of Chicago Press.

Shapiro, R. L., and Zinner, J. (1971). Family organization and adolescent development. In Task and Organization, ed. E. Miller. London: Wiley, 1976.

_____ (1979). The adolescent, the family, and the group: boundary consideration. In Exploring Individual and Organizational Boundaries, ed. G. Lawrence. London: Wiley.

Sifneos, P. (1972). Short Term Psychotherapy and Emotional Crisis. Cambridge, Mass.: Harvard University Press.

Skynner, A. C. R. (1976). Systems of Family and Material Psychotherapy. New York: Brunner/Mazel. Also published as One Flesh, Separate Person: Principles of Family and Marital Psychotherapy. London: Constable.

_____ (1981). An open-systems, group-analytic approach to family therapy. In Handbook of Family Therapy, ed. A. Gurman and D. Kniskern. New York: Brunner/Mazel.

Slipp, S. (1984). Object Relations: A Dynamic Bridge Between Individual and Family Treatment. New York: Jason Aronson.

Solnit, A., and Stark, M. (1961). Mourning and the birth of a defective child. Psychoanalytic Study of the Child 16:523-537.

Springmann, R. (1976). Fragmentation in large groups. Group Analysis 9(3):185-188.

Stanton, M. D. (1981). Strategic approaches to family therapy. In Handbook of Family Therapy, A. Gurman and D. Kniskern. New York: Brunner/Mazel.

Stern, D. N. (1977). The First Relationship: Infant and Mother. Cambridge, Mass.: Harvard University Press.

_____ (1985). The Interpersonal World of the Infant: A View from Psychoanalysis and Developmental Psychology. New York: Basic Books.

Stierlin, H. (1971). Adolescents who run away. Presented at NIMH Residency Program. St. Elizabeth' s Hospital, Washington, D.C.

_____ (1974). Separating Parents and Adolescents: Individuation in the Family. New York: Jason Aronson.

_____ (1977). Psychoanalysis and Family Therapy. New York: Jason Aronson.

_____ (1985). Results of a catamnestic study of family therapy with anorexics. Presented at Psychosomatissche Klinik, Heidelberg, February.

_____ (1986). Therapy of anorexia in a family therapy context. Presented at Leonard Morse Hospital, Natick, Mass., October.

Stierlin, H., and Ravenscroft, K. (1972). Varieties of adolescent separation conflicts. British Journal of Medical Psychology 45:299-313.

Strachey, J. (1958). Editor' s introduction to papers on technique. In The Standard Edition of the Complete Psychological Works of Sigmund Freud, ed. J. Strachey, 12:85-88.

Sullivan, H. S. (1953). The Collected Works of Harry Stack Sullivan. New York: Norton.

Sutherland, J. (1963). Object relations theory and the conceptual model of psychoanalysis. British Journal of Medical Psychology 36:109-124.

_____ (1980). The British Object relations theories: Balint, Winnicott, Fairbairn, Guntrip. Journal of the American Psychoanalytic Association 28(4):829-860.

_____ (1985). The object relations approach. Paper presented at the Washington School of Psychiatry, Sixth Annual Symposium on Psychoanalytic Family Therapy, Bethesda, Md., April.

Szurek, S. A. (1974). Concerning the sexual disorders of parents and their children. Journal of Nervous and Mental Disease 120:369-378.

Tessman, L. H. (1978). Children of Parting Parents. New York: Jason Aronson.

Thomas, A., Chess, S., and Birch, H. G. (1968). Temperament and Behavior Disorders in Children. New York: New York University Press.

Ticho, E. (1972). Termination of psychoanalysis: treatment goals, life goals. Psychoanalytic Quarterly 41:315-333.

Tower, L. (1956). Countertransference. Journal of the American Psychoanalysis Association 4:224-255.

Tronick, E., Als, H., Adamson, L., Wise, S., and Brazelton, T. B. (1978). The infant's response to entrapment between contradictory messages in face-to-face interaction. Journal of the American Academy of Child Psychiatry 17(1):1-13.

Turquet, P. (1975). Threats to identity in the large group. In The Large Group: Dynamics and Therapy, ed. L. Kreeger. London: Constable.

Van Trommel, M. J. (1984). A consultation method addressing the therapist-family system. Family Process 23(4):469-480.

_____ (1985). Institute presented at the annual meeting of the American Association of Marriage and Family Therapy, New York, October.

Viorst, J. (1986). Necessary Losses: The Lovers, Illusions, Dependencies and Impossible Expectations That All of Us Have to Give Up in Order to Grow. New York: Simon and Schuster.

Visher, E. B., and Visher, J. S. (1979). Stepfamilies: A Guide to Working with Stepparents and Stepchildren. New York: Brunner/Mazel.

Wallerstein, J., and Kelly, J. (1980). Surviving the Break-Up: How Children and Parents Cope with Divorce. New York: Basic Books.

Wenner, N. K. (1966). Dependency patterns in pregnancy. In Science and Psychoanalysis Vol. 10, ed. J. Masserman, pp. 94-104. New York: Grune & Stratton.

Williams, A. H. (1981). The micro-environment. In Psychotherapy with Families: An Analytic Approach, ed. S. Box et al. London: Routledge and Kegan Paul.

Williamson, D. S. (1981). Personal authority via termination of the intergenerational hierarchical boundary: Part I, a 'new' stage in the family life cycle. Journal of Marital and Family Therapy 7:441-452.

_____ (1982). Personal authority via termination of the intergenerational hierarchical boundary: Part III, the consultation process and the therapeutic method. Journal of Marital and Family Therapy 8:23-37.

Winer, R. (1985). The recreation of the family in the mind of the individual therapist and the recreation of the individual in the mind of the family therapist. Paper presented at the Washington School of Psychiatry, Sixth Annual Symposium on Psychoanalytic Family Therapy, Bethesda, Md., April.

Winnicott, D. W. (1947). Hate in the countertransference. In Collected Papers: Through Paediatrics to Psycho-Analysis. London: Tavistock, 1958, and Hogarth Press, 1975.

_____ (1951). Transitional objects and transitional phenomena. In Collected Papers: Through Paediatrics to Psycho-Analysis. London: Tavistock, 1958, and Hogarth Press, 1975.

_____ (1956) Primary maternal preoccupation. In The Maturational Processes and the Facilitating Environment. London: Hogarth Press, 1965.

_____ (1958). Collected Papers: Through Paediatrics to Psycho-Analysis. London: Tavistock, 1958, and Hogarth Press, 1975.

_____ (1960a). The theory of the parent-infant relationship. International Journal of Psycho-Analysis 41:585-595. Reprinted in The Maturational Processes and the Facilitating Environment. London: Hogarth Press, 1965.

_____ (1960b). True and false self. In The Maturational Processes and the Facilitating Environment. London: Hogarth Press, 1965.

_____ (1964). The Child, the Family, and the Outside World. London: Penguin Books. Reprinted 1965, 1967.

_____ (1965a). Ego distortion in terms of true and false self. In The Maturational Processes and the Facilitating Environment. London: Hogarth Press, 1965.

_____ (1965b). The Maturational Processes and the Facilitating Environment. London: Hogarth Press.

_____ (1971a) The location of cultural experience. In Playing and Reality. London: Tavistock, pp. 95-103.

_____ (1971b). Playing and Reality. London: Tavistock.

Wynne, L. C. (1965). Some indications and contradindications for exploratory family therapy. In Intensive Family Therapy, ed. I. Boszormenyi-Nagy and J. Framo. New York: Hoeber.

Wynne, L. C., Ryckoff, I. M., Day, J., and Hirsch, S. I. (1958). Pseudomutuality in the family relations of schizopfrenics. Psychiatry 21:205-220.

Yogman, M. (1982). Observations on the father-infant relationship. In Father and Child: Developmental and Clinical Perspectives, ed. S. H. Cath, A. R. Gurwitt, and J. M. Ross, pp. 101-122. Boston: Little, Brown.

Zawada, S. (1981). An outline of the history and current status of family therapy. In Psychotherapy with Families: An Analytic Approach, ed. S. Box et al. London: Routledge and Kegan Paul.

Zetzel, E. (1958). Therapeutic alliance in the analysis of hysteria. In The Capacity for Emotional Growth. New York: International Universities Press, 1970.

_____ (1965). On the incapacity to bear depression. In The Capacity for Emotional Growth. New York: International Universities Press, 1970.

_____ (1970). The Capacity for Emotional Growth. New York: International Universities Press.

Zilbach, J. (1974). The family in family therapy. Journal of the American Academy of Child Psychiatry 13:459-467.

_____ (1986). Young Children in Family Therapy. New York: Brunner/Mazel.

Zilbach, J., Bergel, E., and Cass, C. (1972). The role of the young child in family therapy. In Progress in Group and Family Therapy, ed. C. Sager and H. S. Kaplan. New York: Brunner/Mazel.

Zinner, J. (1976). The Implications of projective identification for marital interaction. In Contemporary Marriage: Structure, Dynamics, and Therapy, ed. H. Grunebaum and J. Christ, pp. 293-308. Boston: Little, Brown.

_____ (1985). The use of concurrent therapies: therapeutic strategy or reenactment. Paper presented at the Washington School of Psychiatry, Sixth Annual Symposium on Psychoanalytic Family Therapy, Bethesda, Md., April.

Zinner, J., and Shapiro, E. (1975). Splitting in families of borderline adolescents. In Borderline States in Psychiatry, ed. J. Mack. New York: Grune & Stratton.

Zinner, J., and Shapiro, R. (1972). Projective identification as a mode of perception and behavior in families of adolescents. International Journal of Psycho-Analysis 53:523-530.

_____ (1974). The Family group as a single psychic entity: implications for acting out in adolescence. International Review of Psycho-Analysis 1(1):179-186.

주제별 색인

흥분시키는 대상 42, 85

OBJECT RELATIONS FAMILY THERAPY

by David E. Scharff and Jill Savege Scharff
Copyright ⓒ1991, David E. Scharff and Jill Savege Scharff
Translation copyrightⓒ2006
by Korea Psychotherapy Institute

대상관계 가족치료

발행일• 2006년 12월 25일
지은이• 데이빗 샤르프와 질 샤르프
옮긴이• 이재훈
펴낸이• 이재훈
펴낸곳• 한국심리치료연구소
등록• 제 22-1005호(1996년 5월 13일)
주소• 서울시 종로구 새문안로5가길 28 (광화문플래티넘 918호)
Tel• 730-2537, 2538   Fax• 730-2539
http://www. kicp.co.kr   E mail: kicp21@naver.com

값 25,000원

ISBN 89- 87279-50-2 93180

한국심리치료연구소 총서

한국심리치료연구소는 한국심리치료 분야의 질적 향상을 위해서 이 분야의 고전 및 최신 서적들을 우리말로 번역 출판하고 있다. 본 연구소는 순수 심리치료 분야와 기독교 신앙과 관련된 심리치료 분야의 책들을 출판하며, 순수 심리치료 분야의 책들은 대상관계이론과 자기심리학을 포함한 현대 정신분석이론들과 융 심리학에 관한 서적이다.

순수 심리치료 분야

놀이와 현실
Playing and Reality
by D. W. Winnicott / 이재훈

울타리와 공간
Boundary & Space
by D. Wallbridge
& M. Davis / 이재훈

유아의 심리적 탄생
Psychological Birth
of the Human Infant
by M. Mahler & F. Pine / 이재훈

꿈상징 사전
Dictionary of Dream Symbols
by Eric Ackroyd / 김병준

그림놀이를 통한 어린이 심리치료
Therapeutic Consultation
in Child Psychiatry
by D. W. Winnicott / 이재훈

자기의 분석
The Analysis of the Self
by Heinz Kohut / 이재훈

편집증과 심리치료
Psychotherapy
& the Paranoid Process
by W. W. Meissner / 이재훈

멜라니 클라인
Melanie Klein
by Hanna Segal / 이재훈

정신분석학적 대상관계이론
Object Relations
in Psychoanalytic Theories
by J. Greenberg & S. Mitchell / 이재훈

프로이트 이후
Freud & Beyond
by S. Mitchell & M. Black
/ 이재훈 · 이해리 공역

성숙과정과 촉진적 환경
Maturational Processes
& Facilitating Environment
by D. W. Winnicott / 이재훈

참자기
The Search for the Real Self
by J.F. Masterson / 임혜련

내면세계와 외부현실
Internal World & External Reality
by Otto Kernberg / 이재훈

자폐아동을 위한 심리치료
The Protective Shell in Children and
Adult by Frances Tustin / 이재훈 외

박탈과 비행
Deprivation & Delinquency
by D. W. Winnicott / 이재훈 외

교육, 허무주의, 생존
Education, Nihilism, Survival
by D. Holbrook / 이재훈 외

대상관계 개인치료 I · II
Object Relations Individual Therapy
by Jill Savege Scharff & David E.
Scharff / 이재훈 · 김석도 공역

정신분석 용어사전
Psychoanalytic Terms and Concepts
Ed. by Moore and Fine / 이재훈 외

하인즈 코헛과 자기심리학
H. Kohut and the Psychology of the
Self
by Allen M. Siegel / 권명수

대상관계 부부치료
Object Relations Couple Therapy
by Jill Savege Scharff & David E.
Scharff / 이재훈

대상관계 이론과 임상적 정신분석
Object Relations
& Clinical Psychoanalysis
by Otto Kernberg / 이재훈

성격에 관한 정신분석학적 연구
Psychoanalytic Studies of the Personality by Ronald Fairbairn/이재훈

정신분석학 주요개념
Psychoanalysis : The Major Concepts, by Moore & Fine/이재훈

나의 이성, 나의 감성
My Head and My Heart
by De Gregorio, Jorge / 김미겸

대상관계 단기치료
Object Relations Brief Therapy by Michael Stadter/이재훈 • 김도애

환자에게서 배우기
Learning from the Patient by Patrick J. Casement/김석도

의례의 과정
The Ritual Process
by Victor Turner/ 박근원

임상적 클라인
Clinical Klein by R. D. Hinshelwood/이재훈

대상관계이론과 정신병리학
Object Relations Theories and Psychopathology by Frank Summers /이재훈

살아있는 동반자
Live Company by Anne Alvalez /이재훈 • 박영란

앞으로 출간될 책

소아정신의학에서 정신분석학으로
Through Paediatrics to Psychoanalysis by D. W. Winnicott

대상관계 단기부부치료
Short Term Object Relations Couple Therapy by James Donovan

자기의 치료
How Does Analysis Cure? by Heinz Kohut

대상관계 가족치료
Object Relations Family Therapy by Jill Savege Scharff & David E. Scharff

기독교 신앙과 관련된 심리치료 분야

종교와 무의식
Religion & Unconscious
by Ann & Barry Ulanov / 이재훈

희망의 목회상담
Hope in the Pastoral Care
& Counseling
by Andrew Lester / 신현복

살아있는 인간문서
The Living Human Document
by Charles Gerkin / 안석모

인간의 관계경험과 하나님경험
Human Relationship
& the Experience of God
by Michael St. Clair / 이재훈

신데렐라와 그 자매들
Cinderella and Her Sisters
by Ann & Barry Ulanov / 이재훈

현대정신분석학과 종교
Contemporary Psychoanalysis
& Religion
by James Jones / 유영권

살아있는 신의 탄생
The Birth of the Living God
by Ana-Maria Rizzuto / 이재훈

인간의 욕망과 기독교 복음
Les Evangiles au risque
de la Psychanalyse
by Françoise Dolto / 김성민

신학과 목회상담
Theology & Pastoral Counseling
by Debohra Hunsinger
/ 이재훈 · 신현복

성서와 정신
The Bible and the Psyche
by E. Edinger / 이재훈

목회와 성
Ministry and Sexuality
by G. L. Rediger / 유희동

상한 마음의 치유
Healing Wounded Emotions
by M. H. Padovani외 / 김성민 외

예수님의 마음으로 생활하기
Living From the Heart Jesus Gave You
by James. G. Friesen 외 / 정동섭

신경증의 치료와 기독교 신앙
Ministry and Sexuality
by G.L.Rediger/ 김성민

전환기의 종교와 심리학
Religion and Psychology in
Transition
by James Johns/이재훈

영성과 심리치료
Spirituality and Psychotherapy
by Ann Belford Ulanov/ 이재훈

치유의 상상력
The Healing Imagination
by Ann Belford Ulanov/ 이재훈

외상, 심리치료 그리고 목회신학
/ 김정선